वीरेन्द्र सारंग

जन्म : 12 जनवरी, 1959, उत्तर प्रदेश के जमानियाँ, गाजीपुर में।

हिन्दी के जाने-माने कवि-कथाकार हैं। उन्होंने घुमक्कड़ी और स्वतंत्र लेखन के साथ-साथ सामाजिक कार्यकर्ता के रूप में भी कार्य किया है।

प्रकाशित कृतियाँ : उनके तीन कविता-संग्रह–'कोण से कटे हुए', 'हवाओ! लौट जाओ', 'अपने पास होना' और तीन उपन्यास–'हाता रहीम', 'वज्रांगी' और 'तीसरा बच्चा' प्रकाशित हुए हैं।

सम्मान/पुरस्कार : वीरेन्द्र सारंग को गद्य के लिए महावीर प्रसाद द्विवेदी सम्मान, कविता के लिए उत्तर प्रदेश हिन्दी संस्थान का विजय देव नारायण साही पुरस्कार, भोजपुरी शिरोमणि अलंकरण एवं प्रेमचन्द स्मृति सम्मान प्राप्त हुए हैं।

वे लखनऊ में रहते हैं।

ई-मेल : virendrasarang@gmail.com

आर्यगाथा

वीरेन्द्र सारंग

राजकमल पेपरबैक्स

यह उपन्यास अपने मूल रूप में राजकमल पेपरबैक्स से 2011 में 'वज्रांगी' नाम से प्रकाशित हुआ था।

राजकमल पेपरबैक्स में
नए नाम से संशोधित संस्करण : 2018
दूसरा संस्करण : 2023

राजकमल पेपरबैक्स : उत्कृष्ट साहित्य के जनसुलभ संस्करण

राजकमल प्रकाशन प्रा.लि.
1-बी, नेताजी सुभाष मार्ग, दरियागंज
नई दिल्ली-110 002
द्वारा प्रकाशित

शाखाएँ : अशोक राजपथ, साइंस कॉलेज के सामने, पटना-800 006
पहली मंजिल, दरबारी बिल्डिंग, महात्मा गांधी मार्ग, प्रयागराज-211 001
1, अनमोल सोराबजी संतुक लेन, धोबी तलाव, मरीन लाइंस, मुम्बई-400 002
वेबसाइट : www.rajkamalprakashan.com
ई-मेल : info@rajkamalprakashan.com

बी.के. ऑफसेट
नवीन शाहदरा, दिल्ली-110 032
द्वारा मुद्रित

मूल्य : ₹299

ARYAGATHA
Novel by Virendra Sarang

ISBN : 978-93-87462-52-6

उल्टी धारा किन्तु सही दिशा में
बाकायदा तैरने वाले
कथा-शिल्पी काशीनाथ सिंह जी
को
आदर एवं सम्मान सहित

उपन्यास के कई पात्र एवं घटनाएँ काल्पनिक हैं। बहुत लोग हैं जो रामायण-कालीन घटनाओं को कल्पना की श्रेणी में रखते हैं, लेकिन उस काल की अनुभूतियाँ, संवेदनाएँ, व्यवहार, मानसिकता जरूर इसमें आकर्षण है। और हम सोचना-समझना चाहते हैं।

कथा में बेवजह की कल्पना हेतु स्थान नहीं है। शायद मैं सफल हुआ होऊँ कि परतें खोल सकूँ और अनेक प्रश्नों के उत्तर दे सकूँ। यदि ऐसा हुआ है तो निश्चित ही मेरा श्रम सार्थक हुआ है।

—वीरेन्द्र सारंग

"इस धरती को मन से नाप लिया। देह ने पूरा आर्यावर्त नापा, देखा। खंड-खंड देखे। क्या इतने ही लोग होंगे पृथ्वी पर? इतनी बड़ी होगी धरती? शेष बची आयु में क्या और कहीं खंड देख पाऊँगा पृथ्वी का? कहीं कोई और विचित्र कहे जाने वाले लोग मिल पाएँगे?

अगस्त्य सोचते हैं, व्याकुल हैं, 'क्या करूँ, कैसे करूँ, क्या-क्या सैंत दूँ, क्या बाँटूँ, क्या बिखेरूँ...?' अगस्त्य का मस्तिष्क घूम गया। वे उठते हैं जैसे कहीं जाने के लिए खड़े हुए हों। मिट्टी की बनी वेदी का चक्कर लगाया, वृक्षों को निहारा। निकट ही वट-वृक्ष की घनी शाखाएँ, असंख्य पत्तियाँ, अनेक वट की लटें जो भूमि को छेदने का प्रयत्न कर रही थीं। अगस्त्य निर्निमेष देखते रहे। वेदी से हटकर दूर तक गए, बुदबुदाए, 'मैं तो एक बिन्दु हूँ। मेरे सामने सागर है। सागर में मोती भी हैं और विशाल डरावने जीव भी। बिन्दु का क्या महत्त्व? इस धरती पर मात्र एक धूल का कण हूँ मैं, मेरी योग्यता ही क्या है?'

अगस्त्य वेदी की ओर लौटे। मस्तिष्क ठहर नहीं रहा था। चित्त में घुमाव था। लहर पर लहर। हवा का एक झोंका, पुनः एक और एक...! ऊपर देखते तो आकाश। देर तक ऊपर देखते रहे तो माथा घूमने लगा। और सब स्थिर था।

मन्थर गति। मानो आचार्य लौटना न चाह रहे हों। अरे, वे तो आगे बढ़ रहे थे! इतने दूर कि वापस होना असम्भव था।

अगस्त्य की दृष्टि कभी भूमि पर, कभी सीधी दिशा में दूर तक, कभी दोनों कन्धों की दिशा में क्रमशः तो कभी ऊपर अन्तरिक्ष में। सहसा अगस्त ने दाढ़ी सहलाई, स्फुटित हुए। गति तीव्र हो गई। वेदी पर आ गए।

'बिन्दु का महत्त्व है,' अगस्त्य अपने से बात करने लगे। अपनी देह के कई रूप सामने खड़े दिख रहे थे अगस्त्य को, 'केन्द्र सम्प्रभु होता है, बिन्दु को छोटा न समझो। बिन्दु से विशाल होना अच्छा लगता है। सागर की छोटी इकाई। मैं बूँद से प्रारम्भ करूँगा। बिन्दु से चलूँगा। वट की जड़ें किस प्रकार भूमि को जकड़ ली हैं। मैं वट बनूँगा मेरी जड़े भी गहरे धँसेंगी। कई जड़ें!! कण-कण जोड़ूँगा। चाहे जितना परिश्रम करना पड़े। जीवन की सार्थकता ही क्या? मात्र धूल कणों का समूह बनकर और बादल से मिल, पानी बरसने में सहायता करना ही पूर्ण होना हो सकेगा? नहीं, अगस्त्य नहीं!! तुम वट हो अगस्त्य! तुम्हारी शाखाएँ फैलेंगी। प्रत्येक शाखा की स्वतन्त्र कई जड़ें होंगी और

वह तुमसे मिली होंगी। पत्ते घने-स्वस्थ होंगे, मोटे-चिकने। आकाश की सीमा नहीं, मेरी भी कोई सीमा न होगी। मुझमें सब समा जाएँगे जैसे आकाश में ग्रह, नक्षत्र, तारे अँटे पड़े रहते हैं। यहाँ बूँद बनकर आया हूँ, सागर बनकर दिखलाऊँगा।'

कुछ देर के लिए शून्य में हो जाते हैं अगस्त्य, विचारों की गुत्थी में उलझते हैं। किसी तरह से बाहर आते हैं और सिर को झटका देकर चैतन्य दृष्टि से अपने को निहारते हैं। सिर पर हाथ फेरा, फिर पलथी ढीली की, दाढ़ी सहलाई, दोनों हाथ पीछे किए, हाथ पर पूरी देह टिकाकर विश्राम की मुद्रा में पैरों को सीधा किया। वहीं लौट आए, जहाँ थे। विचारों के पर्वत के नीचे!!

'नए-नए आश्रमों का निर्माण करूँगा जैसे वट की शाखाएँ। पोषण करूँगा उनका, अपने विज्ञान से। घनी छाया पूरी भूमि घेर लेगी। प्रत्येक आश्रम की जड़ें गहरे भूमि में धँसी होंगी, सब मुझसे जुड़े रहेंगे।'...'मैं सूर्य हूँ, मैं अनुभव का वृद्ध हूँ। इस आयु पर पहुँचने में मैंने अनेक पड़ाव देखे हैं कभी पराजय नहीं मिली। मैं अगस्त्य हूँ, अगस्त्य!! सागर पी जाऊँगा। भला धरती का ज्ञान मुझसे अधिक किसको है! सागर के ज्ञान से भी परिपक्व होकर रहूँगा। पर्वतों को लाँघ जाऊँगा। मैं हूँ अगस्त्य!!'

'अगस्त्य तुम अहंकारी भी हो गए क्या?' अगस्त्य के हृदय से एक मोटी ध्वनि हुई।

अगस्त्य सचेत हो गए, 'नहीं, मैं अहंकारी नहीं, मेरा अहंकार नहीं। मैं अति आत्मविश्वासी भी नहीं। हाँ, मेरा विश्वास दृढ़ है। यह मेरा साहस बोल रहा है जो तुम चुपचाप भीतर-भीतर गुन रहे हो। ओ मेरे हृदय! मुझे साहस दो, ओ मेरी बुद्धि! मेरे साथ-साथ रह। सँभालना तुम्हीं को है। देखना, मैं बिखरने न पाऊँ।'

और अगस्त्य मन ही मन प्रफुल्लित हो उठे। वे अपने विश्वास को समझाकर आश्वस्त हो रहे थे।

कई मास बीत गए अगस्त्य ने अभी कोई ठोस निर्णय नहीं लिया। यह पक्ष भी बीता जा रहा है। अगस्त्य समय को पकड़ना चाह रहे हैं। समय पकड़ के बाहर हो जाता है। खीझ रहे हैं–

'इतनी बड़ी धरती! मैं कहाँ-कहाँ आश्रम बनाऊँगा? क्या नए आश्रमों से समाधान हो सकेगा? यहाँ के लोग मेरे अनुकूल होंगे? क्या नए आश्रम मेरे अनुरूप कार्य कर सकेंगे? प्रश्न आश्रमों के स्थायित्व का है। कब तक टिके रहेंगे मेरी बुद्धि के बल पर? कितना सींच पाऊँगा मैं? जल भी तो मेरे पास होना चाहिए, पर्याप्त!...' सहस्रों प्रश्न खड़े थे अगस्त्य के सामने।

'यहाँ सैंधव वातावरण नहीं है। यह क्षेत्र विशाल है। यहाँ की लोक भाषा कुछ और है। मुझे इनकी बोली का ज्ञान होना आवश्यक होगा। इनकी परम्पराओं को जानना

होगा। इनकी रीतियों-प्रथाओं को भी...। मुझे ऐसा वातावरण तैयार करना होगा कि लोग यह समझ लें कि अगस्त्य के बिना कोई कार्य होने वाला नहीं है। मेरे नाम का आतंक हो। भयभीत हों सब। जितना बढ़ा-चढ़ाकर इस आश्रम का प्रचार होगा उतनी ही प्रसिद्धि मिलेगी। जो विख्यात होता है उसके आगे सब नत रहते हैं। प्रसिद्ध व्यक्ति किसी के मन पर विजय सहज ही प्राप्त कर लेता है।'

अगस्त्य हर घड़ी चिन्तन में लीन, विचारों की गुत्थी में उलझे, रेखाओं का जाल बुनते। 'यदि उत्तरीय तैयार हो गई तो आर्यों के तन ढक सकूँगा।' यही सोच।

'देव दूर हैं। आर्यों के श्रेष्ठ जन भी निकट नहीं है। इस आयु में अपनी समस्याओं को किससे कहूँ? न तो कोई औचित्य है और न समय।'

अगस्त्य बड़बड़ाते रहे। सोच लिया कि व्यर्थ का जाल नहीं बुनना है। अपनी भूमि स्वयं तैयार करनी होगी। एक-एक प्रश्न हल करने होंगे। प्रश्नों का अम्बार लगा है। क्रमशः देखूँ और उत्तर निर्धारित करूँ। पूरे प्रश्नों पर दृष्टि देने से तो गुत्थी बन जा रही है। रह-रहकर अगस्त्य की दृष्टि वट की ओर चली जाती। वट उनके प्रश्नों का उत्तर था, उन्हें ऐसा जान पड़ता।

अगस्त्य ने एक ढेला उठाया, वेदी पर आड़ी-तिरछी रेखाएँ खींचने लगे। रेखाओं ने प्रत्यक्षीकरण किया, कई चित्र उभरकर सामने आ गए। अगस्त्य के ओठ फैल गए, वे हँसे। प्रथम बार हँसे थे, यहाँ आकर हँसे ही कब थे अगस्त्य!

आचार्य का स्वर फूट पड़ा, चिल्लाए, "मैं हार नहीं सकता!! कभी पराजित नहीं होऊँगा लोपा!! पराजय मेरा शब्द नहीं है। मेरी देह कभी शिथिल नहीं होगी। मैं बुद्धि का पूरा प्रयोग करूँगा। मूल्य निकाल लूँगा। इतने दिनों की पोषित बुद्धि, पाला गया अनुभव, धत्...निचोड़ लूँगा मैं! लोपा, ओ मेरी लोपा!!"

आचार्य अगस्त्य का स्वर गूँजा। ध्वनि पूरे आश्रम में फैल गई। तरंगें आश्रम के बाहर भी गई होंगी—लोपा ऽऽऽऽ...! लोपा अगस्त्य की संगिनी, जीवन साथी लोपा आचार्य की भार्या, संकटकालीन मित्र।

लोपा ऐसी ध्वनि से परिचित थीं। भागती आईं अगस्त्य की ओर। न तो यह क्रोध था, न पुकार थी। अवश्य ही आचार्य ने निर्णय लिया होगा।

अगस्त्य रात्रि में सोए न थे। आँखें लाल थीं, चढ़ी हुईं। लोपा को आते देखा तो वेदी की ओर बढ़ गए। दो कुत्ते आगे चल गए थे, दो साथ चल रहे थे। आचार्य वेदी पर बैठ गए लोपा की प्रतीक्षा में। "लोपा आ गईं।" बोले अगस्त्य और फिर मौन मौन!! मौन में पूरा कार्यक्रम छिपा था और कार्यक्रम में आचार्य अगस्त्य की विजय। मौन में छिपी थी संस्कृति। इसी आर्य संस्कृति की स्थापना ने अगस्त्य को व्याकुल कर रखा था। दक्षिण का क्षेत्र लगभग अछूता था। इसी हेतु अगस्त्य दक्षिण आए थे।

आचार्य की श्वेत दाढ़ी छाती को सहला रही थी। ओठ फैले थे। लोपा ने इतना प्रसन्न कभी न देखा था अगस्त्य को, बोलीं, "लगता है कि आप किसी निर्णय पर हैं!"

‘‘हाँ लोपा,’’ अगस्त गहरी साँस लेते हुए बोले, ‘‘आज तुमसे विशेष वार्ता हेतु प्रस्तुत हूँ। चाहूँगा कि तुम भी प्रस्तुत रहो और एक रूपरेखा तैयार हो जाए।’’

‘‘लगता है, आप आज सोए नहीं।’’

‘‘तुम्हें नींद का ध्यान है और मेरे प्राण जाल में फँसे हैं!’’

‘‘अब तो जो करना था कर लिया। आयु शेष ही कितनी है। अब शान्त होकर शेष जीवन बिता लें। यहाँ की प्रकृति का आनन्द लें।’’

‘‘जीवन पकता है तभी आनन्द आता है। बूढ़े वृक्ष की लकड़ी ठोस होती है। अपने अनुभव से यदि कुछ भी भला कर सका दक्षिण क्षेत्र का, तो जीवन सार्थक हुआ। प्रकृति का आनन्द हाथ पर हाथ धरे बैठे रहने में नहीं है। यहाँ के समाज से जुड़ने में है, समाज से जुड़ना मेरा हुआ तो समझो परिवर्तन भी हुआ। और अपनी शैली तो नहीं बदल सकता। मैं देव तो नहीं कि विलासितापूर्ण जीवन जीऊँ।’’—अगस्त्य रुके तो माथे पर बल आ गए।

लोपा समझ गई कि आचार्य शान्त रहने वाले प्राणी नहीं हैं, ‘‘सैन्धव से कुछ अलग। सैंधव का आश्रम विशेष रूप से आर्यों को दीक्षित करने हेतु बनाया गया था। यह दक्षिण का अगस्त्य-आश्रम अनार्यों को दीक्षित करेगा।’’

‘‘अनार्यों को!’’ लोपा आश्चर्यचकित रह गई। ‘‘यह क्या कह रहे हैं आप!! बहिष्कृत आर्यों को पुनः आर्यों में प्रतिष्ठित करना तो समझ में आता है, परन्तु अनार्यों को दीक्षित कर उन्हें अस्त्र-शस्त्रों का ज्ञान कराकर क्या आप आर्यों के विरुद्ध नहीं हो जाएँगे?’’

‘‘अभी इस पर चर्चा करूँगा।’’ आचार्य ने मस्तिष्क ठंडा किया और दाँत निकाल दिए। ‘‘पहले ये बताओ कि सैंधव में मेरे नाम का आतंक था?’’

‘‘हाँ था, तभी तो शम्बर का अन्त हो सका। वह सब आपकी बुद्धि के बल पर हुआ।’’

‘‘तो यहाँ भी प्रथम कार्य—मेरे नाम के आतंक की चर्चा से हो।’’

‘‘यहाँ ऐसा वातावरण नहीं है।’’

‘‘वातावरण अपने अनुकूल बनाना होता है लोपा! सैंधव में मात्र राज-सत्ता प्राप्त करना उद्देश्य था। यहाँ संस्कृति की स्थापना करना है। राज्य तो मिल ही जाएगा। सैंधव में हम शिखर से प्रारम्भ किए थे। यहाँ हमें भूमि से चलना होगा। इकाई से प्रारम्भ करना होगा। ग्रामणी, दशग्रामी, शतग्रामी तब कहीं अधिपति और सम्राट।’’

‘‘इसके लिए तो लम्बा समय चाहिए आचार्य!’’

‘‘हाँ लोपा, समय तो लगेगा और शेष बचे जीवन में करना ही क्या है?’’ आचार्य सैंधव के अतीत में खो गए, ‘‘लोपा सुनो, मैं सैन्धव से प्रारम्भ कर रहा हूँ। या समझ लो इसके पहले जो हुआ उससे भी एक राह दिखाई देगी।’’

‘‘कहें आचार्य, आज इतिहास दोहरा लूँ। इतिहास मार्ग की खोज में सहायता करता है।’’ लोपा सुनने के लिए प्रस्तुत हो गई।

अगस्त्य भूतकाल का पृष्ठ खोल चुके थे, ''आर्यों ने जब इस विशाल भू-खंड में प्रवेश किया तो कोई देव नहीं था। सब आर्य थे। यहाँ के मूल निवासी कुशल योद्धा थे परन्तु छल-छद्म नहीं जानते थे। आर्यों का यह छल-अस्त्र काम आ गया। विजय उन्हें मिलती गई। पराजित हुए भी तो आर्य भागे नहीं, अनवरत प्रयास करते रहे। वर्षों बाद कृषि, लिपि, भाषा, रहन-सहन और यहाँ की लोक-परम्पराओं से परिचित हुए, दक्ष हुए। जो बुद्धि में प्रखर थे वे देव हो गए। विलासिता का जीवन अपना लिया। ये देव उत्तर और उत्तर-पूर्व की दिशा में सुरक्षित स्थान देखकर स्थायी निवास बना लिये हैं। रुद्र ने रोका, जो अनार्यों के पूज्य थे परन्तु देवों ने रुद्र को मिला लिया। देवों में इन्द्र, वरुण, सोम, विष्णु, एकपाद, मतरिश्वन, अग्नि, उषा, अश्विन आदि महत्त्वपूर्ण हुए। देव परिपक्व हो चुके थे। अनेक नियम बने। अनेक विभाग। शम्बर युद्ध में आर्यों ने साथ न दिया होता तो इन्द्र की पराजय निश्चित थी। अब देवों ने युद्ध करना प्रायः बन्द कर दिया है। सोम तो वनस्पति के देव हैं, उन्होंने सोमरस का आविष्कार किया। सोमरस के मद में डूबे ये देव स्त्रियों के साथ नाचते-गाते हैं। श्रेष्ठ भी बने हैं। यह मुझसे सहा नहीं जाता परन्तु क्या करूँ! हैं तो अपने न!''

अगस्त्य थक से गए। लोपा को जल लाने का संकेत दे सोचने लगे, 'देव यदि आर्यों की तरह रहते, उनकी बुद्धि में संस्कृति स्थापना हेतु कोई ग्रन्थि बनती, तो आज बात ही कुछ और होती परन्तु वे तो अग्नि के माध्यम से यज्ञ के बहाने हम आर्यों से भी समिधा प्राप्त कर आनन्द और ऐश्वर्य का जीवन जी रहे हैं। मुझे इसे समाप्त करना होगा। अब समिधा देवों को नहीं अपितु आर्य पुरोहितों को दी जाएगी।'

जल से भरा पात्र अगस्त्य को देती हुई लोपा बोलीं, ''देव भी तो आर्य हैं?''

''आर्य थे कहो लोपा, अब देव हो गए हैं। उनका रहन-सहन अलग है। उनकी अपनी संस्कृति है। वे चाहते भी नहीं कि वे देव संस्कृति का प्रसार हो, आर्यों को कौन पूछे। देव मात्र स्वलाभ चाहते हैं।''

अगस्त्य का कंठ सूख गया। जल पीकर तृप्त हुए। इन्हीं देवों ने अनेक शब्दों का निर्माण किया। आर्यों को मानव कहा और यहाँ के मूल निवासियों को दानव। स्वयं सुर हुए और यहाँ के मूलवंशी असुर। देव आदित्य हुए और यहाँ के आदिवासी दैत्य। अनार्यों को अव्रत, अनास, दास की संज्ञा से सम्बोधित किया गया। आर्यों को छोड़कर शेष सभी अनार्यों के सम्बोधन को हीन, नीच, दुष्ट में प्रतिस्थापित कर दिया। यह सब तो ठीक था परन्तु इन्द्र चरित्र से गिर गया है। मुझे इन्द्र से चिढ़ हो गई है। मैं उसे आर्यों के समाज से अपमानित कर बहिष्कृत कर दूँगा।''

''देव विरुद्ध होंगे।''

''इसकी चिन्ता नहीं। मेरे लिए देवों का अर्थ नहीं। लोभी और परस्त्री का बलात् भोग करने वाले के लिए मेरे यहाँ स्थान नहीं है।''

''सैंधव में तो आप देवों के गुण गाते थे।''

"तब बात कुछ और थी, मैं आर्यों का पुरोहित था या आर्य राजा खेल का पुरोहित। भद्राक्ष सेनापति था। मेरा प्रभाव तो देखो! कि भद्राक्ष मेरे आश्रम का आचार्य था, धनुर्विद्या की दीक्षा देता था। देव निकट थे। उनसे सम्बन्ध रखना अनिवार्य था। उन्हें साथ लिये बिना कोई कार्य नहीं हो सकता था। तब भी मैं और मेरा शिष्य विश्वामित्र अनार्यों को आर्य बनाने में जुटे थे। विश्वामित्र ने अनार्य कन्या शाम्बरी से विवाह भी किया। मेरे पूर्व आर्यों को दीक्षित करने का कार्य अथर्वण, अंगिरा, मैत्रावरुण ने किया। यहाँ मात्र मेरी सम्प्रभुता होगी। न किसी का दबाव न किसी का आदेश-निर्देश। यहाँ मुझे नई व्यवस्था देनी है। कार्य परम्पराओं को मूलवंशी की प्रथाओं से जोड़ना है। आर्य संस्कृति की स्थापना करनी है।"

"सैंधव की कथा छोड़िए आचार्य, मुझे अब ऊब हो रही है। सैंधव की कथा में प्रवेश करने पर एक के बाद एक कथा स्मृति में आती जाती है और कहे बिना रहा भी नहीं जाता। हमें अब आगे की रूपरेखा पर विचार करना है। देखिए! दिन भी चढ़ आया वाणी को विराम दें, कुटीर में चलें। आश्रमी कई बार आया-गया। भोजन तैयार हो गया है। आपके बिना भोजन किए आश्रमी भी कैसे...सब भूखे हैं।" कहती हुई लोपा आचार्य को कुटीर की ओर ले गईं।

2

विश्वामित्र और वसिष्ठ ने अगस्त्य के साथ ही सैन्धव छोड़ दिया था। अगस्त्य को दक्षिण पहुँचने में समय लग गया। वे दक्षिण के भूगोल का अध्ययन करने लग गए थे। विश्वामित्र मलद और करुष क्षेत्र के मध्य नदी तट देखकर रुक गए और वसिष्ठ अवध राजपरिवार के राजपुरोहित बने। विश्वामित्र को स्वीकार नहीं परतन्त्र रहकर कार्य करना। अगस्त्य के शिष्य जो ठहरे!

विश्वामित्र तो परिवर्तन चाहते थे। व्यवस्था में, समाज में परिवर्तन। अनार्यों को आर्य बनाने का प्रथम कार्य विश्वामित्र ने ही किया था। अब उनके वृषभ कन्धे पर इस क्षेत्र का भार था। बोझ से दबे विश्वामित्र ने धैर्य नहीं खोया। वे रहे धीर-गम्भीर और क्रोधी भी। पुनर्वसु, सुकण्ठ, आजानुबाहु, विश्वबन्धु और इध्मवाह जैसे आर्य युवकों को खोज लिया था विश्वामित्र ने। इन्हीं युवकों के बल से आश्रम बनकर तैयार हो गया था। ये आर्य युवक अवध की अन्तिम सीमा पर बसे ग्रामों के थे। आश्रम का नाम सिद्धाश्रम रखा गया।

आश्रम में कई कुटीर बने। शस्त्र भंडार, अन्न भंडार, गौओं की शाला, सूखी लकड़ियों का कुटीर, इसके अतिरिक्त दस कुटीर और अतिथियों के लिए बने थे। आचार्य विश्वामित्र

के लिए विशेष प्रकार का कुटीर था। आश्रम को मिट्टी की मजबूत दीवार से घेर दिया गया था। आश्रम में गौएँ तो थीं, बैल भी थे। अश्व थे। पक्षियों के कई झुंड, खरहे और गिलहरी आश्रम की शोभा थे। हिरणों का झुंड तो विश्वामित्र की कुटीर के पास ही मँडराता रहता। नए वृक्ष—पीपल, वट, गूलर, पाकड़, शीशम, जलेबी, आम्र, कटहल, आमला लगाए जा रहे थे। पुष्पों के वृक्ष भी रोपे जा रहे थे। आचार्य विश्वामित्र आश्रम देखकर प्रसन्न हो जाते। उन्हें विश्वास था कि आश्रम एक-न-एक दिन अनार्यों पर विजय प्राप्त करके रहेगा। 'पहले प्रभाव तो बने फिर प्रवाह दिखाऊँ।'

आर्य युवकों को आचार्य पद पर दीक्षित कर रहे थे विश्वामित्र। अगस्त्य की भाँति उन्हें विचारों के जाल ने उलझाया नहीं था। यहाँ आते ही आश्रम और आश्रम की शाखाओं के निर्माण का संकल्प ले चुके थे। प्रतिदिन की तरह आज भी विश्वामित्र के समक्ष आर्य युवकों के साथ आज के कार्य का प्रस्ताव रखा जाना था। कल कार्य की समीक्षा होनी थी। आगामी वृहद् योजना क्या हो? इस पर विचार होना चाहिए।

आचार्य वेदी पर पाँचों आर्य युवक बैठे हैं। विश्वामित्र की प्रतीक्षा थी। विश्वामित्र सिंहद्वार की ओर चले गए थे। कल ही द्वार बनकर तैयार हुआ था। विश्वामित्र को आता देख इध्मवाह, सुकंठ, पुनर्वसु, विश्वबन्धु, आजानुबाहु, अभिवादन की मुद्रा में खड़े हो गए। विश्वामित्र ने स्नेह से देखा। आशीष हेतु हाथ उठे। बैठने का संकेत करते हुए आसन ग्रहण किया, बोले, "आज आप आचार्य पद से दीक्षित हुए। मैं चाहता हूँ कि सभा प्रतिदिन की भाँति न होकर अनौपचारिक हो और विशेष वार्ता के क्रम में महत्त्वपूर्ण विषयों पर चर्चा हो।"

"महत्त्वपूर्ण! अनौपचारिक!" सुकंठ बोला, "तो क्या गुरुदेव अभी तक हमने महत्त्वपूर्ण विषयों की चर्चा नहीं की?"

"ऐसा नहीं है सुकंठ! हर विषय का एक समय होता है।" विश्वामित्र ने आश्वस्त करते हुए हाथ उठाया, "हम क्यों आए हैं? आपका उद्देश्य क्या है? कितना कष्ट उठाया है आर्यों ने...अनेक विषय हैं। अभी तक जो बातें गुप्त थीं वह सब कुछ बताना चाहता हूँ।"

आर्य युवक मौन हो गए, चुप तो चुप। आजानुबाहु ने मुँह खोला परन्तु स्वर दबकर रह गया। विश्वबन्धु ने चुप रहने का संकेत किया।

विश्वामित्र गम्भीर हुए, "इन्द्र ने आर्यों के हित में बड़ा कार्य किया। परन्तु वे देव हो गए। वृत्र अनार्य की मृत्यु के बाद देवों का मार्ग सुरक्षित हो गया। हम सब युद्ध करते रहे। तुम सब जानते ही होगे कि मैं जह्नु हूँ। मेरे पिता गाधि ने भी राज्य की स्थापना की थी परन्तु मैं राजपरिवार के विलासी जीवन में नहीं फँसा। मैं अनार्यों को आर्य बनाने की धुन में लगा था। सैन्धव में आर्य-संस्कृति स्थापित हो गई परन्तु जो कार्य मुझे और मेरे गुरुवर अगस्त्य को करना था वह अधूरा रह गया। गुरुदेव की आज्ञा हुई तो मैं इस दिशा में और स्वयं गुरुदेव दक्षिण चले गए। आप सभी जानते हैं कि

यहाँ के मूल निवासी बलिष्ठ हैं और बुद्धिमान भी। हमें उन पर संस्कृति का भार नहीं थोपना है। वे जान भी न पाएँ और मेरे हो जाएँ। सैन्धव में और रुद्र क्षेत्र में अनेक अनार्यों को मिलाया गया किसी को देव तो किसी को अधिपति, लोकपाल की उपाधि देकर हम अपना मानसिक अधिकार बनाए रखे थे। अनार्य अधिपतियों को पराजित कर हमने अपने बल का भी प्रदर्शन कर दिया था। भले, यह विजय नियमों के विरुद्ध, धोखा देकर, लोभ द्वारा या किसी अनैतिक, अव्यावहारिक कारणों से हुई हो। पर, हमने विजय पाई। सैन्धव हमारा हुआ, देव भी सुख से हैं, सुरा पान कर झूमते हैं।"

"इस क्षेत्र हेतु आगामी योजना क्या है गुरुदेव।" आजानुबाहु बोला।

"मैं वहीं आ रहा हूँ आजानु," विश्वामित्र ने दोनों दिशाओं की ओर संकेत किया, "अब हमें इन दिशाओं पर दृष्टि रखनी होगी। विदेह और अवध आर्य सभ्यता के केन्द्र हैं परन्तु राजव्यवस्था क्षीण होती जा रही है। सीमा पर लगे ग्रामों के ग्रामीण जो आर्य हैं, वे अनार्यों के साथ हैं। सुविधा लेने के नाम पर आर्य हो जाते हैं परन्तु पोषण अनार्यों द्वारा होता है। आर्यों के शत्रु हैं स्वयं आर्य, यह आश्चर्य का विषय है। राज्य अधिकारी भी स्त्री और धन के लोभ में मूलवंशियों के साथ हैं। अराजकता का वातावरण...इस वातावरण में आर्य और आर्य-संस्कृति कैसे स्थापित होगी।"

इध्मवाह से रहा न गया, पूछा, "गुरुदेव अभी आपने कहा कि संस्कृति थोपना नहीं है। कैसे वे मेरी बात मानेंगे?"

"इसका उपाय है इध्मवाह," विश्वामित्र बल देते हुए बोले, "आप सभी आचार्य पद से दीक्षित हुए हैं। आपको अस्त्र-शस्त्रों का ज्ञान भी कराया गया है। दर्शन, साहित्य, प्रशिक्षण कार्य, इतिहास, प्रथाएँ, समाज कार्य, प्रलोभन विद्या, संगठनात्मक कार्य आदि अनेक विषयों में आप दक्ष हुए हैं। आप ग्रामों में जाएँ और विवेक से कार्य करें। अपने साहित्य और भाषा का गुण गाएँ। अनार्य की भाषा में दोष निकालें। उनकी प्रथाओं में अपना लोभ जोड़ते हुए प्रलोभन दें, उन्हें यह लगे कि जो आप कर या कह रहे हैं वही उचित है। संगठन बनाएँ, इसके लिए आपके अपने आश्रम होने चाहिए। तो पहले आश्रम का निर्माण करें। आश्रमों को ग्रामों से जोड़ें। यही शृंखला अधिपतियों और सम्राट् तक चली जाएगी। ध्यान रहे, सुरा पान और पशु मांस भक्षण कदापि न करें, नहीं तो विश्वास आपका टूट जाएगा।"

"...आप आचार्य हैं। आचार्यों की नियुक्ति करें, सैनिक शिविर बनाएँ। ध्यान रहे, आचार्य आर्य ही होगा, उसे सिद्धाश्रम से मान्यता दिलाएँ। पुरोहित नामांकित करें।"

"यह सब मुझ जैसे अल्पज्ञानी के लिए सम्भव है आचार्य?" विश्वबन्धु ने दुर्बलता प्रकट की तो आचार्य ने तोष दिया, "विश्वबन्धु, ऐसा क्यों सोच रहे हो और मैं किसलिए हूँ? अपने को हीन न समझो। हीन अनार्य हैं। हमने कितनों को दास बनाया, सेवा-टहल कराया। मूलवंशी अनार्यों के लिए क्या सम्बोधन होना चाहिए, ऐसे शब्द मैंने गढ़े हैं और उन शब्दों को हेय दृष्टि से स्थापित किया है। जितने शब्द सुनते हो हीन और

तुच्छ वे आर्यों ने ही गढ़े हैं।"

"गुरुदेव, आप पहले सैन्धव में पुरोहित थे न?" भोलेपन से पूछा पुनर्वसु ने तो विश्वामित्र हँस दिए, "हाँ, पुरोहित था, पैजवन के पुत्र सुदास का पुरोहित। सुदास अनार्य था। इन्द्र ने मिला लिया। श्रेष्ठ आर्यपद पर प्रतिष्ठित कर दिया। सुदास के कारण सैन्धव में कई युद्ध जीते गए। सुदास प्रथम व्यक्ति था जिसने आर्यों को भूमि दान में दी। जिन अनार्यों ने अधीनता स्वीकार नहीं की उन्हें मार दिया गया या भगा दिया गया। अनार्यों का सबसे बड़ा झुंड नैऋत्य कोण की ओर भाग गया। अब तो सैन्धव आर्यो का है। परशुराम ने आश्रमों को सँभाल लिया है।"

"गुरुदेव, आपका कार्य-क्षेत्र क्या होगा और क्या हम सभी आपके यहाँ आते-जाते रहेंगे?"–फिर भोलेपन में सुकंठ थे इस बार।

विश्वामित्र पुनः हँसे, "मेरे बच्चो! तुम्हारे भोलेपन से हँसी आ रही है। अच्छा सुख मिला। इतने भोले हो जाओगे तो कठिन परिस्थितियों का सामना कैसे करोगे या इसी चतुराई से ग्रामीणियों को समझोगे?...सुकंठ! यह सिद्धाश्रम मेरा व्यक्तिगत नहीं आप सभी का है। आप यहीं के हैं। रहा मेरा कार्य-क्षेत्र तो सुनो, विन्ध्य क्षेत्र, भरद्वाज आश्रम, वाल्मीकि आश्रम, अत्रि, गौतम, विभांडिक, मांडकर्णी आश्रमों से लगातार सम्पर्क। नवीन योजनाओं पर विचार, कार्य रूप। विदेह, अवध, निषादराज गुह पर लगातार दृष्टि। जानते हो, अधिपति गुह अनार्य हैं परन्तु अवध के अधीन हैं। अनार्य होते हुए आर्य-संस्कृति में पल रहे हैं वह। यही कार्य तुम्हें भी करना है। ग्राम से प्रारम्भ करो अधिपतियों तक पहुँचो।

"...अन्त में कुछ और सुन लो काम आएगा, यह क्षेत्र मलद और करुष यक्षों के अधिकार में है। यक्ष, सैन्धव के उत्तर-पूर्व के मूल निवासी हैं। इन्द्र ने यक्षों को मिला लिया, इन्हें लोकपाल और देव पद पर प्रतिष्ठित किया गया। यक्ष फूले न समाए। इन्द्र ने यक्षों को पूरे भू-खंड पर स्थानान्तरित कर दिया। यक्ष इन्द्र के लिए कार्य करने लगे। सुकेतु नाम का यक्ष देवों की हाँ में हाँ मिलाता रहा परन्तु उसका पुत्र सुन्द आर्य विरोधी हो गया जिसे गुरुदेव अगस्त्य ने मार डाला। उसी सुन्द की भार्या ताड़का का आधिपत्य इस क्षेत्र पर है, वह यहाँ की अधिपति है। ताड़का सुकेतु से बहुत-सी विद्याएँ सीखकर राज-कार्य में पारंगत हुई है। स्वयं ताड़का अस्त्र-शस्त्रों से सुसज्जित होकर युद्ध भूमि में जाती है तो भयावह रूप देखकर लोग भय से काँप जाते हैं। इस क्षेत्र को ताड़का से मुक्त कराना कठिन है। फिर भी यह क्षेत्र तुम मुझ पर छोड़ दो। मैं आवश्यकता पड़ने पर तुम लोगों से सहायता लूँगा। हाँ, सचेत रहना है तुम्हें ताड़का के सैनिकों से।... दूसरी बात, तुम्हें चेरि जाति और नेवार जाति से भी सचेत रहना है। ये चालाक लोग हैं। ये जातियाँ अनार्य अधिपतियों के यहाँ सेवा कार्य करती हैं। कुछ परिवार तो आर्यों के यहाँ भी सेवा-कार्य में लगे हैं। अनार्यों को दास बनाने में भी सतर्क रहना चाहिए, लाभ-हानि का ध्यान रहे। सुना हूँ कि अवध और विदेह में चेरियों की संख्या अधिक

है। ये सूचनाएँ अनार्यों को देते हैं। इधर की बात उधर करते रहते हैं। इससे राजपरिवार में कलह का वातावरण बना हुआ है। जिसे देखो वही ऐंठा है। मुझे ऐसी ही सूचना है वत्स!

"...मैं कर्म को प्रधान मानता हूँ। तुम्हारी दृष्टि शिल्पियों पर होनी चाहिए। शिल्पी यदि तुम्हारी मानसिकता के घेरे में आ गए तो विजय निश्चित है। आर्यों को कुछ आता-जाता नहीं था। सब यहाँ के मूल निवासियों की देन है। हमने सब सीखा इन्हीं लोगों से और अधिकार भी कर लिया इनके राज पर, इनकी भाषा पर, समाज पर। चिन्ता है तो स्थायित्व की। भूमि उर्वर हो इसके लिए ये गोबर सड़ाकर खेतों में डालते हैं। तुम्हें भी बुद्धि को उर्वर बनाना है। शिल्पियों से खाद लो, मस्तिष्क में डाल लो। ये कपास, गेहूँ, गन्ना, तिल, चावल, जौ, चने की खेती करते हैं। अन्न का भंडार इनके पास है। बुद्धि से कुछ भाग अन्न का लो। बदले में उपदेश पिलाओ। वाणी से तृप्त करो। धोबी हैं, नाई हैं इनके अवकाश की तिथियाँ निर्धारित करो, जैसे—अमावस्या, पूर्णिमा, अष्टमी को अवकाश रहेगा। अलग-अलग शिल्प हेतु भिन्न-भिन्न तिथियों का अवकाश। इतना समझ लो हमें बुद्धि की खेती करनी है।

"...जाओ मेरे आचार्य पुत्रो, जाओ!! देह को वज्र बनाओ, दृढ़ बनाओ, दृढ़ देह गति के लिए आवश्यक है, विकास के लिए प्रखर बुद्धि। मुझे वज्रांगी बनाना है। वज्रांगीऽऽऽ...।"

विश्वामित्र को यही आदेश दिया था अगस्त्य ने। वज्रांगी का मन्त्र लेकर आए थे अगस्त्य, विश्वामित्र। विश्वामित्र को विश्वास हो गया कि 'समिधा मिलेगी। आहुतियाँ मेरे निर्देशन में होंगी। अंश मात्र भी देवों को नहीं देंगे समिधा में से। शब्दों का निर्माण और होगा। संगठन बनेंगे। बुद्धि से, बल से, पदभार से, भाषा से दबा दिए जाएँगे अनार्य। तब वे आर्य बन जाएँगे, स्वयं मेरी शरण में आकर। अधिकारों को बिखेर दूँगा। विकेन्द्रीकरण कर दूँगा।' सोचते-सोचते विश्वामित्र जोर से हँसे, "अब तुम पाँचों आचार्य दाढ़ी रख लो, लगे कि पुरोहित हो, आचार्य हो, श्रेष्ठ आर्य हो।"—हा-हा-हा-हा सभी हँसने लगे। गूँज आश्रम की दीवार से टकराकर वापस आ रही थी।

विश्वामित्र भी हँस रहे थे दाढ़ी दिखा-दिखा।

3

वर्षा ऋतु का अन्तिम चरण। शरद का प्रारम्भ। मीठी हवा। सिहरन। रात्रि ओस से भरी। भोर ओस बूँदों के संसार में टहलती। भीग जाता प्रातःकाल। भोर की प्रथम चिड़िया के जागते ही अगस्त्य शय्या छोड़ देते, आश्रम में तीव्र गति से घूमते।

एक भाग पूरा होता तो लोपा आ जातीं, वार्ता का क्रम प्रारम्भ हो जाता।

मुँह दिखाई न देता था। सूर्य अभी दूर था। पक्षियों ने अभी उड़ना प्रारम्भ नही किया था। अपनी-अपनी डाल पर बैठे चहचहा रहे थे। एकाध कौआ काँव-काँव कर चुप हो जाता। कौओं का चुप होना अगस्त्य को कभी अच्छा लगता कभी नहीं, दृष्टि उधर घूम जाती। लोपा साथ हैं। अगस्त्य बाएँ देखते हुए बोले, ''लोपा, अब संख्या कितनी है आश्रमियों की?''

''सौ तो होंगे ही। एक स्त्री भी है 'मैना', मैं मैना को बहुत चाहती हूँ आचार्य! यदि वह आर्य-स्त्री होती तो मेरे जैसी होती।''

''अभी तक कोई ऐसा अनार्य नहीं मिला जो मेरी वाणी को विस्तार दे। आर्य तो मिल जाएँगे परन्तु आर्यों से नहीं, मैं यह कार्य अनार्यों से करवाना चाहता हूँ। विश्वास दृढ़ होगा मूल निवासियों का इससे।''

''इसका अर्थ है कि ऐसा व्यक्ति जो आपके प्रत्येक निर्देशों-आदेशों का पालन करे जैसा आप चाहते हो!'' लोपा मौन हो गई सोचने लगी, सहसा याद आया, ''अरे हाँ! मैं तो कहना भूल गई, कुम्भा कह रहा था कि पास ही गरेह गाँव है। गरेह का ग्रामणी विराजक है। बहुत सुलझा व्यक्ति है। कुम्भा को गरेहवासी जानते हैं।''

''गौएँ चराने में वह दूर निकल जाता होगा!''

''बहुत दूर तक, कुम्भा में एक बात है कि वह ग्राम में जाकर पहले परिचय बढ़ाता है और आपके आश्रम के विषय में बताता है। इस समय जो भी आश्रमी हैं, वे अच्छे हैं, समझदार हैं। मैना खाद्य-पदार्थों को सहेजती है। पूरा भंडार उसके अधिकार में है। पीरू आश्रम की देखभाल करता है। द्वार पर हर घड़ी एक आश्रमी बैठा मिलेगा, यह व्यवस्था पीरू ने की है। शेष आश्रमी मेरे निर्देशन में कार्य कर रहे हैं। अब आप आगे की सोचिए।''

आचार्य कुटीर की ओर बढ़ रहे थे, सूर्य ने लाली बिखेर दी, ''इसका अर्थ यह हुआ कि व्यवस्था व्यवस्थित है। बस, मैं दीक्षित करने का कार्य प्रारम्भ कर दूँ। देर इसी में है। हाँ, विराजक को बुला लो।''

''मैना! ओ मैना!!'' लोपा ने पुकारा ''जी आई, अभी आई माँ!'' कहती हुई मैना भागी आई।

''मैना! देखो कुम्भा गौएँ लेकर चला गया क्या? उसे शीघ्र बुला लाओ और कह देना कि आज गौएँ चराने के लिए किसी और को लगा दे।''

मैना गौओं की कुटीर की ओर चली गई। कुम्भा गौएँ हाँक रहा था, ''रुको कुम्भा!'' सुना तो वह ध्वनि की दिशा में घूम गया। देखा मैना भागी आ रही है।

''क्या बात है मैना?'' कुम्भा बोला।

''इसी समय अभी, आचार्य ने बुलाया है, गौएँ चराने के लिए किसी अन्य को भेज दो।'' चहकती हुई भागी मैना।

कुम्भा ने एक आश्रमी को संकेत से बुलाया जो आश्रम बुहार रहा था और कुम्भा को देख, लम्बी बढ़नी रोक, इधर ही देख-सुन रहा था। काला, चपटी नाक, बलिष्ठ, ठिगना, कम बोलता था, सभी नाटे कहते थे। बढ़नी लिये थप-थप करता हुआ कुम्भा के निकट आया तो कुम्भा आदेश और आचार्य की भाषा में बोला, ''आज तुम गौएँ ले जाओ। पूरबी हवा है तुम पश्चिम की ओर जाना, कोई कुछ कहे तो आश्रम की गाएँ हैं, बताना–समझे!! सुनो, आश्रम के नियम जानो, उसी अनुसार रहो। तुमने अभिवादन नहीं किया। मैं तुमसे वरिष्ठ हूँ। और देखो, गौओं को पीटना नहीं। जाओ! गौएँ द्वार की ओर बढ़ रही हैं।'' कुम्भा गुरुदेव के कुटीर की ओर बढ़ गया।

''आओ! कुम्भा आओ! तुम मेरे आश्रम के नायक हो।'' अगस्त्य स्नेह से बोले। कुम्भा ने चरण छुए तो अगस्त्य ने सिर पर हाथ फेरा, ''तुम गरेह ग्राम को जानते हो? और...ग्रामणी विराजक को?''

''जी गुरुदेव, विराजक को मैं आश्रम के विषय में बता चुका हूँ। वह स्वयं मिलने वाले हैं।''

''तुम अभी गरेह जाओ, विराजक को साथ ले आओ।'' आचार्य ने आदेश दिया। कुम्भा अभिवादन कर चला गया।

सबसे बड़ी समस्या भाषा की थी, हर दिशा की लोक-भाषा भिन्न-भिन्न। प्रथाएँ भिन्न। समाज भिन्न। वर्ग-जातियाँ अलग-अलग। राज्य-व्यवस्था का कोई मेल नहीं। अगस्त्य सोचते–मुझे लोग ज्ञानवृद्ध समझने लगेंगे तो कार्य आसान हो जाएगा। इसके लिए मुझे भाषा पर अधिकार करना होगा और...। अगस्त्य की आँखें फैलतीं-सिकुड़तीं। लोपा को निहारते। लोपा मौन थीं। अगस्त्य अपने बल, शौर्य, विवेक को माप रहे थे। लगता है कि सैन्धव भी विचार में आ जाता है। लोपा एक बार शाम्बर की सेवा भी कर चुकी हैं, जब वह एक युद्ध में घायल हो गया था। यह भी ध्यान में आता होगा अगस्त्य के।

वसिष्ठ, विश्वामित्र का पता नहीं लग रहा था। न कोई समाचार न सम्पर्क। सम्भवतः वसिष्ठ को अवध का राजपुरोहित घोषित कर दिया गया हो। वसिष्ठ राजपुरोहित का सुख भोग चुके हैं। उन्हें वन-जीवन से क्या लेना-देना। सदैव आभिजात्य वर्ग में रहने वाला प्राणी भला अभावों में कैसे रहेगा, वो भी वसिष्ठ जैसा सुख-भोगी।

'तो क्या मिल गया पुरोहित का पद? क्या वसिष्ठ को चिन्ता होगी आर्यों की? आर्य संस्कृति की, नए समाज के निर्माण की? कहीं ऐसा तो नहीं कि सुख-ऐश्वर्य ने इन सब बातों को पीछे छोड़ दिया हो और वसिष्ठ को यह सब व्यर्थ लग रहा हो।' अगस्त्य सोचते रहते।

आश्रम में कई कुटीरों का निर्माण हो चुका था। गौएँ भी अधिक थीं। जो आश्रमी

आया अपने साथ कुछ-न-कुछ ले आया—खाद्य सामग्री, गौएँ, सूखी लकड़ी इत्यादि। अगस्त्य एक-एक बिन्दु पर लोपा का मत जान लेना चाहते थे। स्मृतियों, विचारों के कई चित्र चित्रित होते। हर बिन्दु पर अगस्त्य को लगता कि लोपा ने 'हाँ' कहा और वे आगे बढ़ गए। शून्य से चले थे, यहाँ तक आए। जिन विषयों पर विचार हुआ, निर्णय ठोस हुआ। विलम्ब अवश्य हुआ। प्रश्न, बिखरे को समेटने का है। लायक को सहेजने का है। पोषण की आवश्यकता है।

मैना ने सूचना दी कि भोजन तैयार है। लोपा और अगस्त्य मैना के कुटीर की दिशा में बढ़ गए।

"सूखे फल, मेवे कहाँ से लाती है मैना?" अगस्त्य एक टुकड़ा मुँह में रखते हुए बोले।

"मैना अच्छी व्यवस्थापिका है आचार्य!" लोपा ने मैना का गुण गाया। मैना प्रसन्न हो रही थी, "गुरुदेव, जितने आश्रमी हैं, वे अपने-अपने ग्रामों से प्रति माह फल, मेवे लाते हैं। इनके घर की स्त्रियाँ फलों को सुखाती हैं। वर्ष भर चलता है यह सूखा फल। मैं भी यही करती थी।" मैना चहकती हुई बोली।

"कितना भंडार है खाद्य सामग्री का?" जिज्ञासा प्रकट की आचार्य ने।

"पूरे एक वर्ष तक चलेगा ही।" आश्वस्त करती हुई लोपा बोलीं।

अगस्त्य, लोपा तृप्त हुए और अपने कुटीर आ गए। आधी घड़ी का विश्राम और पुनः वही संसार।

अगस्त्य की दृष्टि वानर राष्ट्र पर थी। 'ये भोले-भाले लोग हैं। सीधे इतने कि कोई करा ले इनसे जो चाहे। मात्र सराहे जाने से प्रसन्न। सेवा-भाव कूट-कूटकर भरा है। वानरों का क्षेत्र भी बड़ा है। इनको प्रलोभन देना सरल है।' अगस्त्य ऐसा ही सोचते हैं। अगस्त्य वानरों का अध्ययन कर रहे हैं। वानर राष्ट्र में वानरों के अतिरिक्त ग्राह्ढ़, भील, कोल, मुंडा, रीछ भी हैं। पूरा वानर समाज रुद्र भक्त है। रुद्र को ही ये अपना स्वामी मानते हैं। तो क्यों न की जाए रुद्र की आड़ में इनसे बातें—आर्य-लाभ की। अगस्त्य को ढेरों प्रतीक्षाएँ हैं। अनेक परीक्षाओं में उत्तीर्ण होना है। धत्! अभी तक प्रतीक्षा ने परीक्षा ने, पीछा नहीं छोड़ा।

और प्रतीक्षा है विराजक की। लेटे-लेटे कब आँख लग गई अगस्त्य को पता न चला। मस्तिष्क थक जाता है तो देह-अंग भी विश्राम चाहते हैं और नींद तो मानो टहलती रहती है, कब धमक जाए।

नींद खुली तो अगस्त्य ने आँखें तरेर कर देखा, लोपा नहीं थीं। बाहर धूप की थाह ली। सूर्य उतर रहा था परन्तु साँझ होने में देर थी। 'लगता है विराजक आ गया है,' मन-ही-मन अगस्त्य बोले और जल पात्र लिया, मुँह धोया। पानी दाढ़ी से चू रहा

था, नाभि क्षेत्र भीग गया। 'लोपा' कहा। कुत्तों ने सुना। कुत्ते भागे लोपा की कुटीर की ओर, कुत्ते 'लोपा' शब्द ध्वनि पहचान जाते। अगस्त्य जब भी 'लोपा' कहते कुत्ते लोपा के पास चले जाते।

कुम्भा विराजक को साथ लाया था। कुम्भा, मैना, पीरू विराजक को घेरकर बातें कर रहे थे। ''गुरुदेव अभी विश्राम कर रहे हैं। हम उनके जागने की प्रतीक्षा में हैं।''— कुम्भा ने पलथी मारी।

''विराजक भैया! गुरुदेव ऐसी बातें बताते हैं कि हमने अभी तक सुनी नहीं। पहले तो समझ में आती न थीं और जब समझ आईं तो इच्छा होती है कि गुरुदेव के पास ही बैठा रहूँ, जीवन भर उनकी कथा सुनाता रहूँ।'' पीरू को क्या पता कि अगस्त्य की योजना क्या है? वे अनार्यों की संस्कृति पर आक्रमण करना चाहते हैं। जैसे भी हो, आर्य लाभान्वित हों। संयोग से अगस्त्य को भोले-सीधे लोग मिले। सैन्धव-सा लड़ाकू क्षेत्र होता तो अगस्त्य कहाँ ठहरते! परन्तु अगस्त्य ने ही कब युद्ध से मुख मोड़ा था। आयुधों के निर्माता थे। यदि आवश्यक हुआ और युद्ध करना पड़ा तो विजय अगस्त्य की ही होगी। पीरू, मैना, कुम्भा को अगस्त्य के सच का पता नहीं था।

कुत्तों ने संकेत किया कि गुरुदेव जाग गए हैं। लोपा उठीं, मैना के कुटीर की ओर पग बढ़ा दिए। झाँककर देखा तो एक अन्य व्यक्ति के साथ चारों बैठे बातें कर रहे हैं।

आहट पाकर पीरू बाहर आया। लोपा को देखकर चहकता हुआ बोला, ''आइए माँ! विराजक आए हैं।''

''अन्दर नहीं आऊँगी, तुम सभी विराजक को आचार्य के कुटीर में लिवा लाओ।...और सुनो जलपान करा देना।'' लोपा चल दीं।

पीरू ने चलने का संकेत किया और सभी चल दिए। आचार्य-कुटीर पास ही था। कुम्भा द्वार पर खड़ा आदेश की प्रतीक्षा में था, ''आओ कुम्भा, मैं तुम लोगों के लिए ही बैठा हूँ।'' अगस्त्य ने प्रवेश की आज्ञा दी। और सभी घुस गए। अभिवादन के पश्चात् विराजक को कुटीर में घुटन जैसा लगा। ''आओ चलें वृक्ष के नीचे आश्रम की वेदी पर।'' अगस्त्य मनोभाव भाँप गए और वेदी की ओर पाँव बढ़ा दिए।

''तो तुम विराजक हो।'' अगस्त्य वेदी पर बैठते ही बोले, ''बोलो अपने विषय में, अपने समाज, परिवार, ग्राम के विषय में।''

''मैं विराजक वानर हूँ। हमारा कुल उत्तर से आया है, क्यों आया यह मैं नहीं जानता। हमारे पूर्वज वानर नहीं थे, यहाँ आकर वानरों से मिल गए और स्वयं वानर हो गए। इसी कारण हमारे कुल को व्रात्य वानर कहते हैं। यहाँ वानरों की संख्या कभ है। यहाँ से थोड़ी दूर दक्षिण दिशा में वानरों का क्षेत्र है। वहाँ के कई वानर समाज को जानता हूँ। किष्किन्धा, पम्पा, महेन्द्रपुर, रत्नपुर में वानर बहुत हैं। मैं और मेरा परिवार ग्राम के विकास में प्रयत्नशील है। इसी कारण ग्रामवासियों ने मुझे ग्रामणी बनाया है। मेरा

पूरा गाँव रुद्र की पूजा करता है। हमने रुद्र को देखा नहीं है, परन्तु उनके प्रभाव ने हम सब परिचित होते रहते हैं और कुछ नहीं जानता हूँ गुरुदेव, बस।'' इतना कहकर विराजक ने हाथ जोड़ लिये।

''इसका अर्थ यह है कि विराजक उत्तर का मूल निवासी है। हो सकता है ये मरुत हो। मरुतों को इन्द्र ने दुखी कर रखा था। मरुतों का एक भाग दक्षिण में भाग आया था। मैंने कितना प्रयास किया कि मरुत न जाएँ, उन्हें मिला लिया जाए। इस हेतु एक बार मैंने मरुतों को दान में बैल भी दिलवाया परन्तु दुष्ट इन्द्र ने मरुतों की स्त्रियों के साथ बलात्कार करना, किसी का भी वध करना प्रारम्भ कर दिया तो मरुत भाग खड़े हुए। रुद्र को मिलाया जा सकता था। तो मरुतों को क्यों नहीं! रुद्र शक्तिमान थे, रुद्र को रोकना कठिन था, रुद्र पर विजय पाना असम्भव था। मरुत सीधे, ये बेचारे मरुत!!''

जिसकी खोज थी, अगस्त्य पा गए, विराजक के रूप में। वे मन-ही-मन बोले, 'इसी के माध्यम से मैं कार्य योजना का विस्तार करूँगा,' "विराजक अब तुम आश्रम में रहोगे। कठिनाई हो तो कहो। तुम्हारे भीतर सेवा-भाव छिपा है। सेवा से मन पर विजय पाई जा सकती है। तुम दक्षिण के इतिहास में रहोगे। तुम आश्रम के श्रेष्ठ अधिकारी...पूरा आश्रम तुम्हारे ऊपर छोड़ता हूँ।'' अगस्त्य विराजक का मन टटोल रहे थे।

''जो पाना चाहता था मिल गया गुरुदेव। कुम्भा आपके और आश्रम के विषय में बताता था तो मेरी इच्छा हुई कि मैं भी आश्रमी बनूँ।'' और सिर झुका लिया विराजक ने।

विराजक सूचना अधिकारी बन गया। आचार्य अगस्त्य को वानर राष्ट्र से परिचित करा दिया गया। किष्किन्धा में ऋक्षराज का शासन था। रत्नपुर के प्रह्लाद अधिपति थे तो महेन्द्रपुर के महेन्द्र रायवर। ऋक्षराज का आदेश समस्त वानर राष्ट्र के अधिपतियों को मानना आवश्यक था। अगस्त्य शीघ्र जान लेना चाहते थे वसिष्ठ और विश्वामित्र के विषय में। विराजक को कुशल अश्व चालक बना दिया गया। बिखरे हुए को समेटना चाह रहे थे ऋषि-आचार्य-गुरुदेव अगस्त्य। नए युग की कल्पना में थे अगस्त्य। एक भाषा, एक देश, एक जाति की कल्पना तो थी ही परन्तु आर्यों की ओर झुकाव अधिक था इस सबमें छिपा था आर्य-लाभ। बल और भय दिखाकर दास बनाया गया, अब बुद्धि की बारी है। भाषा, साहित्य, परम्पराओं-प्रथाओं में काल्पनिक कथाओं में उलझाकर इन्हें दास बनाना है। ये दास बने रहें और दासत्व का बोध न हो। करें ये रहें हम, मरें ये जीएँ हम, लड़ें ये राज भोगें हम। ये वाणी लाभ लेते रहें। काल्पनिक भय से भयभीत रहें और लाभांश देते रहें। यदि ऐसी व्यवस्था हो गई तो अनन्त काल तक आर्यों को सुख मिलेगा। आर्य राज भोगेंगे, पुरोहितों की पीढ़ी-दर-पीढ़ी पूजी जाएगी।

अगस्त्य दीक्षित करने लगे आश्रमियों को। विराजक ने कई ग्रामीण ला दिए। आचार्य

बनाए गए। अस्त्र-शस्त्र भंडार बना। नए-नए अस्त्र-शस्त्रों का निर्माण हुआ। ज्ञान-विज्ञान से लेकर धर्म की शिक्षा और अस्त्र-शस्त्रों का अभ्यास कराया जाने लगा। इन सबमें छिपा था अगस्त्य का आर्यलाभ। 'अब यदि युद्ध भी करना पड़ा तो अनार्य, अनार्य को मारेगा। पहले जैसा नहीं कि आर्य-अनार्य लड़कर मरें। देवों को भी बुद्धि नहीं आई। बहुत मरे। इसके लिए एक व्यवस्था करनी होगी कि देव दूर ही रहें। देव अपनी युक्ति लगाएँगे और मेरे विचार घायल कर देंगे। देव आर्यों से भी समिधा प्राप्त करते हैं, अब इसी व्यवस्था को यहाँ प्रचारित करके पुरोहितों को समिधा का लाभ दिलाना होगा।'– अगस्त्य सोचते रहते।

इतनी उलझन! इतना बड़ा आयोजन! इतने प्रकार! इतने विषय! इन सबको समेटकर एक मार्ग बनाना अगस्त्य के ही वश की बात थी। संध्या को मुख्य आश्रमी, आचार्य और लोपा वेदी पर बैठते, चर्चा होती। आज भी बैठे हैं अगस्त्य को घेरकर।

''आश्रम का यह रूप आप सभी के परिश्रम का फल है,'' अगस्त्य गौरवान्वित हैं। ''मेरे गौरव में आपका लाभ छिपा है।'' अगस्त्य ने वाणी रस पिलाया तो सभी दाँत दिखाते हुए स्फुटित होने लगे।

''विराजक, बताओ किसके कार्य क्या हैं?'' प्रश्न किया अगस्त्य ने। विराजक जिसका नाम लेता वह उठकर अभिवादन करता। यह शिष्टता की नई प्रणाली थी। ऐसे ही कितने प्रकार अगस्त्य ने दिए जो मानसिक रूप से दासत्व का बोध देते और परिश्रम के बाद भी हीन बने रहने का मूक उपदेश। जिससे छिपी मानसिकता का पता न चले।

''मैं, कुम्भा–पशुओं का प्रभारी सहस्त्र गौएँ, तीन अश्व, बीस बैल, पाँच हिरण, सात कुत्ते। पशुओं का चारा पर्याप्त है।''

''मैं, मैना–खाद्य भंडार की प्रभारी, वर्ष भर हेतु पर्याप्त सामग्री। सूखी लकड़ियाँ पर्याप्त हैं। ऋतु-फल की मात्रा नगण्य।''

''ऋतु के अनुकूल शीघ्र ही फलों की व्यवस्था हो जाएगी।'' विराजक ने मैना को आश्वासन दिया। ''क्रम न टूटे आगे बोलो,'' संकेत हुआ।

''मैं, पीरू–द्वार और आश्रम की सुरक्षा का दायित्व, पूरे आश्रम की सफाई का कार्य मेरे माथे। आश्रम के हर कोण हर दिशा पर प्रहरी, तीन प्रहरी हर घड़ी सिंहद्वार पर।''

''मैं, बासुका–आश्रम के आचार्यों की सेवा और विराजक जी के आदेश का पालन का कार्य।''

"मैं, करणपारा–आश्रम की भूमि की पूरी देखभाल, कृषि कार्य। वृक्षों, फूलों का कार्य। दस सहायकों की आवश्यकता है।"

''मैं, अपरा हूँ–मैं आवश्यक वस्तु निर्माण कार्य का भार सँभाले हूँ। मेरी कार्यशाला में मिट्टी के पात्र, टोकरी, बेनी, रस्सी, आसनी और सूत का कार्य होता है।''

''सत्वमुनि मैं हूँ।'' मैं औषधि निर्माण कार्य में लगा हूँ। वनस्पतियों से औषधि निर्माण का कार्य एवं उपचार कार्य।''

"मैं, मांडू–शस्त्र भंडार का प्रभारी।"

और एक-एक कर सबने अपनी कार्य आख्या प्रस्तुत की। अगस्त्य का पुनः परिचय हुआ और आश्रमियों के नाम स्मृति में बने रहें, अगस्त्य ने नाम दोहराया। अन्त में आचार्यों ने सहस्र शिष्यों की संख्या बताई। प्रबल, सत्वमुनि, वाचा, सगुणानन्द प्रमुख रहे आचार्यों में।

आचार्य अगस्त्य फूले न समाए, "मैं गद्गद हूँ, एक प्रसन्नता की बात यह है कि जिसकी खोज थी वह वस्तु मिल गई है। मैं चाहता था कि लोक-भाषाओं, बोलियों के स्थान पर एक सम्पर्क भाषा का निर्माण हो। आप अपनी-अपनी बोलियों में रहें, जीएँ, परन्तु एक सूत्र में भाषा ही बाँध सकती है और मैं भाषा का व्याकरण लिख रहा हूँ। जीवन के हर क्षेत्र का व्याकरण होता है। भाषा का भी।"

हर्ष ध्वनि से अगस्त्य की जयकार हुई तो अगस्त्य ने टोका, "यह जयकार क्यों? मैं मान-सम्मान का लोभी नहीं हूँ। आप अपनी प्रसन्नता आश्रम की सेवा करके प्रकट करें, यही मेरा मान है।...और विराजक तुम रुको, शेष अपने कुटीर की ओर जाएँ।" सभा समाप्त हो गई।

"विराजक, मुझे अधिक-से-अधिक सूचनाएँ एकत्र करके दो। मुझे भी यात्राएँ करनी हैं और तुम्हें भी। आश्रम ने गति पकड़ ली है। आस-पास का क्षेत्र प्रभावित भी है।" अगस्त्य बोले।

"आस-पास ही नहीं वानर राष्ट्र के अधिपतियों तक को आश्रम का ज्ञान है। आपके नाम की चर्चा है।" विराजक ने बताया।

"चलो अच्छा हुआ आश्रम का विस्तार होगा। तुम्हें सूचनाओं के अतिरिक्त नए आश्रम स्थापित करने होंगे और उन आश्रमों पर मेरा अधिकार होगा।"

"एक-दो आश्रम भी बने हैं गुरुदेव।...अभी आप सूचनाओं के विषय में कह रहे थे।"

"हाँ, सूचनाएँ, इसके लिए यात्रा। पूर्व-दक्षिण से–दशार्ण, अंग, उपवेग, कालग, जठर, मेकल, शवरानन, शवरवर्ण, त्रिपूर, पूरक, कंटकस्थ, पृथगू, कर्णान्ध, चर्मण्वती, काकक, श्मश्रुधर, बलिग्रीव, महाग्रीव, किष्किन्धा की सूचना...दक्षिण से–महेन्द्र, दुर्दर, मलय, शाम्बवती, दशपूरक, चक्रार, कच्छप, बनवासोप, दण्डक, शैव, ऋष्यम्क, ककोर्ट, पम्पा, कैरक, यासिक, ताम्रीक, ऐणक, आन्ध्र, कोल पर्वत, क्रौंच, भौनंद, मर्दन की सूचना और इसकी यात्रा...मध्य क्षेत्र से–कीटक, सिद्ध खंड, कालिरूह, जयकच्छ, धूम्र लाजगण और पश्चिम के मध्यवर्ती क्षेत्र की यात्राएँ...सालुक, आकोध, माण्डव्य, यस्युन, उदुम्बर, माणायान, मेघभव, कुरापर्ण की यात्राएँ अति आवश्यक हैं। इनमें से अधिक-से-अधिक यात्राएँ मैं ही करूँगा। तुम अवध और विदेह की सीमा, जो उत्तर-पूर्व में मिलती है, वहाँ जाओ। विश्वामित्र से मिलो। मेरा सन्देश कहो। विश्वामित्र कहाँ हैं, ठीक प्रकार से कोई समाचार नहीं है। सम्भावना है कि उसी दिशा में होंगे। किसी नदी के तट पर। विश्वामित्र

जहाँ भी रहेंगे कई कोस के लोग जानते होंगे। विश्वामित्र मेरे शिष्य हैं परन्तु ख्याति अधिक है उनकी।'' अगस्त्य योजना को कार्यरूप दे रहे थे।

''कल प्रातः ही प्रस्थान करूँगा गुरुदेव! तीव्रगति का एक युवा अश्व है। आज अश्व का परीक्षण करूँगा।''

''जाओ, सफल होगी यात्रा तुम्हारी। और सुनो! मार्ग में जहाँ रुकना वहाँ के ग्रामिक से मिलना। मिलकर क्या करना है यह तो तुम जानते ही हो।'' अगस्त्य वेदी से उठ गए।

'ऐसी यात्रा जिसका उद्देश्य तो है परन्तु स्थान ज्ञात नहीं। मार्ग हैं तो क्या भटक नहीं जाऊँगा! कितने मोड़? कितनी नदियाँ? कितने पर्वत-पहाड़ियाँ? कितने गाँव? कितनी भाषाएँ? कितने वन पशु? हर क्षण मृत्यु से साक्षात्कार! यदि मृत्यु का भय न करूँ तो सब आसान। मार्ग ही मार्ग दिखाए। नदी तैरकर अश्वसहित पार कर जाएँ। मोड़ पर सुस्ता लें किसी वृक्ष के नीचे। दो घूँट जल पीकर तृप्त हो जाएँ। पर्वत-पहाड़ियों में पद चिह्नों, घुमावदार पतले मार्ग तलाशें। झुककर चढ़ें तो पार कर जाएँगे। गाँवों में विश्राम, जो होगा मेरे जैसा ही होगा। पशु तो नहीं कि बस युद्ध की ठान लें, अपने बचाव में। मुझे लड़ना तो है नहीं। पशु भी युद्ध नहीं चाहता। यदि मैं आहार होऊँ या मुझसे किसी के प्राण संकट में पड़े तो युद्ध सम्भव है। भाषा की समस्या का हल संकेतों से करूँगा।'

पूरी रात विराजक सोचता, जागता, कभी आँख लग गई तो नदी का स्वप्न। चौंककर उठ बैठता।...आँख खुली तो पक्षियों का कलरव सुनाई दिया। शौच के पहले विराजक अश्व कुटीर की ओर दाना खिलाने चला गया। नाँद में अश्वों का चारा आज स्वयं विराजक ने डाला। कुम्भा अभी आया नहीं था, विराजक ने बुलाना उचित नहीं समझा। शौच जाते समय कुम्भा दिख गया, ''कुम्भा! काले अश्व को दाना डाल आया हूँ, पानी पिला देना।'' ''आज विराजक स्वयं अश्व को चारा डाल रहे हैं!'' वह अश्व कुटीर की ओर दौड़ गया।

अभी अँधेरा था, विराजक का अश्व तैयार, एक लम्बी यात्रा के लिए। आश्रमी जाग गए थे। विराजक ने आचार्य के चरण छुए, लोपा से आशीष लिया। आश्रमियों से मुस्कराता, हाथ उठाता अश्व की पीठ पर बैठ गया कूदकर।

'रुद्र रक्षा करें, मातृ शक्ति बल दें, आचार्य की दीक्षा स्मृति में रहे। हे सूर्य! हे वन! ओ आकाश! ओ मेरे हृदय!'...सिंहद्वार से निकलते ही विराजक बुदबुदाया और अश्व को उत्तर-पूर्व की दिशा में मोड़ दिया।

अश्व ने गति पकड़ी। सारा आकाश साथ चल पड़ा। पृथ्वी नाच गई। वृक्ष कुछ दूर तक साथ दौड़ते फिर पीछे छूट जाते। छिछली नदियों को अश्व पर बैठे पार किया

तो गहरी नदी को तैर कर। नालों को अश्व कूद जाता, छलाँग पर छलाँग! ऊँची भूमि, गहरी खाइयाँ। कभी लगता कि सफलता आगे पाँव पसारे है तो कभी साहस ने गति बढ़ा दी। पर्वतों को लाँघता। कहीं जल पी लिया तो कहीं फल खा लिये। रात्रि ग्रामों में बीतती। ग्राम के लोगों को ग्रामणी एकत्र करता। विराजक यात्रा का वर्णन करते हुए आश्रम की चर्चा पर आता और आश्रम के गुण गाता। भोले मूलवंशी जान न पाते कि आश्रमों से मेरा क्या लेना-देना। कुछ आश्रम चलने की इच्छा करते तो विराजक कहता—आपके ग्राम के निकट शीघ्र ही आश्रमों का निर्माण होगा। आप दीक्षित होंगे मेरी तरह। आप नए युग में प्रवेश करेंगे। भूमि के जीव-जन्तुओं में विज्ञ होंगे।

कहीं काले तो कहीं ताम्रवणी, कहीं लम्बाई कम, मोटे तो कहीं दुबले मिल जाते विराजक को। विराजक को अन्य जीव की तरह देखते ये लोग। विराजक का अश्व दौड़ता रहा। ग्राम के ऊपर ग्राम। प्रतिदिन की यात्रा में भिन्नता। भिन्न लोग। भिन्न भाषाएँ। जल, फल का स्वाद भिन्न। किसी से अवध की सीमा पूछता और उसी दिशा में चल देता विराजक, फिर किसी से विदेह की सीमा पूछकर उसी दिशा में मोड़ देता अश्व। कहीं पूछता नदी—दोनों सीमा की दिशा में संकेत करता हुआ...और आगे बढ़ जाता।

धूप भागने लगी। छाया लम्बी हो गई। विराजक पीछे मुड़कर सूर्य को देखता, अश्व को एड़ लगाता। निकट कोई ग्राम दिखाई नहीं देता। निर्जन मार्ग, भागा जा रहा था विराजक। यदि रात्रि हो गई और कोई ग्राम न मिला तो क्या करूँगा। ओठ दबाए विराजक अश्व को साहस देता। तीव्र अति तीव्र गति से सरपट दौड़ता रहा अश्व। अश्व ने पूरी शक्ति लगा दी। अश्व की पीठ से विराजक का नितम्ब प्रदेश उठ गया और धड़ अश्व की गरदन की ओर झुका-झुका।

औचक नदी आ गई, गहरी और चौड़ी। सूर्य लाल थाल-सा होने वाला था। किरणें नींद में ऊँघने लगीं। अश्व नदी के कगार पर रुक गया। ऊँचा कगार। विराजक ने अश्व की पीठ छोड़ी और किसी सुरक्षित स्थान की खोज में एक वृक्ष पर चढ़ दृष्टि दौड़ाई—दूर, फूस की झोंपड़ियाँ और कच्चे घर दिखाई दिए। विराजक ने अश्व को सहलाया और झोंपड़ियों की दिशा में नदी के किनारे-किनारे चल पड़ा।

पास के वृक्ष के नीचे तीन जन बतिया रहे थे। सम्भवतः वे सन्ध्या शौच हेतु नदी के तट की ओर आए थे। विराजक थककर चूर था। अश्व स्वेद से भीग गया था। लगाम पकड़े विराजक पैदल चल रहा था। साहस बटोरकर भय को छिपाता हुआ समीप आकर बोला, "मैं अगस्त्य-आश्रम...जो यहाँ से सुदूर दक्षिण में है, आया हूँ। मुझे विश्वामित्र आश्रम जाना है।" कहकर वृक्ष के नीचे बैठकर पसर गया विराजक।

"लगता है, आप बहुत थक गए हैं।" पहला बोला। विराजक ने भय थूक दिया, 'मैं तो समझा था कहीं लूटने वाले न हों परन्तु ये तो भोले हैं। मेर जैसे जान पड़ते हैं।' विराजक का भय जाता रहा।

"विश्वामित्र आचार्य कुलपति का आश्रम निकट ही है।" दूसरे ने कहा।

"चिन्ता न करें, सौ पग चलने के बाद आप आश्रम की सीमा देख सकेंगे।" तीसरे ने आश्वस्त किया, "परन्तु यदि आप विश्वामित्र जी के आश्रम जाना चाहते हैं तो आज आप मेरे ग्राम में विश्राम करें। प्रातः आपको सिंहद्वार तक छोड़ दिया जाएगा।"

तीनों ने 'हाँ-हाँ' कहा और विराजक के प्रयास के बाद भी वे तीनो माने नहीं, साथ अपने ग्राम में लिवा गए।

विराजक थका तो था ही ग्राम में पहुँचते ही आसन पर पसर गया। ग्रामवासी अश्व के पानी-चारे की व्यवस्था में लगे रहे। विराजक अपनी यात्रा की सफलता पर प्रसन्न था। कई ग्रामवासी विराजक को देखने आ गए थे। कानोकान सूचना हो गई थी कि दक्षिण से मिलने कोई आया है। विराजक ने अगस्त्य आश्रम का गुण गाया। विश्वामित्र के आश्रम, यहाँ के भूगोल, इतिहास, समाज, जातियों, आश्रमों के विषय में विज्ञ हुआ। वह जान गया कि विश्वामित्र के आश्रम का नाम 'सिद्धाश्रम' रखा गया है।

गन्ने के रस में पका मीठा भात, जौ की टिकरी और साग विराजक ने खाया। गरम दूध पीकर वह तृप्त हो गया। विराजक सो गया परन्तु ग्रामवासी देर रात तक आपस में बातें करते रहे।

विराजक की जब नींद खुली तो पूरा गाँव जाग गया था। निवृत्त होकर नदी की ओर से लोग आ रहे थे। कल की तरह सूर्य लगा लाल थाल-सा जैसे वह वहीं हो जहाँ तीनों जन मिले थे। बादल के लाल-लाल टुकड़े मन को भा रहे थे। नीम के वृक्षों की भरमार थी। इमली और जामुन भी विराजक की सफलता पर गद्‌गद थे।

विराजक ने गृहस्वामी से विदा ली, "अच्छा चलूँ, आपकी सेवा का आभार। ऋणी रहूँगा। अभिवादन,"—कहता हुआ विराजक नदी की ओर चल पड़ा। वह निवृत्त हुआ, अश्व को धोया और आश्वस्त हो तृप्त मन से पाँव-पाँव चल पड़ा सिद्धाश्रम की ओर।

"सिद्धाश्रम का सिंहद्वार अहा! कितना दर्शनीय है।" विराजक बोल पड़ा।

"कौन हो तुम, यहाँ क्या कर रहे हो?" प्रहरी ऊँचे स्वर से रोष दिखाते हुए बोला। कई प्रहरी आ गए।

विराजक निर्भीक हो मुस्कराया, "मेरा नाम विराजक है। सुदूर दक्षिण में स्थित अगस्त्य-आश्रम से आया हूँ। कुलपति से मिलना है। सन्देश लाया हूँ।"

"यहीं ठहरो," कहकर एक प्रहरी कुलपति के विशाल कुटीर की ओर बढ़ गया।

प्रहरी वापस आया तो भीतर आने का संकेत देकर विराजक को साथ लिये कुटीर की ओर बढ़ गया।

लम्बी श्वेत दाढ़ी, छरहरी देह, लम्बा शरीर, गौर वर्ण, नयन बड़े, लम्बी जटा को लपेटकर सिर पर गोल बँधा, मानो कोई शस्त्र बाँधे हों। ऋषि-मुनियों से घिरे पलथी

मारे, सीधे, मानो पत्थर की कोई मूरत बैठी हो। मुँह खुला का खुला रह गया विश्वामित्र को देखकर। विराजक समझ गया कि यही कुलपति आचार्य विश्वामित्र हैं।

"आओ दक्षिण के वत्स!" विश्वामित्र ने पुचकारा।

जैसे स्वप्न भंग हुआ हो विराजक का। उसने अभिवादन किया और वेदी के एक कोण पर किनारे बैठ गया।

"समीप आओ वत्स विराजक! थक गए होंगे चाहो तो विश्राम कर लो।" पुनः कुलपति ने स्नेह से कहा। दिवासो संकेत पाकर जल लाने चला गया।

कल की घटना का वर्णन करते हुए विराजक बोला, "नदी के तट तक आया तो समीप के ग्रामवासियों ने रोक लिया। रात्रि विश्राम उन्हीं के ग्राम में हुआ। स्वस्थ हूँ तात!"

भरा जल-पात्र आ गया, साथ में अभी के तोड़े गए फल भी।

"लो पहले फल खाओ, जल पी लो, तृप्त हो जाओ, तब कहो।" विश्वामित्र रूप-रंग देखकर जान गए कि यह व्यक्ति आर्य नहीं है। यहाँ का मूल निवासी है तो क्या अगस्त्य के आश्रम में अनार्यों की भरमार है? आश्रम के उच्च पदों पर मूलवंशी विराजते हैं?

विराजक का संकोच देख आचार्य विश्वामित्र ने सभा विसर्जित कर दी, "लो, अब फल खाओ।"

विराजक, फल खाने लगा। जल पीकर बोला, "तात! मैं गुरुदेव का सन्देश लाया हूँ। गुरुदेव ने आपके समाचार, प्रगति, कार्य योजनाओं का वर्णन विस्तार से सुनने की इच्छा व्यक्त की है।"

"विराजक तुम यहाँ कुछ दिनों तक रहो, देखो और समझो। इससे अच्छा सनाचार, प्रगति की आख्या और कार्य योजना का विस्तार मैं शब्दों से कहकर नहीं दे सकता।" विश्वामित्र हँसे, आकाश को निहारा फिर विराजक को घूरने लगे।

विराजक मौन, एक मौन तो सौ मौन, "वाह! क्या मनोविज्ञान है विश्वामित्र का कितना आत्मविश्वास है। कितने दृढ़ हैं प्रत्येक शब्द समीक्षा के लायक!—और मौन विराजक!!

विराजक के मौन को भाँप गए विश्वामित्र, बोले—

"तो सुनो, सिद्धाश्रम देख रहे हो। इतना सम्मानित किसी का आश्रम इस क्षेत्र में नहीं है। सहस्रों शिष्य, सैकड़ों आचार्य, विशाल अस्त्र-शस्त्र भंडार, खाद्य अन्न को समस्या नहीं। सहस्रों गौएँ, अश्वों, वृषभों की संख्या भी इतनी।...घने वृक्ष, फलों से लदे फलदार वृक्ष। पाठशालाएँ, व्यायाम के लिए कई स्थान, ध्यान केन्द्र।...यह सब देखोगे विराजक! गुरुदेव से कहना कि विदेह, अवध की सीमा पर गंगा से मिलती एक छोटी नदो के तट पर सिद्धाश्रम स्थित है। सारा कार्य आपकी योजना के अनुसार ही संचालित होता है। उत्तर-पूर्व में मिथिला है और दक्षिण-पश्चिम में अवध। सैन्धव जैसा वातावरण नहीं है। अनुकूल है, जो प्रतिकूल होगा उसे नष्ट कर दिया जाएगा। गुरुदेव आश्वस्त रहें।

"...और कहना कि मेरी दृष्टि अवध और मिथिला–जिसे तुम विदेह कह रहे हो, समान रूप से है। शीघ्र ही दोनों अधिपतियों पर आश्रम का मानसिक अधिकार हो जाएगा।"

विराजक अनार्य था। इस कारण पूरी तरह खुलकर बात करना कठिन था विश्वामित्र के लिए..."और कहना, वसिष्ठ अवध के राजपुरोहित हैं, गौतम विदेह के पुरोहित! वाल्मीकि, भरद्वाज, अत्रि, विभांडिक के आश्रमों से लगातार सम्पर्क है। अन्य आश्रमों की स्थापना हो रही है। यह सब कुछ आपके दिए गए आदेशों के अनुरूप ही हो रहा है।"

"...और गुरुदेव से कहना, विदेहराज न जाने किस चिन्तन में खोए रहते हैं। प्रजा और राज-व्यवस्था से उनका लेना-देना नहीं लगता। चिन्तन से ही राज्य नहीं चलता। उन्हें समय मिलता है तो नृत्य-संगीत में लीन हो जाते हैं। ऐसा ही अवध है। अवध के राज्य कर्मचारी भ्रष्ट हो गए हैं। अराजकता का वातावरण है। मुझे नई व्यवस्था देनी है। नया वातावरण तैयार करना है। तटस्थ होने से कार्य होने वाला नहीं। मुझे समानता की दृष्टि अपनानी है तो दुष्टों का अन्त भी..."

विराजक सुनता रहा परन्तु एक बात खटक रही थी। विश्वामित्र ने वाणी को विराम दिया तो वह जिज्ञासा प्रकट करता हुआ बोला, "आचार्य, मैं देख रहा हूँ कि आपके आश्रम में अधिकतर लोग गौर वर्ण के हैं, आप जैसे। मेरे जैसों की संख्या बहुत कम है। अगस्त्य आश्रम में लोपा माँ और गुरुदेव ही गौर वर्ण के हैं, शेष सभी काले-चपटी नाक वाले।"

विश्वामित्र को काठ मार गया। सन्न रह गए। नयन फैल गए। क्रोध को दबाया विश्वामित्र ने। निरुत्तरता का भाव स्पष्ट हो रहा था मुख पर। हाथ माथे पर गया। दाढ़ी में अँगुली घुमाने लगे, "विराजक, बहुत से ऐसे प्रश्न हैं जिनका उत्तर देना असम्भव है या यूँ समझो कि ऐसे प्रश्नों के उत्तर नहीं होते, फिर भी यह जान लो कि यह सब जलवायु का प्रभाव है। तुम एक माह की यात्रा करके आए हो। भिन्न-भिन्न स्वाद के जल मिले होंगे, ऋतुओं में अन्तर रहा हो, ऊष्मा का प्रभाव भिन्न-भिन्न रहा होगा, तो लोग भी अलग-अलग रंग, आकृति देह वाले मिले होंगे। तुम जैसे-जैसे पश्चिम और उत्तर शीत प्रदेशों में जाओगे तो गौर वर्ण के बहुत से लोग मिलेंगे। पशु-पक्षियों में भी अन्तर स्पष्ट दिखाई देगा।...तुम एक पक्ष यहाँ रहो अनुभव करो, कुछ सीख लो, तब जाना और गुरुदेव को विस्तृत परिचय देना। जाओ!...और सुनो! व्यर्थ बातों में फँसना समय खोना है।"

विराजक आश्रम की हर वस्तु निहारता। अपने आश्रम की वस्तुओं से तुलना करता। कुटीर बड़े-बड़े बने थे। प्रत्येक वस्तु उचित स्थान पर थी। सभी विभाग चौकस थे। विराजक के मस्तिष्क से गौर वर्ण का चित्र जाता न था। काले-चपटी नाक वालों की संख्या बहुत कम थी। जो थे वे सेवा भाव में लगे रहते। गौर वर्ण उच्च पदों पर थे।

पूरा आश्रम विराजक को जान गया। विराजक की मित्रता अव्यक्त, तीरथू–जो श्यामवर्णी थे–से हो गई थी। चित्रस्थ गौर वर्ण का था उससे भी गाढ़ी मित्रता विराजक ने साध ली।

अव्यक्त भागता हुआ आया तो विराजक ने पूछा, "क्या बात है मित्र, तुम्हारी साँस इतनी तेज क्यों? क्या कोई अतिथि आया है?"

"अतिथि के आने पर क्या भागना। अभी-अभी एक दुष्ट पकड़ा गया, जिसे वृक्ष में बाँध दिया गया है।"

"दुष्ट! कैसा दुष्ट!! और आश्रम में उसका क्या कार्य?"

"तुम नहीं समझे। कुलपति का आदेश है कि अराजक तत्त्वों को पकड़कर आश्रम में डराया, धमकाया जाए। यदि वह आश्रम का धर्म स्वीकार कर लेता है तो उसे आचार्य दीक्षित करते हैं और यदि नकारात्मक उत्तर मिलता है तो जिस राज्य सीमा में वह आता है उस राज्य के प्रधान सैनिकों को उसे सौंप दिया जाता है।"

विराजक को आश्चर्य हुआ, "राज्य के कार्य में आश्रम का इतना हस्तक्षेप!"

विश्वामित्र का दोनों राज्यों पर दबदबा बना हुआ था। कैसी-कैसी व्यवस्था कर रखी है कुलपति ने। अभी कोई घटना घटी, घटना के अनुरूप तत्काल व्यवस्था कर दी गई, विद्युत गति से। आश्रमी सदैव चौकस। विश्राम का नाम नहीं, मानो रुकना पराजय का नाम है।

"मैंने बहुत से आचरण और कार्य घंटनाओं से सीखे हैं।" अव्यक्त गौओं को चारा डालते हुए दाँत निपोर दिया।

तीरथू आचार्यों के कुटीर में जल भर रहा था। पहले, तीरथू कुलपति के कुटीर का जलपात्र धोता उसे भरता...बाद इसके वह अन्य कुटीरों की ओर जाता। विराजक चित्ररथ के साथ टहलता हुआ कई विभागों सें विज्ञ होता हुआ तीरथू की ओर आ रहा था।

"आप सूचना विभाग में हैं?" विराजक बोला।

"हाँ, सूचना में हूँ। परन्तु यात्रा नहीं करता। सूचना यात्री अन्य भी हैं।" चित्ररथ एक पग विराजक के पीछे था, कन्धे पर हाथ रखता हुआ बोला, "मैं सूचना यात्रियों द्वारा एकत्र सूचना सामग्री को कुलपति तक पहुँचा देता हूँ।"

"फिर क्या होता है या क्या करते हैं सूचनाओं का आचार्य?"

"होगा क्या, अरे भई, यह तो मुख्य कार्य में है। सूचनाओं के आधार पर सभा में विषयवार्ता होती है। कुलपति अगली योजनाओं का प्रारूप तैयार करते हैं। उसी अनुसार कार्यक्रम बनता है।"

"मैं भी सूचना अधिकारी हूँ, चित्ररथ।" विराजक ने छाती तान दी।

"तब तो आप विज्ञ होंगे!"

"नहीं मित्र, सूचना के नए सूत्र मैंने यहाँ सीखे हैं।"

"यह तो जान लो जिसका सूचना-तन्त्र सतर्क और प्रौढ़ नहीं होगा निर्बल हो जाएगा– बिना मारे मरा हुआ। कुलपति ने सूचना-तन्त्र गढ़े हैं। कम-से-कम बीस सूचना-यात्री

हैं। इन सूचना-यात्रियों को आश्रम के सभी जन जानते भी नहीं। आचार्यों के अतिरिक्त मैं जानता हूँ और कुलपति।''

''बीस सूचना यात्री!'' विराजक को आश्चर्य हुआ।

''इसमें चौंकने की बात क्या है मित्र!'' चित्ररथ समझाते हुए बोला, ''दो-दो सूचना यात्री विदेह और अवध के लिए। सात, अन्य आश्रमों के लिए। एक सिद्धाश्रम के लिए। आठ ग्रामों के लिए।''

''...इसमें कुलपति को सूचनाएँ समय पर मिलती रहती हैं। समस्त घटनाओं की स्मृति कुपलति के मस्तिष्क में है। कृषि कैसी है, सिद्धाश्रम में कोई दुष्ट आश्रमी तो नहीं या कोई दुष्टों से मिला तो नहीं, ग्रामियों के आचार-व्यवहार की विज्ञता, आश्रमों में शिष्यों की संख्या कितनी है और क्या आश्रमों के आचार्य सतर्क हैं, जागरूक हैं या ऊँघ रहे हैं—इसकी सूचना। दोनों राज्यों की गतिविधियों की जानकारी। यह सब सूचनाएँ कुलपति को एकत्र कर दी जाती हैं। कुलपति इसी कारण विख्यात और ठोस हुए हैं। सूचना विभाग के क्रिया-कलाप गुप्त रखे जाते हैं। 'गुप्तचर' सूचना विभाग की एक शाखा ही तो है परन्तु गुप्तचरों का अधिकार सेनापति का होता है और आश्रमों में कुलपति का।''

विराजक तीरथू से बात करता, कुल-गोत्र पूछता। जिसके मुँह लगता उससे कुल-गोत्र अवश्य पूछता। विराजक ने चित्ररथ से भी पूछा था लेकिन उसे किसी का कुल-गोत्र समझ में नहीं आता था। अभी तक वह रंग-वर्ण में उलझा था परन्तु इस विषय में किसी से बात करना उचित नहीं समझता था।

एक पक्ष तक विराजक सिद्धाश्रम में रहा और जिस मार्ग से आया था उसी मार्ग से वापस हो लिया, हाँ, रात्रि विश्राम के ग्राम बदल दिए।

4

सुमाली के मुख से निकला, 'भोर हो गया,' जैसे वह बैठे-बैठे भोर कर रहे हों। उनकी दृष्टि सागर पर थी। बड़बड़ाते हुए सुमाली उठे, ''मैं ऐसा ही लहरनुमा पर्वत था, ढह गया। परन्तु...इन छोटी लहरों की शृंखला जो टूटती नहीं। आर्यों-देवों ने ऐसी ही शृंखला बनाई। पंक्तिबद्ध होकर कार्य किया है सबने। सुमाली एक पराजित सम्राट्! सुमाली निर्बल प्राणी! अब सुमाली के वश में कुछ नहीं!''

सुमाली के पग तीव्र गति से बढ़ रहे थे। सूर्य की किरणों ने रात को मार भगाया था। सुमाली की गति और तेज हो गई। सुमाली अतीत में खो जाते। पक्षियों की पंक्तियाँ सागर की ओर तीव्र गति से खाद्य की खोज में...। सुमाली ने निवास क्षेत्र में प्रवेश किया।

हवा ने गति बढ़ा दी, वृक्षों की शाखाएँ झूमने लगीं।

"मेरे वीर पुत्रों को क्या हो गया! अपाहिज हो गए हैं।"

दुखी स्वर से सुमाली बोलते हुए सोए पुत्रों को जगाने लगे, "जागो! वीर सपूतो!! जागो, पहर भर दिन बीतने को है। उठो! सारा जग जाग गया। सर्प और उलूक छिप गए हैं।...उठ अकम्पन! उठ रे! महोदर, कुम्भकर्ण तेरी नींद तो पूरी नहीं होती और रावण उठ तू ही तो कुल आधार है। इन दुर्बलों के साथ तू भी निर्बल हो गया रे रावण!" चिल्लाते हुए सुमाली सबको झकझोर रहे थे।

आन्ध्र क्षेत्र में रावण के नाना सुमाली अपने कुटुम्ब के साथ भटक रहे थे। सागर की लहरों ने आश्वस्त किया था। सागर तट से लगे वन में सुमाली ने पूरी की पूरी दो ऋतुएँ बिता दीं। शरद, हेमन्त रिक्त चला गया, शिशिर व्यर्थ न जाए। सुमाली निर्णय ले चुके थे। सागर की छोटी लहरें...!

वज्रमुष्टि, विरूपाक्ष, दुर्मुख, सप्तघ्न, यज्ञकोप, मत्त, उन्मत्त उठ बैठे। प्रहस्त, अकम्पन, विकट, कालिकामुख, धूम्राक्ष, दण्ड, सुपार्श्व, संह्रादि, प्रघस, भासकर्ण ने देह ऐंठा और खड़े हो गए। सम्पाति, कुम्भकर्ण, विभीषण, रावण आँख मलते हुए जाग गए थे और कुटीर के बाहर आकर बैठ गए। त्रिशिरा, नारान्तक, अतिकाय सागर की ओर जा चुके थे।

मछुवारे, नाविक तट की ओर चले जा रहे थे। एक-एक करके सुमाली के पुत्र, पौत्र, सम्बन्धी सागर तट की ओर...शौच-क्रिया से निवृत्त हो शीघ्र कुटीर में आना था–यह सुमाली का आदेश था। बूढ़े सुमाली!...बेचारे, जैसे अकेले कुटी में प्रतीक्षारत!

सुमाली पुत्र लौटे। फल एकत्र करने वाले वन में घूम रहे थे। टोकरी लिये। स्त्रियाँ खाद्य पदार्थ लिये तट की ओर जा रही थीं। अकम्पन, प्रहस्त और रावण ने एक छोटा-सा हिरण मार दिया, लाद लाए कुटीर की ओर। धूम्राक्ष, सम्पाति, विकट ने ढेर फल तोड़े तो भासकर्ण, विरूपाक्ष ताड़ रस लेने चले गए।

अकम्पन के कन्धे पर हिरण देखकर सुमाली ने पूछा, "हिरण क्यों लाए हो?"

"इसे भूनकर हम सब खाएँगे।" प्रहस्त बोले।

सुमाली ने माथा पकड़ लिया, "कई बार समझाने पर भी तुम सबको ज्ञान नहीं हुआ। पशु हम जैसे प्राणी हैं, प्रकृति ने जैसे मुझे बनाया है वैसे ही इन्हें भी...।"

"आर्य तो पशु मांस खाते हैं।" अकम्पन बोले।

"सुना तो मैं भी हूँ पुत्र!"–सुमाली नीवी कटि में बाँधते हुए बोले, "आर्य हम मूलवंशियों के पशु चुराकर ले जाते हैं, मांस खाते और सुरा पीते हैं। देव तो स्वयं को सुर कहते भी हैं। इसका प्रचार दक्षिण क्षेत्र में भी हुआ। मूलवंशी इसके बदले उनकी गौएँ मारने लगे। मांस खाने का प्रचलन हुआ। हम सभी ताड़ रस पीते, वे सुरा पान करते। सुरा का भी प्रचलन दक्षिण में हो रहा है...।"

"यह प्रचार कौन करता है नानाश्री?" रोष दिखाते हुए रावण बीच में बोला।

"रावण तुम अभी किशोर हुए हो, सब समझ जाओगे। कभी बताऊँगा।"

"आज अभी क्यों नहीं? मैं सब समझता हूँ। आप कहते रहते हैं कि 'मेरा राज छिन गया है।' मैं आपका राज्य वापस लेकर रहूँगा नानाश्री!"

रावण की ओजपूर्ण बातें सुनकर सुमाली हर्षित हुए, "एक दिन आर्य भी मांस खाना छोड़ देंगे, उन्हें प्रकृति के धर्म-नियमों की समझ आएगी...हाँ, तुम प्रचार की बात कर रहे थे तो सुनो!–आर्यों ने पश्चिम-उत्तर क्षेत्र अपने अधिकार में कर लिया। रुद्र को मिला लिया। रुद्र जब तक रुष्ट थे किसी का साहस नहीं हुआ कि इस भू-खंड में प्रवेश करे। पहले तो रुद्र को बहिष्कृत करने की योजना आर्यों ने बनाई, रुद्र को पता चला तो वे बहिष्कार करने वालों का वध करने लगे। आर्यों ने दूसरी योजना बनाई रुद्र को समाप्त करने की। इसके लिए उन्हें विष पिलाया परन्तु वे स्वयं उपचार करके स्वस्थ हो गए। फिर विषकन्याएँ भेजी गईं। ये विषकन्याएँ रुद्र को मारने में असफल तो रही ही, अपितु, रुद्र का वैभव बल-पौरुष देखकर उन्हें पति मान लिया। यह क्रम आज भी चल रहा है। जो भी रुद्र शिव पर आसीन होता है देव विषकन्याएँ भेज देते हैं। सदैव असफलता हाथ लगती देवों को। हारकर देवों ने रुद्र को तीसरा श्रेष्ठ देव मान लिया। रुद्र को मिला लेने के पश्चात् आर्यों-देवों की दृष्टि श्रेष्ठ मूलवंशियों पर गई।

"...देवों ने यक्षों का मिला लिया, कुबेर का सम्बन्ध तुम्हारे पिता से जोड़कर अब तुम्हें कुबेर का लघु भ्राता कह रहे हैं। वे निवातकवचों, मरुतों को लाभ देकर पद-प्रतिष्ठा से सम्मानित कर अपना स्वार्थ सिद्ध करते रहे।...दूसरी बात, जो आर्य मूलवंशियों से मिलने का प्रयास करता उसे दक्षिण में धकेल दिया जाता। यक्षों को तो पद देकर दक्षिण भेज दिया गया। अब इन्हीं बहिष्कृत आर्यों, अनार्यों, यक्षों ने वेदों एवं आर्यों के गुण-दोषों की चर्चा आरम्भ कर रखी है। पुत्र रावण! इन यक्षों ने यहाँ कई अधिपतियों को मिला रखा है। समिधा के रूप में एक अंश देवों को अग्नि के माध्यम से जाता है। यक्षों ने नागों को मिलाकर यहाँ के मूलवंशियों को निर्बल बना दिया है।"

"मैं यक्षों का नाश करके रहूँगा।" रावण रोष में तो था ही, "देवों, आर्यों को भी कहीं शरण नहीं मिलेगी।"

सुमाली के पुत्रों को यह कथा समझ में नहीं आ रही थी परन्तु रावण के साथ वे भी बोल पड़े, "नाश किए बिना शान्त न बैठेंगे। हम, हम जाग गए हैं।"

सुमाली धैर्य बँधाते, कहते, "शान्त हो जाओ, यह समय क्रोध का नहीं। विचार करने का है।...जानते हो? यह जो लंका है वह पहले मेरे अधिकार में थी। इसका प्राचीन नाम रंडक था। कौए अधिक हैं लंका में और फलों के उपवन। देवों ने कुबेर को यहाँ का लोकपाल नियुक्त कर दिया। हम पराजित हो गए थे पुत्र! पराजित हो गए थे!" कहते-कहते सुमाली का कंठ बैठ गया।

सुमाली के वीर पुत्र शिला पर बैठे हैं। दिन का प्रथम प्रहर बीत गया है। सूर्य सिर के ऊपर आ गया है। प्रतीक्षा थी सुमाली की। सुमाली तीन व्यक्तियों के साथ आते दिखाई दिए। तीनों व्यक्ति ताड़ रस से भरे पात्र सिर पर उठाए हुए थे।

सुमाली सिर से पत्तों का बोझ उतार शिला पर बैठते ही बोले, "लो! ताड़ रस पी तृप्त होओ।"

अकम्पन तीनों के सिर से ताड़ रस से भरे पात्र उतारने लगे, "रावण और कुम्भकर्ण तुम पत्तों से द्रोण बनाओ।"

जी भरकर ताड़ रस सभी ने पीया। देह में फुरहरी-सी हुई। सुमाली पेट सहलाते हुए भार रहित हुए, "आज हम रावण को अपना नायक चुनते हैं। रावण नेतृत्व करेगा। आज से रावण के लिए सम्मानित शब्दों का प्रयोग हो। बोलो! पुत्रो स्वीकार है!"

"हम भी यही चाहते हैं, हमें स्वीकार है।" एक साथ ध्वनि हुई और रावण नायक बन गया। सभी एक-एक कर रावण को नमन करने लगे। रावण अभी किशोर ही था या कह लें सद्यःयुवा। रावण गर्व से अपना परशु उठा हवा में लहराने लगे।

"हम रावण के नेतृत्व में आज से ही अपना अभियान आरम्भ करेंगे," सुमाली बोले तो प्रहस्त ने कहा, "कैसा अभियान?"

"अभी बता रहा हूँ पुत्रो," सुमाली ने प्रहस्त के प्रश्न पर हाथ उठाया और आश्वस्त करते हुए बोले, "हमारी दृष्टि लंका पर है परन्तु इसके पूर्व हमें सागर तट के छोटे-छोटे मांडलिक राज्यों को अपने अधिकार में करना है। ये इतने छोटे हैं कि पाँच-दस ग्रामों को मिलाकर अधिपति बने हैं, मेरा वर्चस्व समाप्त हो जाने से ये सभी स्वतन्त्र हो गए हैं। कुबेर के वश की बात नहीं। सम्राट होने के विशेष गुण होने चाहिए। हम प्रारम्भ यहीं से करेंगे। आन्ध्र के सभी अधिपतियों को अधीनता स्वीकार करने पर विवश करना है, यह अभियान आज से प्रारम्भ हुआ।"

"रावण में हस्तलाघव है।" अकम्पन ने प्रेरणा दी।

"हस्तलाघव ही क्यों, मेरा रावण ज्ञान-विज्ञान का ज्ञाता है, इसके पिता ने बहुत कुछ सिखाया है अष्टांग योग से भी परिचित है। मेरा रावण भूस्वामी बनेगा।" सुमाली ने रावण का गुण गाया।

"मेरी बुद्धि में एक बात आ रही है," रावण अपना मौन तोड़ रहे थे, सूझी हुई नई युक्ति से परिचित करना चाह रहे थे, "मैं चाहता हूँ कि अपने इस सम्भावित अभियान को एक नाम दूँ। प्रतीक के रूप में परचम घोषित किया जाए। इसी परचम के नीचे हमारी समस्त कार्य सम्पादित हों।"

"कौन-सा नाम देना चाहते हैं आप?" प्रहस्त ने जिज्ञासा दिखाई।

"हम सभी रावण की बुद्धि पर फूले नहीं समा रहे," अकम्पन प्रसन्न होकर बोले तो सभी एक साथ बोले, "रावण की जय?" सुमाली लम्बी श्वेत मूँछें दोनों हाथ से फेरने लगे।

''मैंने जो विचार किया है उसे बताता हूँ आप सुनें–आर्यों ने आर्य-संस्कृति और देवों ने देव-संस्कृति की स्थापना कर अपनी प्रगति कर रहे हैं। मैंने भी रक्ष-संस्कृति बनाई है। इस रक्ष-संस्कृति के सभी जन राक्षस कहलाएँगे। दानव, दैत्य, असुर, निशाचर, पिशाच जैसे सम्बोधन देकर आर्यों ने हमें नीच, दास कहा, हीनता का बोध कराते हैं ये शब्द। अब ये सभी राक्षस हुए। राक्षस रक्षा करेगा। हम अपना अभियान आरम्भ तो करें परन्तु राक्षस बनकर। जो हमारी अधीनता स्वीकार करेगा, हम उनकी रक्षा करेंगे। शबर, किरात, निषाद, वानर, नाग, रीछ, कोल, भील, मुंडा, संथाल, गन्धर्व, किन्नर, यक्ष, चारण, ग्राद्ध आदि जितने आदिवासी हैं, ग्रामणी हैं, अधिपति हैं इन पर अपना अधिकार करना और रक्ष-संस्कृति के मूल्यों को स्थापित करना है। यही हमारा प्रथम कार्य होगा।''

...और सभी राक्षस हो गए।

रावण ने छोटे-छोटे मांडलिक राज्यों को अपने अधीन कर लिया। रावण जिन ग्रामों को अपने अधीन करते, रक्ष का परचम फहरा देते। ग्रामों से दो से पाँच युवक रावण की सेना में ले लिये जाते। अब रावण कई अधिपतियों के स्वामी बन गए थे।

जयी रावण कन्धे पर परशु रखे रक्ष-संस्कृति की स्थापना हेतु अनन्त यात्रा पर चल चुके थे। रावण, नाना सुमाली और वीर महारथियों, दृढ़ सैनिकों के साथ सुम्बाद्वीप पहुँचे। अधिपति मकराक्ष ने रक्ष-संस्कृति के अधीन रहना अस्वीकार कर लिया। पल भर में रावण ने बिना तर्क किए मकराक्ष की गरदन काट दी और वह क्षेत्र जय करते हुए नागवंशियों के क्षेत्र में पहुँच गए।

''आज विश्राम करो पुत्रो!'' सुमाली ने ठंडी साँस ली।

''विश्राम शब्द से मेरा परिचय न कराएँ नानाश्री।'' नाना की ओर आँखें तरेर कर रावण ने कहा तो सुमाली समझाते हुए बोले, ''मेरा अर्थ यह नहीं कि आप विश्राम करें और अभियान को रोक दें। विश्राम में देह की सामान्य प्रक्रिया होती है और आगामी योजनाओं पर विचार होता है।''

''आगामी योजना क्या है?'' धूम्राक्ष ने पूछा।

''हम इस समय नागवंशियों के क्षेत्र में हैं, नागों का सबसे बड़ा अधिपति व्रजनाभ है। यह उसी का क्षेत्र है। नागों से हमारा बहुत पुराना सम्बन्ध रहा है। अब नाग यक्षों के अधीन हैं। विशेष रूप से कुबेर का वरदहस्त प्राप्त है इनको। इन्हें जीतना सरल नहीं है। अब तक हम जिन्हें पराजित करते आए हैं वो भी अपने ही लोग थे, हमारे सम्बन्ध थे। उन्हें किसी का वरदहस्त प्राप्त नहीं था। वे मार्ग से भटके हुए लोग थे। हमारी शक्ति देखकर अधीनता स्वीकार कर ली।'' सुमाली थोड़ा रुके तो रावण बोल पड़े, ''इन छोटे-छोटे अधिपतियों को जय करने के बाद हमारी शक्ति कम नहीं है तात!

हम नागवंशियों का सामना करने में सक्षम हैं।"

"हाँ, यह बात तो है।" सुमाली साँस छोड़ते बोले, "फिर भी हमें अपने बल की थाह ले लेनी है। व्रजनाभ को दुर्बल न आँको रावण।"

"मद्य में झूमते, किन्नरों-गन्धर्वों के नृत्य में लीन, स्त्री-सुख और भोग-विलास में अपनी दिनचर्या व्यतीत करने वाले के बल की क्या थाह लेना!" रावण की समझ पर सभी को आश्चर्य हुआ, "कल व्रजनाभ आपके पाँव के नीचे होगा नानाश्री! फिर मार्ग का शूल दूर हो जाएगा। जब कुबेर सुनेगा कि नागों पर रावण का अधिकार हो गया है तो वह बिना युद्ध के लंका दे देगा।"

प्रातःकाल शौच-कर्म से निवृत्त हो रावण महाबलियों के साथ व्रजनाभ के नगर को कूच कर गए। वज्रमुष्टि, विरूपाक्ष, दुर्मुख, अकम्पन, प्रहस्त रावण के पीछे-पीछे चल दिए। सुमाली रावण के दाहिने थे। कालिकामुख, धूम्राक्ष, दंड के पीछे सेना भी। कुम्भकर्ण, विभीषण को शिविर में छोड़ दिया गया, वे अभी भीषण युद्ध के योग्य नहीं थे।

वर्षा ऋतु का प्रारम्भ था परन्तु आकाश में बादल नहीं थे। उमस बहुत थी। स्वेद से सभी भीगे थे। बीस महारथियों, वीर योद्धाओं-सहस्रों सैनिकों के साथ रावण ने नगर में प्रवेश किया। नगर अपने कार्य में प्रतिदिन की भाँति लगा था। किसी को इस सम्भावित युद्ध की आशंका नहीं थी। कृषि कार्य करने वाले बादल को कोस रहे थे।

"पानी किसी दूसरे राज्य चला गया।" पहला नागरिक बोला।

"पानी पड़े तो खेतों में बीज डाल दूँ।" दूसरे ने कहा।

"उपले कुटीर में आज रख दूँ पानी का क्या भरोसा।" एक स्त्री बोली।

"पशुओं का चारा अब कितने दिन का है! कहीं चारा देख आऊँ, आज सूर्य उठा है।" किसी ने कहा।

"इस वर्ष बादल नहीं बरसेगा। छिटपुट की वर्षा से क्या कृषि कार्य होगा!" दूसरी स्त्री ने कहा।

"हमें तो अपने बल पर जीना है। हमें राजा से कोई सहायता भी तो नहीं मिलती।" एक वृद्ध बोला।

"राजा क्या प्रजा की देखभाल करेगा! उसे भोग-विलास से अवकाश मिले तब न!" दूसरा वृद्ध बोला।

"उपस्ति कहते हैं कि इन्द्र पानी देगा।" करीष की टोकरी उठाते हुए एक युवक बोला।

"तू चुप रह!" पहले वृद्ध ने डाँटा, "तू क्या जानता है? इन्द्र जल क्षेत्रों का स्वामी है। उसका मन्त्री वरुण है। जो जल धरती पर है उसके ये स्वामी बने हैं। प्रकृति के स्वामी थोड़े हैं।"

"भैया, जब तक पानी न पड़े तब तक अवतों, नदियों से कार्य चलाओ।" लांगल कन्धे पर उठाए बड़बड़ाते हुए दूसरा युवक शिल्पी की ओर चल गया।

अस्त्र लिये सहस्त्रों लोगों को नगरवासियों ने देखा तो वे भागने लगे। कोई कहीं छुप जाने का स्थान पा जाता तो दुबक जाता। कुटीर के टट्टर बन्द करती स्त्रियाँ, द्वार बन्द करते युवा और वृद्ध लाठी पर टेक लगाए किसी वृक्ष के नीचे खड़े होकर एकटक देखते सेना को जाते हुए।

''हम आपको कोई हानि नहीं पहुँचाने वाले हैं। हमें भोगी, अयोग्य व्रजनाभ से अपना मूल्य लेना है। आप निर्भीक रहें। हम आपको अभय प्रदान करते हैं।'' गरजते हुए रावण आगे बढ़ रहे थे।

नागवंशियों के माथे पर सर्प के आकार का टीका लगा था। स्त्रियाँ सर्प के आकार का गोल बाजूबन्द जो किसी धातु से बना था, पहने थीं। स्त्री, युवक अपने-अपने घरों से बाहर आ गए। परन्तु कोई कार्य में लगा नहीं, बस चुप सन्न देखते रहे नगर की वीथिकाओं पर भीमकाय पुरुषों को अस्त्र-शस्त्रों से सुसज्जित।

व्रजनाभ के भवन द्वार पर रावण पहुँच गए। यह समाचार मद्य में डूबे व्रजनाभ को मिला तो उसने सेनापति को सैनिकों का सामना करने हेतु भेज दिया।

द्वार पर पहुँचते ही रावण ने अकम्पन को पूर्व के द्वार पर, प्रहस्त को उत्तर दिशा में, दुर्मुख को दक्षिण दिशा में सैनिक टुकड़ियों के साथ भेज दिया। स्वयं रावण वज्रमुष्टि, सुमाली, विरूपाक्ष के साथ मुख्य द्वार पर डट गए।

द्वारपाल ने रोका तो तत्काल रावण ने सिर धड़ से अलग कर दिया। सेना प्रवेश कर गई, अन्य दिशाओं के द्वार से भी रावण के वीर योद्धा अपनी-अपनी टुकड़ियों के साथ भवन में प्रवेश कर गए। भवन विशाल था। भवन का पूरा क्षेत्र दो कोस से कम न रहा होगा।

चारों ओर मार-काट होने लगी। व्रजनाभ की सेना भी आ डटी। रावण ने कालिका मुख को पूर्व में भेजा। अकम्पन पूर्व की ओर थे। व्रजनाभ की सेना पूर्व से ही निकली थी, उसका सामना अकम्पन से ही हुआ था। अकेले अकम्पन पीछे हटने लगे थे।

''घबराओ मत मामा, मैं तत्काल आता हूँ।'' रावण चिल्लाए और वज्रमुष्टि को यहीं छोड़कर सुमाली, दंड, धूम्राक्ष के साथ पूर्व की ओर कूद गए।

नाग कटने लगे। गन्धर्व, किन्नर भागने लगे। यक्षों को इस युद्ध से क्या काम? वे भाग गए। भवन की भूमि घायल नागों और उछलते सिर-धड़ों से पट गई।

प्रहस्त को यहाँ का भार सौंपकर रावण व्रजनाभ के कक्ष में घुस गए। नृत्य अभी भी हो रहा था।

''मैं रावण, इस भू-खंड का स्वामी। तुम मेरी अधीनता स्वीकार करो और रक्ष-संस्कृति अपनाकर अभय हो जाओ।'' रावण ओजपूर्ण बोले। व्रजनाभ घबरा गया परन्तु सँभल गया–

''यदि मैं ना कर दूँ तो?'' व्रजनाभ झूमते हुए बोला।

''तो फिर युद्ध करो!'' कहकर रावण व्रजनाभ के समीप उछल गए।

व्रजनाभ सहम गया, अब वह सुरा के प्रभाव से दूर था।

व्रजनाभ ने देखा सुमाली कई वीरों के साथ कक्ष में प्रवेश कर रहे हैं। सुमाली ने द्वार पर वीर योद्धाओं को रोका, साथ में वज्रमुष्टि, विरूपाक्ष, महोदर थे। सुमाली को देखते ही व्रजनाभ पहचान गया।

"पिता तुल्य सुमाली आइए, आपका स्वागत है! परन्तु यह सब क्या हो रहा है!" व्रजनाभ ने अभिवादन करते हुए कारण पूछा।

"यह रावण मेरे दौहित्र हैं। रक्ष-संस्कृति के संस्थापक। आप इनकी अधीनता स्वीकार करें। रक्ष-संस्कृति के अधीन होकर राक्षस कहलाएँ और आर्यों के अत्याचार के विरुद्ध रावण का साथ दें।"

"यह सम्भव नहीं है।" व्रजनाभ का इतना कहना था कि रावण व्रजनाभ के सिंहासन पर चढ़ गए और वज्रमुष्टि, विरूपाक्ष, महोदर उसी ओर दौड़ पड़े। द्वार पर खड़े योद्धा भी सतर्क हो गए। क्षण भर नहीं बीता, "स्वीकार नहीं!! तो ये दंड भुगत," कहते हुए रावण ने दोनों हाथ से परशु उठाकर भरपूर वार किया। सिर कटा, दूर जा गिरा।

नगर भयभीत हो गया। शवों का ढेर, कहीं धड़ तो कहीं सिर छटपटाते। रक्त के थक्के भूमि पर जम गए। सब कुछ शान्त। गति थी तो भय में, भय प्रवेश कर गया था। रावण को समझते देर न लगी। रावण ने साथियों से कहा, "नगर के नागरिकों को एकत्र करो।" शीघ्र ही नगरवासी भवन के समीप एकत्र हो गए।

"आज से सभी राक्षस हुए। हम आपकी रक्षा करेंगे और आप भी अपने कुल की रक्षा करें। आप कभी आर्यों के अधीन न होंगे। भविष्य में यदि कोई मूलवंशी आर्यों से मिलकर मूलवंशियों का अहित करता है तो उसे दंड दिया जाएगा जैसे अभी व्रजनाभ के प्राण हर लिये गए।"

नगर के श्रेष्ठ वीर और प्रखर बुद्धि के एक नाग को, जो सुमाली का मित्र था, नाग क्षेत्र का भार सौंपकर रावण ने उसे अधिपति नियुक्त कर दिया और बढ़ गए अपनी अनन्त यात्रा पर।

5

अगस्त्य का आश्रम सैनिक उपनिवेश बन चुका था। आश्रम दक्षिण क्षेत्र का सबसे बड़ा शिक्षा का केन्द्र भी था। ज्ञान-विज्ञान, आयुधों के निर्माण, धर्म-शास्त्र का अध्ययन, शिल्प केन्द्र, औषधियों पर शोध, समुद्र का विस्तृत ज्ञान, समाज का अध्ययन, भाषा विभाग...अगस्त्य ने अपने संज्ञान में कोई विषय छोड़ा न था जिसके विषय में शिक्षा न दी जाती हो।

ऋतुएँ बीतीं, पक्ष, माह, दिवस बीते, अगस्त्य-आश्रम की शाखाएँ दूर तक फैलीं। अगस्त्य सबके कुलपति हुए। लोग जागरूक होने लगे। प्रथाएँ परिष्कृत हुईं। परम्पराओं में आर्य-संस्कृति घोलकर परोस दिया गया। स्वाद अच्छा लगा। आश्रम की ख्याति दूर-दूर तक फैल गई।

विराजक ने जब से सूचना दी कि विश्वामित्र का सिद्धाश्रम निरन्तर प्रगति पर है और वहाँ की व्यवस्था अगस्त्याश्रम से अच्छी है और सूचना-तन्त्र प्रौढ़, जागरूक। सुनकर अगस्त्य के माथे का भार हल्का हो गया था। अपने शिष्य विश्वामित्र पर अघाते फिरते थे अगस्त्य।

महानायक की खोज विश्वामित्र कर रहे हैं—यह जानकर अगस्त्य अति प्रसन्न थे। महानायक की खोज अगस्त्य भी तो कर रहे हैं। विचार था दोनों महानायकों को मिलाकर एक महाशक्ति की स्थापना। तब कहीं आर्य-संस्कृति स्थायी रूप से स्थापित हो सकेगी।

विराजक का सूचना-तन्त्र सजग और सतर्क था। अगस्त्य को सुमाली के एक-एक पग की सूचना थी। रावण रक्ष-संस्कृति की स्थापना कर स्वयं राक्षस बन गया है और दस्यु-दानव, असुर, नाग आदि अनेक मूल जातियों के लोगों को राक्षस बना रहा है। सीधे और सरल मूलनिवासी विभिन्न वर्गों, जातियों में बँटे हैं। इनका एक सूत्र में होना अगस्त्य को पच नहीं रहा है। अगस्त्य की सोच पर पानी फिर रहा है, 'यदि ये रावण के द्वारा एक हो गए तो मेरी योजनाओं का क्या होगा! क्या कर लूँगा मैं! रावण कई अधिपतियों को पराजित कर चुका है। उसकी दृष्टि लंका पर है। लंका को अपने अधिकार में कर लेने के पश्चात् तो रावण की शक्ति बहुत बढ़ जाएगी। रावण का सामना करना तब आसान न होगा।

"ओ कुम्भा!" अगस्त्य ने पुकारा।

कुम्भा ने सुना और दौड़कर अगस्त्य के समीप खड़ा हो गया। अभिवादन किया और आदेश की प्रतीक्षा करने लगा।

"शीघ्र विराजक को बुलाओ," अगस्त्य ने आदेश दिया तो कुम्भा विराजक के कुटीर की ओर दौड़ गया।

विराजक के कुटीर के पहले मैना का कुटीर था। कुम्भा ने मैना की कुटीर में झाँककर देखा। मैना नहीं थी। कुम्भा मुँह बनाता हुआ आगे बढ़ गया।

वर्षा ऋतु का अवसान था परन्तु न जाने कहाँ से काले घने बादल उठ आए। हवा के झोंके से उमस में राहत हुई। कुटीर के बाहर बैठा विराजक बादल के टुकड़े जोड़ रहा था। इस वर्ष की वर्षा ने पीने भर भी पानी नहीं दिया अब अवसान की घड़ी में इतने बादल! जो कृषि नष्ट होनी थी, हो गई। लगता है, इस वर्ष आश्रम के लिए फलों का अभाव हो जाएगा।

"आप...को...गुरुदेव ने अभी बुलाया है।" हाँफते हुए कुम्भा बोला। विराजक बादलों

में खोया था, अचानक सुना और बिना कुछ बोले चल दिया आचार्य कुलपति के कुटीर की ओर।

बादल गरजने लगे सूर्य अभी है या डूब गया, पता नहीं। बादलों ने सूर्य को छिपा दिया है। अग बूँदें पड़ जाएँगी तब पड़...विराजक भागता हुआ गुरुदेव के कुटीर के भीतर चला गया।

''आओ बैठो विराजक,'' स्नेह से कहा अगस्त्य ने।

''क्या आदेश है गुरुदेव?'' विराजक बैठते ही बोला, ''क्या कोई विशेष अवसर आ पड़ा?''

''हाँ, विराजक!'' अगस्त्य की वाणी में तोष नहीं था, ''रावण और सुमाली के विस्तार ने चिन्तित कर रखा है।''

''इस हेतु आप चिन्ता त्याग दें। वे डाल पर होंगे तो हम पत्ते पर। वे भूमि पर रहेंगे तो हम आकाश में। हमारा विस्तार कम नहीं है। हाँ, उनके पास शक्ति है, देह बल है तो हम भी बुद्धि में उनसे प्रखर हैं।''

''बुद्धि में वे भी कम चतुर नहीं। स्वयं रावण ने रक्ष-संस्कृति की स्थापना करके एक नए वर्ग, एक नई जाति, एक नए सम्बोधन को जन्म दिया है। 'राक्षस'–राक्षस!... अब तो पूरी शक्ति राक्षसों पर व्यय कर देनी होगी। इसके उपाय खोजने होंगे।''

''उपाय है गुरुदेव।''

''कहो!''ठ

''आप भी तो जानते हैं!''

''जानता हूँ परन्तु तुम कहो। सम्भवतः कोई नई युक्ति सामने आ जाए।''

पानी बरसने लगा था, मूसलाधार, वर्षा का संगीत न अगस्त्य सुन पा रहे थे, न विराजक। कभी-कभी दृष्टि कुटीर के द्वार की ओर उठ जाती। बाहर जल-ही-जल द्वार के आगे धुंध जैसा। स्पष्ट कुछ भी नहीं। विराजक अगस्त्य के सामने, वो भी मार्ग सुझाना है। विराजक संकोच रहा था।

''बोलो विराजक! संकोच छोड़ो,'' अगस्त्य उसे संकोच क्षेत्र से बाहर लाने का प्रयास कर रहे थे। ''तुम अच्छे वक्ता हो, तुमने यात्राएँ की हैं। पूरे आश्रम की सूचना का भार तुम पर है। तुम अन्य लोगों की तरह नहीं हो। जो विशेष होता है उसे न संकोची होना चाहिए, न डरपोक। आत्मविश्वास बढ़ाओ। बोलो, अपनी समझ कहो, चाहे गुरु हो या कोई सम्राट, चाहे तुम्हारे पूज्य रुद्र। अब तुम ग्रामिक विराजक नहीं हो। तुम दक्षिण के सूचना अधिकारी हो।''

विराजक का उत्साह बढ़ा, तनकर बैठ गया, ''गुरुदेव! कुछ समय पूर्व मैंने दो आश्रमियों की चर्चा की थी। ये हैं सर्वगन्ध और सावंगर। ये वानर हैं। सर्वगन्ध रत्नपुर क्षेत्र के किसी ग्राम का है और सावंगर महेन्द्र का। दोनों वानर अपने-अपने क्षेत्र के ग्रामणियों के यहाँ पैठ रखते हैं। उस क्षेत्र की सूचना मैं इन्हीं के माध्यम से एकत्र करता

हूँ। एक दिन सर्वगन्ध कह रहा था कि रत्नपुर के प्रह्लाद विद्याधर अगस्त्याश्रम से बहुत प्रभावित हैं। अधिपति विद्याधर अपने एकमात्र पुत्र को इसी आश्रम से दीक्षित करना चाहते हैं। मैं इस हेतु आपसे आज्ञा लेने वाला था। मेरी इच्छा रत्नपुर जाने की है।''

अगस्त्य को मनचाही वस्तु मिल गई। बिना प्रयास के अधिपति मेरी शरण में होंगे, विश्वास नहीं हो रहा था। वानर क्षेत्र पर दृष्टि तो थी ही परन्तु मात्र आश्रमों की स्थापना तक सीमा थी। अब तो मेरा हस्तक्षेप होगा प्रत्यक्ष भी, परोक्ष भी, राज्य-व्यवस्था में, ''शीघ्र जाओ पुत्र, देखो युक्ति सूझ गई न! अब मेरी योजना एक नया मोड़ ले लेगी। इसका श्रेय तुमको है विराजक! तुम मेरे सबसे प्रिय हो।''

''परन्तु...'' विराजक ने खेद जताया, ''अभी एक माह पश्चात् ही यात्रा करना सम्भव होगा। इसका खेद है गुरुदेव। कारण यह कि मार्ग अनुकूल नहीं है। कहीं-कहीं वर्षा से मार्ग कट गए होंगे। कहीं दलदल तो कहीं पानी का जमाव।''

''ठीक है, एक माह बाद ही सही।'' अगस्त्य ने ठंडी साँस ली।

कुम्भा-मैना में कब प्रेम हो गया यह न तो कुम्भा को पता था, न मैना को। कुम्भा मैना का अधिक से अधिक कार्य निपटा देता। मैना भी पशुओं के कुटीर के पास मँडराती रहती। कल जब एक आश्रमी घास काटकर ले आया तो मैना पीछे-पीछे चल दी, ''घास कहाँ मिली, आज गौएँ किधर गई हैं, अश्वों को भूमि पर लोटाया कि नहीं,''—पूछती कुम्भा के कुटीर तक आती। कुम्भा को देख हँसती और उससे पशुओं का विवरण जानती, टिप्पणी करती। मानो वह लोपा हो!

प्रेम को परिभाषा की क्या आवश्यकता! प्रेम-संवेदनाओं के संसार से भी अलग। अनुभूतियों के जाल से दूर। बिना स्वार्थ, बिना सोचे-समझे। बस दृष्टि भर देख लेने से तृप्ति। दृष्टि और स्पर्श प्रेम की पराकाष्ठा प्रदर्शित करते हैं। उसका हँसना अपना लगता, रोना भी, खाना भी, पहनना भी। जो है वह मैं हूँ, जो मैं हूँ वह वो है, बस यही प्रेम है। प्रतिदिन एक कौआ आता अलगनी पर बैठता। कौए का आना रुका नहीं। आज कौआ नहीं आया तो जैसे रिक्त-सा हो गया। अच्छा नहीं लगता कुछ भी। कौआ हो या हंस उसे अपना लगना चाहिए।

मैना जानती थी कि स्त्री-पुरुष को विवाह करना चाहिए। एक साथ रहकर जीवन को सार्थक बनाना चाहिए। उसके ग्राम में कई विवाह हुए, मैना देखी थी कि अब वो घर-गृहस्थी के नए संसार में आ गए।

कुम्भा अश्वों को सहला रहा था, मैना पास खड़ी थी। ''कुम्भा! अविवाहित रहकर हम साथ नहीं रह सकते।'' मैना बोली।

''यह क्या होता है? और साथ तो रह रहे हैं।'' कुम्भा की बात पर मैना को हँसी आ गई, ''तुम मूर्ख हो। स्त्री-पुरुष विवाह करते हैं, एक कुटीर में रहते हैं। बच्चे जन्माते हैं। जीवन ऐसे ही चलता है। तुम्हें समाज वाले आचार्य ने भी नहीं सिखाया क्या?''

कुम्भा ने दाँत निकाल दिए। उसकी समझ में मैना की भाषा नहीं आई परन्तु उसे

अच्छा लग रहा था। मैना ने सलाह दी, "कुम्भा, आज हमें लोपा माँ से अनुरोध कर गुरुदेव से स्वीकृति लेनी है। अभी प्रथम प्रहर बीता है। आचार्य कुटी में होंगे। उठो, चलो माँ के पास चलें।"

कुम्भा ने फिर दाँत निपोर दिया। दोनों झूमते लोपा के पास पहुँचे। लोपा को सन्देह था कि ये दोनों प्रेम करने लगे हैं। मैना आश्रम की मर्यादा का ध्यान रखती, कभी छेड़छाड़ न की और बातचीत भी श्लील ढंग से किया करती। लोपा मन-ही-मन प्रसन्न हो दोनों को विवाह के बन्धन में बाँधने की सोचा करतीं।

"माँ, मुझे मैना अमाजू कहकर चिढ़ाती है।" कुम्भा के भोलेपन पर लोपा को हँसी आ गई। मैना मुँह दबा हँसने लगी।

"क्या बात है मैना?" माँ लोपा पूछतीं।

"माँ, मैं कुम्भा को चाहती हूँ। प्रेम करती हूँ। आपकी इच्छा होगी तो गुरुदेव विवाह की अनुमति दे देंगे।" मैना लजा गई।

"क्यों? विवाह से लजाती है?" लोपा ने स्नेह से मैना के सिर पर हाथ फेरा, सहलाया, दुलारने लगी माँ, "देख! कुम्भा कितना ढीठ है, दाँत निकाले देख रहा है। तेरी निभ जाएगी इसके साथ।"

"हूँ।" मैना ने स्वीकार किया।

"और तू कुम्भा?" लोपा ने कुम्भा से प्रश्न किया, "तू जानता है विवाह, परिवार, घर-गृहस्थी? बोल पगले! दाँत भीतर कर!"

कुम्भा ने दाँत छिपाया, ओठ मिले तो ठुड्डी सिकुड़ गई। मानो जान-बूझकर ओठ बन्द किया गया हो, कुम्भा के ओठ खुले रहते थे। कुम्भा ने स्वीकृति में इस प्रकार सिर हिलाया जैसे वह इस विषय में पारंगत हो। वैसे कुम्भा जैसा परिश्रमी और कुशल पशु संचालक आश्रम में अन्य कोई न था।

कुम्भा और मैना को लोपा गुरुदेव के पास ले गईं। प्रेम की बात कह गुरुदेव से विवाह की स्वीकृति ले ली। करणपारा शीघ्र ही दो पुष्प मालाएँ ले आया। मैना और कुम्भा एक-दूसरे के गले में पुष्प-हार डालकर बन्धन के सूत्र में बँध गए। गुरुदेव से आशीष लेकर लोपा के चरणों में लोट गए। लोपा ने कुशलपूर्वक जीवनयापन की कामना की और दोनों को गले से लगा लिया।

"सलेटू और पाशा सूचनाएँ लेकर आए हैं," बासुका विराजक से कह रहा था। विराजक ने शीघ्र उपस्थित होने के लिए कहा और सलेटू, पाशा को साथ ले अगस्त्य के कुटीर की ओर बढ़ गया।

अगस्त्य का आधार सूचनाएँ थीं। सदैव प्रतीक्षा में रहते, "अवश्य कोई सूचना होगी।" पाशा और सलेटू को देख अगस्त्य ने द्वार खोल दिया।

"गुरुदेव! पाशा वानर क्षेत्र से और सलेटू आन्ध्र से सूचनाएँ लाए हैं।" विराजक बोला और वेदी पर चलकर बैठने की प्रार्थना की।

अगस्त्य, विराजक, पाशा, सलेटू वेदी पर आ गए।

"बोलो पाशा! क्या सूचना लाए हो?" विराजक शीघ्र ही सूचना से आचार्य को अवगत करा देना चाहता था।

"मैं रत्नपुर, महेन्द्र, किष्किन्धा गया था। रत्नपुर के अधिपति विद्याधर प्रह्लाद तीव्र बुद्धि वाले, वीर और सुलझे व्यक्ति हैं। एकमात्र पुत्र पवन को वानर राष्ट्र का श्रेष्ठ सम्मानित अधिपति होने की कल्पना करते हैं और इसके लिए वे पवन को शिक्षा आपके आश्रम से दिलाना चाहते हैं। रत्नपुर में देवों के प्रतिनिधि मिले परन्तु मेरी वार्ता हुई न कोई सूचना मिली। रावण का कोई हस्तक्षेप नहीं है परन्तु व्रजनाभ के मारे जाने की सूचना है। वानर रावण से भयभीत तो नहीं लगते, हाँ, सचेत अवश्य हैं।

"महेन्द्र का भी यही समाचार है। महेन्द्र के अधिपति मेहन्द्र रायवर अत्यन्त सीधे, सरल, संकोची स्वभाव के हैं। उन्हें अपनी एकमात्र पुत्री अंजना की चिन्ता है। अंजना छोटी है परन्तु अभी से योग्य वर की खोज में हैं महेन्द्र रायवर।

"...रही बात किष्किन्धा की–यह क्षेत्र बड़ा है, यहाँ के अधिपति ऋक्षराज को वानर सम्राट मानते हैं। वानरों के मांडलिक राज्यों को इनके अधीन समझें गुरुदेव! ऋक्षराज का श्रेष्ठ पुत्र बालि उद्दंड है। बालि को किष्किन्धा सौंपना चाहते हैं ऋक्षराज। दूसरा भाई सुग्रीव अभी छोटा है। पहले देवों से ऋक्षराज का सम्बन्ध था, अब नहीं है।"

"तुम बोलो सलेटू," विराजक ने सलेटू की ओर हाथ उठाया, "तुम आन्ध्र गए थे रावण और सुमाली का समाचार अवश्य लाए होगे।"

"हाँ, आन्ध्र में पूरे दो माह रहकर आया हूँ। रावण की विजयों ने पूरे आन्ध्र में हाहाकार मचा रखा है। जो अधिपति अभी अधीन नहीं हुए हैं, वे सब इतने भयभीत हैं कि कब रावण अपनी सेना लेकर आ जाएगा और सब नष्ट कर देगा। बहुतेरे तो रावण की प्रतीक्षा में हैं कि रावण आए और रावण के सम्मुख वे रक्ष-संस्कृति में स्थापित हो जाएँ। अभी दो घटनाएँ ज्वलन्त हैं। प्रथम तो यह कि उत्तर दिशा का मूल निवासी मय का क्षेत्र समृद्ध था। देवों ने मय को मिलाना चाहा। मय ने स्वीकार नहीं किया तो परम सुन्दरी हेमा को रूप-जाल में फँसाने हेतु भेज दिया गया। हेमा मय को पाकर सुखी हो गई। उसने मय को पति मान लिया। देवों ने मय का क्षेत्र छीन लिया। सारा धन लूटकर मय को वहाँ से भगा दिया। मय हेमा के साथ दक्षिण भाग आया और बालि-द्वीप के समीप रहने का निश्चय किया। मय छोटे-से क्षेत्र का अधिपति है। पाँच-दस ग्राम ही होंगे मय के अधिकार में। रावण जब इस क्षेत्र में पहुँचा तो मय बड़ी प्रसन्नता से रक्ष-संस्कृति अपनाकर राक्षस बन गया। और तो और अपनी परम सुन्दरी रूपवती पुत्री मन्दोदरी का विवाह रावण से कर दिया। आज रक्ष-संस्कृति का परचम वहाँ लहरा रहा है।

"दूसरी बात—रावण अब लंका की ओर गया। रावण अपना बल पहचान गया है। गुरुदेव! उसे यहाँ के लोग सहयोग भी कर रहे हैं।" सलेटू थोड़ा रुक गया।

अगस्त्य सोचते हैं, 'सहयोग क्यों नहीं करेंगे। भाषा, जाति, वर्ग, प्रथाओं में सब एक जैसे हैं। रूप-रंग, खान-पान, समाज-परिवार सब तो मिलता है। भिन्न तो मैं हूँ भिन्न तो आर्य हैं। इसी भिन्नता को अभिन्न बनाना है।' सलेटू अगस्त्य के चेहरे की भाषा पढ़ना चाह रहा था, बोला, "लंका में प्रवेश करते ही लोकपाल यक्षराज कुबेर के कक्ष में प्रवेश कर गया रावण। रावण के साथ उसके सम्बन्धी वीर योद्धा भी थे। नाना सुमाली भी था। और कुबेर को तो आप जानते ही हैं। इन्द्र से कम नहीं हैं कुबेर। मद्य पान, नृत्य, संगीत और स्त्री-सुख ही उनका जीवन है। वे जानते हैं कि देवों का वरदहस्त होने से कोई भी लंका का कुछ बिगाड़ नहीं सकता। रावण ने अपनी लंका माँगी। देव तो रावण को कुबेर का भ्राता मान ही चुके हैं। सो अब वह अपना हिस्सा माँग रहा है। रावण का बल, पौरुष, ओज और आत्मविश्वास देखकर कुबेर को भय हो गया। रावण का भ्राता बनना कुबेर के विरुद्ध सिद्ध हुआ। कुबेर द्वारा रावण को बार-बार समझाने का प्रयास भी विफल रहा। भोग, सुख, ऐश्वर्य, विलासिता का लोभ रावण को विचलित न कर सका। वह लंका को किसी भी मूल्य पर प्राप्त करना चाहता था। लंका का सुख रावण को अन्य सुखों से बढ़कर था। भय से ही सही पिता विश्रवा भी रावण के पक्ष में थे। कुल मिलाकर कुबेर रावण की शक्ति पहचान चुके थे। भयभीत कुबेर ने अलका में अपना स्वतन्त्र राज्य स्थापित करने का विचार किया और रावण को लंका दे दी। अब क्या था बिना युद्ध के सहज ही लंका रावण को मिल गई। लंका के निवासी राक्षस हुए। लंका में रक्ष-संस्कृति का ध्वज फहरा रहा है। रावण अपने बन्धुओं के साथ लंका में रहने का मन बना चुका है। रावण के लिए विशेष भवन का निर्माण प्रारम्भ होने वाला है। रावण की योजना लम्बी है। समस्त द्वीपों पर वह आधिपत्य जमाना चाहता है। पूरे भू-लोक का स्वामी बनने की महत्त्वाकांक्षा है रावण में।"

सलेटू की सूचना से अगस्त्य के सिर पर पर्वत जैसा भार हो गया। देह की सभी नसें सिकुड़कर केन्द्र में आ गई हों, पूरा रक्त मस्तिष्क में समा गया हो—उन्हें लगता। वे विचलित हो गए। तनाव ने घेर लिया, विक्षिप्त अगस्त्य को कुछ नहीं सूझ रहा था। कभी वृक्ष के तने को ठेलते, कभी कुल्हाड़ी लिये सूखी लकड़ी के तने पर मारते। चलते तो ढेलों को एड़ी से मसलते। 'करें भी तो क्या? आए थे आर्य संस्कृति की स्थापना के लिए। आश्रमों के व्यूह में फँसकर रह जाएँगे क्या? अब रक्ष-संस्कृति एक नई समस्या बनकर मुँह बाए खड़ी है। अनार्यों को आर्य क्या बनाऊँ? वे सब राक्षस हुए जा रहे हैं, पुनः एक और संस्कृति का भार सह पाएँगे। यदि विद्रोह हो गया तो!'—अगस्त्य सोच में डूबे आश्रम का वह कार्य करने लगे जिसे वह कभी न करते।

अगस्त्य करीष के ढेर पर बैठे अनचाहे पौधों को उखाड़ रहे हैं। पौधों-घासों को मसलते-नोचते और फेंक रहे हैं। आश्रमी ने सूचना दी, "कई मुनि आए हैं अतिथि कुटीर में हैं।"

अगस्त्य ने सुना और चल दिए लोपा की ओर। जब भी ऐसी अवस्था होती तो लोपा के बिना अगस्त्य का काम न चलता।

लोपा का कार्य विस्तृत था। किसी विभाग में बँधकर रहना उन्हें पसन्द न था। विशेष रूप से आश्रम के भीतर की समस्त समस्याओं का निराकरण करतीं। आश्रम की व्यवस्थापिका लोपा ही थीं। इस समय भी औषधियों के आचार्य और मैना लोपा की कुटीर में हैं। किन-किन वनस्पतियों से औषधि का निर्माण हुआ। नई वनस्पतियों की खोज हुई या नहीं। किस पर शोध हो रहा है। लोपा विवरण ले रही थीं। मैना के पास कुल कितनी छतरियाँ हैं? वर्षा-काल में कितनी वितरित की गईं? कितनी वापस आईं। जो वापस नहीं की गईं तो क्यों?—लोपा एक-एक विवरण में उलझी थीं कि कुत्तों की आहट हुई। लोपा जान गईं कि आचार्य इधर ही आ रहे हैं।

"तुम दोनों जाओ!" लोपा ने छुट्टी दे दी थी, "कल अवश्य आना। कार्य अधूरा रह गया है।"

"सच ही आचार्य आ रहे हैं। कभी आते नहीं। किसी आश्रमी को भेजकर बुला लेते।"—लोपा बोलती कँहरती बाहर निकलीं। अगस्त्य पास आ गए थे—"चलो लोपा अतिथि कुटीर की ओर, मुनिगण आए हैं।" कम शब्दों में अगस्त्य ने काम चलाया। लोपा चल दीं, बोली नहीं।

अतिथि कुटीर में सुतीक्ष्ण, इध्मवाह, शरभंग बैठे हैं। आश्रम के आचार्य सत्वमुनि, सगुणानंद, प्रबलाभ साथ हैं। विराजक भी उपस्थित हैं। बासुका ने जलपान करा दिया है। बासुका द्वार पर बैठा है! अचानक उसकी दृष्टि अगस्त्य पर गई तो साँस रुक गई, वह चिल्लाया, "सावधान श्रीमान्! गुरुदेव, माँ लोपा इधर ही आ रहे हैं!"

"अरे गुरुदेव आ रहे हैं! उनका आना कैसे! अवश्य कोई घटना घटी है। निरीक्षण हेतु न निकले हों।" सभी के मुख से आश्चर्य के शब्द निकले।

"अरे! बासुका शीघ्र जल पात्र ढक दे और आसन लगा, द्वार पूरा खोल रे पगले!" विराजक घबरा गया।

अगस्त्य ने कुटीर में प्रवेश किया, पीछे लोपा थीं। सभी ने चरण छुए। "सफल होओ। बैठो!"—अगस्त्य ने आशीष दिया और बैठ गए। आज उनकी पलथी बड़ी लग रही थी।

"आप सबको एक साथ देखकर मेरा मन शान्त हुआ, कहो! सुतीक्ष्ण, इध्मवाह, शरभंग आपके आश्रम के समाचार सन्तोषप्रद हैं न? आप कुशल से तो हैं?" अगस्त्य सामान्य हो गए थे।

सुतीक्ष्ण बोले—"गुरुदेव, मेरे आश्रम की व्यवस्था अनुकूल है। अगस्त्याश्रम का छोटा

रूप जान पड़ता है। एक कमी है कि मेरे आश्रम में अस्त्र-शस्त्रों की शिक्षा नहीं दी जाती। यह विभाग अधूरा है। मैं पूरी दृष्टि रखे हुए हूँ दंडक क्षेत्र पर। रावण का विस्तार दंडक क्षेत्र तक हो चुका है। रावण द्वारा अधिकृत व्यक्ति जो राक्षस बन गए हैं वे छोटे आश्रमों के आर्य ऋषियों को मार रहे हैं। यह एक नया बखेड़ा उठ गया है। सम्भवतः आपके विषय में भी ये जानते हों।''

''अवश्य जानते होंगे।'' अगस्त्य रावण के कृत्य से दुखी थे, ''अब ऋषियों को अपनी सुरक्षा स्वयं करनी होगी। रही बात युद्ध शिक्षा की तो आवश्यक नहीं कि सभी युद्ध में पारंगत हों। समाज पर विजय प्राप्त करना सबसे बड़ी विजय है। राज्य मिट सकता है, समाज नहीं। प्रजा किसी के अधीन रहे, वह अपनी संस्कृति नहीं छोड़ती। समाज के नियम रक्त में समा जाते हैं। हाँ, मुझे दंडक पर दृष्टि रखनी होगी। ऐसा वातावरण तैयार करना होगा कि ऋषि अपने को सुरक्षित समझ सकें।''

अगस्त्य चुप हुए और इध्मवाह को देखकर मुस्कराए जैसे कह रहे हों, 'कहो इध्मवाह, अपना कुशल-क्षेम कहो।'

इध्मवाह आचार्य का संकेत समझ गए, ''मेरे क्षेत्र में अभी राक्षसों का प्रवेश नहीं है गुरुदेव! परन्तु निकट भविष्य में पूरी संभावना है। मैंने तो अपनी सुरक्षा व्यवस्था कर रखी है।''

''कैसी व्यवस्था?'' बीच में विराजक बोल पड़ा।

''वह यह कि यदि आश्रम पर किसी की भी कुदृष्टि हो गई तो वह अपने को नष्ट समझे। आश्रम अपनी सुरक्षा की ठोस व्यवस्था रखता है। और इतना शीघ्र रावण आश्रम से युद्ध नहीं करेगा। मेरे आश्रम के दस आश्रमी बारी-बारी से आश्रम के बाहर घूमते रहते हैं, किसी प्रकार के संकट आने के पूर्व हम सचेत हैं।''

''तुम ठीक कहते हो इध्मवाह,'' अगस्त्य थोड़ा आश्वस्त हुए, ''रावण को इन लघु आश्रमों से क्या काम वह अधिपतियों से रिक्त ही नहीं हो पाएगा।'' गर्व करते हुए अगस्त्य बोले, ''और मेरे आश्रम की बात जहाँ तक है...किसी राक्षस नें साहस नहीं कि आँख उठाए इस दिशा में! रावण भी सुन चुका होगा मेरी उपलब्धियों के विषय में।''

अगस्त्य और बात करते परन्तु शरभंग को देखकर वाणी को विराम दे दिया। शरभंग देखने से अनार्य लगते परन्तु शरभंग के कार्य आर्यों के हित में होते थे। किसी की समझ में यह नहीं आता कि शरभंग किस जाति-गोत्र के हैं। ग्रामवासी शरभंग का सम्मान करते, वहीं आर्य ऋषि शरभंग को लाभ दृष्टि से देखते। बूढ़े शरभंग का आश्रम प्राचीन था।

शरभंग खिसककर आगे आए। वातावरण निःशब्द हो गया। शरभंग ने थूक घोंटा– बोले, ''आप लोगों जैसी शक्ति तो मेरे पास नहीं है। मैं अपने को सामाजिक चेतना का एक सैनिक मानता हूँ। एक महत्त्वपूर्ण सूचना दे दूँ कि–वानर क्षेत्र में मतंग ने आश्रम

स्थापित कर लिया है। मतंग की कई पीढ़ी वानर क्षेत्र में गल गईं। वानरों के सम्मानित गुरु हैं मतंग। मतंग की पकड़ अभिजात वर्ग पर है परन्तु उन्होंने एक नया काम किया है।"—शरभंग ने पैर फैलाया घुटने सहलाए, जोड़-जोड़ दुख रहा था।

"लगता है, आपका स्वास्थ्य अनुकूल नहीं।"—अगस्त्य वृद्ध की पीड़ा से परिचित थे। "इस आयु में घुटने दुखते ही हैं ऋषि! आप औषधि कुटीर से औषधि ले लें। अभी आपको पृथ्वी पर रहना है। रहने का उद्देश्य पूरा कहाँ हुआ?"

"उद्देश्य सदैव अपूर्ण रहा है कुलपति! सीमा नहीं होती। संसार में बहुत-सी ऐसी वस्तुएँ हैं, भावनाएँ हैं, कार्य हैं जो पूर्ण नहीं होते। एक के बाद एक व्यक्ति आता है और गति-लय बढ़ती रहती है। चक्र आगे बढ़ जाता है। अनन्त। इसी कड़ी में हम-आप हैं। मुझे मृत्यु से प्रतिदिन साक्षात्कार होता है। प्राण अभी तक कैसे हैं, पता नहीं।"

शरभंग खाँसे, गला थूक से गीला किया, "मैं मतंग की बात कर रहा था। मतंग ने एक अनोखा आश्रम बनाया है। शबरी-आश्रम के नाम से चर्चित यह आश्रम स्त्रियों का आश्रम है। शबरी इस आश्रम की संचालिका हैं। मतंग वानरों में सामाजिक चेतना जगाने का महत्त्वपूर्ण कार्य कर रहे हैं। शबरी मतंग के निर्देशन में स्त्रियों को शिक्षित कर रही है। शबरी के आश्रम में निम्न वर्ग की स्त्रियाँ अधिक हैं। शिल्प-ज्ञान भी कराया जा रहा है। इससे स्त्रियों में एकता है, जागरूक हो रही हैं वे। शबरी का प्रयास प्रणम्य है, बहुत आशाएँ हैं आचार्य!"

"लोपा, तुम क्या कह रही हो?" अगस्त्य का भार कुछ कम हुआ। उन्हें राहत की अनुभूति हो रही थी, "सलेटू के समाचार से जो चिन्ता थी वह कुछ कम हुई है।"

"विक्षिप्त होने से कार्य होने वाला नहीं। बना खेल बिगड़ जाएगा,"—लोपा आश्वस्त करतीं, "मेरा मत तो यह है कि आश्रम युद्ध करके कुछ भी प्राप्त नहीं कर सकता। जितनी भी पिछड़ी जातियाँ हैं, उन्हें एक करने का कार्य आश्रम कर सकता है। आश्रमों के आश्रमी ग्राम-ग्राम जाएँ, परिवार के कुलाप से बात करें, ग्रामणियों से मिलें। एक जन आन्दोलन खड़ा किया जाए। इसमें युद्ध का कार्य नहीं है जन-जन के मन में आश्रम बस जाए। तब कहीं जाकर हम कह सकेंगे कि रावण क्या दस रावण भी मेरा कुछ बिगाड़ नहीं सकते!"

"मैं भी महानायकों की खोज में हूँ।" अगस्त्य बोले, "विश्वामित्र भी निर्देशित किए जा चुके हैं! शीघ्र ही यदि महानायक को खोजने में हम सफल रहे तो निर्माण करूँगा, महानायक का निर्माण!"

"महानायक का निर्माण! वह कैसे गुरुदेव?" विराजक की समझ के बाहर की बात थी।

"तुम नहीं समझ सकते विराजक, निर्माण ही तो किया जाता है आचार्य का, व्यापारी, सेनानायक, अधिपति, सम्राट और महानायक का। समय आने पर तुम समझ जाओगे! हाँ बताओ, विश्वामित्र की कोई सूचना है?"—अगस्त्य ने प्रश्न कर विषय बदल दिया।

संकेत विराजक की ओर था।

"जी, गुरुदेव! अभी कल ही एक सूचना आई थी, मुझे विशेष नहीं लगी–वह यह कि विश्वामित्र ने पूर्ण रूप से विदेह और कोशल के सम्राटों पर अपना मानसिक दबाव बना लिया है। अनवरत वे गतिशील हैं। भरद्वाज, गौतम, अत्रि, निषादराज, वाल्मीकि, विभाण्डिक से लगातार सम्पर्क बनाए हुए हैं। विभाण्डिक से उनका सम्पर्क प्रतिदिन का है।"–विराजक की सूचना समाप्त हुई।

"यह भी विशेष सूचना है कि विराजक!" अगस्त्य दूर तक देख रहे थे, "विभांडिक का पुत्र ऋषि शृंग औषधि शास्त्रों का ज्ञाता है और अवध के सम्राट पुत्रहीन हैं। अवश्य ही कोई विशेष कार्य सम्पादित होने वाला है।"

देर तक अगस्त्य-लोपा, विराजक मुनियों के साथ वार्ता करते रहे। मुनि साहस और प्रेरणा पाते तो अगस्त्य का मन शान्त होता और विराजक को अगली कार्यवाही हेतु नए-नए सूत्र मिलते।

अगस्त्याश्रम की शाखाएँ दूर तक फैलीं। वानर, निषाद, नाग, चारण, यक्ष, किन्नर, गन्धर्व, शबर, कोल-भील, मुंडा और बहिष्कृत आर्यों-अनार्यों पर आश्रम का मानसिक प्रभाव दृढ़ होता जा रहा था। रावण भी कम न थे। इन सभी जातियों पर उनकी दृष्टि थी। रावण की साम्राज्यवादी नीति थी और वे अधिपतियों को अधिकार में लेकर दंड का भय दिखाते तो वे अपने को पहचानते फिर रावण को सम्प्रभु मान लेते। रावण की सम्प्रभुता दूर तक फैली। अगस्त्य के पास ऐसा कोई अधिकार नहीं था। अगस्त्य के चिन्तन-क्षेत्र में राक्षस और वानर थे, वे रावण का कोई अहित नहीं कर सकते थे। वानर क्षेत्र से सम्भवतः कुछ विस्तार मिले, तो अब यात्रा रत्नपुर की आवश्यक हो गई।

विराजक की यात्रा पुनः एक और, महत्त्वपूर्ण, आत्मविश्वास से भरी। फिर नदियाँ, नाले, ऊँची-नीची पथरीली भूमि।...परन्तु बोली तो अपनी है। दिशा अपनी लगती है। अपनत्व से साहस बढ़ता है, भय चला जाता है। साथी भी तो दो हैं! सर्वगन्ध और सलेटू। सलेटू विशेषज्ञ है मार्ग का तो सर्वगन्ध हँसोड़ कि यात्रा में समय का बोध न हो...वाह रे सर्वगन्ध!

यात्रा ही राज्य का निर्माण और विकास करती है। यात्रा से भाषा परिष्कृत होती है तो परम्पराओं का स्थायीकरण होता है। यात्राएँ जलवायु का विश्लेषण करती हैं। जो यात्रा नहीं करता वह ठहरा हुआ दूषित जल है। गति न हो तो ऋतुएँ ठहर जाएँ। और जब यात्रा में सर्वगन्ध जैसा व्यक्ति हो तो...

सर्वगन्ध जब थकता तो शौच का बहाना बना रुक जाता और झाड़ी की आड़ में बैठ जाता। विराजक और सलेटू प्रतीक्षा करते। जब सर्वगन्ध कहता–शौच का आभास

हुआ था परन्तु व्यर्थ ही रहा तो दोनों हँसते। फिर आगे और आगे...। ''भूख किसी को भी रोक सकती है।'' सर्वगन्ध कहता और रुककर पत्ते खाता–फिर हँसी। नदी में नहाता देर तक–कहता, ''देह को शुद्ध और चंचल हो लेने दो भाई!'' कुछ दूर दौड़ता और घोड़े को बुलाता। भिन्न-भिन्न पशुओं की ध्वनि करता, पक्षियों के स्वर तो कहीं कुत्ते की भौं-भौं, बिल्ली की म्याऊँ।

विराजक और सलेटू किसी ग्राम में रुकते तो सर्वगन्ध विराजक, सलेटू की सेवा करता, अश्वों की देख-भाल करता। विराजक, सलेटू उसी रात ग्राम में एक समिति बनाते। सभेय, सभासह चुने जाते। एक व्यक्ति प्रसार कार्य हेतु नियुक्त होता।

विराजक की यह यात्रा पिछली सभी यात्राओं से भिन्न थी। वह तत्काल रात्रि विश्राम को परिणाम दे देता, मात्र कुशल-क्षेम और आश्रमों के गुणगान तक उसकी सीमा न होती।

घना वन, भटक गए तीनों। विराजक को लगा कि कहीं हम उल्टी दिशा में न हों। सलेटू से पूछा, ''मार्ग लगता है, भूल गए। न कोई पगडंडी, न कोई कहीं दिखा कुटीर, न ही कोई व्यक्ति।'' सलेटू बोला, ''नहीं,'' और वह सर्वगन्ध की ओर देखने लगा।

''मार्ग से भटक गए तो रुको नहीं भैया! चले चलो मार्ग मिल जाएगा। खोज ऐसे ही होती है–पहले भटको। अहा! कितना घना वन है, यहीं मेरा घर होता!'' सर्वगन्ध ने पहली बार समझ दिखाई।

''अहा! कुटीर!!'' सर्वगन्ध ने कुटीर देख लिया।

''अवश्य ही यह कुटीर किसी राक्षस का होगा।'' विराजक को आशंका हुई, ''इतने घनघोर वन में कुटीर का क्या अर्थ!''

''चलो! चलकर देखते हैं।'' सलेटू बोला, ''अवश्य ही कुटीर में कोई होगा और उससे निकट के ग्राम का पता चल जाएगा।''

''चलो! चलते हैं अभी दिन भी शेष है परन्तु सर्वगन्ध हँसी छोड़, सचेत रहना। अनभिज्ञ स्थान पर सदैव सावधान रहना चाहिए।''

तीनों ने छिपे हुए खड्ग, छोटे हल, शूप पर हाथ फेरा। परिस्थितियों का सामना करने के लिए तैयार आश्वस्त हो आगे बढ़ गए।

कुटीर के द्वार पर एक अधेड़ बैठा है। दाढ़ी-बाल बढ़े हैं। मैल की कई परतें देह पर। नंगा शरीर। एक लँगोट ही पर्याप्त। छोटी आँख, काली देह। स्वस्थ हाथ-पैर। न मुख पर तेज, न ज्ञान का कोई आभास। तीनों को देख अधेड़ न डरा न बोला, जैसे था वैसे है। अधेड़ की कोई प्रतिक्रिया न होते देख विराजक बोला, ''महाशय, हम दूर देश के हैं, फलों के बीज, पौधे लेने आए हैं। निकट कोई ग्राम हो तो बताएँ, हम मार्ग भूल गए हैं।''

अधेड़ ने संकेत किया, ''आगे एक ग्राम है जो निकट है। घना वन वहीं से समाप्त जो जाएगा और मार्ग मिल जाएगा।''

घना वन समाप्त हो गया सामान्य भूमि, उपवन, कृषि योग्य भूमि और पशु चराते दो-चार लोग। सलेटू ने एक चरवाहे को बुलाया जो पशुओं को घास की ओर हाँक रहा था, "भ्राता! आगे कौन-सा ग्राम है? हम दूर देश से आए हैं, फलों के बीज कहाँ मिलेंगे?"

चरवाहे ने सुना और लाठी पर अपनी हथेली टिका, ठुड्डी रखकर बोला, "यह ग्राम कुन्दीपुर है। फलों के बीज कहाँ मिलेंगे इसका ज्ञान मुझे नहीं। इस ग्राम के ग्रामणी चोष्या हैं, उन्हें बहुत-सी बातें पता हैं। ग्राम में जो भी आता है चोष्या के यहाँ ठहरता है। आप वहीं जाएँ।"

विराजक, सलेटू, सर्वगन्ध का चोष्या ने स्वागत किया। जब विराजक ने बताया कि मैं गरेह का ग्रामणी था। कुलपति अगस्त्य की कृपा से आज आश्रम की ओर से दक्षिण का सूचना अधिकारी हूँ। मैं और मेरा क्षेत्र आचार्य की कृपा से भयमुक्त हो गया है। नित नई खोजों से निरन्तर विकास हो रहा है। तो चोष्या ने भी आश्रम की सेवा स्वीकारी। रात्रि में ग्राम समिति बनाई गई। विराजक रत्नपुर की दिशा और सुरक्षित मार्ग के विषय में चोष्या से विज्ञ हुआ।

प्रातः यह कहते विराजक ने विदा ली कि लौटते हुए वह चोष्या को साथ ले जाएगा।

विराजक तुष्ट हुआ था चोष्या से मिलकर। मार्ग के लिए सूखे फल, मेवे चोष्या ने दिए तो विराजक, सलेटू के नयन भर गए।

"जानते हो सलेटू।" दूरदर्शी विराजक कहने लगा, "चोष्या का मिल जाना कितना लाभप्रद रहा है। सबसे बड़ी बात तो यह होगी भाई कि ग्राद्ध क्षेत्र की पूरी सूचना मिलती रहेगी। सम्पाति दक्षिण चले गए सम्भवतः वे सागर तट पर होंगे। युवा जटायु ग्राद्धों का नेतृत्व कर रहे हैं। उन तक सम्पर्क अब सरलता से बन जाएगा।

सलेटू चुप रहा। सलेटू कम बोलता था। विराजक ने सर्वगन्ध की ओर देखा, "अरे भाई हँसोड़ कुछ तो कहो! अब तो मार्ग मिल गया। क्या उदासी में यात्रा कटेगी?"

सर्वगन्ध बोला नहीं तो विराजक ने सन्देह व्यक्त किया, "अरे भाई, कहीं तुम भेदी तो नहीं हो और गुप्त रूप से रहकर भेद ले रहे हो।"

"यह लांछन क्यों भैया?" सर्वगन्ध गम्भीर हो गया, "मैं आश्रम का जीवनदानी हूँ। आप मेरे कुल-गोत्र, ग्राम के विषय में बहुत भली प्रकार अवगत हैं। आप देख रहे हैं कि मैंने लांगूल ले रखा है।"

"लांगूल तो मैं भी लगाता हूँ, सलेटू भी लांगूल लगाता है। अश्व चालन के समय या शयन के समय ही निकलता है यह लांगूल।" विराजक ने सन्देह को गम्भीरता से लिया।

"तो क्या यह लांगूल मैंने दिखावे के लिए लगाया है! और मेरी यह ताम्रवर्णी देह?"—सर्वगन्ध ने तर्क प्रस्तुत किया।

"फिर कहो! रत्नपुर की ऐसी घटना जो मैं न जानता होऊँ।"—सर्वगन्ध को उलझाने का प्रयास कर रहा था विराजक। अश्व रुके न थे। अश्वों की टापों में खोया सलेटू, आधी-अधूरी बात ही सुन पा रहा था।

"तो सुनिए, रत्नपुर के अधिपति प्रह्लाद विद्याधर को एक बार पुत्र-रत्न की प्राप्ति हुई। रत्नपुर में उत्सव मनाया गया, मैं भी उत्सव में था। छिपते-छिपाते राजपरिवार में चला गया। देखा–किष्किन्धा के महाराज ऋक्षराज पधारे हैं। सम्भवतः वे अपने पुत्र बालि और सुग्रीव के विषय में बात कर रहे थे।"

"रत्नपुर चलने से तुम्हारी सचाई का पता लग जाएगा।"–विराजक सर्वगन्ध को गम्भीर बनाए हुए था।

"और सुनें भैया! वानरों की कुछ विशेष बातें–वानरों को त्वचा का रोग अन्य की अपेक्षा अधिक होता है। वानर कामुक भी होता है।"–सर्वगन्ध अपना सत्य प्रमाणित करना चाह रहा था।

"अरे! ये सर्वगन्ध तो दुखित प्राण हो गया।" विराजक हँसा, "मुझे तुम पर सन्देह नहीं है सर्वगन्ध। मैं तो देख रहा था कि तुम समय पड़ने पर गम्भीर भी हो सकोगे या नहीं।"

"सर्वगन्ध ने कई महत्त्वपूर्ण कार्य किए हैं आश्रम के लिए!"–सलेटू टापों से ध्यान हटाता हुआ बोला।

"कछुए जैसा संयमी होना चाहिए। धैर्य और साहस को किसी अस्त्र-शस्त्र से कम न आँको। इसके बल पर बड़ी-सी-बड़ी उपलब्धि प्राप्त की जा सकती है।" विराजक आचार्य की भाषा में बोलने लगा।..."देखो, ये मुंड जाति के लोग हैं। अब रत्नपुर आने वाला है। रत्नपुर नगर की सीमा से लगे ग्राम मुंड जाति के हैं। क्यों? सलेटू, मैं सत्य कह रहा हूँ न।"

"हाँ भैया, ये मुंड लोग ही हैं।" सलेटू बोला।

मुंडों के ग्राम पीछे छूट गए। नगर की सीमा में प्रवेश करते ही शिल्पियों के घर दिखाई दिए। नगर समृद्ध लगता था। वानर आ-जा रहे हैं। स्थान-स्थान पर व्यायामशालाएँ बनी हैं। बल का प्रदर्शन चल रहा है। पशुओं हेतु कुटीर बने हैं। वृक्ष के नीचे खूँटे गड़े हैं। गोबर से करीष प्राप्त करने के लिए गड्ढे बने हैं। गोबर और राख-कूड़ा गड्ढे में फेंका जा रहा है। लांगूल बनाए जा रहे हैं। वृक्षों के नीचे बैठे पुरुष और स्त्रियाँ टोकरियाँ बना रहे हैं।

विराजक ने गति धीमी की, एक-एक वस्तु निहारता जा रहा है विराजक–कितने अच्छे लोग हैं, कार्य में व्यस्त। व्यस्त व्यक्ति सुखी रहता है। ऐसी व्यस्तता जिसका परिणाम निकले। इन्हें अवसर ही नहीं कि ये रावण के विषय में सोचें, संस्कृति, भाषा, परम्पराओं का ज्ञान लें। क्या करेंगे इन सबमें उलझकर। प्रकृति की सुरक्षा करना ही अपना कर्तव्य समझते हुए ये व्यस्त लोग क्या मुझसे श्रेष्ठ नहीं हैं?

कई शिल्पी लकड़ी की गदा बनाने में व्यस्त हैं। एक शिल्पी धातु की गदा बना रहा है। कुल्हाड़ी भी बन रही है। गुरिया पिरोते कुछ लोग बतिया रहे हैं। विराजक, सलेटू, सर्वगन्ध उन्हें अपरिचित नहीं लग रहे हैं। अश्वों को देखकर कुछ दाँतों में अँगुली

दबा रहे हैं–"ऐसा पशु तो देखा ही नहीं।...अरे तू कहीं गया है कि देखेगा...ये दूर देश का प्राणी है...इस पर सवारी अच्छी होती है...हाँ, मैंने भी सुना है।"

विराजक महल का मार्ग पूछता आगे बढ़ जाता। विराजक को शीघ्र महल तक पहुँचना है, संध्या होने वाली है। सर्वगन्ध स्त्रियों को निहारता है। स्त्रियाँ घुटने के नीचे तक नीवी पहने थीं और स्तनों को कपड़े से बाँध रखा था। बाल गुँथे हुए थे, जूड़े में लाल-पीले पुष्प पिरोए गए थे। कुछ स्त्रियाँ तो पुष्प-हार ही लपेट ली थीं जूड़े में, फिर भी सब अपने कार्य में तत्पर।

विराजक, सलेटू, सर्वगन्ध महल के द्वार पर पहुँचे, "आप द्वारपाल हैं?" विराजक ने पूछा तो प्रहरी ने सिर हिलाकर 'हाँ' कहा। "आप महाराज को सन्देश दें कि अगस्त्याश्रम से तीन जन आए हैं। आपसे मिलना चाहते हैं। हाँ, यह भी कहना कि हम वानर ही हैं।"–विराजक, सलेटू, सर्वगन्ध ने लांगूर लगा लिये थे। प्रहरी चला गया।

"आश्रम में हम लांगूर क्यों नहीं लगाते?" सर्वगन्ध ने विराजक से प्रश्न किया।

"पहली बात कि अनावश्यक न बोलो, और आश्रम की एक मर्यादा है। एक सीमा है। वहाँ के नियम किसी जाति, गोत्र, कुल के लिए नहीं हैं। सभी व्यक्ति हैं, प्रतीकों का क्या अर्थ? हमारी पहचान बस इतनी है कि हम आश्रमी हैं, हम वानर हैं–यह नहीं।"–विराजक ने अब चुप रहने का संकेत किया और स्वयं मुँह बन्द कर लिया।

द्वारपाल आ गया था। उसके साथ एक अन्य प्रहरी भी था। "आप इनके साथ महाराज के कक्ष में जाएँ।"–द्वारपाल साथ आए प्रहरी की ओर संकेत करते हुए विराजक से बोला।

तीनों जाने को हुए तो द्वारपाल ने रोका, "केवल आप जाएँ, एक ही व्यक्ति के जाने की आज्ञा है।"–उसका संकेत विराजक की ओर था।

"और आप महाशय यही रुकें।" द्वारपाल ने सलेटू और सर्वगन्ध को कहा, "थोड़ी देर में विश्राम-कक्ष का कर्मचारी आपको अतिथि-गृह की ओर ले जाएगा।"

महेन्द्र रायवर महेन्द्र से आए थे। अमात्य, सचिव, पार्षद, प्रमुख सभासह, सभेय के साथ अधिपति प्रह्लाद बैठक में थे। कई प्रस्ताव थे। महेन्द्र और रत्नपुर की व्यापारिक समस्याएँ थीं। शिक्षा, स्वास्थ्य, कृषि, वन-सम्पदा आदि विषयों पर आवश्यक वार्ता हो रही थी।

विराजक ने प्रवेश की आज्ञा माँगी, "अगस्त्याश्रम के सूचना अधिकारी का अभिवादन स्वीकार करें और प्रवेश की आज्ञा दें महाराज।"

सभा निःशब्द हो गई। प्रह्लाद ने स्नेह से हाथ उठाया, "आओ पुत्रवत्! मेरा अहोभाग्य कि अगस्त्याश्रम से मेरे सम्बन्ध बनने वाले हैं। बहुत दिनों से मेरी इच्छा थी..."

"मैं विराजक हूँ! आप सभा के कार्य में व्यस्त हैं। क्षमा करें, मुझे कुछ समय दें।"

"आज आप विश्राम करें कल प्रातः आपसे विधिवत् वार्ता होगी।"–और प्रह्लाद राज्य के कार्य में व्यस्त हो गए।

प्रातः से ही विराजक के सम्मान हेतु एक छोटे-से उत्सव जैसी तैयारी हो रही है। विशेष सभा-कक्ष में महाराज, नगर अध्यक्ष, दुर्गपाल, सभाध्यक्ष, धर्माध्यक्ष, अमात्यों, सचिवों, पार्षदों के बैठने की व्यवस्था की जा रही है। प्रमुख व्यक्तियों के यहाँ सूचनावाहक भेजा रहा है। भोज की भी व्यवस्था है। फल, मेवे, दुग्ध एकत्र किए जा रहे हैं, चावल पक रहा है। प्रह्लाद ने अपने किशोर पुत्र को भी सभा में उपस्थित होने के लिए आमन्त्रित किया है।

सभा में सभी निर्देशित स्थान ग्रहण कर चुके थे। विद्याधर प्रह्लाद ने सभा को सम्बोधित किया, "रत्नपुर के श्रेष्ठजन, अमात्य, सचिव, पार्षद एवं वरिष्ठ राज्य अधिकारीगण! प्रसन्नता है कि अगस्त्याश्रम से सूचना अधिकारी विराजक आए हैं। हम उनसे आश्रम की श्रेष्ठता के विषय में जानें।"

महाराज प्रह्लाद विराजक की ओर हाथ उठाते हुए संकेत करते हुए बोले, "महाशय कहें! आपके आने का प्रयोजन क्या है?"

विराजक खड़ा हो गया रत्नपुर में हुए सम्मान से गद्‌गद था। हर्ष और उल्लास से भरा हृदय संकोच नहीं करता। गर्व से आँखें चमक उठीं विराजक की। आँखें जब विशेष होती हैं तो शब्दों का भावनाओं से मेल होता है। यह सम्बन्ध परिणाम प्राप्त करता है।

"राज्य के श्रेष्ठ जन मेरा अभिवादन स्वीकारें! मैं आप सबका अपना रक्त हूँ। मुझे विश्वास है कि आप मेरी भावना से जुड़ सकेंगे।"—विराजक के शब्द मृदु थे।

"आप कहें, हम आपके साथ हैं।"—अमात्य खड़े हो गए और सभा में बैठे जन एक साथ बोल पड़े, "हम साथ हैं।"

विराजक गर्वित हुआ, "आप जानते हैं कि अगस्त्याश्रम दक्षिण का सबसे बड़ा शिक्षा-दीक्षा का केन्द्र बना है। वैसे इस आश्रम का नाम कुलपति अगस्त्य जी ने पार्थ आश्रम रखा है। हम व्यवहार में अगस्त्याश्रम कहते हैं। मुझे आप देखें, मैं एक साधारण ग्रामीण था परन्तु कुलपति की कृपा से मैं इस योग्य बन सका हूँ। गुरुदेव की कई योजनाएँ हैं जो दक्षिण के निवासियों के लिए अत्यन्त लाभप्रद हैं। जैसे--हर एक ग्रामीण को आश्रम की दीक्षा लेनी चाहिए और उसे समाज कार्य में दक्ष होना चाहिए। कुछ स्थानों पर देव अग्नि के माध्यम से समिधा ले रहे हैं। अब यह देव समिधा न ले सकेंगे। आचार्य पुरोहित पद नामांकित कर रहे हैं। दो-चार ग्रामों में एक पुरोहित हुआ करेंगे और धर्म के कार्य सम्पादित करने के उपरान्त ही उन्हें समिधा प्राप्त होगी। इस योजना से आप अपने धार्मिक कार्यों से तुष्ट भी होंगे और पुरोहित का जीवन भी चलेगा। पुरोहित ग्राम के कार्यों पर भी दृष्टि रखेगा। ग्रामों के बाद अधिपतियों के यहाँ भी एक राजपुरोहित होंगे जो अधिपतियों को धर्म जैसे विशेष, आवश्यक कार्यों की सलाह देंगे, सम्पादन करेंगे। आचार्य परम्पराओं को परिष्कृत कर रहे हैं। पर्वों को जीवन से जोड़ रहे हैं। शिल्पी भी सुरक्षित रहें, इस हेतु शिल्पियों के क्षेत्र में सैनिकों का एक शिविर रहे। सैनिकों के लिए अस्त्र-शस्त्र की शिक्षा का प्रबन्ध है आश्रम में। औषधियों पर लगातार शोध हो

रहा है। भाषा का निर्माण किया जा रहा है। आचार्य कहते हैं, 'आप अपनी बोली में रहें परन्तु एक सम्पर्क भाषा होनी चाहिए।' भाषा का एक मानक हो जो पूरे दक्षिण को मान्य हो। एकता में विकास है, विश्वास भी। आचार्य भाषा का व्याकरण लिख रहे हैं। एक-एक व्यक्ति को वज्रांगी बनाना चाहते हैं।''

विराजक ने वाणी को थोड़ा विश्राम दिया तो सभा में खुसुर-फुसुर होने लगी, ''ये तो हमारे हित में है...लगता है कि अगस्त्य को रुद्र ने भेजा है...हाँ भाई, रुद्र से अधिक कौन शुभचिन्तक हो सकता है हमारा...इसलिए तो हम रुद्र के प्रतीक पिंड को पूजते हैं। हर एक ग्राम में प्रतीक पिंड स्थापित हैं।''

विराजक सभा के मनोभावों को आँक चुका था, ''हमारी सहायता प्रत्यक्ष या परोक्ष रुद्र करते हैं। रुद्र देवों से भी भयभीत नहीं हैं अपितु सभी देव रुद्र से डरते हैं। समय-समय पर उनकी शरण में देव सहायता माँगने आ जाते हैं। सम्भवतः आपको ज्ञात नहीं होगा, रावण साम्राज्यवादी नीति का पोषक है। वह अपनी बात मनवाने के लिए किसी भी स्तर पर उतर जाता है। उसने रक्ष-संस्कृति स्थापित की है। इस संस्कृति का एकमात्र उद्देश्य है उसके अधीन रहना। कितने ही अधिपतियों की हत्या की है रावण ने। अर्जना तट, सागर तट के कई क्षेत्र, हिरण्यपुर आदि पर उसका आधिपत्य स्थापित है, यह तो बल का प्रदर्शन हुआ। आप अपने प्रकार से नहीं रह सकते, आपका राज्य रावण के अधीन हो जाएगा और आप उसी के बनाए दूषित नियमों में जीवनयापन करेंगे। बोलिए स्वीकार है?''

''ऐसा नहीं होगा! हम वानर हैं, रीछ हैं हमारी अपनी परम्पराएँ हैं। इसमें रावण का क्या हस्तक्षेप! रुद्र प्रसन्न हैं तो रावण क्या कर लेगा?'' सभा से एक-एक कर स्वर उभरा।

''रुद्र की आराधना रावण भी करता है।'' विराजक बोला, ''परन्तु हमें सचेत रहना है। इस हेतु आप आश्रम की शरण लें। वहाँ आपको योग, प्राणायाम, शस्त्रों का ज्ञान, मल्लयुद्ध, संगठन की कला, भाषण कला, नेतृत्व में प्रवीणता, समुद्र ज्ञान आदि विषयों में दीक्षित कर दिया जाएगा।...महाराज से एक निवेदन और है अपने पुत्र पवन को कुछ वर्ष हेतु अगस्त्याश्रम भेजकर दीक्षित होने दें। ज्ञात हुआ है कि महाराज की इच्छा भी यही है, तो विलम्ब क्यों?''

सभा ने स्वीकार किया। महाराज विराजक का आभार व्यक्त किया। महेन्द्र रायवर इस अनोखी सभा से आह्लादित थे। वे इस प्रकार की सभा में पहली बार आए थे।

अगस्त्य ने विराजक को मोह लिया था। अपने ज्ञान के जाल में फँसा अगस्त्य आर्य लाभ सिद्ध करना चाह रहे थे। रावण भी अनुचित कार्य नहीं कर रहा था परन्तु उसके एक-एक कार्य को व्यक्ति-विरोधी बताकर अगस्त्य ने विराजक के मस्तिष्क में रावण विरोधी बीज बो दिए थे। विराजक को अभी तक उनके गौर वर्ण का मर्म समझ में नहीं आया। पूछने का साहस भी न हुआ। अब तो वह अगस्त्य को रुद्र का प्रतिरूप समझ बैठा है।

शीघ्र ही राजकुमार पवन को अगस्त्याश्रम में भेजने का विश्वास दिलाकर महाराज प्रह्लाद ने विराजक को विदा कर दिया।

6

'तीन विवाह किए तो भी अर्थ सिद्ध नहीं हुआ। कोई पुत्र नहीं। ऐसा लगता है कि पुत्र-लाभ से वंचित रह जाऊँगा। जन्म अकारथ हुआ। जीवन अधूरा रह गया। अधूरे को भरूँ तो कैसे? सन्तान के बिना परिवार का अर्थ ही क्या! राज्य का क्या मूल्य! उत्तराधिकार कैसे दे दूँ अन्य को! अन्य तो अन्य ही रहेगा।...जीवन एक रिक्त घड़ा हो गया, न माँझी न चप्पू। हैं बस लहरों के थपेड़े!...प्रजा भी मुख मोड़ लेती है। देखकर—वह अपने शुभ कार्यों का प्रारम्भ रोक देती है क्षण भर के लिए, हाय! मेरा जीवन हाय! मेरा...!

दशरथ सोचते रहे। अवसाद की स्थिति...। समय से पूर्व मुख पर वृद्ध की रेखाएँ!... 'तो क्या नपुंसक हो गया हूँ? या तीनों रानियाँ बाँझ हैं? कोख...! कैसी कोख का पति हुआ रे दशरथ।' और धम्म से बैठ जाते दशरथ शयनकक्ष में।

'दशरथ तुम मूर्ख हो।' दशरथ के हृदय का दूसरा पक्ष उठ खड़ा हुआ, 'प्रजा पुत्र से कम है क्या? तुम्हारी व्यक्तिवादी चिन्ता, तुम्हारा पुत्र-मोह क्या अराजकता का एक कारण नहीं है? राज्य योग्यता से चलता है, पुत्र से नहीं। तुम्हारी तुच्छ मानसिकता तुम्हें नपुंसक बना रही है। अरे ओ! अवसादी दशरथ! अन्य को अन्य मत समझो अपनाकर तो देखो! पुत्र से अधिक सुख मिलेगा। श्रवण कुमार को मारकर क्या तुमने अच्छा किया? श्रवण के माता-पिता कैसे बिखलते थे? क्या दोष था श्रवण का? तुम्हें कौन-सी हानि दे रहा था? यही न! कि वह वहाँ का आदिवासी था। वह अपने क्षेत्र का छोटा-सा अधिपति था, बस! कितना सरल था वह। तुमने उसकी सौम्यता से, सरलता से क्या सीखा? तुम्हें सीखना चाहिए था। राजा को प्रजा से, पड़ोस से, यहाँ तक कि वृक्ष, पर्वत, नदियों से जहाँ भी सीख मिले—सीखना चाहिए। अपने को पूर्ण करना चाहिए। परन्तु यह नहीं हुआ, तुमने श्रवण का वध कर दिया। श्रवण के बढ़ते प्रभाव को तुम पचा नहीं पाए। तुम्हें भय था कि यदि यही हाल श्रवण का रहा तो वह सम्राट बन जाएगा। श्रवण अपने क्षेत्र में सेवा भाव के कारण प्रसिद्ध था, वह वृद्धों की सेवा करता था जैसे पिता बच्चों को पालता-पोसता है, उसी प्रकार वह वृद्धों को...। तुम नीच हो दशरथ! यदि वही अवध का सम्राट बन जाता तो क्या होता? वह योग्य था। परन्तु तुम्हारे हृदय में अन्य के लिए स्थान नहीं है। अन्य के सुख को फूटी आँख भी तुम नहीं देख सकते। ऐसे दशरथ की आवश्यकता ही क्या? अच्छा हुआ कि तुम पुत्र-धन से वंचित हो!'

दशरथ शय्या पर गिर पड़े, बिलखते रहे। रात कब बीत गई पता नहीं चला। न सोए न जगे थे, पूरी रात अनुपस्थित रहे वर्तमान से।

प्रातः सूजी आँख लाल-लाल, बिखरे केश, मुड़े-तुड़े वस्त्र, औंधे पड़े दशरथ ने चाकर को शीघ्र ही वसिष्ठ को उपस्थित होने का आदेश दिया और आह भरते हुए लेट गए।

वसिष्ठ ने सुना कि दशरथ अवसाद की स्थिति में हैं और अपने शयन-कक्ष में ही बुला रहे हैं। वसिष्ठ चल पड़े।

''राजन्!'' वसिष्ठ प्रवेश करते ही बोले, ''यह कैसी स्थिति हो गई आपकी! आप कुशल नहीं लगते?''

''हाँ गुरुदेव, व्यथा ने सारी नसों को बटोर हृदय प्रदेश में एकत्र कर दिया है। एक चोट और चोट, अनेक घाव!''

''कैसी पीड़ा राजन? राज-कार्य तो पहले से अच्छा जान पड़ता है। क्या घटना घटी जो आप इतने दुखी हो गए?''

दशरथ ने अपनी व्यथा कही तो वसिष्ठ भी सोच में डूब गए, 'कोई व्यवस्था करनी चाहिए नहीं तो दशरथ टूटकर बिखर जाएँगे। दशरथ का टूट जाना मेरे लिए कम हानिकारक नहीं। मेरी विलासिता को उनका अवसाद लील जाएगा और...। दशरथ का मस्तिष्क कितना छोटा है! कहीं सम्राट को पुत्र-मोह में पड़ना चाहिए! फिर भी उनकी व्यथा यही है तो उपाय सुझाने होंगे। यहाँ यदि अगस्त्य होते तो अवश्य ही मार्ग निकल आता।'

वसिष्ठ को विलासिता ने आलसी बना दिया था। पंगु राजपुरोहित का अपाहिज सम्राट दशरथ! वसिष्ठ को तो जैसे कुछ लेना-देना नहीं। चाहे आर्य भाड़ में जाएँ, चाहे राज्य चौपट हो जाए। उन्हें बस अपने सिद्धान्त से काम है, अपने नियम-उपनियम के घेरे में घूमना है। आर्यों-अनार्यों के भेद की व्याख्या करनी है। अनार्य यदि आर्य बन जाएँ तो स्वीकारेंगे वसिष्ठ! कदापि नहीं। अनार्य दास हैं, नीच हैं, दुष्ट हैं। वसिष्ठ का चिन्तन भी पूज्य कहाँ है! दशरथ से भी तुच्छ, दशरथ से भी लघु मस्तिष्क।

''एक उपाय है राजन्!'' वसिष्ठ ने मार्ग सुझाया।

''शीघ्र कहें गुरुदेव!''

''मेरी सलाह है कि वरिष्ठ ऋषियों की एक बैठक बुला ली जाए। कोई-न-कोई मार्ग सूझ जाएगा।''

''कई बार मन्त्रणा हो चुकी है। कोई लाभ हुआ? व्यर्थ समय नष्ट करना है।''

''नहीं राजन्! इस बार परिणाम सार्थक होने का विश्वास है, मेरा विवेक कह रहा है। इस बार की मन्त्रणा मात्र ऋषियों की ही होगी, उस सभा में न आप होंगे न राजपरिवार का कोई सदस्य।''

दशरथ मौन रहे। मौन ने स्वीकृति दे दी थी। वसिष्ठ ने मन्त्री को सूचना-यात्री भेजने का निर्देश दिया और अपने भवन की ओर मुड़ गए।

राजभवन के विशेष कक्ष में ऋषियों को ठहराया गया। विश्वामित्र, गौतम, वाल्मीकि, अत्रि, भरद्वाज, विभांडिक पधार चुके हैं।

विश्वामित्र को मानो मनवांछित वस्तु मिल गई। वे चाह ही रहे थे, कोई सभा हो ऋषियों की और महानायक की खोज हेतु कोई सूत्र बने। वसिष्ठ चाह रहे थे कि ऋषियों की एक सभा हो और मैं अपने नियम लागू करने का निवेदन करूँ, निर्देश दूँ। मैं प्रकाश में रहूँगा। दशरथ प्रसन्न थे कि आज उन्हें उपाय सुझा दिया जाएगा।

सभी अपनी-अपनी व्यवस्था में मरे जा रहे हैं।

दशरथ विश्राम कक्ष में थे। राजसभा की बैठकें कुछ दिनों के लिए ठप हो गईं। दशरथ ने मन्त्रिपरिषद के सदस्यों—धृष्टि, जयन्त, विजय, सिद्धार्थ, मंत्रपाल, अशोक, राष्ट्रवर्धन, सुमंत्र, कात्यायन, मार्कण्डेय, जाबालि, सुयज्ञ को भी उपस्थित रहने का आदेश दे दिया था।

ऋषियों के लिए विशेष व्यवस्था की गई थी। अनेक अनुचर लगाए गए थे। प्रतिदिन किसी-न-किसी विषय में वार्ता होती परन्तु जिस हेतु ऋषि एकत्र थे वह विषय अछूता रह जाता।

"मेरे द्वारा निर्मित नियम-उपनियम कब लागू होंगे?" वसिष्ठ प्रश्न करते हुए आदेश की मुद्रा में बोले, "आप सभी संयोग से एकत्र हुए हैं, मेरा आदेश न समझें, निवेदन ही मानें और अपने-अपने आश्रमों के माध्यम से मेरे परिश्रम का लाभ ले लें। भविष्य में आर्यों को लाभ होगा। विशेष रूप से आप लाभान्वित होंगे। मेरे सूत्र अनार्यों को मानसिक रूप से दास बना देंगे। वे पीढ़ी-दर-पीढ़ी दास रहेंगे, उन्हें बोध भी न होगा। दासत्व से मुक्त होना सम्भव नहीं होगा उनके लिए।"

"आप उचित कहते हैं श्रेष्ठ," विश्वामित्र बोले, "परन्तु उसके लिए हमें यहाँ के निवासियों का हृदय जीतना होगा। मैं इसी हेतु आश्रमों की परिक्रमा किया करता हूँ। आप जानते भी हैं कि अगस्त्य ने हम सभी को क्या निर्देश दे रखे हैं?"

वसिष्ठ को चुप देखकर भरद्वाज विश्वामित्र की ओर देखने लगे तो विश्वामित्र ने पुनः बोलना चाहा परन्तु गौतम बीच में बोल पड़े, "मैं तो विश्वामित्र के निर्देशन में विदेह पर दृष्टि रखे हूँ। सीरध्वज आलसी हैं। खोए-खोए सीरध्वज को नृत्य-संगीत और स्त्री-सुख से अवकाश नहीं। मेरे विचार से सीरध्वज और उनका परिवार यदि आश्रमों के अनुकूल कार्य करने लगें तो प्रजा को साथ लेना सरल हो जाएगा।"

"आप ठीक कह रहे हैं गौतम जी।" भरद्वाज बोले, "मैंने निषादराज गुह पर पूर्ण रूप से अंकुश लगा रखा है। गुह अनार्य हैं और आर्य की भाँति कार्य कर रहे हैं। गुह की आर्यों में मान्यता है। उदाहरणस्वरूप है निषादराज।"

"यही उचित नहीं है भरद्वाज!" वसिष्ठ खीझ उठे, "आर्य मत बनाओ उन्हें, जो अनार्य हैं तो हैं, आर्य कैसे बन जाएँगे। रक्त बदलेगा क्या? क्या त्वचा का रंग परिवर्तित कर पाएँगे आप? क्या सूरत आर्यों जैसी लगेगी? समझ में नहीं आता कि क्या सोचते हैं आप?"

"आप ऋणात्मक क्यों सोचते हैं श्रेष्ठ!" विश्वामित्र सहमत नहीं थे, "यह क्यों नहीं विचार करते कि रक्त का रंग एक जैसा है। यदि आर्य-अनार्य के रक्त को एक स्थान पर रखें तो कोई बता सकेगा कि रक्त किसका है? हमें धनात्मक सोचने की आवश्यकता है। आर्य हैं ही कितने? सारा क्षेत्र आदिनिवासियों का है। मूलवंश के लोगों से विरत रहकर क्या आप अपनी विधि उपयोग में ला सकेंगे?"

"अभी गौतम सीरध्वज की बात कर रहे थे।" अत्रि ने बीच में विश्वामित्र को रोका, "फिर दशरथ की बहुत-सी बातें होंगी। यह चर्चा अन्त में करेंगे। हम दशरथ के कार्य से ही एकत्र हुए हैं–परन्तु विश्वामित्र को दक्षिण क्षेत्र की सूचनाएँ मिलती हैं। मैं चाहूँगा कि दक्षिण का समाचार हो।" अत्रि चुप हो गए।

"धन्यवाद अत्रि जी। एक बात वसिष्ठ जी को बता दूँ,"–विश्वामित्र विषय मुड़ने से प्रसन्न थे। पलथी बदलते हुए बोले, "अत्रि जी की पत्नी अनसूया व्रत, कथा, पर्व-त्योहारों का निर्माण कर रही हैं। अनार्य स्त्रियों में उनकी पैठ अधिक है। अभी हम दक्षिण की चर्चा कर लें फिर अत्रि जी से निवेदन करेंगे कि वे अपने आश्रम के विषय में विज्ञ कराएँ।"

विश्वामित्र दक्षिण के समाचार में चले गए। वानर क्षेत्र...रावण...

"चर्चा लम्बी हो जाएगी, आज का दिन शेष न रहेगा।" विश्वामित्र ने समय का बोध कराया तो विभांडिक बोल पड़े, "हमें एक पक्ष का समय दिया गया है और आज तीसरा दिन है। हमारे पास समय है। चर्चा का इतना अच्छा अवसर नहीं आएगा। आप कहें विश्वामित्र! हम तैयार होकर ही आए हैं।"

विश्वामित्र तो आतुर थे ही, "प्रतिद्वन्द्वी को सोच की दिशा मिल जाए तो विचार युद्ध कठिन हो जाता है। शब्द, अर्थ, दृष्टिकोण समान! विचार क्षेत्र की इतनी समानता! समानान्तर दिशाएँ!!"..."रावण भी संस्कृति की स्थापना में लगा है, रक्ष-संस्कृति। राक्षस बना रहा है। यहाँ के लोग उसके हैं, वह पूज्य है। आपको अपनी भूमि बनानी है। अन्तर इतना है कि वह सीधे प्रहार कर रहा है, लोग भय से उसे स्वीकार रहे हैं। हम औचक ऐसा नहीं कर सकते। सूचना के अनुसार दक्षिण का एक बड़ा भू-भाग रावण के अधीन हुआ है। अनेक अधिपति उसकी सत्ता को स्वीकार कर चुके हैं।...आपको जानकर आश्चर्य होगा कि रावण ने पूरा नाग क्षेत्र अपने अधीन कर लिया है। मय की कन्या मन्दोदरी से विवाह कर मय क्षेत्र अपने अधीन तो किया ही कुबेर की लंका भी उसके अधिकार में है। रावण अब आसान नहीं है। हम सब केवल विचारों में उलझे रह जाएँगे। कार्यरूप दिखाई नहीं दे रहा है। इतने दिनों का परिश्रम व्यर्थ न चला जाए, हम सबको विश्राम त्याग देना चाहिए।...और सुनें–गन्धर्व देश जय करके गन्धर्वराज की पुत्री चित्रांगदा को अपनी भार्या बना चुका है। सहज ही बिना युद्ध के गन्धर्व देश पर रावण बैठ गया। दक्षिण का महत्त्वपूर्ण क्षेत्र दंडकारण्य में उसका विशाल सैनिक शिविर है, खर, दूषण उसके प्रतिनिधि हैं पूरा जन्मस्थान उसके अधीन हुआ जाता है। हम सब मुँह निहारते

रह जाएँगे। वसिष्ठ श्रेष्ठ द्वारा बनाए गए प्रारूप से काम चलने वाला नहीं है। मात्र पीत-वस्त्र धारण कर, तिलक लगा, चोटी बढ़ाने से क्या हम आर्य संस्कृति की स्थापना कर पाएँगे?''

''आप मेरे पीछे क्यों पड़े हैं।'' विश्वामित्र के मृदु प्रहार से वसिष्ठ झुँझलाए, ''आप सभी उपस्थित हैं देख लीजिएगा एक-न-एक दिन यही पीत वस्त्र, तिलक और चोटी 'संस्कृति' का मानक सिद्ध होगा। मेरे मस्तिष्क में गोबर नहीं भरा है। जो परिभाषाएँ बनाता हूँ उसका भविष्य स्थायी होता है। मैं तो कह रहा हूँ कि विश्वामित्र जिस गायत्री मन्त्र हेतु व्यथित थे उसकी स्थापना मैं ही करूँगा।''

वसिष्ठ ने मानो झुँझलाए हुए घृत लेप लगाया हो विश्वामित्र को। विश्वामित्र अगुवा थे, वे नेतृत्व कर रहे थे, ''हमें पर्वत से नदी निकालनी होगी, पर्वत का महत्त्व तब कम हो जाता है, जब उसमें से नदियाँ निकलकर लोगों को जल से सींच तृप्त करती हैं जबकि पर्वत से ही नदी का उद्‌गम होता है।''

''पर्वत का महत्त्व बढ़ जाता है विश्वामित्र।'' भरद्वाज बोले।

''हाँ, परन्तु लोग नदियों को याद करते हैं हमें पर्वत जैसे रावण में से नदी निकालनी होगी, विचारों की नदी, रावण के चिन्तन-प्रदेश में प्रवेश करना होगा।...अनार्य-धर्म अनुभूतियों के परिणाम से उपजा है, वह स्थायी है। हमें भी अनुभूतियों, संवेदनाओं के संसार में अपना अस्तित्व खोजना होगा। अनार्य भूमि से जुड़ा है। छोटी-से-छोटी इकाई के महत्त्व को परखते हुए वह खड़ा हुआ है। वसिष्ठ हैं कि देखते ही नहीं, महल के गुम्बद ही...क्षमा करेंगे वसिष्ठ जी, मुझे अपनी बात पूरी कर लेने देंगे। आप बीच में अपना नियम नहीं घुसेड़ेंगे।''

विश्वामित्र हँस दिए तो सभी ऋषियों को हँसी आ गई। वसिष्ठ श्वेत दाढ़ी के भीतर से मुस्करा रहे थे। नयन के किनारे कनपटी का क्षेत्र सिकुड़ गया था।

''...हमें भी अपनी भूमि खोजनी होगी। सबसे बड़ी बात तो यह कि अनार्यों ने सुख के लिए शिल्पों की खोज की। विकास हुआ। उनका धर्म शिल्प से उपजा है। अनार्य सेवा में सुख पाता है, स्वभाव है यह उसका। सब कुछ सत्य पर आधारित है। अनार्यों में समर्पण की भावना है। वे सब सुखी हैं।

''...भूख, प्यास और अस्वस्थता से दुख होता है। यदि वे इस कारण दुखी हो रहे हों तो हमें उन्हें अपना बनाकर दुख से मुक्ति के उपाय बताने होंगे तभी हमें उनकी स्वीकृति मिलेगी। उनके नियम, उपनियमों को समाज ने स्वीकृति दी है। आपको भी स्वीकृति की आवश्यकता है। अनार्य स्वावलम्बी हैं। रहें भी तो कैसे नहीं, शिल्पी जो हैं। हमें उनके शिल्प में मार्ग बनाना होगा। अनार्य युद्ध नहीं चाहता। आत्म-रक्षा हेतु ही वह युद्ध करता है। हमें भी युद्ध नहीं करना है। हाँ, तैयार रहना है रावण जैसों के लिए।

''अनार्य देता है लेता नहीं। हमने दान में क्या-क्या नहीं लिया? अब हमें प्रचारित करना है कि हम भी देने में विश्वास रखते हैं। भले ही कुछ न दें परन्तु कहें अवश्य

कि 'यह दिया वह दिया' भले ही ज्ञान दिया, दिया तो! यह आभास कराना होगा।''

''अब मन्त्रणा समाप्त करें।'' विभांडिक बोले, उन्हें बहुत रुचि नहीं थी इन सब बातों में, ''हम जिस निमित्त आए हैं वह विषय छूटता जा रहा है। आज संध्या हो गई और अभी आपके विषयों की शृंखला लम्बी लगती है।''

''हाँ, विभांडिक जी आपकी चिन्ता से हम अवगत हैं परन्तु यह वार्ता एक परिणाम देगी। आश्वस्त रहें।'' रात्रि में विचार होगा कहकर विश्वामित्र ने सभा समाप्त की।

चौथा दिन है। विभांडिक सोच रहे कि 'आज फिर ऊबना पड़ेगा पूरे दिन,' विश्वामित्र मन्त्रणा कक्ष में प्रवेश करते ही बोले, ''आज मैं अपनी बात समाप्त कर लूँगा. कल से दशरथ पर ध्यान केन्द्रित किया जाएगा।''

''हाँ, अभी दक्षिण का समाचार अधूरा लगता है।'' अत्रि बोले। भरद्वाज को भी ऐसा ही लगा। विभांडिक चुप थे।

''समाचार को माध्यम मानकर विश्वामित्र ने कितनी नई बातें बताई हैं। हम सभी को विचार करना चाहिए। मन्त्रणा जितनी होगी मन्त्र उतने ही उपजेंगे। शोध और मन्त्रण से ही सूत्र बनता है।'' वाल्मीकि पहली बार बोले, ''कहें, विश्वामित्र! आप पर ही अब विश्वास टिकता है।''

''मैं आगे बढ़ूँ और पहले रावण की चर्चा समाप्त कर लूँ।...''

''रावण, राक्षसों की पहचान के लिए एक प्रतीक दिया है। रावण का मस्तिष्क तो देखिए! कितना सृजनात्मक है। अधिक विचार-विमर्श की आवश्यकता नहीं है उसके यहाँ। जो होगा शीघ्र होगा। रावण ने राक्षसों को सींग लगाने का आदेश पारित किए हैं। राक्षस सींग अवश्य लगाएगा, इसी से उसकी पहचान होगी। शिल्पकारों ने सींग बनाना प्रारम्भ कर दिया है। यह प्रतीक वह अवश्य ही रुद्र की सेना से लिया होगा। रुद्र का महासेनापति और सेनानायक नन्दी, शृंगी सींग लगाते हैं। सेना भी एक सींग लगाती है। नन्दी चूँकि महासेनानायक हैं, वह दो सींग लगाते हैं।''

''यह प्रतीक आया कैसे रावण के मस्तिष्क में?'' भरद्वाज को जिज्ञासा हुई।

''सृजनात्मक मस्तिष्क खोजी होता है। ऐसा ही रावण का मस्तिष्क है। रावण ने खोज की। उसने देखा–वानर लांगूल लगाते हैं, ग्राद्ध उत्तरीय लपेटते हैं और दोनों छोर पीठ पर इस प्रकार बाँधते हैं मानो वह पंख हों। रुद्र की सेना से रावण परिचित ही था। आर्यों को देखा कि पगड़ी बाँधते हैं, देव मुकुट पहनते हैं। कोल-किरात, निषाद पगड़ी में पक्षियों के पंख खोंसते हैं। नाग सर्प के आकार का तिलक लगाते हैं। रावण प्रभावित हुआ होगा इन पहचान प्रतीकों से।''

''...रावण ने पिंड पूजा के महत्त्व को प्रजा में प्रचारित किया। पिंड को एक आकार दिया–लिंग आकार। लिंग को वह पितृशक्ति से जोड़ दिया। लिंग को भग में स्थापित

कर इसे वह मातृशक्ति से जोड़ता है। वह कहता है–दोनों शक्तियाँ जुड़ती हैं तो सृष्टि का निर्माण होता है। जीव की उत्पत्ति का इससे अच्छा प्रतीक कहीं मिलेगा क्या?"

रावण की सृजनात्मक बुद्धि की सभी ने प्रशंसा की। "रावण हम सभी से श्रेष्ठ है ऋषिवर!"–वाल्मीकि रावण से बहुत प्रभावित हो गए थे।

"श्रेष्ठ ही नहीं, वह पूज्य और सम्मानित भी है अनार्यों में।" विश्वामित्र बोले, "हम सब मिलकर वह नहीं कर पा रहे हैं और रावण अकेले अपनी बुद्धि से महत्त्वपूर्ण पर अधिकार किए है। और तो और प्रतीक शास्त्र पर तो उसका अध्ययन ईर्ष्या के योग्य है।"

"...हमें अपना अध्ययन विज्ञान से जोड़ना होगा। प्रकृति को मिलाकर चलना होगा तब जाकर हम प्रकृति-प्रेमी अनार्यों के हृदय में स्थान प्राप्त कर सकेंगे। अधिपतियों के मन से रावण का भय दूर करना होगा। अब रावण नाम मात्र नहीं है। वह वस्तु बन चुका है और जब कोई वस्तु बन जाता है तो उसे मिटाना आसान नहीं है। हम बहुत दिनों से महानायक की खोज कर रहे हैं। हमारा अब तक का प्रयास व्यर्थ ही गया।"

"मेरा हृदय कह रहा है।" विभांडिक अपने विषय से हटे नहीं थे–बोले, "दशरथ को पुत्र होगा और उसे हम महानायक बनाएँगे। उसे वस्तु बना देंगे। दशरथ का पुत्र ऐसी वस्तु होगा कि वह अनार्यों में भी मान पाएगा।"

"दशरथ पर हम विचार कल करेंगे परन्तु आपने एक दिशा दिखाई। महानायक का निर्माण दशरथ पुत्र के रूप में जो अभी अँधेरे में है।...हाँ, तो मैं दक्षिण का समाचार कह रहा था--अगस्त्य जी ने पूरे वानर क्षेत्र में अपना ध्वज फहरा दिया है। वानर क्षेत्र के महत्त्वपूर्ण अधिपति रत्नपुर के महाराज विद्याधर प्रह्लाद ने गुरुवर के आश्रम को स्वीकारा है। मानसिक रूप से गुरुदेव का अधिकार है विद्याधर पर। वे अपने एकमात्र पुत्र पवन को आश्रम की शिक्षा-दीक्षा हेतु अगस्त्य को समर्पित कर दिए थे। गुरुदेव चाहते थे कि आजीवन ब्रह्मचर्य रहकर पवन कार्य करें। वे पवन को महानायक बनाना चाहते थे। पवन के लिए गुरुदेव ने अथक परिश्रम किया परन्तु पवन अपना संकल्प भूल गए। धैर्य खो बैठे, महेन्द्र-राज की पुत्री अंजना का सौन्दर्य देखकर। पवन का विवाह महेन्द्र के अधिपति महेन्द्र रायवर की पुत्री से हो गया। इस समाचार ने गुरुदेव का रक्त सुखा दिया। वे विक्षिप्त हो गए। उन्हें कुछ भी सूझ नहीं रहा था।"

"विवाह से क्या अन्तर आएगा? रावण ने कई...उस पर कोई प्रभाव नहीं है। स्त्री-सुख भी आवश्यक है, यह तो प्रकृति ने दिया है। मनुष्य तनाव मुक्त होता है, दुखों को भूल जाता है, यह सब आवश्यक है। गौतम ब्रह्मचर्य के पक्ष में नहीं थे, मैं ऐसी सोच को व्यर्थ मानता हूँ।"

"व्यर्थ नहीं है गौतम। यह तो अपने विवेक के ऊपर है। आपका विचार क्षेत्र किस दिशा में कार्य कर रहा है, इस पर निर्भर है। मैं गुरुदेव को जानता हूँ। वसिष्ठ बैठे हैं, वे इसके साक्षी हैं। गुरुदेव ने अर्थहीन सोचा, न कार्य किया। सदैव अर्थयुक्त रहे

हैं। गुरुदेव का कहना है कि महानायक के ऊपर परिवार की जिम्मेदारी नहीं होनी चाहिए। परिवार से मोह पैदा होगा। यह मोह उसके दुख का कारण हो सकता है। महानायक का पूरा राष्ट्र परिवार है। समाज हित का कार्य उसकी जिम्मेदारी।'' विश्वामित्र की जैसे साँस ही न रुकती हो।

''उचित ही कह रहे हैं विश्वामित्र, मोह ने अपंग बना दिया है दशरथ को।'' अत्रि ने विश्वामित्र के तर्क पर ठप्पा लगाया।

''परन्तु...'' विश्वामित्र अपनी बात रोकना नहीं चाहते थे। बीच में अत्रि के कूदने से चुप थे, ''गुरुदेव जब सामान्य हुए तो वे पवन से मिलने रत्नपुर गए। अभी-अभी विवाह हुआ था। विवाह समारोह में स्वयं गुरुदेव भी आमन्त्रित थे। गुरुदेव को देखते ही पवन को अपना संकल्प याद आया परन्तु क्षमा माँगने के अतिरिक्त कर ही क्या सकते थे पवन। गुरुदेव ने पवन और अंजना को एकान्त में बुलाया और स्नेह से आशीष देते हुए दूसरे संकल्प की आज्ञा दी। पवन गुरुदेव की पीड़ा को समझ रहे थे। गुरुदेव ने कहा—जब तक मैं न कहूँ तब तक आप सहवास नहीं करेंगे। राजमहल से दूर कुटीर में रहेंगे, मेरे द्वारा निर्देशित किए गए खाद्य पदार्थ ही खाएँगे। मैं कुछ औषधियाँ भिजवा दूँगा। उसका आप नियमित सेवन करेंगे। पवन! इस नियम के पूर्ण होने पर मैं तुम दोनों को सहवास की अनुमति दूँगा। जो सन्तान होगी वह मेरे आश्रम के निमित्त होगी। उस पर मेरा अधिकार रहेगा। हाँ, अंजना के गर्भवती होने पर मुझे शीघ्र सूचना देना। गर्भवती अंजना भी मेरे ही निर्देश में पोषित होगी।'' गुरुदेव इतना कह आश्रम आ गए।... एक बार तो लगा कि गुरुदेव अपना साहस खो बैठेंगे परन्तु वे सामान्य हो गए और धैर्य को सँभाल लिया। आप भी अपना धैर्य, अपना साहस, अपना विवेक न खोएँ।

''औषधि!...औषधि!...शृंग्य...दशरथ को औषधि!!'' विभांडिक को जैसे कुछ याद आया हो औचक बड़बड़ाने लगे। अधूरे वाक्य।

''क्या औषधि? दशरथ! चुप तो रहिए विभांडिक महोदय, दशरथ की चर्चा कल होनी है। आपका बीच में टोकना मुझे विषयान्तर कर रहा है। वर्तमान में रहें आप, जब से आए हैं आने वाले कल में हैं। पुनः निवेदन है कि आप मेरा तारतम्य न बिगाड़ें।'' —विश्वामित्र के खीझने पर विभांडिक दुखी हो गए। चुपचाप मुँह बनाकर बैठ गए एक किनारे।

"आगे बोलिए ऋषिश्रेष्ठ!'' वाल्मीकि बोले, ''इस नए परिचय ने हम सबको आनन्दित कर रखा है। कार्य करने की शैली कितनी अनूठी है अगस्त्य की!''

''पवन और अंजना के तीन वर्ष तक गुरुदेव के निर्देशन में रहने के पश्चात् एक दिन सूचना आई कि 'आचार्य की आज्ञा है' आप मिल सकते हैं, सहवास का उचित समय है। बसन्त ऋतु थी, सूचना पाकर पवन और अंजना हर्षित हो गए। अंजना गर्भवती हुई। अंजना ने गुरुदेव के निर्देश का पग-पग पर पालन किया, एक-एक बिन्दु को ध्यान में रखा, एक-एक शब्द स्मृति क्षेत्र में बने रहे। अंजना ने पुत्र को जन्म दिया। ताम्रवर्ण

का पुत्र, पुष्ट देह। आचार्य ने नामकरण किया 'हनुमान'। इस हनुमान के पीछे भी कथा है—एक बार बालक एक शिला पर गिर पड़ा, शिला टूट गई, बालक का हनु घायल हो गया परन्तु बालक रोया नहीं। हनु का मान रखने वाला 'हनुमान'!!...हनुमान बड़ा हो गया है, वह गुरुदेव के आश्रम में प्राथमिक शिक्षा प्राप्त कर रहा है। पल भी दूर नहीं होने देते गुरुदेव हनुमान को।

"...रत्नपुर और महेन्द्र सम्बन्धी हो गए यों गुरुदेव का वर्चस्व महेन्द्र पर भी हो गया। पूरा वानर समाज गुरुदेव के चरणों में है। अब रही बात किष्किन्धा की—ऋतुराज का ज्येष्ठ पुत्र बालि सम्राट घोषित हो चुका है। बालि वीर और कुशल योद्धा है। रावण भी भयभीत है। बालि में साम्राज्यवादी सोच नहीं है। बालि कामुक है परन्तु अपने बल से सबको भयभीत किए है। रत्नपुर की बात मानता है। पवन प्रतिमाह किष्किन्धा जाते हैं। बालि पवन का सम्मान करता है। किष्किन्धा में बहुत से वीर योद्धा और शिल्पी हैं। बहुत समृद्ध है बालि। गुरुदेव की पैठ वहाँ तक है यह तो नहीं कह सकता परन्तु किष्किन्धा के क्षेत्र में गुरुदेव ने कई आश्रम बना दिए हैं। मतंग और शबरी का आश्रम विशेष रूप से उल्लेखनीय है।

"अनार्यों के क्षेत्र में प्रवेश करके अगस्त्य ने अपना वर्चस्व बनाया।" अत्रि से रहा न गया, बोले, "और हम हैं कि इतने ऋषि!...व्यर्थ...हम आलसी हो गए हैं। प्राण होते हुए आप सब प्राणहीन हैं। ये गौतम क्या कर रहे हैं? सीरध्वज की व्याख्या से परिणाम निकलेगा। और ये वसिष्ठ भी दशरथ से प्राप्त सुखों को भोग रहे हैं। दाढ़ी रखकर आप सभी आर्यों को मूर्ख बना रहे हैं। आप आर्य राजाओं को वश में नहीं कर सकते और अगस्त्य दक्षिण में अपना ध्वज फहरा रहे हैं। शब्दों की प्रेरणा से आप परिवर्तित कहाँ हुए! भरद्वाज को ही देख लें वे अनार्य गुह को मानसिक दास बना चुके हैं। लानत है आप सभी को।"

अत्रि के कटु वचन से ऋषि सकते में आ गए, संध्या हो गई थी। अनिवार्य संध्या कर्म हेतु ऋषियों की सेवा में अनुचर उपस्थित थे। भरद्वाज अपनी प्रशंसा से हर्षित थे।

प्रजा को इस गुप्त मन्त्रणा की सूचना नहीं थी। प्रजा दशरथ को पुत्रयुक्त देखना चाहती थी। वह अपने राजा के दुख से दुखी थी। प्रजा में तरह-तरह की बातें होतीं, अटकलें लगाई जातीं। शासन-तन्त्र के दोष भी निकाले जाते। प्रजा दुखी होती। दशरथ ने प्रजा की ओर से ध्यान हटा लिया था। वे व्यक्तिगत स्वार्थ के घेरे में फँस चुके थे। दशरथ की मन्त्रणा कक्ष में हुई, ऋषियों की एक-एक बात की सूचना थी। दशरथ निराश हो चुके थे, 'वसिष्ठ के कहने पर उन्हें बुलाया गया कि कोई मार्ग सुझाएँगे और यहाँ तो संस्कृति की चर्चा कर रहे हैं। आपस की उधेड़-बुन में लगे हैं। दक्षिण के समाचार में उलझे हैं। मेरी चिन्ता किसको है, मैं किस खेत की मूली होऊँ? क्या मैंने नहीं दिया

इन्हें! अब क्या चाहते हैं ये,'—दशरथ सोचते, 'चलो एक पक्ष का समय दिया गया, प्रतीक्षा तो कर ही लें। विभांडिक अवश्य ऋषियों को मेरे अनुकूल विषय पर ले आएँगे। विश्वामित्र भी तो कह रहे थे कि आज विषय से हटकर बात नहीं होगी।'—दशरथ उतावले थे। प्रतिक्षण सूचनाओं की प्रतीक्षा उन्हें रहती।

उधर विश्राम कक्ष से ऋषि निकल चुके थे। मन्त्रणा कक्ष में और अनुचर बढ़ा दिए गए। समय-समय पर फल, मेवे, जल, दुग्ध की व्यवस्था थी। ऊष्मा कुछ अधिक थी। वातायन खोल दिए गए। बड़े-बड़े चँवर डुलाने हेतु अनुचर तैयार थे।

ऋषियों ने आसन ग्रहण किया। आज विभांडिक कुछ अधिक ही प्रसन्न थे। प्रतिदिन की तरह आज भी विश्वामित्र ने ही पहल की, "आज हम अपने मूल विषय की चर्चा करेंगे। वैसे कई चर्चाएँ छूट रही हैं। आप सब अनुमति दें तो समय-समय पर उसकी चर्चा भी होती रहे। आप आश्वस्त रहें बिना किसी परिणाम पर पहुँचे छूटे हुए विषय मैं नहीं छोड़ूँगा।"

"आप सभी अवगत हैं," वसिष्ठ ने पृष्ठ खोल दिया, "दशरथ पुत्र के बिना विक्षिप्त हैं। उन्हें किसी प्रकार पुत्र चाहिए। दशरथ को उत्तराधिकारी की आवश्यकता है। पुत्र के रूप में उत्तराधिकारी।"

"यह तो सम्राट की मूर्खतापूर्ण सोच है।" अत्रि बोले, "प्रजा पुत्र ही होती है। उत्तराधिकारी के लिए, गुण का आकलन करके किसी गुणवान, तेजस्वी, मेधावी को चुनकर उत्तराधिकारी बनाया जा सकता है।"

"दशरथ को उत्तराधिकार की चिन्ता है। फैल रही अराजकता पर ध्यान है? उत्कोच का चलन बढ़ गया है। राज कर्मचारी भ्रष्ट हो गए हैं। न कहीं उचित व्यवस्था न प्रारूप के अनुसार क्रमबद्ध राजकार्य।"—भरद्वाज दशरथ की व्यवस्था से दुखी थे।

"ऐसा आलसी और व्यक्तिवादी राजा मैंने जीवन में नहीं देखा। देवों की नकल करता है।"—अत्रि के कटु वचन भले न लगे वसिष्ठ को।

वसिष्ठ बोले, "आप सभी दशरथ की आलोचना कर रहे हैं। आप उनके राज्य में पल रहे हैं। आपको मैंने उनका हित करने के लिए बुलाया है। आप कोई मार्ग निकालें कि उन्हें पुत्ररत्न प्राप्त हो जाए।"

"आलोचना तो होगी ही, आलोचना से नए मार्ग, नए सूत्र का पता चलता है।" विश्वामित्र बलपूर्वक बोले और वसिष्ठ की ओर हाथ उठा-उठा कहने लगे, "आप वैभव-सुख भोग रहे हैं। आप दशरथ के टुकड़ों पर पल रहे हैं। आप क्या जानें हमारी पीड़ा! आप अपनी बुद्धि सुख-भोग में लगाए हैं। आपको तो प्रजा की और भ्रष्ट-कर्मचारियों की ओर दशरथ का ध्यान आकर्षित कराना चाहिए था। आप अपने साथ अन्याय कर रहे हैं ऋषिश्रेष्ठ!"

वसिष्ठ चुप हो गए, सिर झुका लिया तो भरद्वाज ने चर्चा को गति दी, "उत्तराधिकारी की चिन्ता ही न होती। दशरथ ने अन्यायपूर्ण कार्य किया है। वसिष्ठ की भाँति महाराज

भी अनार्यों को स्वीकारने वाले नहीं हैं। वो तो मेरे संकल्प के आगे न दशरथ की चली न वसिष्ठ की, नहीं तो गुह भी हाथ से निकल जाता। मैं पूछना चाहूँगा वसिष्ठ से कि क्या आवश्यकता थी श्रवण कुमार को मारने की? यही न! कि वह लोकप्रिय था। एक छोटा-सा अधिपति इतना लोकप्रिय हो—यह सह न सके दशरथ। ऐसे ईर्ष्यालु सम्राट की चर्चा हित हेतु क्या करें! श्रवण की लोकप्रियता उसके कार्यों से थी। वह वृद्धों की सेवा हेतु समर्पित था। एक-एक कार्य संकल्पित थे उसके। आज यदि श्रवण होता तो हमें भी एक सुलझा हुआ अनार्य राजा मिल जाता। हम उसे ही अवध का उत्तराधिकारी मान लेते। उस पर हमारा मानसिक अधिकार होता। तब हम कहाँ होते! हम सभी दूषित वातावरण में पल रहे हैं।''

''ये कौन-सा प्रकरण छेड़ दिया आपने।'' विभांडिक दुखी स्वर में बोले, ''अभी तक आप दक्षिण में थे, आज यह नया विषय कहाँ से कूद गया हमारे बीच में। दशरथ और वसिष्ठ को खरी-खोटी सुनाने से आप परिणाम तक जा पाएँगे।''

''मेरा विश्वास है कि...'' वाल्मीकि सीधे विषय पर थे, ''पुत्र प्राप्त हो जाने के पश्चात् दशरथ को सुधारने का प्रयास सार्थक हो सकेगा। तब भी यदि दशरथ...।'' वाल्मीकि अधूरा वाक्य छोड़ दिए तो वसिष्ठ ने पूरा किया, ''नहीं सुधरे तो सुधार नहीं परिवर्तन होगा। अवध किसी अन्य वंश के अधीन कर दिया जाएगा।

''मैं चाहूँ तो एक नहीं अनेक दशरथ बना सकता हूँ। श्रवण के वध का दुख मुझे भी है। हम अपने एक अनार्य साथी को खो बैठे परन्तु अब पछताने से लाभ ही क्या? हाँ विभांडिक जी, आप कल 'औषधि-औषधि' और 'शृंग्य-शृंग्य' कह रहे थे। स्पष्ट करें क्या चिन्तन किया आपने?'' विश्वामित्र ने चर्चा की डोर थाम ली।

विभांडिक को अवसर मिला। कल तो चुप-चुप की ध्वनि से उदास हो गए थे। विभांडिक बोले, ''अगस्त्य ने पवन और अंजना को अपने निर्देशन में रखकर कुछ वर्षों तक पोषित किया। हर पोषण वर्ष में उन्हें आवश्यक औषधियों का प्रयोग भी कराया, पश्चात् इसके ही सहवास की अनुमति दी। मेरे विचार से औषधि का प्रयोग दशरथ पर करें।''

''परन्तु सन्तान की प्राप्ति हो ऐसी औषधि बनाएगा कौन?"—विश्वामित्र ने प्रश्न किया।

''इसकी चिन्ता मुझ पर छोड़ें विश्वामित्र।''

''आप औषधियों के विषय में विज्ञ हैं?''

''मैं तो नहीं परन्तु मेरा पुत्र शृंग्य वनस्पतिशास्त्र का ज्ञाता है। उसने अनेक औषधियों का निर्माण कर मुझे तो आश्चर्य चकित कर दिया है। सदैव वनस्पतियों को एकत्र करके शोध-कार्य में लगा रहता है। मेरा विचार है कि शीघ्र उसे बुला लिया जाए। हमारी समस्या आसानी से सुलझ जाएगी।"

विभाण्डिक की इस बात पर सभी सहमत थे। वसिष्ठ ने अनुचर को बुलाया और

शृंग्य को शीघ्र उपस्थित करने का आदेश देकर उसे मंत्री सुमंत्र के पास भेज दिया।

"सम्भव है शृंग्य संध्या तक आ जाएँगे।"—वसिष्ठ बोले।

"तो क्या हम चुप रहकर उनकी प्रतीक्षा करें?" विश्वामित्र के कई विषय जो वार्ताक्रम में छूट जाते, उन्हें उन विषयों को पूरा करने की इच्छा थी। "मैं चाहूँगा कि जिसे मैं छोड़ता आया हूँ उसे पूरा करता चलूँ।"

"अवश्य, समय कट जाएगा और हम विज्ञ भी होंगे।" वाल्मीकि के स्वीकार करने पर, "हाँ-हाँ, क्यों नहीं कहें ऋषिवर!"—सभी बोल पड़े।

"संस्कृति प्रयोग नहीं करेगी तो वह कौड़ी के तीन हो जाएगी।" विश्वामित्र सहज हो गए, आचार्य की मुद्रा में बोले, "हमें प्रयोग करना चाहिए। प्रयोग से आन्दोलन होता है। हमें संस्कृति के बाह्य चिह्न बदलने होंगे। बदलाव भी ऐसा कि लोगों को ऊब न हो। लोग स्वीकार लें—सहज और सरल। उसी स्वीकार में हम होंगे और होगी हमारी संस्कृति, हमारी पहचान।"

"जीवनशास्त्र प्रयोग चाहता है। यहाँ के अनार्यों ने प्रयोग किया है, तब जाकर वे अपनी स्थिति हमसे व्यवस्थित बना पाए हैं। उनके प्रत्येक कार्य, हर शिल्प, परम्परा, प्रथाओं में, पर्वों में, कथाओं में प्रयोग छिपा है। विचार तलवार की धार से पैना होता है। हमें कल्पना की रचना करनी होगी, कथाओं को गढ़ना होगा और उसे संस्कृति से जोड़कर प्रस्तुत कर देना होगा। कल्पना गढ़ने से पहले उसकी जाँच आवश्यक है।"

"आह! कितना सुख मिला, शब्द-सुख!!" अत्रि अघा गए। विश्वामित्र की प्रशंसा होने लगी।

"आप! हम सबसे श्रेष्ठ हैं विश्वामित्र जी,"—गौतम ने विश्वामित्र की श्रेष्ठता पर ठप्पा लगाया।

"रावण की तरह हमें भी प्रतीकशास्त्र का अध्ययन करना होगा। नई स्थापनाएँ देनी होंगी। आप सम्भवतः दक्षिण के पर्वों से परिचित हों—अब देखिए नाग पर्व, नागवंशियों का प्रमुख पर्व है। इसे हर आदिवासी मनाता है। तर्क देखें, वे कहते हैं कि हम पहले सर्प थे। धीरे-धीरे रुद्र की कृपा से हम इस रूप में आए। रुद्र भी सर्प का प्रतीक लगाते हैं, नागवंशी अपने पहचान प्रतीक की पूजा करता है। अनार्य शीत ऋतु के अवसान पर वसन्त का उत्सव मनाते हैं। इसी दिन, वसन्त ऋतु का आगमन होता है। आप आश्चर्य करेंगे। वे इसे अग्नि-दिवस कहते हैं। वे कहते हैं—हमने इसी दिन अग्नि का आविष्कार किया, पूरा ग्राम एकत्र होता है। रात भर सूखे बाँस या पत्थर को रगड़कर अग्नि बनाते हैं। इस अग्नि को वे वर्ष भर रखते हैं। पुनः दूसरे वर्ष अग्नि का नया निर्माण होता है।"

"आप चुप क्यों हो गए विश्वामित्र? अनार्यों के और भी पर्व हैं, हमें आप विज्ञ कराएँ।"—भरद्वाज बोले।

विश्वामित्र हर्षित थे। आज कोई उनकी बात पर टीका-टिप्पणी नहीं कर रहा था।

वसिष्ठ को विश्वामित्र की श्रेष्ठता का भान हो रहा था। वाल्मीकि सोचते–हम तो आश्रम की सीमा लाँघ ही न सके। गौतम सीरध्वज में उलझे रह गए। अत्रि का तो वह विषय ही था। विभाण्डिक आनन्दित हो रहे थे।

विश्वामित्र ने दाढ़ी सहलाई। मूँछों को ओठ से हटाकर गाल की दिशा में फेरा। केश जो कान पर चढ़ आए थे उसे कानों में दबा दिया। माथे पर रेखाएँ उभर आईं। कुछ पल सोचते रहे फिर बोले, "अग्नि-दिवस की अग्नि को वे 'सहमति अग्नि' कहते हैं। उस दिन सभी अपने-अपने घरों से लकड़ी, गोबर के कण्डे आदि सहमति अग्नि को समर्पित करते हैं। वर्ष का प्रारम्भ इसी दिवस से हो जाता है। अब हमें इसे भी काल्पनिक कथाओं से जोड़ना होगा।"

"...एक बात तो भूल ही रहा था दूसरे दिन प्रसन्नता में पूरा ग्राम नृत्य करता है, ढोल बजते हैं और पुष्पों को हाथ में मसलकर मुँह पर लगाते हैं, प्रसन्नता व्यक्त करते हैं।"

"...कई पर्व छूट रहे हैं, मैं प्रमुख पर्वों की व्याख्या कर रहा हूँ। अनार्यों का एक पर्व है। 'कल्याण रात्रि' इसे, 'शिवरात्रि' भी कहते हैं। अनार्य रुद्र की आराधना करता है। अपने पूज्य रुद्र की स्मृति में यह पर्व पूरे दक्षिण में भी फैला है। अनार्य इसे सृष्टि सृजन की रात्रि भी कहते हैं। अभी मैंने रावण के प्रतीक की चर्चा की थी। पिण्ड को लिंग का रूप देना-भग में स्थापित करना आदि...अब इस प्रतीक चिह्न को मान्यता प्राप्त है और उसी को केन्द्र में रखकर पितृदेव और मातृदेवी की अर्चना की जाती है। समस्त अनार्य जातियाँ यह पर्व मनाती हैं। इस पर्व से रावण और भी प्रमुख हो गया है।"

"आपने चाक पर अनार्यों को मिट्टी के पात्र बनाते देखा होगा। मिट्टी के पात्र के आविष्कार का दिवस भी अनार्य मनाते हैं। दीप जलाते हैं पूरी रात, इसे वह दीप-दिवस भी कहते हैं। कितना विस्तृत मस्तिष्क है अनार्यों का, कहीं शिल्प के माध्यम से तो कहीं प्रकृति के माध्यम से पर्वों को जन्म देकर अपनी स्मृति बनाए हैं। अपनी संस्कृति की पहचान बचाने में लगे हैं। उनके यहाँ कर्म प्रधान है। वार्ता का अर्थ नहीं। हम वक्ता तो हैं परन्तु कर्महीन हैं। वे कर्मयुक्त हैं। हमें उनके कर्म को, उनके शिल्प को, उनके पर्व को काल्पनिक कथाओं से सुसज्जित करना होगा, जो वैज्ञानिक लगे, संग्रहणीय हो। पुनः मैं कह रहा हूँ, हमने जो भी सीखा है, अनार्यों से सीखा है। मनुष्य के विकास में शिल्प का ही महत्त्व है। हम उनके शिल्पों को कैसे प्रयोग करेंगे यह विचारणीय है।"

"अत्रि के विषय में भी चर्चा अधूरी रह गई विश्वामित्र!"–पहली बार वसिष्ठ को जिज्ञासा हुई।

वसिष्ठ की जिज्ञासा से विश्वामित्र गर्व से फूल गए, "हाँ श्रेष्ठ! अत्रि ने इस विषय पर अनेक शोध प्रस्तुत किए हैं। अत्रि की पत्नी अनसूया ने नई व्यवस्थाएँ की हैं। पति-सेवा में विश्वास रखने वाली अनसूया ने जो कार्य किए हैं वह हम अत्रि से ही सुनें तो उचित होगा।"

अत्रि फूलकर कुप्पा हो गए। पलथी से हटकर वज्रासन की मुद्रा में बैठ गए, बोले, "मुझे अवसर देने का धन्यवाद...अनसूया के चिन्तन पर मैंने शोध किया, चिन्तन-मनन के पश्चात् स्त्रियों के पर्व सामने आए। इसमें मेरा कुछ नहीं सब कुछ अनसूया का है। अनसूया ने पति-सेवा को ध्यान में रखकर 'करवाचौथ' नाम से एक व्रत का नामकरण किया। फिर 'तीज' दूसरा व्रत सामने आया। दोनों व्रत-पर्व पति के हित हेतु निर्धारित किए गए। मुख्य तो यह है कि चन्द्र गति के अनुसार माह, पक्ष देखकर तिथि निर्धारित की गई। आर्यों में तो इसका चलन हुआ ही, अनार्य समाज ने भी इसे अपनाकर अनसूया को स्थापित कर दिया है। एक और व्रत-पर्व का शोध मैं कर रहा हूँ। इसे पुरुषों और स्त्रियों दोनों के लिए लागू किया जाएगा। उक्त पर्व मात्र स्त्रियों के लिए ही है...परन्तु यह पुरुषों को भी जोड़ेगा, यही नहीं देव भी स्मृति में रहेंगे।"

"देवों के पुरोहित वृहस्पति रहे हैं। वृहस्पति को ग्रह से जोड़ते हुए वृहस्पति का व्रत रखेंगी स्त्रियाँ। वृहस्पति के व्रत से वे समृद्ध हो सकेंगी, अभाव दूर होगा—यही प्रचारित करना है और पुरुष उस दिन क्षौर कर्म नहीं कराएँगे। तैल मर्दन, केश धोने की मनाही रहेगी। पुरुष इसमें सम्मिलित रहेगा। दूसरा लाभ यह होगा कि वस्त्र धोने वाले धोबी, क्षौर कर्मकार नाई इस दिन अवकाश मनाएँगे। मेरा विचार है कि पक्ष में एक बार यह व्रत रखा जाए परन्तु अनसूया की सहमति पक्ष में दो बार की है। कारण कि अवकाश भी जुड़ा है। इस व्रत-पर्व पर अभी कार्य शेष है, कई बिन्दु विचार हेतु छूटे हैं। आप इसे भी पर्व घोषित करने की आज्ञा दें। समय पर इसे प्रस्तुत किया जाएगा।"

"आप सक्षम हैं अत्रि!"—विश्वामित्र बोले, "शोधाचार्य को किसकी अनुमति! आवश्यकता नहीं है...हम सब हर्षित हैं आपके कार्य पर।"

संध्या का अवसान होते-होते ऋषि शृंग्य पधार चुके थे। शृंग्य का स्वागत विशेष और विधिवत् किया गया। पूरी रात सोते, जागते, बैठते और चर्चा में बीत गई। प्रातः हुआ, शृंग्य को कार्य बता दिया गया था। विश्राम कक्ष में अनुचर बढ़ा दिए गए थे। तीन अनुचरों के साथ शृंग्य पुनः अपने आश्रम आए। सोच-विचारकर आवश्यक जड़-मूल, छाल, पत्ते, रस एकत्र किया। वन को गए अनुचरों से वनस्पतियाँ एकत्र करवाईं 'इसे उखाड़ो', 'उसे तोड़ो', 'यहाँ से इस तने की छाल छीलो' आदि-आदि।

इधर विश्वामित्र पुनः रिक्त हो गए, वे बार-बार गौतम को देख रहे थे। गौतम ने पूछा, "विश्वामित्र जी आप मुझे निहार रहे हैं, क्या मेरी दाढ़ी से ईर्ष्या हो रही है? या आप मेरे राजन् सीरध्वज की शीत बुद्धि से मेरा मिलान कर रहे हैं? या मुझमें आप एक पर्व देख रहे हैं?"

गौतम की बात से सबको हँसी आ गई। विश्वामित्र हँसी को किसी प्रकार रोक पाए, परन्तु कभी-कभी ओष्ठ स्फुटिक होकर दाँत दिख जाते।

“किसी के बाह्य आवरण पर क्या हँसना और निहारना,” विश्वामित्र गम्भीर हो गए, “मैं तो आपकी पत्नी अहल्या की सोच में डूबा था।”

गौतम लजा गए। अहल्या की चर्चा सर्वत्र थी। वे जानते थे कि अहल्या दोष रहित है परन्तु समाज ने स्वीकारने की स्वीकृति नहीं दी, सो अहल्या बहिष्कृत हो गई।...ऋषिगणों ने भी मौन साध लिया।

“मैंने इन्द्र को बहिष्कृत...” कहते-कहते रुक गए गौतम। कंठ अवरुद्ध हो गया।

“आप न बोलें गौतम जी।”–विश्वामित्र पीड़ा समझ रहे थे।

“दुष्ट इन्द्र अनार्य स्त्रियों से भोग करता है। यह तो क्षम्य था परन्तु वह अब आर्य स्त्रियों पर भी हाथ फेरता रहता है। यह तो कदापि सहन योग्य नहीं कि वह किसी ऋषि की सम्मानित पत्नी से बलात्कार करे। उसे दंड मिलना चाहिए। आज से हम सभी इन्द्र का बहिष्कार करते हैं।”

“परन्तु महाराज? और राजपरिवार?”–गौतम आशंकित थे।

“राजपरिवार और महाराज से इस विषय का क्या लेना-देना?” विश्वामित्र ने ऋषि सीमाओं का स्मरण कराया, बोले, “ऋषि राजा से श्रेष्ठ हैं। मैं पहले भी कह चुका हूँ कि चाहूँ तो कई दशरथ बना सकता हूँ, तो आप क्या कई सीरध्वज नहीं बना सकते? हम ऋषियों के आगे राजा की या इन्द्र की क्षमता ही क्या? इन्द्र के किए का दंड मिलेगा। अहल्या पुनः अपने समाज में स्थापित होगी।”

ऋषिगण क्रोध में खड़े हो गए। वसिष्ठ ने बैठाया, बोले, “आज से आर्यों के समाज में इन्द्र का कोई हस्तक्षेप नहीं होगा। हमारे लिए इन्द्र सदैव के लिए समाप्त हो गया।”

“मेरा सन्देश सीरध्वज और दशरथ को भिजवा दें कि किसी भी आयोजन में इन्द्र आमन्त्रित न हो। समय आने पर अहल्या को सम्मानित स्थान दिया जाएगा।”–विश्वामित्र ने आश्वस्त किया।

“मैंने भी राजपुरोहित का पद त्याग दिया है।” गौतम ने कहा, “इतना लज्जित और अपमानित अनुभव करने लगा कि राजपुरोहित का पद अपने पुत्र को देकर एकान्त में हो गया हूँ।”

“आप एकान्त में न रहें ऋषिवर!” विश्वामित्र बोले, “आप विधि के निर्माता हैं, आपने अपने सूत्र गढ़े हैं, आपके मंत्र पूरे आर्य प्रदेश में प्रचलित हैं। पद का त्याग तो उचित है परन्तु आप ऋषि समुदाय को न त्यागें। हम सभी की योजनाओं में आप महत्त्वपूर्ण भूमिका निभाएँ।”

“यह घिनौना कृत्य इन्द्र का अन्तिम समझें गौतम जी।” अत्रि के इतना कहने पर सभी ऋषि बोल पड़े, “अब इन्द्र किसी आर्य स्त्री पर दृष्टि भी न दे सकेगा, हम उसके साहस को तोड़ देंगे, कहीं ऐसा न हो कि हम ऋषियों द्वारा इन्द्र का वध हो जाए।”

सभा गम्भीर हो चुकी थी। विषय संवेदना का था। किसी की आत्मा से ध्वनि आ

रही थी, नयनों की भाषा सभी पढ़ रहे थे और गौतम के दुख को बाँटने का पूरा प्रयास हो रहा था। गौतम का आत्मबल जाग गया, 'इतने लोग मेरे साथ हैं, मैं जी लूँगा।' सहानुभूति और सहयोग के शब्द से ही शक्ति आ जाती है। मनुष्य शब्दों के बल पर बड़े-से-बड़ा दुख झेल लेता है। शब्द उत्तेजना का कार्य करते हैं, संवेदनाओं को जगाते हैं तो उससे लड़ने की शक्ति भी देते हैं।

विश्वामित्र मौन हैं, उनके साथ सभी मुँह बन्द किए हैं। किसी को कोई विषय ही नहीं सूझ रहा था। आर्य क्षेत्र में ऋषि-मुनियों की संख्या कम थी और न ही अधिपतियों का अभाव था। अभाव था तो बस विकसित बुद्धि का। जो जहाँ है मस्त है, मद में चूर। ऋषि-मुनियों को क्या हो गया है, किस हाड़-मांस के बने हैं। ये विश्वामित्र की तरह क्यों नहीं सोचते, परन्तु इन्हें आर्य संस्कृति से क्या लेना-देना। कुछ दिन रहेंगे संसार में और फिर मर-खप जाएँगे। इन्हें पीढ़ी का ध्यान नहीं, आने वाली आर्य सन्तानों का ध्यान नहीं। राजा, अधिपति, सम्राट तो व्यक्तिवादी हो ही चुके हैं अब इन ऋषिगणों को कौन समझाए! पता नहीं किसकी आराधना में लगे रहते हैं। अरे, ये भी स्त्री-सुख के लोभी हैं! ये भी आलसी और विलासी हुए जा रहे हैं। ऋषि का आवरण ओढ़े ये चरित्र से भी गिर चुके हैं। इन्हें भी काम-सुख की खोज है।

विश्वामित्र का मौन कई विचार क्षेत्रों में घूम रहा था कि अनुचर ने सूचना दी, "ऋषि शृंग्य पधार चुके हैं, उनके साथ कई अश्व और बैल हैं जिस पर उनकी वनौषधियाँ लदी हैं।"

"उन्हें आदरपूर्वक लाओ,"—विश्वामित्र ने कहा और ऋषियों को विश्राम कक्ष की ओर चलने का संकेत करते हुए चल पड़े।

गौर वर्ण के शृंग्य, लम्बे-घने काले केश वाले, काली घनी दाढ़ी, कन्धे पर लटकी धोकरी, पूरी देह में बाल-ही-बाल, नंगे पाँव, नंगी देह, बड़े और जल से युक्त नयन, चर्बी से हीन, वे लग रहे थे हरे-हरे वृक्ष की भाँति पुष्ट और प्रसन्न।

ऋषियों ने शृंग्य का अभिवादन स्वीकार किया। शृंग्य ने लदे औषधि भंडार और वनौषधियों को यथास्थान रखवाया। जल से देह को स्वच्छ किया, मुँह पर जल के छींटे मारे, नयनों से जल निचोड़ा, दाढ़ी और केश से जल को झटका। अनुचरों ने पाँव पोंछे। शृंग्य ने वस्त्र बदला, फल खा, जल पी तृप्त हुए। यात्रा की थकान जाती रही।

सभी ऋषि शृंग्य के सामान्य होने की प्रतीक्षा में थे। शृंग्य आए और विश्वामित्र वसिष्ठ के सामने दीवार से पीठ टिकाकर बैठ गए।

वसिष्ठ ने अनुचर को संकेत से बुलाया, "जाओ महाराज से कह दो कि शृंग्य आ चुके हैं।...और सुनो! कहना कि उनके आने की आवश्यकता नहीं है। उचित अवसर जानकर उन्हें बुला लिया जाएगा।"

"आप इस बार पूरी तैयारी से आए हैं!" विश्वामित्र ने विषय छेड़ दिया, "आप तो जानते ही हैं...।"

"आप चिन्ता न करें गुरुश्रेष्ठ!" शृंग्य ने आश्वस्त किया, "अभी से मैं औषधि निर्माण का कार्य प्रारम्भ कर रहा हूँ। जहाँ तक सफलता की बात है, आप इतना जान लें कि जिस स्त्री में कोख होगी, जिस पुरुष में वीर्य बनता होगा, वह सन्तान-सुख से वंचित नहीं रह सकता। महत्त्वपूर्ण दो बातें हैं। एक–पुरुष मूत्र विसर्जित करे तो मूत्र के प्रवाह से भूमि में छेद हो जाए, दो–स्त्री के योनि द्वार होने चाहिए, पुष्ट और विकसित।"

"आपकी आयु ही कितनी है!" वाल्मीकि ने शृंग्य के ज्ञान पर आश्चर्य किया, "और इतना विस्तृत और सूक्ष्म अध्ययन।"

"यह सब आप श्रेष्ठों का स्नेह है।" शृंग्य ने मान दिया–बोले, "मेरे साथ दो आश्रमी आए हैं, वे मेरा सहयोग करेंगे परन्तु मुझे और सहयोगियों की आवश्यकता है।"

"आप चिन्ता न करें।" वसिष्ठ ने आश्वस्त किया और अनुचरों को शृंग्य के निर्देशन में कार्य करने हेतु आदेश देने चले गए।

शृंग्य जड़-मूल, छाल, सूखे पत्ते, बीज, वृक्ष के गाँठ क्षेत्र का तना, लताएँ, सूखे फल आदि सहेजने लगे। शृंग्य के अनुचर यज्ञ हेतु अग्नि में जलाई जाने वाली लकड़ियों को एकत्र करने लगे। भिन्न ढंग की, भिन्न रंग की अनेक लकड़ियाँ! शृंग्य ने रंग-रूप के अनुसार अलग-अलग स्थान पर रखने को कहा। शृंग्य पूरे मनोयोग से जुट गए अपने कार्य में।

शृंग्य दो दिन व्यस्त रहे औषधियों हेतु सामग्री को क्रम से रखने में एवं उसके निर्माण हेतु आवश्यक उपकरण की व्यवस्था में। शृंग्य बैठे विचार कर रहे हैं, सम्भवतः किसी सूत्र में उलझे थे।

"कहाँ खो गए शृंग्य?" विश्वामित्र ने मौन तोड़ा।

"एक नए सूत्र की रचना में हूँ गुरुश्रेष्ठ।"

"औषधि निर्माण की व्यवस्था तो उचित जान पड़ती है।"

"जी, सब कुछ व्यवस्थित है, बस कार्य प्रारम्भ करना शेष है।"

...और शृंग्य ने एक अनुचर को बुलाया। शृंग्य को सूत्र मिल गया था।..."तुम कुछ लोगों को साथ ले लो और छाया देखकर सात यज्ञ कुंड बनाओ ऐसा कुंड हो कि नीचे अग्नि जलती रहे और ऊपर पात्र में वनस्पतियों को पकाया भी जा सके, नीचे समिधा डालने हेतु स्थान भी होना चाहिए।"

...शृंग्य उठ खड़े हुए। अनुचर चला गया। यज्ञ वेदी का कार्य प्रारम्भ हो गया। एक-एक वस्तु पर दृष्टि, प्रत्येक कार्यकर्ता को निर्देश देते हुए शृंग्य विद्युत-सी गति से गतिशील हो गए, "उस जड़ को पात्र में रखकर पकाओ...अरे, सुनो!! पात्र कम तो नहीं हैं?"

वसिष्ठ ने सुना, आगे आए–बोले, "पात्रों की कमी नहीं है आप अपना कार्य प्रारम्भ

रखें, अभी और व्यवस्था कर रहा हूँ। अनुचरों की भी कमी न होगी, आप अपनी एकाग्रता बनाए रखें।"

और शृंग्य ने उस दिन का कार्य स्थगित कर दिया।

दूसरे दिन–शृंग्य पुनः उसी गति में..."उस हवन कुंड में पीली लकड़ी जलाओ और बगल की यज्ञ वेदी में बिना छाल की यह काली लकड़ी।...अरे वहाँ कहाँ खोज रहा है इस कोने में वासा है इसे पकाओ...और तुम पुष्टिदा को कूटो, आमलकी का रस निकालो, लो और इस मूल को भिगोकर छाया में सुखाओ।"

"...मन्दार कहाँ है?"–बड़बड़ाते शृंग्य अपने अनुचर का कान उमेठने लगे...वह भागा और मन्दार सामने रख दिया। शृंग्य किसी से पुष्टिदा, तो किसी से कौंच तो किसी को उदुम्बर कूटने-छानने, भिगोने, पकाने को देते।

सातों यज्ञ कुंड जल चुके थे। कहीं कूटा जा रहा कुछ तो कहीं भिगोया जा रहा, कोई छान रहा, कोई पीस रहा, भागमभाग मची है। वसा, ककुम, पुष्टिदा, आमलकी, मन्दार, अम्लिका, अरण्डी, कोविदार, कौंच, अधुपर्णी, उदुम्बर, तुलसी, उन्मत्तक, युग्मकंटक, श्रीफल, भंगा, शतवीर्या, विदारीकन्द से बनी औषधियाँ एक ओर रख दी गईं। सातों यज्ञ कुंडों पर चढ़े पात्रों में पके रसायन में से एक-एक भाग निकालकर एक पात्र में एकत्र किया गया। एक भाग दूसरे पात्र में निकालकर अलग रख दिया गया।

अब औषधियों को पात्र में मिलाकर पाक बनाया गया और पीले वस्त्र से ढक दिया गया।

दूसरे पात्र में–पुष्टिदा, रक्तपल्व, आमलकी, मन्दार, अरण्डी, कौंच, महिपाक्ष, उदुम्बर, तुलसी, दारू हरिद्रा, नीम, मधूक, शतवीर्या, नाकुली से बनी औषधियों को मिलाया गया और लाल वस्त्र से ढक दिया गया।

दो पाक तैयार थे। शृंग्य के विचार से दशरथ में दोष दिखाई देता था फिर भी दशरथ की तीनों पत्नियों के लिए पाक तैयार किया गया था। शृंग्य कोई भूल नही चाहते थे, कोई कसर शेष नहीं रखना चाहते थे। दशरथ के साथ उनका नाम जो जुड़ने वाला था।

लाल वस्त्र से ढका पात्र रानियों के लिए था और पीला पात्र महाराज हेतु।

ऋषि गद्‌गद थे। कई दिन के अथक प्रयास से औषधि बनी थी। सफलता का पूरा विश्वास था। शृंग्य ने वसिष्ठ से महाराज दशरथ को उपस्थित करने को कहा।

वसिष्ठ स्वयं चल पड़े दशरथ को लाने हेतु। आज वसिष्ठ के पाँव इतने तीव्र गति में थे कि मानो वे भूमि पर पड़ ही न रहे हों।

दशरथ नंगे पाँव वसिष्ठ के साथ हो लिये। पीछे से अनुचर उपानह लिये भागा आ रहा था।

महाराज दशरथ को देख शृंग्य ने हाथ जोड़ लिये। हर्षित दशरथ ने शृंग्य को गले लगा लिया।

शृंग्य ने महाराज को एकान्त कक्ष में चलने को कहा, "महाराज, आप इस कक्ष में मेरे साथ आएँ। क्षमा करें श्रेष्ठ ऋषिगण मुझे महाराज से एकान्त में वार्ता करनी है और औषधियों के प्रयोग के निर्देश देने हैं।"

ऋषि जहाँ थे वहीं रह गए। विश्वामित्र मुस्कराए। भरद्वाज की समझ में नहीं आया। सभी चुप थे।

शृंग्य ने महाराज से निवेदन किया, "यह पीले वस्त्र से ढका पात्र आपके लिए है और यह चूर्ण जो मैं अपने आश्रम से लाया हूँ। नियमित प्रातः एवं रात्रि को शयन के पूर्व प्रयोग करें। तीन पक्ष तक सहवास न करें। जब तीन पक्ष बीत जाएँ तो अमावस्या, पूर्णमासी को छोड़कर किसी भी दिन ऊर्जा युक्त होकर स्त्री के संग कर सकते हैं। एक बार सहवास की क्रिया के बाद पुनः तीन पक्ष तक औषधि ग्रहण करने के पश्चात् स्त्री सुख ले सकते हैं, बीच में मैथुन-क्रिया वर्जित है। हाँ, एक विशेष बात, 'आप भी औषधियों का सेवन कर रहे हैं' यह किसी को पता न चले, रानियों को भी नहीं। इससे आपकी पत्नियों पर मनोवैज्ञानिक प्रभाव पड़ेगा।"

दशरथ का औषधि पात्र गुप्त रूप से उनके कक्ष में पहुँचा दिया गया।

एक पहर बीत जाने के बाद शृंग्य ने महाराज की तीनों पत्नियों को बुलाया और औषधि पात्र देते हुए प्रयोग विधि बताकर अपने महत्त्वपूर्ण यज्ञायोजन की पूर्णाहुति की।

ऋषियों की साँस लौट आई, चुप-चुप अधमरे हो गए थे। अत्रि ने शृंग्य से पूछा, "ये कला कहाँ से आपने सीखी है? कभी अवलेह बनाते, कभी रसायन तैयार करते फिर मिट्टी के पात्र में रखकर भूमि में ढक देते। कैसी-कैसी विधियाँ आज देखने को मिलीं!"

"सब कुछ अभ्यास पर निर्भर है ऋषिवर!"—शृंग्य ने कहा। अनुचर बची हुई वस्तुओं को समेट रहे थे।

शृंग्य के कृत्य से ऋषि मान लिये कि महाराज पुत्रवान हो जाएँगे।

शृंग्य ने आश्रम जाने की तैयारी की यह देखकर विश्वामित्र ने आज रुकने का आग्रह किया, "शृंग्य, तुमने एक महत्त्वपूर्ण कार्य को परिणाम दिया है। हम अति-विश्वासी लोग यह समझ लिये हैं कि अवध को उत्तराधिकारी मिल गया परन्तु अभी यज्ञ समाप्त हुआ है, आज आप रुकें। हम सबके साथ का लाभ, आनन्द लें। कल उपहार वितरण के पश्चात् ही प्रस्थान करें।"

"हाँ, शृंग्य आज रुको।" विभाण्डिक बोले, "विश्वामित्र की वार्ता सुनो, एक-से-एक विषय हैं इनके पास और सूक्ष्म विवेचन से परतें इस प्रकार खोलते हैं कि विषय को पूरी तरह से आत्मसात् किया जा सकता है।"

"हाँ विश्वामित्र जी का समय है, यह दिन भी आपके नाम का हुआ, चलिए कहीं से प्रारम्भ कर दें।"—भरद्वाज ने आग्रह किया और सभी ने पलथी लगा ली।

"विषयों की कमी नहीं है। यदि कहीं त्रुटि है तो स्वयं की है। हम विषयों पर व्याख्या करते हैं परन्तु निष्कर्ष के अनुरूप होते नहीं है। वही ढाक के तीन पात।" विश्वामित्र बोलते रहे।

"आप विज्ञ हैं, आपमें शक्ति है, चिन्तन है, विचार है, विज्ञान है। मैं वृक्ष का एक पत्ता हूँ। फिर भी सुनें! मैं रेखांकित करने योग्य शीर्षकों तक ही सीमित रहूँगा। विस्तार में जाना अब उचित नहीं है। हाँ, कहीं-कहीं व्याख्या हो जाया करेगी।"

"पिछले दिनों अवध और विदेह पर चर्चा हुई। अब दशरथ को ही लें। अवध के एक सहस्र ग्रामों की आय कौशल्या पर व्यय करते हैं महाराज। तीन रानियाँ हैं, कितना व्यय हुआ! वसिष्ठ को ऐसे अर्थहीन व्यय को रोकना चाहिए। यही कार्य गौतम अपने राजगुरु बने पुत्र से कराएँ कि वह सीरध्वज को रोके। प्रजा का धन प्रजा पर व्यय हो। मात्र जीवन चलाने हेतु राजपरिवार अपना भाग ले। यही उचित है।"

"...यह तो याद आई बात मैं कह गया मेरा विषय और कुछ था। मैंने दिशा के अनुरूप पुरोहितों को सम्बोधन दिए हैं। पूर्वी भाग के पुरोहित को 'होता', पश्चिम के लिए 'अध्वर्यु', दक्षिण भाग के लिए 'ब्राह्मण', उत्तरी भाग के पुरोहित को 'उद्‌गाता' कहा जाए। मैं पहले सैन्धव में था वहाँ सरस्वती के तटवासी 'सारस्वत' हो गए और दृषद्वती के किनारे के लोग 'दार्षद्वत' कहलाए।"

"...मैंने और वसिष्ठ ने एवं आचार्य अगस्त्य ने कुछ सम्बोधन गढ़े हैं। अनेक नियम बनाए और उसका परिपालन भी किया।"

"...कोई ऋषि, पुरोहित, कृषकों से पका हुआ अन्न नहीं लेगा इसके बदले में आप जौ ले लें। उत्तर के मरुतों ने ऐसा ही किया है। राज्य का कर निर्धारित करें, अपना भाग सुरक्षित कर लें। किसी भी आयोजन में अधिपति एक भाग पुरोहितों को देगा। एक बात ध्यान रहे जो दास सेवा-भाव में लगे हैं वे कर से मुक्त रहेंगे।"

"...पुरोहित काव्यात्मक भाषा का प्रयोग करें। प्रजा आकर्षित होगी। ध्वनि तरंगों में शक्ति होती है। गति से व्यक्ति मोहित होता है और शब्द गति तो हृदय प्रदेश तक पसर जाती है।"

"...भरद्वाज निषादों में 'स्थपति' नाम से अनुष्ठान सम्पन्न कराते हैं। यह एक नया नाम हुआ। अब निषाद प्रसन्न क्यों नहीं होंगे, उन्हें अपने आयोजन की पहचान मिल रही है, एक नाम दिया जा रहा है। नामकरण, सम्बोधन शक्ति किसी आयुध से कम नहीं।"

"...अगस्त्य जी ने 'अयोगव' नाम की जाति में कई अनुष्ठान आर्य-विधि से सम्पन्न कराए हैं। अब अयोगवों पर अगस्त्य का अधिकार है।"

"...भूमि कभी उपहार में न लें। इससे कृषक और अधिपति आपको लोभी नहीं कहेंगे। आप भूमि लेकर करेंगे भी क्या?...अभी वसिष्ठ ने बताया कि 'कूण' नाम से एक ग्राम पुरोहितों के लिए बसाया जा रहा है। आप ऐसी स्थिति बना दें कि लोग बिना

माँगे दे जाएँ, आप न-न करते रहें। लोग इस भ्रम में रहें कि आप यदि कुछ नहीं लेंगे तो उनकी हानि निश्चित है। पाप-पुण्य का नाम दिया गया है। अच्छे हेतु में 'पुण्य' और इसके विपरीत कर्म को 'पाप' कहें। पुरोहित को देना 'पुण्य' हुआ यह बोध होना चाहिए।"

"...आप विज्ञ हैं। स्वयं परिभाषित हों, परिभाषाएँ दें। और अब सचेत हो जाएँ। हमें प्रतीक्षा है महानायक के रूप में दशरथ के पुत्र की।"

और इसी प्रकार उस दिन वार्ता होती रही। प्रातः होते ही सबने झोली उठाई, दंड लिया–चल दिए अपने-अपने आश्रम, एक नए प्रकार के साहस-विश्वास के साथ।

7

रावण का जयी अभियान अनवरत चलता रहा। जो अनवरत रहेगा जयी होगा। वही मान पाता है जिसमें गति होती है। ठहरा हुआ जल कब शुद्ध हुआ! ठहरा हुआ व्यक्ति शव होता है। रुकना मृत्यु का नाम है, प्रवाह में जीवन है। रावण प्रवाह में हैं, रावण के मार्ग में कहीं शूल नहीं हैं। यदि कुछ चुभा तो वह नष्ट हो गया। अपनी पहचानी भूमि है। पीढ़ियाँ बीत गईं। भूमि रावण को पहचानती है और रावण भी एक-एक कण निहारते हैं, निराते हैं। नए-नए पौधे रोपते, पुराने वृक्षों से क्रौंच की लताओं और बँवर को काटते वृक्ष को सँवारकर अपना बना लेते। भूमि हर्षित होती अपने वृक्ष को पाकर, वन एक संकट से मुक्त हो जाता।

रावण द्वारा अधिकृत अधिपति ताड़का ने सुबाहु और मारीच के साथ अपने सीमा क्षेत्र में आर्यों और आर्य ऋषि-मुनियों का जीवन कष्टमय बना दिया था। विशेष रूप से ऋषि और आचार्य जो ताड़का का विरोध कर रहे थे, उनका वध करना ही ताड़का का प्रथम कार्य था। सीमा पर लगे ग्राम जो अवध और विदेह में आ जाते थे, वे सब ताड़का के प्रभाव में थे। विश्वामित्र द्वारा स्थापित आश्रमों पर ताड़का की दृष्टि थी। कुछ आर्य प्रभावित लोगों को छोड़कर जनमानस ताड़का के साथ था।

रावण ने ताड़का का समाचार लिया, आश्वस्त हुए। ताड़का ने कहा, "आप इस क्षेत्र की चिन्ता छोड़ दें, जब तक मेरे प्राण हैं आर्य मेरा कुछ बिगाड़ न सकेंगे। मैं ही आर्यों का जीना दूभर किए दे रही हूँ।"

रावण गर्वित हुए। आश्वासन देते हुए बोले, "मेरी ओर से तुम्हें हर सम्भव सहयोग मिलेगा ताड़का।"

"आपके गौरवपूर्ण नाम से ही मैं सब कुछ पा जाती हूँ।"

"संकोच छोड़कर बोलो! धन, जन, सैनिक, आयुध या और कुछ...?"

"आपके सम्मुख संकोच कैसा? आपने ही तो निर्भय बनाया है। अभयदान देने वाले इस भूखंड में आप ही हैं, अन्यत्र कोई नहीं। रक्ष-संस्कृति का यह भी एक उद्देश्य है कि संकोच छोड़कर निर्भय होकर जीना चाहिए। इसी में राक्षसों की भलाई है। नहीं तो आर्य प्रभावित हो जाएँगे और हम संकोच की गाँठ में उलझे अपने महत्त्वपूर्ण कार्य-विकास से वंचित रह जाएँगे।"

रावण ने ताड़का को सुना। रावण के हर्ष की सीमा न रही। ताड़का की समझ इतनी गहरी है! ताड़का की ओर से रावण आश्वस्त हो गए। उन्हें रक्ष-संस्कृति के स्थायित्व के लक्षण स्पष्ट दिखाई दे रहे थे।

ताड़का ने पुनः कहा, "आप द्वारा दिया गया आश्वासन किसी आयुध से कम नहीं है। आश्वासन के बल पर लोग पूरा जीवन काट लेते हैं। यह उत्साहवर्धक शब्द हैं। आश्वासन प्रेरणा स्तम्भ का कार्य करता है।...परन्तु आवश्यकता पड़ने पर दिया गया आश्वासन पूर्ण होना चाहिए, नहीं तो विश्वास की मृत्यु होगी, आयुध नष्ट हो जाएगा, स्तम्भ ढह जाएगा और व्यक्ति पराजित।"

"ताड़का तुमने उचित कहा है न माँगते हुए भी तुमने आश्वासन को पुष्ट बनाकर अपनी वाणी को विराम दिया है, तुम्हारा विवेक पूज्य है। अब चलूँगा, विचार में हूँ कि ग्राम-ग्राम देखता लंका लौट जाऊँगा। बहुत कार्य लंका के शेष हैं।"

और रावण परशु कन्धे पर रखे रथ पर बैठ गए। उनके साथ रथ हाँकने वाले के अतिरिक्त कोई न था।

रथ आगे बढ़ गया। ताड़का पीछे छूट गई। देर तक निहारी थी ताड़का अपने रक्ष-संस्कृति के संस्थापक को। कुछ भी स्वागत-सत्कार नहीं कर पाई थी। बस दर्शन हुआ और एक-दो बातें। इसी से अघा गई थी ताड़का और अघा गए थे रावण।

हेमन्त ऋतु थी। व्यक्ति की क्रियाओं पर ऋतुओं का महत्त्व है। रावण हेमन्त के प्रभाव से दूर नहीं थे। इतनी ठंड उन्हें लंका में न लगती। अलाव तापते हुए आगे बढ़ रहे थे रावण। ग्राम्य-जीवन को इतने निकट से न देखे थे, उनका जीवन तो युद्ध में ही बीत रहा था।

धान कट गए थे। खेत रिक्त थे। धान से व्रीहि बनाया जा रहा था। निकट ही कोई ग्राम था। लगता था सभी ग्रामवासी कृषक हैं। कहीं धान पीटा जा रहा था और पुआल का ढेर लगाया जा रहा था तो कहीं लांगल लादे बैलों को हाँकता, खेत जोतता जा रहा था कोई कृषक।

रावण ने रथ को पाँव-पाँव चलाने को कहा। सारथी ने लगाम ढीली कर दी। अश्व कृषक की चाल में हो गए। एक बार के बाद उसे दूसरी बार जोते जा रहा था कृषक, वह गाता–

'सौ चास तोरी
उससे अधिक मोरी

ओकर आधा गंडा
ओकर आधा बंडा'

कृषक खेत को उर्वर बना रहा था। उसके बैला युवा थे। बैलों को 'अनुटुड-अनुटुड' कहकर हाँकता। उसे क्या पता कि संस्कृति का स्वामी अपनी सम्प्रभुता के साथ किसी वृक्ष की ओट से उसे देख रहा है।

रावण को सब नया-नया लगता था। कुछ लोग उपवन में बैठे थे। धूप की ओर पीठ किए पुआल को भिगोकर रस्सी बना रहे थे। 'इसका क्या करेंगे,' रावण बुदबुदाए, 'लगता है पशु बाँधते होंगे यह व्यक्ति बाँधने के काम न आएगी, टूट जाएगी। पशु बन्धन स्वीकार कर लेता है, पालतू है। दास भी तो बन्धन स्वीकारने लगे हैं। आर्यों ने कितनों को दास बनाया और बिना रस्सी के बाँधे हुए हैं। मैं भी आर्यों को दास बनाऊँगा।'

ग्राम पीछे छूट गया, रथ ने गति थाम ली। रावण प्रजा को देखते, परिवेश निहारते, मन-ही-मन गुनते चले जा रहे थे लंका की ओर।

एक और ग्राम। यह ग्राम शिल्पियों का था। रावण ने रथ को ग्राम से दूर एक जलाशय के निकट रोक दिया। रावण ग्राम को निकट से देखना चाहते थे। अपने वस्त्र उतार दिए, सारथी को भी वस्त्र उतारने को कहा। सारथी के वस्त्र पहन वे कृषक की भाँति लग रहे थे।

रावण ग्राम में पहुँचे, एक ग्रामीण ने रावण के कुल-गोत्र का परिचय जानना चाहा। रावण बोले, "मैं भी एक शिल्पी हूँ। आपका ग्राम और शिल्प देखने चला आया।"

ग्रामीण चला गया।

रावण देखते हैं—कुम्भकार कोश बना रहा है। अन्न नापा जाता होगा। बगल में बैठा दूसरा व्यक्ति बड़ा कोश बना रहा है, तीसरा दीप गढ़ रहा है। तीन चाक चल रहे हैं। एक मिट्टी रौंद रहा है।

"अरे मिट्टी को गोल करके दे, ऐसे ही उठा लाया।"—चाक पर बैठा कुम्भकार बोला।

"तू यहाँ क्यों खड़ा है! जा आँवाँ लगा दे।" एक वृद्ध बोला।

"कल, जल पीने का पात्र सबके घर भिजवाना है, ताड़ रस के पात्र पक गए होंगे उसे निकाल ले। सन्ध्या तक ताड़ वाले आएँगे।" वृद्ध ने दूसरे से कहा।

"क्या दे रहे हैं वे?" आँवें की ओर जाता हुआ युवक बोला।

"देंगे क्या! वही ताड़ के टटके फल और पत्तों से बने द्रोण।"

"द्रोण लेकर क्या करेंगे?"

"द्रोण किसी को भी देकर धान ले लेंगे।"

"उनसे कह दो कि द्रोण न देकर पत्तों से बनी टोकरियाँ दे दें, इससे धान अधिक मिलता है।"

"टोकरियाँ वे नहीं बनाते।"

रावण एक-एक पात्र के विषय में पूछते। कुम्भकार पात्र दिखाता और विधिवत् अपनी बात कहता। रावण ने एक स्वर्णखंड कोश से निकालकर दे दिया। वृद्ध देखकर आश्चर्यचकित हुआ, बोला, "आप किस देश के हैं, हमने स्वर्ण के विषय में सुना था देखा नहीं था।"

"रावण का नाम आपने सुना है? मैं रावण का प्रतिनिधि हूँ, ग्राम देखने आया हूँ।" रावण अपने को छिपा गए।

वृद्ध चरणों में गिर गया। चाक रुक गए। सभी पास आ गए। सभी ने चरण छुए। वृद्ध ने गवय के दुग्ध की छाछ परोस दी, "आप ग्रहण करें और हमें तृप्त करें।"

रावण वृद्ध की भावना से भावुक हो गए थे। छाछ पीते हुए बोले, "अभी और देखना है।"..."चलूँ...हाँ आप रावण के अधीन हैं अब आप राक्षस कहलाएँगे। जो राक्षस होगा उसे अभय कर दिया जाएगा।"

वृद्ध ने 'जैसी आज्ञा' कहा और सिर झुका लिया।

यह घर तक्षनों का है। तक्षन लकड़ी का कार्य करते हैं। रथ के बड़े-बड़े पहिए बन रहे हैं। लुनाति के लिए हँसिया के मूँठ गढ़े जा रहे हैं।

यहाँ अयोकूट से ताँबे को पीटा जा रहा है, खनित्र का आकार दिया जा रहा है। ताँबे की असि बनाई जा रही है।

एक ओर से ध्वनि आती है– 'चर्र...चर्र...चर्र...'

"तूने इतना छोटा छेद किया है, मूर्ख है क्या?"–शिल्पी बोला।

"नहीं मूर्ख हूँ...दो! बड़ा किए देता हूँ।"–दूसरे ने कहा।

"बड़ा किए देता हूँ।"–मुँह चिढ़ाता है और ठोंकने लगता है दूसरे पहिए के छेद में धुरी।

"इस मुठिया को गोल किए देता हूँ।" दूसरे ने फिर कहा।

"मुठिया को ही गोल करोगे कि मेरी गाड़ी भी तैयार करोगे सभी काम रुके हैं– करीष खेत में ले जाना है, वन से लकड़ियाँ लानी हैं, मिट्टी ढोनी है। तुम मेरे घर नहीं गए क्या? दीवार का एक कोना भहरा गया है। वर्षा से पहले ठीक करना है।" एक व्यक्ति बैठा शिल्पी से बतिया रहा था।

दूसरी ओर, "ये लो तुम्हारा खनित्र बन गया।...ले जाओ और पशुओं के लिए पुआल दे देना।"

फिर वह अयोकूट उठाता है, पीटता है–हइ...हई...हइ...हई...। शिल्पी व्यस्त हैं इनकी व्यस्तता रावण को रुचिकर लगती है।

"तुम सींग बनाते हो?" रावण ने एक तक्षन से पूछा।

"सींग क्या करेंगे?"

"तुम अब राक्षस कहलाओगे। राक्षस की एक पहचान होगी–सींग, वह सींग लगाएगा।"

पीटने वाला व्यक्ति रुक गया हँसने लगा और भी हँस दिए, "हम कोई गवय हैं कि सींग लगाएँ।"

"तो क्या रुद्र के नन्दी गवय हैं?"..."मैं रावण हूँ...मेरी बात स्वीकार करो।"

सभी सकते में आ गए, "कोई आएगा तो बताएँगे। हम राक्षस हो गए हैं, किसी ने नहीं बताया। हम तो तक्षन हैं।"–एक ने साहस दिखाया।

"तुम तक्षन ही रहोगे परन्तु सभी राक्षस कहलाएँगे चाहे वे कृषक हों, तक्षन हों या और कोई।"–रावण आदेश देते हुए आगे निकल गए।

रावण ने कई ग्राम देखे। अनेक शिल्पों से परिचित हुए। अनेक जातियाँ मिलीं। कुल-गोत्रों का बखान सुना। जनस्थान के समाचार से अवगत होते हुए रावण ने लंका का मार्ग पकड़ा।

आर्य-ऋषियों की भाँति रावण ने भी कुछ लिखने का विचार किया, 'ये शिल्पी इतना परिश्रम करते हैं। इससे क्या लाभ इनको है, बस यही न कि इनकी भूख मिटती है। आपस में लेन-देन का समायोजन कर किसी तरह जीवनयापन कर रहे हैं और आर्य हैं कि इन्हें भी लूटने की चाह लिये हैं। इनसे भी दास कर्म कराएँगे? अवश्य लाभ लेंगे आर्य इनके शिल्प से। परिश्रम मेरे अपने करें और लाभ आर्य लें, वो भी बिना मूल्य के या नाममात्र हेतु कुछ मूल्य चुकाकर। वो लिख सकते हैं मंत्र-सूत्र तो रावण क्यों नहीं, अवश्य रचूँगा कुछ सार्थक सा–सृजनात्मक...'

रावण अपनी इस यात्रा से प्रसन्न थे। लंका का राज्य-कार्य सामान्य गति से चल रहा था। रावण पूज्य हुए लंका के। कुबेर और रावण में धरती-आकाश का अन्तर था। कुबेर राजपरिवार और स्व-सुख की सोच तक ही घूम रहे थे और रावण पूरा भू-खंड। रावण को प्रजा की चिन्ता थी। रावण को अस्तित्व का विचार था। वे सबको एक सूत्र में बाँध रहे थे। इतना भार, इतनी व्यस्तता, इतनी यात्राएँ, इतने युद्ध फिर भी रावण थकने के शब्द से अज्ञान थे। राजपरिवार में भी भरपूर हस्तक्षेप करते, छोटे-से-छोटे पारिवारिक आयोजन में उसी संलग्नता से सम्मिलित होते जितना वे अपने विजय अभियान में। एक-एक व्यक्ति, एक-एक दोष-गुण, एक-एक वस्तु की सूचना रहती रावण के पास। मस्तिष्क के गोलार्द्ध अन्य की अपेक्षा कहीं अधिक सन्तुलित और समायोजित थे, समयानुकूल क्रियाशील होने की क्षमता थी।

रावण सभा में उपस्थित हैं। नाना सुमाली, प्रहस्त, अकम्पन, धूम्राक्ष, महोदर, विरूपाक्ष, प्रघस, अनल, सम्पाति, कुम्भकर्ण, विभीषण, वज्रमुष्टि और माल्यवान की पुत्री–अनला, सुमाली की पुत्री–राका, पुष्पोत्कटा, कैकसी, कुम्भीनसी एवं बहन–शूर्पणखा, महारानी–मन्दोदरी उपस्थित हैं। राज्य के कर्मचारी एवं विशिष्ट अमात्यों, सचिवों को सभा कक्ष में जाने की आज्ञा नहीं है।

"मेरे प्रिय आज एकत्र हैं। हम क्यों पारिवारिक सभा कर रहे हैं, सम्भव है आप जानते हों।"–सुमाली बोले।

"सभी विज्ञ हैं परन्तु आप श्रेष्ठ हैं, आप कहें।"–रावण ने निवेदन किया।

"शूर्पणखा युवा हो गई है। इसका विवाह हो जाना चाहिए, आप सभी सहमति दें। क्यों पुत्रियों मैं उचित कह रहा हूँ न? बोलो! कुम्भीनसी। तुम भी बोलो अनला!"

सुमाली के इतना कहते ही शूर्पणखा लजा गई।

"लजाती हैं,"–राका बोली।

"लाज किस बात की, सभी ऐसा करते हैं।" रावण ने ढाढ़स बँधाया और हँसते हुए बोले, "तो क्या तू सदैव लंका में रहेगी। कहीं मेरी लंका झपटने का विचार तो नहीं है।"

सभी हँस दिए। शूर्पणखा ने मुँह छिपा लिया।

"मेरी इच्छा है कि..." रावण पुनः बोले, "कालका के पुत्र अश्म क्षेत्र के अधिपति विद्युज्जिव्ह शूर्पणखा के लिए अनुकूल, योग्य वर लगते हैं।...आप अपनी इच्छा व्यक्त करें।"

"हम सबकी राय है।"–प्रहस्त बोले।

"आप सबकी सहमति से महत्त्वपूर्ण है शूर्पणखा की स्वीकृति।"–अनला शूर्पणखा की ओर संकेत कर रही थीं।

"पुरुषों के आगे स्त्रियों की सहमति की क्या आवश्यकता?"–मन्दोदरी ने व्यंग्य किया।

"ऐसा नहीं है। शूर्पणखा उपस्थित है, हम उससे पूछ लेते हैं, उसके हाँ करने पर ही यह उत्सव सम्पन्न हो सकेगा।"

...और शूर्पणखा ने स्वीकृति दे दी।

रावण की दुलारी बहन विद्युज्जिव्ह को सौंप दी गई। शूर्पणखा अश्म नगर चली गई। राजपरिवार कई दिनों तक उदास रहा। रावण को लगता कि 'यहीं कहीं वह बैटी होगी, खेलती होगी, झगड़ती होगी, आभूषण चुनती होगी। उसे सौन्दर्य प्रसाधन प्रिय हैं। कल ही सौन्दर्य सामग्री भिजवा देता हूँ। यहाँ जैसा उसे सुख न होगा'...और रावण उदास हो जाते।

रावण ने शूर्पणखा से ध्यान हटा लिया। वे अपने अभियान पर विचार करने लगे। रावण को लक्ष्य अभी पाना था। महत्त्वाकांक्षा इतनी कि सम्भव नहीं लगता कि पूरे जीवन काल में अपनी सोच तक जा सकेंगे। राज्य के विस्तार की कोई सीमा हुई है क्या? कल्पना की क्या सीमा हो सकती है? विचार की दौड़ कहाँ तक लगाई जा सकती है? कितने सम्मान से तोष होगा? लोभ और स्वार्थ का कहीं घेरा बन सका है?...रावण के उद्देश्य की सीमा नहीं। वे स्वयं अपना लक्ष्य बिन्दु नहीं जानते। उन्हें तो बस विजय अभियान में सुख मिलता है।

रावण विश्राम कक्ष में बैठे हैं। नाना सुमाली को बुलाना चाहते हैं। अनुचर संकेत समझकर सुमाली के कक्ष की ओर चला गया।

सुमाली को आते देख रावण खड़े हो गए, अभिवादन किया—बोले, "बैठें नानाश्री।"

सुमाली ने आसन ग्रहण किया, रावण समीप बैठ गए। सुमाली प्रत्येक दिन चौकन्ने रहते, अभियान की प्रतीक्षा करते। अभी उन्हें बहुत से मूल्य लेने हैं। कृतघ्नता का दंड देना है।

"कहो पुत्र! सकुशल है न? क्या शूर्पणखा का समाचार आया है या कोई अभियान?"—अधूरा वाक्य छोड़कर सुमाली रावण के शब्द की प्रतीक्षा करने लगे।

"शूर्पणखा की चिन्ता से तो मुक्त हो गया हूँ। अब मेरा ध्यान निवातकवचों, कालकेयों और वरुणों पर है।"

"ये निवातकवच और कालकेय भी मूलवंशी हैं। आदिकाल से इसी भू-खंड पर रहते आए हैं। हमारी तरह ये भी हैं।"

"जानता हूँ नानाश्री इन्हें भी देवों ने दैत्य, दानव कहा है। ये मार्ग से भटके हैं। इन्हें दिशा का बोध कराना है। मेरा विश्वास है कि इन पर मेरी शक्ति कम व्यय होगी।"

"सो तो ठीक है पुत्र, परन्तु एक बात समझ में नहीं आती कि कब तक हम अपनों से ही लड़ते रहेंगे। कभी देवों से सामना हो या आर्यों से युद्ध छिड़ जाए तो विजय का स्वाद कुछ और ही होगा।"

"देवों से सामना होगा इसी अभियान में हम वरुणों से युद्ध करेंगे। वरुण भी लोकपाल की उपाधि से विभूषित हैं।"

"पुत्र! तुम हेमन्त ऋतु में ताड़का क्षेत्र गए थे, क्या आपने कुछ नया देखा? मैं पूछना चाह रहा था परन्तु अवसर ही नहीं मिला।"

सुमाली के विषय वार्ता बदलने से रावण सोचने लगे कि क्या कहूँ? कौन सी नई बात हुई जो नानाश्री नहीं जानते।

"हाँ याद आया,"—औचक रावण बोल पड़े।

"क्या विस्मृत हो गया जो याद कर रहे हो।"

"नानाश्री! अनेक ऋषियों के आश्रमों का पता चला है। कुछ आश्रमों को तो मैं देखता भी आया हूँ। अनार्य-ऋषियों की संख्या नगण्य है। लगभग सभी आर्य ऋषि हैं।"

"इसका अर्थ यह हुआ कि आर्यों ने ऋषियों का जाल बिछा दिया है।"

"बिछाएँ जाल! ये ऋषि निर्बल और हीन प्राणी हैं, ये क्या हानि दे सकते हैं भला?"

"नहीं रावण, नहीं! ऐसा मत सोचो। इनकी पैठ अधिपतियों से लेकर ग्रामवासियों तक है। ये लुभावनी भाषा बोलते हैं। इनके शब्द-जाल में भोले ग्रामीण उलझ जाएँगे, अधिपति घायल होंगे और पता भी न चलेगा।"

"तो अभी मैं आदेश पारित किए देता हूँ। राक्षसों को निर्देश दिए देता हूँ कि आर्य ऋषियों के हर एक कार्य में बाधा पहुँचाओ। अवसर जानकर उनका वध कर दो।"

"अच्छा पुत्र, ये बताओ कि किन-किन ऋषियों का पता चला?"

"सुनें नानाश्री, पूर्व भू-खंड की दिशा में—कौशिक, यवक्रीत, गार्ग्य, गालव के आश्रम स्थापित हैं। पश्चिम कोण में—नृषंग, कवष, धौम्य, कौशेय अपने-अपने आश्रमों के संचालक हैं। उत्तर दिशा में—कश्यप, अत्रि, विश्वामित्र, गौतम, जमदग्नि, भरद्वाज अपना वर्चस्व बनाए हैं।...दक्षिण में—स्वास्त्यात्रेय, मनुचि, प्रमुचि, अगस्त्य, अत्रि, सुमुख, विमुख, सुतीक्ष्ण, इध्मवाह, शरभंग प्रमुख आश्रमों में से हैं।...अभी और भी श्रेष्ठ स्थापित आश्रम हैं, जैसे—वाल्मीकि, विभाण्डिक, वसिष्ठ।"

"ये ऋषि तो पूरे भू-खंड में फैले हैं।"—सुमाली को आगे संकट दिखाई दे रहा था।

"इनमें से विश्वामित्र, गौतम, जमदग्नि, भरद्वाज, अत्रि, अगस्त्य, वाल्मीकि के कई आश्रम एक ही नाम से हैं। बहुत पड़ताल के बाद ज्ञात हुआ कि विश्वामित्र का प्रमुख केन्द्र ताड़का क्षेत्र के निकट है। भरद्वाज निषादराज गुह की सीमा में हैं। गौतम विदेह राज्य के पुरोहित हैं। वसिष्ठ अवध के राजगुरु बने हैं।"

"हमें विश्वामित्र और अगस्त्य से सतर्क रहना होगा।"

"हाँ नानाश्री, ताड़का ने चर्चा की थी। विश्वामित्र और अगस्त्य का आश्रम मैं देख आया हूँ। ऋषि का ऐसा भव्य और विशाल आश्रम होगा, मैंने कल्पना नहीं की थी। वैसे मुझे इनकी चिन्ता नहीं है। इनकी शक्ति ही कितनी? इनका शस्त्र धारदार ही कहाँ? इनके पास न सैनिक हैं, न धन, न भूमि, न प्रजा। और अब राक्षस इनको तंग करेंगे ही।...मेरे पास राज्य है, धन है, सैनिक हैं, वीर योद्धाओं का जत्था है, आप हैं, पूरी प्रजा साथ है और साथ में है हमारी पहचान 'राक्षस', रक्ष-संस्कृति का ध्वज। राक्षस भय का नाम है, तो राक्षस अपनों को अभय भी देता है, रक्षा करता है। हम देवों से युद्ध की सोच रहे हैं। इतना बड़ा साहस लेकर हम इन आश्रमों में रहने वाले ऋषियों से भयभीत हो जाएँ? इनको सोचकर अपना समय व्यर्थ गँवा दें! चलिए! कल प्रातः से ही विजय अभियान प्रारम्भ करते हैं। निवातकवचो! कालकेयो! वरुणो!!...।"

रावण का विजयी अभियान चल पड़ा। प्रहस्त, दुर्मुख, अकम्पन आदि सभी वीर योद्धा थे। साथ में सुमाली। लंका में रह गए तो विभीषण। विभीषण के कन्धों पर लंका की व्यवस्था थी। रावण जब भी लंका छोड़ते विभीषण राज-कार्य सँभालते और पलने लगती सम्राट बनने की इच्छा, दबी-दबी।

राक्षस वीर सैनिकों का दल उत्साह से भरा था। हर युद्ध में रावण सेनापति बदल देते, कहीं अकम्पन तो कहीं विरूपाक्ष। इस बार प्रहस्त को सेनापति बनाया गया था। रावण का विचार था कि सेना के संचालन की विधि सबको आनी चाहिए। रावण की दूरदृष्टि किसी सम्भावित बड़े युद्ध को देख रही थी। राक्षस युद्धकला में कुशल होते

जा रहे थे। इतने विज्ञ न देव थे, न आर्य। राक्षसों की ऊर्जा का दो-तिहाई भाग युद्ध में व्यय होता था।

राक्षस सेना मणिमयपुर पहुँच गई। निवातकवचों को देवों ने मिला लिया था और युद्ध-कलाएँ भी सिखाई थीं। निवातकवच प्रवीण थे। उन्हें अपनी युद्धकला के अतिरिक्त देवों की युद्ध नीति का ज्ञान था। विभिन्न प्रकार के अस्त्र-शस्त्र भी थे उनके पास। युद्ध के लिए आए राक्षसों को देखकर निवातकवच बिना सोच-विचार किए अस्त्र-शस्त्र लेकर राक्षसों पर टूट पड़े। चारों ओर मार-काट होने लगी। राक्षस घायल होने लगे, कटने लगे।

इस अचानक हमले से रावण घबरा गए। प्रहस्त को समझ में नहीं आया कि क्या करें। न व्यूह की रचना हुई, न आक्रमण की दिशा तय हो पाई।

"अरे मूढ़ क्यों बने हो वीरो!" रावण तड़पे, "आक्रमण करो!...महोदर, तुम उस ओर चलो! ये टुकड़ी ले जाओ...नारान्तक मेरे पीछे रहो...प्रहस्त विचलित न होओ! मारो! काटो! निवातकवच निकल गए हैं। इनके सेनापति को खोजो मुझे उसके पास ले चलो।"

निवातकवच शूल, त्रिशूल, खंग और परशु से राक्षसों को घायल करने लगे।

रावण उत्साह भरते, सुमाली 'मारो-मारो' कहते, प्रहस्त ने संचालन सँभाल लिया। भीषण युद्ध छिड़ गया। रावण विकराल परशु से निवातकवचों को काटते हुए सेनापति की खोज करने लगे।

कई दिनों तक युद्ध चला। परिणाम न निकला। निवातकवच राक्षसों से कम नहीं थे। समान बल, निर्णय कठिन हो गया।

रावण ने प्रहस्त और सुमाली को पुकारा। रावण सुमाली से बोले, "हम लंका छोड़ निवातकवचों के नगर में युद्ध कर रहे हैं। युद्ध सामग्री इनके पास अधिक है, मेरे अस्त्र-शस्त्र समाप्त होते जाएँगे। राक्षस भी घायल हुए हैं। कुछ मृत्यु को प्राप्त हो गए हैं। मेरे विचार से निवातकवचों से सन्धि कर ली जाए। सन्धिवार्ता से मैं इन्हें अपनी बात मनवा लूँगा।"

"उचित है पुत्र, नहीं तो यह युद्ध समाप्त ही न हो सकेगा।" सुमाली भी यही चाह रहे थे।

रावण, सुमाली और प्रहस्त एक टीले पर खड़े हो गए। रावण अपना परशु उठाए हुए थे, प्रहस्त ने दोनों हाथ उठाए। सुमाली ने गरजकर कहा, "ठहरो! युद्ध रोको! अस्त्र-शस्त्रों का संचालन बन्द हो!"

किसी ने सुना और फिर शस्त्र भाँजने लगा। किसी ने सुना ही नहीं, वह लड़ता रहा।

अब रावण कड़े शब्दों में चिल्लकार बोले, "मेरे भूले हुए मित्र निवातकवचो! शान्त हो जाओ! अरे ओ राक्षसो! शस्त्र त्याग दो! ठहरो! रुको! अपने बन्धुओं से कैसा युद्ध?"

निवातकवचों के सेनापति ने सुना। युद्ध रोक दिया गया। सब कुछ ठहर गया।

सैनिक पुतले बन गए, जहाँ थे वहीं जड़ हो गए।

निवातकवचों के सेनापति ने कहा, "आप कहना क्या चाहते हैं? युद्ध ठहर गया! क्यों रोका गया युद्ध?"

"मैं आपसे सन्धि चाहता हूँ, सन्धिवार्ता में मैं आपसे सब कुछ स्पष्ट कह दूँगा। आप अपने हैं। मुझसे भूल हो गई जो आप बन्धुओं से युद्ध किया।"

"तो ठीक है, आइए सन्धिवार्ता हो जाए।"

"ऐसे नहीं, एक प्रहर विश्राम के बाद। आप अपने नगर के श्रेष्ठ व्यक्तियों को बुला लें। तब तक युद्ध की ऊर्जा भी शान्त हो जाएगी। मस्तिष्क शीत हो जाएगा।"

निवातकवच रावण की भाषा, शैली से प्रभावित हो गए। उन्हें भान हो गया कि रावण उचित कह रहे हैं। देवों ने हमें बहका दिया था। निवातकवचों और राक्षसों में मैत्री हो गई। निवातकवचों ने राक्षसों का आदर किया और देवों से प्राप्त अनेक विधाओं से राक्षसों को विज्ञ कराया।

रावण इस सन्धि से हर्षित थे। कम-से-कम निवातकवच आर्य या देवों की ओर से युद्ध तो नहीं ही करेंगे। निवातकवच भी इतने बड़े वीर, संस्कृत संस्थापक, नीतिवान समृद्ध मित्र को पाकर अघा गए।

निवातकवचों के साथ हुई इस नई सन्धि से रावण सन्तुष्ट थे। सेना को न विजय का बोध हुआ, न उत्साह, न हर्ष। सेना पराजय का स्वाद भी जान नहीं पाई। क्षोभ, खेद भी न था। सेना को लगा कि कहीं कुछ हुआ ही नहीं। इतने दिन तक लड़े और स्वाद कुछ भी नहीं—न मीठा-मधुर, न तीखा-कसैला।

रावण वरुणों का क्षेत्र खोजने निकल पड़े। पीछे वीर महारथी और सैनिक हो लिये। एक मार्ग छूटता दूसरा मिल जाता। एक नदी आती दूसरा नाला दिखाई देता। एक टीला पीछे छूटता दूसरा दीख जाता। वृक्ष के बाद वृक्ष।

वरुणों का नगर खोजते-खोजते रावण कालकेयों के नगर मे पहुँच गए। अश्मपुरी को देखकर उन्हें शूर्पणखा याद आ गई। प्रहस्त से रावण ने कहा, "यह कालकेयों का नगर है। बहन शूर्पणखा का समाचार भी लेते चलें और यहाँ भी रक्ष-संस्कृति का ध्वज फहरा दें।"

"यहाँ हमें युद्ध नहीं करना पड़ेगा।"—अकम्पन बोले।

"अपने सम्बन्धियों से कैसा युद्ध?"—मारीच भी इस अभियान में थे।

"विद्युज्जिव्ह बहुत बलवान है, कुशल योद्धा भी।"—रावण ने बहनोई की सराहना की।

'राक्षसों की सेना आ रही है,' यह सूचना कालकेयों में पहुँचते ही कालकेय अस्त्र-शस्त्र लिये अपने-अपने घरों से निकल पड़े।

रावण ने देखा, "अरे, ये तो युद्ध करने के लिए आ रहे हैं!"

कालकेय निकट आ गए। रावण ने कहा, "हम युद्ध नहीं चाहते। मेरी एक प्रतिज्ञा है, मेरा एक निश्चय है कि आप सभी रक्ष-संस्कृति के अधीन रहें और मेरी अधीनता स्वीकारें। आप अभय होंगे। हम बिखरे हैं। मैं बिखरे हुए को एक करने का संकल्प ले चुका हूँ।"

"हम किसी की अधीनता स्वीकार नहीं करेंगे और न ही रक्ष-संकृति अपनाएँगे। हमारी एक पहचान है, हमारी अपनी सत्ता है। किसी को क्या हस्तक्षेप?"—विद्युज्जिव्ह भीड़ को चीरता आगे आ गया था।

"तुम मेरे बहनोई हो। हमारे सम्बन्धी हो, मेरी बात मान लो और यह संस्कृति का ध्वज अश्मपुरी में फहरा दो।"

"पहचान अपनी होनी चाहिए। सत्ता और पहचान में किसी के प्रतीक का क्या अर्थ? मुझे सम्बन्धी कहकर आप मेरे अश्म को नहीं प्राप्त कर सकते। मैं यहाँ का अधिपति हूँ। हमारे नियम आप से भिन्न हैं।"

"ठीक है तो युद्ध करो!"—रावण के इतने कहने मात्र से अस्त्र-शस्त्र चलने लगे।

कालकेय पीछे हटने लगे। राक्षसों के आगे वे कहाँ तक टिक पाते। विद्युज्जिव्ह रावण से भिड़ गया।

"आपकी प्रतिज्ञा के आगे कोई सम्बन्धी नहीं है तो मेरे लिए भी यही बात है।"—विद्युज्जिव्ह शूल फेंकता हुआ बोला।

रावण उसका पराक्रम देख दाँतों तले अँगुली दबा लिये। गदा प्रहार करते हुए बोले, "ले, तब यह स्वाद चख।"

"आप भी इस त्रिशूल प्रहार को भोगें,"—विघुज्जिव्ह शस्त्र प्रहार करता हुआ बोला।

रावण की देह में कई छेद हो गए, रक्त बह चला। विद्युज्जिव्ह की बाँह टूट गई थी। रावण का क्रोध सीमा तक गया, "अब इसका वध करना आवश्यक हो गया।" और खड्ग उदर को छेदता हुआ पार निकल गया।—"तू मेरा शत्रु हो गया। ले मृत्यु को जा।"

विद्युज्जिव्ह छटपटाता भूमि पर लोटने लगा। क्षण भर न बीता, उसने प्राण त्याग दिए।

युद्ध समाप्त हो गया। कालकेय भाग निकले। राक्षस सैनिकों ने घाव धोए। बहते रक्त को पत्ते लगाकर बाँधा। ज्ञान शून्य रावण भूमि पर बैठ गए।

कालकेयों में हाहाकार मच गया। अश्म नगर शोक में डूब गया। विद्युज्जिव्ह कालकेयों का चहेता अधिपति था। अपने पिता के समान वह भी जन-जन के सुख-दुख में भाग लेता था। कई दिन तक कालकेय बिलखते रहे।

शूर्पणखा ने शृंगार उतार दिए। सौन्दर्य सामग्री नष्ट कर दी। विक्षिप्त, सुध-बुध खोई शूर्पणखा को अभी तक यह विश्वास न था कि उसके भाई रावण ने मेरे पति के प्राण हर लिये।

रावण प्रहस्त को भेजकर अश्म नगर में रक्ष-संस्कृति का ध्वज फहरा दिया। रक्ष-संस्कृति के अनुकूल अधिपति नियुक्त कर राक्षस के प्रतीकों में रहने की सलाह-आज्ञा देकर आगे की विजय-यात्रा का विचार करने में रावण व्यस्त हो गए। वे इस कृत्य से दुखी थे। शूर्पणखा से मिलने का विचार त्यागकर सैनिक बल के साथ वरुणों की खोज में रावण के नयन उठ गए।

वसन्त का अवसान था। ग्रीष्म ने मुँह खोलना प्रारम्भ कर दिया था। महुवे पक गए थे। नदी ने अपना जल स्वच्छ कर लिया है। घासें मरुआने लगी थीं। ओस कम हो गई थी। रात्रि छोटी होने लगी, दिवस बढ़ गया था। आलस ने सबको दबोच लिया। देह ने मैल छुड़ा लिया है। पाँवों की दरारें मिटने लगी हैं।

रावण की इच्छा थी कि ग्रीष्म के आगमन के पूर्व ही वरुण जय कर लिये जाएँ। दो दिन की विकट यात्रा के बाद वरुणों का नगर दिखाई दिया।

रावण दुखी मन थे। सुमाली ने दुख भाँप लिया, "पुत्र रावण! शोक छोड़ो, जो हो गया उसकी चिन्ता क्या? अब तुम कर ही क्या सकते हो? एक बार प्राण चले जाएँ तो वापस आएँगे नहीं।"

"परन्तु...रह-रहकर शूर्पणखा का चित्र उभर रहा है। वह बिलख रही होगी।"—रावण के नयन भर गए।

"महापुरुष सम्बन्धों से ऊपर होता है। उसे मान-सम्मान का भी ध्यान नहीं रखना चाहिए। ऐसा नहीं कि सम्मान मिला और इतने हर्षित हो गए कि गर्व मस्तिष्क को ही कस दे। सुख-दुख, लाभ-हानि, जय-पराजय, जीवन-मृत्यु सबमें समान भाव। सन्तुलित जीवन-चर्या। तुम तो संस्कृति का भार ढो रहे हो। दृढ़ हृदय, विशाल कन्धे, एकटक नयन, अदम्य साहस और भरपूर आत्मबल चाहिए तुम्हें।"

रावण शोक घोंट गए। पचा गए दुख। चैतन्य हुए। देह में फुर्ती आई। विचार लौट आए। हृदय फैल गया। ऐसा लगा मानो कुछ घटा ही न हो।

वरुणों का नगर और समीप आ गया। रावण के पाँव तीव्रता से बढ़ रहे थे। महारथियों का दल भी छाती उत्तान किए लम्बे डग मारता आगे बढ़ रहा था। सेना फुदकती, उछलती पीछे-पीछे चली आ रही थी।

नगर देखकर सबके नयन ठहर गए। मुँह खुला-का-खुला रह गया, 'ऐसा स्वच्छ नगर'...'ऐसी व्यवस्था'...'अरे ये तो देवों का नगर है'...'देव क्या हमसे अच्छे हैं?'...'मेरी लंका भी कम नहीं'...'हाँ कम तो नहीं'...

तरह-तरह की बातें होने लगीं। रावण ने देखा—प्रत्येक घर के आगे गौएँ बँधी हैं। नगर के बाहर चारों दिशा में एक-एक विशाल जलाशय शोभित हैं। पक्षियों की भरमार है यहाँ। पशु जल पी रहे हैं। जल पुष्प खिले हैं। वरुण खिले हैं। वरुण स्नान कर रहे

हैं। सन्ध्या का समय है, जल दुग्ध की भाँति चमक रहा है। ऋषि भी आ-जा रहे हैं।

रावण ने सेना को एक उपवन में ठहरा दिया और प्रहस्त, अकम्पन, महोदर, विरूपाक्ष, दुर्मुख को साथ लेकर घूमने लगे। वे युद्ध योजना को रूप देने की नियति से भ्रमण कर रहे थे। सुमाली सेना के साथ थे।

प्रहस्त ने व्यूह की रचना की, वरुणों को सन्देश भिजवा दिया गया कि रावण राक्षस सैनिकों सहित युद्ध हेतु तत्पर हैं। वरुण-लोक रावण के अधीन किया जाए नहीं तो युद्ध किया जाए।

वरुणों ने सुना। वरुणराज उपस्थित नहीं थे। वे इन्द्र के किसी आयोजन में गए थे। वरुणों के सेनापति वरुण पुत्रों को साथ लेकर युद्ध भूमि में प्रातः होते-होते उतर गए।

प्रहस्त बोले, "रावण! देखो वरुण आ रहे हैं। वे रथ पर चढ़े हैं, अश्व भी इनके पास हैं। हमें तत्काल सावधान होना चाहिए।"

"सावधान! वरुण सेना आ रही है।"—रावण गरजे।

सेना ने शस्त्र थाम लिये। प्रहस्त ने दक्षिण में महोदर को भेजा। महोदर गदा लिये दक्षिण की ओर सेना की एक टुकड़ी लेकर सामना करने के लिए तैयार हो गया।

महारथियों ने अपनी टुकड़ी साथ ली और निर्देशित दिशा में लक्ष्य साध लिया। भीषण संग्राम छिड़ गया। वरुण अमात्य रथों पर सवार थे तो वरुण पुत्र अश्वों पर।

रावण ने वरुण अमात्यों से सामना किया और कुछ ही देर में अमात्यों के रथ नष्ट कर दिए। घायल अमात्य भाग खड़े हुए।

अमात्यों को भागते देख वरुण पुत्रों ने एक साथ रावण पर धावा बोल दिया। वरुण पुत्रों के प्रहार से रावण भूमि पर लोट गए। महोदर ने देखा, "ठहर! अभी युद्ध का स्वाद चखाता हूँ।"—कहकर अपनी टुकड़ी उसी दिशा में मोड़ दी।

मूसलों की बौछार होने लगी। खड्ग रक्त पीने लगे। गदा ने गरदन तोड़ना प्रारम्भ कर दिया। महोदर की गदा से वरुण पुत्र घायल होने लगे। वरुण सेना नष्ट होने लगी। रुधिर के थक्के भूमि पर जम गए। भूमि पर पड़े अश्वों ने जीभ निकाल लिये। कटी भुजाएँ उछलने लगीं।

प्रहस्त, मारीच गर्जना करते हुए आ गए। वरुण पुत्र इस भीषण प्रहार से घबरा गए। वरुण पुत्र घायल होकर भूमि पर गिरने लगे।

रावण ने वरुण के प्रधान अमात्य को पकड़ लिया, "तुम्हारा वरुणराज कहाँ है? बहुत दिनों से मेरी इच्छा थी कि देवों से युद्ध करूँ। आज स्वाद तो ले लूँ देव-युद्ध का।"

अमात्य घायल स्वर से बोले, "वरुणराज इन्द्र सभा को गए हैं।"

"प्रहस्त युद्ध रोक दो! महोदर! ठहर जाओ!" रावण ने युद्ध रोक दिया और अमात्य से बोले, "वरुणराज से कहना—अब यह भूमि मेरी हो गई। इस पर राक्षसों का अधिकार है। जितने भी जलाशय, नदियाँ, झरने हैं सब राक्षसों के हुए। इस दिशा का सागर तट और सागर जल मेरा हुआ।...कहना कि लंकापति राक्षसराज रक्ष-संस्कृति के पालक रावण

ने युद्ध किया है। यदि मेरा अधिकार स्वीकार न हो तो सूचित करें। मैं पुनः युद्ध हेतु उपस्थित हो जाऊँगा।"

अमात्य ने सिर झुका लिया। वरुण क्षेत्र रावण के अधीन हो गया। रावण अपने दल के साथ लंका लौट गए।

महत्त्वपूर्ण उपलब्धियों के साथ रावण लंका के राज-कार्य की समीक्षा करने लगे। प्रतिदिन सभा होती। सभा में–अमात्य, सचिव, पार्षद अर्थकारिन, चमूपति, द्वार रक्षक प्रधान, कारागार प्रधान, द्रव्यसंचयी, प्रदेष्टा, नगर अध्यक्ष, निर्माणकर्ता, दुर्गपाल, दंडपाल की उपस्थिति अनिवार्य थी। ये पद रावण के बन्धुओं के पास ही थे।

एक-एक अपनी प्रगति गाथा गाते। रावण विभीषण से उस पर टिप्पणी लेते। ग्रामणी, शतग्रामी, दशग्रामी, अधिपतियों की सूचना से विज्ञ होते। आवश्यक निर्देश विभीषण को देते हुए सभी को अगली कार्यवाही का आदेश होता और सभा उस दिन के लिए स्थगित हो जाती।

रावण ने जिज्ञासा प्रकट की, "मैं लंका के राजकार्य से सन्तुष्ट हूँ। विभीषण ने पूरी तन्मयता से अपनी बुद्धि का परिचय दिया है। विभीषण और आप सब धन्यवाद के पात्र हैं।...मेरी इच्छा है कि मैं लंका का भ्रमण करूँ और फिर एक आवश्यक अभियान पर निकलूँगा।"

भ्रमण की तिथि निश्चित हो गई। तभी द्वारपाल ने सूचना दी कि शूर्पणखा लंका में पधार चुकी हैं। महारानी के कक्ष में विश्राम कर रही हैं। लंकापति के दर्शन को इच्छुक हैं।

"उपस्थित करो!"–रावण ने आदेश दिया।

शूर्पणखा रोती-बिलखती सभा कक्ष में आ गई। उसे देखकर सबके नयन भर गए। रावण ने अपने भाव दबा दिए।

"आओ बहन, मेरे समीप आओ।"

"भैया! आपने समीप का स्थान कलंकित कर दिया है। कौन ऐसा होगा जो अपने अति निकट सम्बन्धी का वध करेगा, बिना कारण के?"

"तुम्हारी दृष्टि से मैं दोषी हूँ परन्तु मेरी नीति है कि यदि राज-कार्य में, राज्य के विस्तार में अपना सगा शूल बनकर खड़ा हो तो उसे नष्ट कर देना चाहिए। अच्छा यह तो बताओ कि विद्युज्जिव्ह को मेरी बात मान लेने से हानि ही क्या थी? रक्ष-संस्कृति को अपने बन्धु-सम्बन्धी नहीं मानेंगे तो अन्य क्या स्वीकारेंगे?"

"आपका कहा उचित है भ्राताश्री परन्तु आप एक को छोड़ भी सकते थे।"

"शत्रु शत्रु होता है, युद्ध में मित्र-बन्धु का ध्यान नहीं रहता। ऐसी भावनाएँ पराजय का दूसरा नाम हैं।"

रावण को सामान्य अवस्था में देख सभा चकित थी। रावण पुनः बोले, "मैं तुम्हारे पति को छोड़ देता परन्तु ऐसे तो सभी किसी-न-किसी के सगे हैं तब मेरा संकल्प... मेरी प्रतिज्ञा...मेरी संस्कृति...देखो! शूर्पणखा तुम पर पहाड़ जैसा दुख है—मानता हूँ, मैं तुम्हारे दुख को, तुम्हारी पीड़ा को बाँटने का पूरा प्रयास करूँगा।"

"मैं पति से हीन तो हो गई न!"

"विस्मृत करो, वर्तमान में आ जाओ, आगे की देखो। मैं..."

रावण कहते-कहते रुक गए। शूर्पणखा के अश्रु ठहर नहीं रहे थे। सभा निःशब्द थी। भाई-बहन के भावुक क्षण में सभी के कंठ रुँध गए थे।

"मैं शृंगारविहीन हो गई, अब मुझे सौन्दर्य सामग्रियों की क्या आवश्यकता?"

"नहीं बहन, तुम पहले जैसी रहो। मैं तुम्हें जनस्थान की अधिकारिणी घोषित करता हूँ। खर तुम्हारे अधीन हुआ। सम्पूर्ण जनस्थान तुम्हारा। दूषण सेनापति है वहाँ का, अब वह तुम्हारे निर्देश-आदेश का पालन करेगा। सहस्रों सैनिक तुम्हारे चाकर होंगे। मैं जानता हूँ कि अश्मपुरी में तुम्हारा मान घट गया है। अब जनस्थान में तुम्हारा मान वहाँ से भी अधिक होगा।"

सभा रावण की घोषणा सुनकर हर्षित हो गई। शूर्पणखा भी मान गई। वह जनस्थान की अधिपति घोषित होकर हर्षित थी। राज-सुख के आगे सारे सुख व्यर्थ लगते हैं। दुख की अनुभूति भी चली जाती है।

सभा विसर्जित हो गई।

रावण निश्चित तिथि पर लंका भ्रमण के लिए चल पड़े। एक-एक घर जाते। एक-एक व्यक्ति से कुशल-क्षेम पूछते। खेत, उपवन, वन निहारते। पशुओं से विज्ञ होते।

ग्रीष्म का मध्य। विकट ताप। स्वेद-ही-स्वेद। ताम्रवर्णी देह काली। स्वेदगन्ध से नाक सिकोड़ते लोग। जलाशयों, नदियों में छाती भर डूबे हुए। प्यास-पर-प्यास। ताड़ रस अटता नहीं। प्रातः से ही भीड़ एकत्र हो जाती।

रावण का भ्रमण कार्य समाप्त हुआ। इतने ताप में कौन ले जाए सेना अभियान के लिए। ग्रीष्म ने इस बार अपनी स्मृति दिला दी है। सूर्य चढ़ा नहीं कि लोग उपवन में भाग जाते या घरों में दुबके रहते। विकास कार्य रुके थे मात्र आहार तक सीमा बँध गई।

रावण ने अपना ध्यान वानर राष्ट्र पर केन्द्रित किया। रावण के लिए यह राष्ट्र महत्त्वपूर्ण था। लंका के बाद दक्षिण का यह समृद्धिशाली राज्य किसी के अधीन नहीं रहा। वानर यहाँ के अधिपति होते रहे हैं। वानर शान्तप्रिय हैं। युद्ध नहीं चाहते। मल्लयुद्ध के प्रेमी, गदायुद्ध में प्रवीण वानरों को समीप के राज्यों से कोई वास्ता नहीं था।

रावण ने अकेले किष्किन्धा जाने का विचार किया। 'बालि मल्लयुद्ध का प्रेमी है। यदि कोई उसे मल्लयुद्ध में परास्त कर दे तो वह उसकी अधीनता स्वीकार कर लेगा,'

यह विचार आते ही मल्लयुद्ध की इच्छा से प्रेरित होकर रावण शीघ्र प्रस्थान के लिए उत्सुक हो गए।

सुमाली से आज्ञा ली। मन्दोदरी को तोष दिया। विभीषण को निर्देश समझाया। महारथियों, प्रमुख राजकर्मियों को कर्तव्य का बोध कराया और सारथी को लेकर प्रातः ही रथ हाँक दिया।

पम्पा नगरी होते हुए रावण किष्किन्धा पहुँच गए। किष्किन्धा शान्त, लोग शान्त, कोई बात भी करे तो धीरे से बगल का व्यक्ति सुन न पाए। उपवन-ही-उपवन, फलों से लदे वृक्ष। ताम्रवर्णी देह, नाक इतनी चपटी कि मात्र नासिका छिद्र ही दिखाई दे। देह में रोएँ-ही-रोएँ। लांगूल लगाए वानर रावण को अच्छे लग रहे थे। कुछ वानरों ने लांगूल में पत्ते, वृक्ष की छाल या वस्त्र लपेट लिये थे। रावण को हँसी आ गई जब उन्होंने एक वानर को लांगूल में उत्तरीय लटकाए देखा। वानरों का मुख प्रसन्न दिखता था। कहीं उदासी, न अवसाद, न पीड़ा, न दुख। रावण को वानर विनोदी लगे।

रथ को छोड़ पाँव-पाँव बालि के भवन का पता पूछते रावण आगे बढ़ रहे थे। रावण को देख वानर खी-खी कर हँसते, कुछ दाँत निपोरते। वानरों के बच्चे रावण के पीछे-पीछे दौड़ रहे हैं। बच्चों से खीझ हो रही थी, फिर भी शान्त रावण लम्बे-लम्बे डग भरते बालि के भवन के समीप पहुँच ही गए।

मुख्य द्वार के द्वार-रक्षक से रावण ने कहा, "अपने सम्राट बालि से कह दो कि लंकापति रावण आपके दर्शन के इच्छुक हैं और मल्लयुद्ध की अभिलाषा रखते हैं।"

द्वारपाल ने सिर झुका अभिवादन किया, बोला, "आप श्रीमान् जी का स्वागत है परन्तु क्षमा करें, महाराज नदी तट गए हैं, दिन चढ़े तक आएँगे। आप विशिष्ट अतिथि-गृह चलें विश्राम करें।"

रावण ने द्वारपाल से नदी का मार्ग पूछा और उल्टे पाँव नदी के तीर की ओर चल दिए।

बालि प्रतिदिन नदी के तट पर आते, शौचादि से निवृत्त हो स्नान करते और पलथी लगा ध्यान करते फिर योगाभ्यास और आवश्यक देह का व्यायाम। नदी में पहर भर तैरते। यह तट उनके नाम का था अन्य किसी के आने की मनाही थी। प्रतिदिन सन्ध्या को तट का क्षेत्र स्वच्छ किया जाता। बल प्रदर्शन, गदा अभ्यास, देह-मर्दन का कार्य नियमित होता। सन्ध्या को उनके साथ सुग्रीव और अन्य वानर भी रहते।

दिन चढ़ने लगा था। बालि ने व्यायाम समाप्त किया। नदी की रेत पर पसरे विश्राम की अवस्था में बालि नयन मूँदे शिथिल थे।

रावण की पग ध्वनि से बालि के नयन खुल गए। उठकर बैठ गए—देखा तो एक वीर कन्धे पर विकराल परशु लादे सिंह की भाँति चला आ रहा है। बालि सहज ढंग से निहार रहे थे।

रावण निकट आते ही बोले, "आप बालि हैं?"

"अवश्य, क्या सन्देह है?" बालि ने सोचा यह पुरुष मेरे नाम का साधारण उच्चारण कर रहा है, कौन है? यह व्यक्ति, "परन्तु आप कौन हैं? आपके यहाँ आने का प्रयोजन? मेरे अतिरिक्त इस तट पर प्रातः वेला में कोई नहीं आता। कहें क्या हित करूँ आपका?"

"मैं लंकापति रावण हूँ," रावण के इतना कहते ही बालि उठकर खड़े हो गए, "मैं आपसे मल्लयुद्ध की इच्छा रखता हूँ।"

बालि हँसे, "मेरे बल की ख्याति दूर-दूर तक है। आप अनभिज्ञ हैं जानकर आश्चर्य हुआ।"

"इसी हेतु आया हूँ कि थाह तो लूँ! और कहीं मैं भारी पड़ा तो?"

"यह तो प्रश्न ही नहीं उठता और मान भी लूँ तो वानर राष्ट्र आपका।"

"तो देर किसलिए?"

और दोनों सम्राट आपस में गुँथ गए। रावण का हर दाँव रिक्त चला जाता बालि पछाड़-पछाड़कर भूमि चटा देते। रावण उठते और भिड़ जाते। लड़ते-लड़ते रावण पस्त हो गए। बालि पर्वत से खड़े। रावण के प्राण सूख गए। बालि ललकार रहे थे। अन्त में रावण ने पराजय स्वीकार कर ली।

बालि ने रावण को सहारा दिया, बैठाया। बोले, "देखा! इसे कहते हैं बल। अब तो इच्छा भर गई न! अभिलाषा पूर्ण हो गई?"

रावण की साँस तीव्र थी, साँस सामान्य हुई तो वे उठे और नदी का जल पीकर अपने को ठंडा किया, सिर धोया। घाव पीड़ा दे रहे थे। रावण ने वार्ता का विचार किया, "मैं आपसे महत्त्वपूर्ण विषयों पर बात करना चाहूँगा।"

"चलें भवन की ओर, आपकी यह इच्छा भी पूरी होगी। भला लंकापति किष्किन्धा आएँ और अधूरे लौट जाएँ तो मेरा मान घट नहीं जाएगा!"—बालि के शब्दों में व्यंग्य था।

दोनों सम्राट भवन की ओर चल पड़े। बालि ने रावण की भुजा कन्धे पर रख ली, "मेरे वृषभ कन्धे निर्बल नहीं हैं लंकापति, इसे पकड़ लें और मेरे सहारे चलें...घाव दुख रहा है न!"

रावण ने उत्तर नहीं दिया। नगर में प्रवेश करते ही नगरवासी जान गए कि इस पुरुष के साथ सम्राट ने मल्लयुद्ध किया है। बालि हाथ में लांगूल लिये थे। मल्लयुद्ध जीतकर वे लांगूल हाथ में लेते थे।

नगरवासी आपस में बतियाते—

"सम्राट ने इस पुरुष को पछाड़ दिया है।"

"यह भी कोई सम्राट लगते हैं।"

"बहुत घाव खाए होंगे।"

"सम्राट से जूझने की क्या आवश्यकता थी!"

"सभी मेरे सम्राट के बल की थाह लेने चले आते हैं।"

"कोई-न-कोई आया ही रहता है।"

"परन्तु इन्हें सम्राट राजभवन की ओर ले जा रहे हैं!"

"कोई विशेष बात होगी।"

"कुछ प्रहर पहले ये महोदय महल का मार्ग पूछ रहे थे।"

"तुम सब चुप रहो, सम्राट ने सुन लिया तो।"

बालि रावण को अपने कक्ष में ले गए। राज-वैद्य बुलाए गए। पीड़ा-हरण औषधि पिलाई गई। जल पिलाया गया। अनुचर ने देह मर्दन किया।

रावण सामान्य हो गए तो बालि ने पूछा, "कहिए लंकापति, कौन-सी बात है जो आपको दुख दे रही है, कैसी वार्ता और किस विषय पर...आप इच्छा व्यक्त करें।"

बालि इतने सुलझे विचार के होंगे रावण को अब ज्ञान हुआ। "कहाँ से बात प्रारम्भ करूँ कि मित्रता स्वीकार हो जाए"...

"सुना था कि आप बचपन में उद्दंड और अति-उछाही थे।" रावण शब्दों में बाँधने का प्रयास कर रहे थे, "परन्तु अब धीर, गम्भीर, शीत बुद्धि...आश्चर्य है!"

"आश्चर्य क्यों? बल में गम्भीरता होती है। क्रोध बल को खा जाता है। बल प्रदर्शन के लिए नहीं होता, आवश्यकता पड़ने पर ही बल का प्रयोग उचित है या बल को कार्य रूप में परिवर्तित कर देने में मान है।"

"मैं पराजित अवश्य हुआ हूँ, परन्तु राक्षसी सेना के साथ रहूँगा तो आपकी सेना को परास्त कर दूँगा।"

"यह भ्रम छोड़ दें लंकापति।"

"मैंने देवों को भी भूमि चटा दी है। नाग, कालकेय, निवातकवच, वरुण...वानर राष्ट्र को छोड़कर पूरा दक्षिण क्षेत्र मेरे अधीन है। सभी राक्षसों से पराजित हुए हैं।"

"परन्तु वानर नहीं। आपने अभी मल्लयुद्ध किया है। फिर भी आप विश्वास के बाहर हो रहे हैं। वानरों पर किसी का अधिकार हुआ है, न होगा। आप युद्ध करके तो देखें। वानर राष्ट्र का एक-एक वानर सैनिक है। मैं अपनी सेना की संख्या नहीं बता सकता। आप मेरा विश्वास करें, नहीं तो आप जैसी दशा आपकी सेना की भी हो जाएगी।"

रावण को आश्चर्य हुआ, 'वानर...एक-एक सैनिक! तब तो देव-आर्य भी मेरे साथ मिल जाएँ तब भी जयी न हो सकेगा रावण। यही कारण है वानर दास नहीं रहे, न आर्यों के, न देवों के।'

"क्या सोच रहे हैं लंकापति?"

"चलिए युद्ध भी जीत न सकूँगा परन्तु आप मेरी रक्ष-संस्कृति अपना लें, मैं आपके अधीन हो जाऊँगा।"

"यह भी स्वीकार नहीं है। वानरों की एक पहचान है। लांगूल का मान रखते हैं। लांगूल मेरा गौरव है। हमारे राष्ट्र का प्रतीक है। हमें किसी की परम्परा से क्या लेना-देना। हमारा अपना पर्व है, अपना गोत्र, अपनी जाति, अपना कुल है। हमारे अपने प्रकार हैं, जिनकी वंश-परम्परा है। हम वानरों पर कुछ भी नहीं थोपते, वे अपना जीवन जीने

के लिए स्वतंत्र हैं। लांगूल भी न लगाएँ तो कोई टोकने वाला नहीं है। आपकी रक्ष-संस्कृति नवीन है, मैं थोप नहीं सकता। वानर दासत्व का बोध करेंगे। रहा आपके राज्य का प्रश्न तो मैं साम्राज्यवादी नहीं हूँ। मैंने राज्य विस्तार के लिए युद्ध नहीं किए। मैंने वानरों की रक्षा की है। किसी सम्राट को सैनिक सहयोग नहीं दिया है। यही कारण है कि वानर शान्त हैं। वानर राष्ट्र शान्त है। हम अपनी सीमा से सन्तुष्ट हैं, अपनी संस्कृति से प्रेम है, आस्था है। मैं व्यर्थ के कार्य में उलझना नहीं चाहता। वानर राष्ट्र को किसी वस्तु की आवश्यकता नहीं है। जो है बहुत है। हम किसी का सहयोग नहीं चाहते।"

रावण वार्ता क्रम में भी पराजित हो गए। वानर कितने ठोस हैं। भावना में तरल। रावण विचार कर बोले, "आप जैसे विचारवान सम्राट न देखे गए, न सुने गए। मैं आपका अभिनन्दन करता हूँ। वन्दनीय हैं आप। आपसे मेरा आग्रह है कि आप मेरी अन्तिम इच्छा पूरी करें। मैं तृप्त होकर लंका जाऊँ।"

"इच्छाओं का अन्त नहीं है लंकापति। कोई तृप्त हुआ है आज तक, प्यास के आगे प्यास? मार्ग के आगे मार्ग? ज्ञान के आगे ज्ञान? सागर की थाह कौन जान सकता है? भूमि को कौन नाप सकता है। नक्षत्र, तारे, ग्रह क्या गिने जा सकते हैं। मैं अन्तिम शब्द में विश्वास नहीं करता। फिर भी आप अपनी यह इच्छा भी व्यक्त कर दें।"

रावण को काठ मार गया। लगा कि मूँछें झुक रही हैं। परशु की धार मोटी हो गई है। नंगा हो गया हूँ वानरराज के आगे। निर्वस्त्र; सब खुल गया है। देह पर मैल जम गई है और कंठ में किसी ने ठूँठ घुसेड़ दिया है! लार सूख गया है। ध्वनि-स्वर का दूर-दूर तक पता नहीं है।

आत्मविश्वास को बटोरकर कंठ प्रदेश में एकत्र कर रावण कठिनता से बोले, "मेरी हर बात का सार्थक तर्क है आपके पास। आपको नमन है। वानरराज अब आप मुझे मित्र मान लें। मेरा एक सहयोग करें, आपकी दिशा से यदि कोई आक्रमण हो तो उसे रोकें।...आज से लंका की हर वस्तु आपकी, वहाँ के जनों पर आपका अधिकार। हम सभी इस भू-खंड के आदि निवासी हैं। हमें आर्यों ने, देवों ने बहुत पीड़ा दी है। हम अपना मूल्य उनसे लेकर रहेंगे। आप भी यहाँ के आदिवासी हैं। आपको हमसे मित्रता करनी ही चाहिए।...मैं सत्य कह रहा हूँ वानरराज! मेरा कोष आपका, मेरे उपवन आपके। संसार की सभी वस्तुएँ आपकी मित्रता के आगे तुच्छ हैं। एक निवेदन और करूँ—मेरी आपसे गाढ़ी मित्रता है, कभी न टूटने वाला मैत्री-सम्बन्ध है। इसका प्रचार किया जाए। लोग समझें कि दो सम्राट मिल गए हैं।"

बालि हँसे और रावण को स्वीकार कर लिया। दोनों सम्राट गले मिले। दो शक्तियाँ मिलीं। दो भावनाएँ एक हो गईं। दो सूत्र एक साथ प्रयोग के लिए उपस्थित हो गए।

और इस प्रकार वानर राष्ट्र से रावण का भय समाप्त हो गया। इस दिशा से निश्चिन्त होकर रावण ने बहुत बड़ी उपलब्धि प्राप्त की।

रावण और बालि के मैत्री-सम्बन्ध की सर्वत्र चर्चा होने लगी।

8

आज पूर्णमासी है। चन्द्र ने पूरा आकार दिया है। तारों को खोजने में कठिनाई हो रही है। अगस्त्याश्रम में दूधिया प्रकाश फैला है। पत्तों से छनकर फैला चन्द्र प्रकाश भूमि पर चित्र उभार रहा है।

"चन्द्र भी प्रसन्न हुए हैं आज,"—अगस्त्य के हर्ष की सीमा न थी।

"गुरुदेव आप कितने प्रसन्न हैं। प्रसन्नता का कारण?"—हनुमान ने पूछा।

"हाँ हनु, मैं विराजक को धन्यवाद दे रहा हूँ कि उसके चौकस सूचना-यात्री ने ऐसी सूचना दी है कि मात्र समाचार से मैं इतना हर्षित कभी न हुआ।" अगस्त्य के हाथ आकाश की ओर उठ गए।

"समाचार! मैं भी तो सुनूँ गुरुदेव!" हनुमान को जिज्ञासा हुई।

"अवध के सम्राट दशरथ की तीनों पत्नियों ने चार पुत्रों को जन्म दिया है,"—अधिक प्रसन्नता के कारण अगस्त्य के वाक्य पूरे न हुए।

"इसमें प्रसन्नता कहाँ है गुरुदेव?"

"है न! अब इन पुत्रों का निर्माण करेंगे ऋषि विश्वामित्र और तुम उनके सहयोगी बनोगे। एक महाशक्ति का जन्म होगा तब जाकर इन राक्षसों का नाश हम करने में समर्थ हो सकेंगे।"

हनुमान चुप हो गए। अगस्त्य पुनः बोले, "पुत्र बड़े हो गए हैं, अब वे वसिष्ठ के निर्देशन में प्राथमिक ज्ञान प्राप्त करेंगे।"

"वसिष्ठ! ये सम्भवतः अवध के राजगुरु हैं?"

"तुम्हारी स्मृति तीव्र है हनुमान।"

"आपने जो कुछ सिखाया है सब स्मरण है। एक-एक शब्द कंठस्थ हो गया है।"—हनुमान ने भोलेपन से कहा।

"याद करना। शब्दों को रट लेना ही बहुत नहीं है। अच्छा तब है जब तुम उसका अर्थ स्पष्ट कर सको।"

"एक-एक का विश्लेषण कर सकता हूँ गुरुदेव! अपनी शैली में, अपनी भाषा में।"—हनुमान ने अगस्त्य को विश्वास दिलाया।

उभरती चन्द्र छाया चित्रों को देखकर कुत्ते भूँक रहे थे। अगस्त्य के निकट आते पाँव सूँघते फिर दौड़कर भूँक आते। कल आश्रम में उत्सव होगा। कल ही सबको ज्ञात हो सकेगा कि अवध में दशरथ को पुत्र हुआ है।

"हनुमान एक सूचना और है—विदेहराज सीरध्वज को कन्या रत्न की प्राप्ति हुई है। विदेह के राजगुरु गौतम थे, अब नहीं हैं। उनका पुत्र राजगुरु बना है, वह कितना सफल है, कह नहीं सकता। यह सब कार्यभार विश्वामित्र पर है।"

"विराजक से कहकर सूचना भिजवा दें कि आप अवगत हो गए हैं।"—हनुमान का उतावलापन स्पष्ट हो रहा था।

"उत्सव के बाद विराजक के कर्मी सूचना लेकर जाएँगे। मैं कुछ और ही सोच रहा हूँ बाद में बताऊँगा।"

"आज आप विश्राम नहीं करेंगे गुरुदेव।"

"मैं जब अधिक प्रसन्न या दुखी हो जाता हूँ तो मेरी निद्रा दूर देश चली जाती है।" और अगस्त्य हँस दिए, "क्या तुम्हें नींद ने घेर लिया है?"

"नहीं गुरुदेव, मैंने नींद को साध लिया है जब चाहूँ तो आए। नींद मेरी इच्छा पर निर्भर है। मेरे लिए दिन-रात का अर्थ नहीं, न ही थकान का कोई औचित्य।"

अगस्त्य ने हुनमान की पीठ थपथपाई, "मेरे हनुमान," अगस्त्य के शब्द ठहर गए, कुछ क्षण बाद बोले, "हनुमान, आज तुम्हें ढेर सारी बातें बतानी हैं। तुम्हें भी अपनी परीक्षा देनी होगी। जो कहना सत्य कहना। सत्य प्रकाश है, सब कुछ स्पष्ट हो जाता है और गुरुदेव के लिए स्पष्ट होना, निःसंकोची होना अनिवार्य है। तुम मेरे शब्दों का अनुसरण करोगे तो तुम वज्रांग कहलाओगे। तुम्हारे समान दूसरा कोई न होगा। पुत्र! तुममें मेरा विश्वास पल रहा है।"

अगस्त्य हनुमान के भावुक हृदय में समा गए। द्रवित हो गए हनुमान। अगस्त्य ने हनुमान को मोह लिया था। रक्त के एक-एक कण अगस्त्य के हो गए थे। पूरा जीवन समर्पित कर हनुमान गौरवान्वित होते। अगस्त्य के सारे प्रश्नों का उत्तर हनुमान के प्रतीकों में दिखाई देता था और हनुमान की जिज्ञासा अगस्त्य के ज्ञान से सन्तुष्ट और शान्त।

रात्रि ने पूरे पाँव पसार दिए। झींगुरों के स्वर सुनाई दे रहे थे। शृगालों की हुआँ-हुआँ से भय का बोध होता था। पक्षी शान्त घोंसलों में, कोटरों में पड़े थे।

कुम्भा, मैना, पीरू चन्द्र प्रकाश में खेल रहे हैं। कुम्भा वृक्ष के नीचे छिटके श्वेत चन्द्र बिन्दुओं को गिन रहा था। पीरू उसे पाँव से नापता। मैना मिट्‌टी से श्वेत बिन्दु ढकने का असफल प्रयास करती।

विराजक ने देखा, "तुम तीनों यहाँ क्या कर रहे हो? यहाँ गुरुदेव का कुटीर है। गुरुदेव को बाधा होगी। जाओ! अपने कुटीर में जाओ!"—विराजक ने डाँटा तो तीनों भाग गए।

विराजक रात्रि भ्रमण पर निकले थे। कल आश्रम में उत्सव भी होना है। इन सब विचारों को लिये विराजक गुरुदेव से मिलना चाह रहे थे परन्तु हनुमान की उपस्थिति जान लौट गए।

"लगता है, विराजक भ्रमण कर रहे हैं।"—अगस्त्य बोले।

"विराजक महोदय प्रतिदिन इसी समय आश्रम में टहलते हैं। उन्हें हर एक वस्तु-स्थिति का ज्ञान है।"—हनुमान विराजक से बहुत प्रभावित थे।

"चलो, वेदी पर चलें, चन्द्र-प्रकाश में रात्रि का भान नहीं होगा।"–अगस्त्य कहकर उठ गए। गुरुदेव के साथ हनुमान वेदी पर आ गए।

"कहें गुरुदेव, आप कुछ विशेष कहने वाले थे।"–हनुमान को विज्ञ होने की जिज्ञासा थी।

"हाँ सुनो! मैंने तुम्हारे पिता को दीक्षा दी है। तुम्हारे पितामह विद्याधर प्रह्लाद मेरे आश्रम से प्रभावित थे। उन्होंने आश्रम का सहयोग भी किया। पवन ने दीक्षित होकर रत्नपुर का राजभार सँभाला परन्तु..."

"परन्तु क्या गुरुदेव?"

''ब्रह्मचर्य पालन के मेरे आदेश को भूल गए और विवाह कर लिये।''

"प्रतिज्ञा कैसे विस्मृत होगी गुरुदेव!"

"होती है पुत्र! जो पवन को बनाना चाह रहा था वह नहीं कर पाया मैं। पवन परिवार और राजकार्य में व्यस्त हो गए।"

"इसका अर्थ यह है कि मेरे पिता ने आपके परिश्रम को व्यर्थ कर दिया।"

"व्यर्थ तो नहीं कह सकता। एक लाभ हुआ, पवन ने पूरे वानर राष्ट्र में मेरे आश्रम की चर्चा छेड़ दी। महेन्द्र और किष्किन्धा में मेरे निर्देशन में कई आश्रम चल रहे हैं।"

''...पवन ने बहुत कठिन तप किए हैं तुम्हे पाने के लिए। तुम्हारी माँ अंजना और पवन ने वर्षों राज-सुख त्यागा है। तुम्हें वानर राष्ट्र की लाज रखनी है। तुम्हें अपने पिता की प्रतिज्ञा पूरी करनी है। तुम्हें आजीवन विवाह नहीं करना होगा। ब्रह्मचर्य रहकर जीना होगा।"

"आपने कई बार कहा है गुरुदेव, अब मेरा विश्वास करें, मैं पवन नहीं हूँ। मैं पवनपुत्र हूँ। आपने कई नाम दिए हैं। मैं आपके दिए सम्बोधनों का मान रखूँगा।"–पवनपुत्र ने विश्वास दिलाया।

"पुत्र, तुम पर विश्वास है।...तुम वज्रांग हो, तुम्हारी देह कभी घायल नहीं होगी। इसे इतना पुष्ट करो, इतना ठोस करो कि प्रहार-वस्तु स्वयं खंडित हो जाए। देह का घनत्व बढ़ाओ। स्थूल आकार की आवश्यकता नहीं है।...तुम वृषकेतु हो। तुम शिव के समान होओ। तुम्हें शिव से सीख लेनी है। तुम पर ऋतुओं का प्रभाव न हो। शीत, ग्रीष्म, वर्षा में भी तुम नंगी देह रह सको। विष का प्रभाव तुम पर न हो। आयुधों की काट सदैव स्मृति में रहे।...तुम हनुमान हो...।"

अगस्त्य ने दुलार से हनुमान के सिर पर हाथ फेरा..."तुम वानर राष्ट्र का, वानर जाति का और इस आश्रम का मान रखोगे। समस्त प्राणी तुम्हारा गुण गाएँगे।"

हनुमान ने प्रतिज्ञा की। अगस्त्य बोले, "एक और संकल्प लो कि तुम राक्षसों का नाश करोगे। यह जान लो कि भविष्य में वे वानर राष्ट्र के लिए पीड़ादायक सिद्ध होंगे। रावण पहचान के लिए मर रहा है। वानरों की एक पहचान है। तुम अपने प्रतीकों की रक्षा करोगे। यह तभी सम्भव है जब रावण सहित राक्षस निर्बल हो जाएँ, नष्ट कर दिए

जाएँ। जानते हो, वानर सम्राट ने रावण से सन्धि कर ली है। अब बालि-रावण एक हो गए हैं। मुझे वानर जाति का अस्तित्व संकट में दिखाई दे रहा है। भविष्य के प्रति सचेत और वर्तमान के प्रति क्रियाशील होना चाहिए। अपने भूतकाल को भी नहीं भूलना चाहिए।...भली प्रकार याद कर लो—तुम्हें किसी भी तरह किष्किन्धा के राज-कार्य में महत्त्वपूर्ण भूमिका निभानी है। तुम पहले बालि के विश्वासपात्र बनोगे, प्रधान अमात्य का पद प्राप्त करोगे फिर सम्राट। यह है तुम्हारा भविष्य।"

हनुमान एक-एक शब्द स्मृति क्षेत्र में रख रहे थे। आश्रमी नींद में थे। पशु-पक्षी, वन-पर्वत, नद-नदियाँ सब सो गए। जगे थे अगस्त्य, जगे थे हनुमान, जगा था श्वेत चन्द्र प्रकाश, जगा था हनुमान का कर्तव्य-बोध और अगस्त्य की योजनाएँ जगी थीं।

"गुरुदेव, रावण-बालि की सन्धि की सूचना आपको हो गई है तो मेरे पिता पवन अवश्य ही जानते होंगे।"—हनुमान ने जिज्ञासा प्रकट की।

"पवन सीधे-सरल हैं, हो सकता सूचना हो। मुझे मतंग के द्वारा सूचना मिली है। शबरी स्त्रियों में राक्षसों के विरुद्ध प्रचार कर रही है। पूरे वानर क्षेत्र में मतंग के शिष्य लगे हैं। रावण की रक्ष-संस्कृति का प्रसार न हो इस निमित्त कार्य कर रहे हैं वे।"

अगस्त्य सोचने लगे, 'कहीं हनुमान उचित न मान ले—बालि-रावण सन्धि को। है तो मूलवंशी ही। गौर वर्ण और ताम्रवर्ण में अन्तर न समझ ले। परन्तु मेरा हनुमान ऐसा नहीं है। फिर भी सन्धि शब्द बार-बार न आए तो उचित है। शब्दों के बार-बार प्रयोग से गुण-दोषों का गहराई से ज्ञान होता है।'

अगस्त्य ने विषय मोड़ दिया। बोले, "पुत्र, तुमने क्या दीक्षा ली, संक्षेप में कहो यही तुम्हारी परीक्षा है।"

"मैंने क्या नहीं सीखा, कौन-सी दीक्षा नहीं ली? मैं पूर्ण हूँ गुरुदेव! मेरा जीवन सार्थक हुआ है। एक बात समझ में नहीं आ रही है कि पिताश्री इस आश्रम से दीक्षित होने के बाद प्रतिज्ञा पूर्ण क्यों नहीं कर सके? यदि वे ब्रह्मचर्य रह जाते तो मैं और वो मिलकर सभी प्रश्न सरलता से हल कर लेते। रावण-बालि के प्रश्न कठिन न रहते।"

"अरे पुत्र! पवन ब्रह्मचर्य रहते तो तुम्हारा जन्म कैसे होता?"—और हँसी फैल गई। हँसी में अगस्त्य का ध्यान पुनः रावण-बालि के शब्दों पर गया। हनुमान को इस शब्द से हटाना होगा, नहीं तो हनुमान पवन से भी व्यर्थ हो जाएगा।

"अपनी दीक्षा का वर्णन करो पुत्र, एक विषय में घूमोगे तो और विषय छूट जाएँगे।"

"आप तो जानते ही हैं गुरुदेव, परन्तु आदेश का पालन कर रहा हूँ—पूरा इतिहास मेरी स्मृति में है। व्याकरण का मैंने पूरा अध्ययन किया है। दर्शन से विज्ञ हो गया हूँ। देव विद्या ने परिपक्व बना दिया है।...सर्प विद्या का ज्ञान है। विषधर सर्पों को वश में करना, विष के प्रभाव को दूर करने की कला आती है, सर्पों के प्रकार का ज्ञान है।

क्षात्र धर्म से अवगत हूँ। नक्षत्रों के विषय में पूरी विज्ञता है, इन्हीं के माध्यम से ऋतुओं का परिवर्तन, होने वाले कार्य, ऋतु परिवर्तन से वातावरण पर पड़ने वाले प्रभाव से पूर्ण विज्ञ हुआ हूँ। वायु, जल, धरती, आकाश का ज्ञान है। इनके मार्ग जानता हूँ। राजकार्य, समाज-सेवा के गुण मैंने भर लिये हैं गुरुदेव!...स्वप्न विद्या, कल्पनाशास्त्र, प्रत्यक्षोकरण की समझ से पूर्ण हूँ। ज्ञान को किस प्रकार प्रत्यक्षीकरण कर, चित्र उभारकर प्रयोग करना है, ज्ञान का अनुबन्ध कर्म से किस विधि से स्थापित करना है, भली प्रकार अभ्यास कर लिया है।...आपने ही कहा था, 'तुम्हें सागर से सम्बन्ध रखने होंगे' सो समुद्र के बूँद-बूँद की पहचान है, तैरना पूरे दिन, कई दिन तक...अभ्यास है। समुद्र के जीव-जन्तुओं की पहचान है। आपके साथ कई बार समुद्र तटों की यात्रा जो की है।...और मल्लयुद्ध, गदायुद्ध में पूर्ण हूँ—ऐसा आचार्य कहते हैं।"—हनुमान ने वाणी को विराम दिया।

"तुम पूर्ण हो हनुमान, प्रथम हो," अगस्त्य के हर्ष की सीमा न थी, "देखो चन्द्र नीचे जा रहा है। कुछ विशेष ज्ञान ले लो। भूत तुमने सुना, भविष्य के प्रति सचेत हो, वर्तमान में यात्रा करनी है अवध की। तो सुनो कुछ विशेष—

"ज्ञान की कोई सीमा नहीं है हनुमान। व्यक्ति को संकुचित नहीं होना चाहिए। संकुचित व्यक्ति व्यक्तिवादी होता है। उसके पास न ज्ञान होगा न धन, यदि कहीं से प्राप्त भी कर ले तो व्यर्थ समझो। उसकी सीमाएँ छोटी होती हैं। हमें अपनी मर्यादा में रहना है परन्तु हमारी सीमाएँ बड़ी होनी चाहिए।

"...सत्य का साथ न छोड़ो। कोई हो किसी के सम्मुख खड़े हो, सत्य कहो। सागर जैसा विशाल हृदय हो। सम्मान का भाव हो परन्तु अन्धी श्रद्धा नहीं...इससे विचार घायल होते हैं। श्रद्धा विचारों से करो। हम ऋषियों ने विचारों के आन्दोलन स्थापित किए हैं। जो सत्य प्रमाणित हुआ वह टिक गया, शेष विचार नष्ट हो गए।

"...भय से नाश होता है। भय पराजय का नाम है। मृत्यु प्रबल हो जाती है। मृत्यु व्यक्ति का अन्तिम सत्य है परन्तु भय से उत्पन्न मृत्यु उचित नहीं है। विकास की गति में भय का नाम नहीं होना चाहिए। निर्भय मस्तिष्क सृजन करता है। सृजन ही व्यक्ति का परिणाम है। बुद्धिमान व्यक्ति अपना मार्ग स्वयं बनाता है, दूसरों के किए को दोहराता नहीं है। स्वतंत्र विचार ही युग निर्माण करता है। हमें सदैव अपने ज्ञान से साक्षात्कार करना चाहिए।

"...स्त्रियों का सम्मान करना चाहिए। हमें इनसे प्रेम की सीख मिलती है। स्त्रियों की प्रकृति है प्रेम, दुलार, ममता। शबरी का आश्रम अवश्य देखना। वाल्मीकि के आश्रम में भी बालिकाएँ, स्त्रियाँ शिक्षा प्राप्त कर रही हैं।

"...हमें अग्नि से जलना सीखना चाहिए। अग्नि जलकर स्वाद से भरे व्यंजन बनाती है, शीत से ठिठुरते व्यक्ति को ऊष्मा देती है। हम प्रकाशित होते हैं। हमारी व्यर्थ वस्तुएँ जलाकर मिट्टी में मिला देती है।...वायु के समान गति हो, प्रत्येक दिशा में गतिशील रहें।...जल जैसा शीत मस्तिष्क हो...प्यास मिटा सकें अपनी भी अन्य की भी, जीवन

जल की भाँति निर्मल हो। नदी-सा प्रवाह हो, जो डुबकी लगाए तृप्त हो जाए, स्वच्छ हो...तुम्हारे अधीन प्रस्तुत हो।

"...कर्म को बोझ न मानो। जीवन को कर्म के प्रति समर्पित कर दो। कर्म यदि बोझ लगे तो स्व-धर्म की खोज करो। ज्ञान से बोझ हटा दो। स्व-धर्म तुम्हारी सहायता सदैव करेगा। बस ध्यान रहे स्व-धर्म की खोज सार्थक और विषयानुकूल हो। कर्म को छाती पर बैठाए रहो। सिर चढ़कर बोले कर्म तो उचित समझो। कर्म का जिन व्यक्तियों से सम्बन्ध बनता हो उनके प्रति सहानुभूति रखो। उनमें प्रेम जगाओ।

"...कछुए जैसा संयम रखना होगा। अनवरत में विश्वास करना होगा। न कहीं विराम लगे, न कहीं उतावलापन हो। अपनी इन्द्रियों पर विजय प्राप्त करना होगा। काम को सम्मान दो...काम पर विजय प्राप्त करना ही पुरुषार्थ है। काम पवित्र क्रिया है। फिर भी तुम विशेष कार्यों के प्रति निर्मित हुए हो इस कारण ब्रह्मचर्य व्रत को बिसारना नहीं। काम का अर्थ मात्र रति-सुख नहीं यह तो सुखोपभोग है, जीवन की एक कला है। काम का अर्थ है विषय-सुख। तुम्हारा उद्देश्य ही विषय-सुख है, इसी से तुम तृप्त होओगे।"

प्रातःकाल ने सूचना दे दी। पक्षी चहचहाने लगे। आश्रमी जाग गए। हनुमान ध्यानमग्न हो गए थे। उन्हें न रात्रि का ज्ञान रहा, न प्रातःकाल की सूचना का। 'कितना शेष हूँ अभी' सोचते हनुमान गुरुदेव के शब्दों की प्रतीक्षा करने लगे। अगस्त्य समझ गए–बोले, "बस हनुमान...पुत्र तुम पूर्ण हो गए हो। तुम्हारी दीक्षा पूरी हुई। अब एक यात्रा शेष है। इसी पक्ष में प्रारम्भ करूँगा। देखो! प्रातःकाल ने रात्रि को पछाड़ दिया है। सुप्त ने गति पकड़ ली है। प्रकाश ही जीवन है। जाओ! नित्य-क्रिया करो।"

और अगस्त्य ने वेदी छोड़ दी।

आश्रम का उत्सव समाप्त हो गया। एक पक्ष बीत भी गया। हनुमान स्वतंत्र थे, दीक्षा समाप्त हो चली थी। अब यात्रा शेष है। एक यात्रा। अवध की यात्रा। एक महत्त्वपूर्ण वर्तमान। वर्तमान में अवध, हनुमान और अगस्त्य। वर्तमान में रावण भी तो हैं, बालि हैं, विश्वामित्र हैं। देव तो भूत हो चले हैं, भूत हो गई उनकी व्यवस्था।

देवों से चिढ़े अगस्त्य ने अपना अस्तित्व बनाया, "मांस गन्ध ने नाम का स्वाद बिगाड़ दिया था। विश्वामित्र भी इस गन्ध से अब दुखी थे। पहले की बात और थी। आर्य-देव स्वार्थी और लोभी हैं। देवराज इन्द्र की लार टपकती है। इन्द्र अपनी सीमा में आ जाएँगे, देर हो जाए भले, निरर्थक न होगा मेरा प्रयास। इन्द्र गौतम की भार्या से बलात्कार करके ऋषियों की दृष्टि से गिर गए हैं।...सुरा पीकर जो मत्त रहे, जिसका मन व्यर्थ महत्त्वाकांक्षा से भरा हो, जो बुद्धि का हठी हो, जिसका स्वभाव क्रूर हो, दृष्टि कामी हो–वह नीति की बात कर ही नहीं सकता, उसके शब्दों में ये समस्त दोष स्पष्ट

हो जाएँगे। देवों ने वेद बिगाड़ दिया। आर्यों के मांस भक्षण से क्या पर्यावरण संकट में नहीं पड़ जाएगा? प्रकृति नहीं बिगड़ जाएगी? मैं आर्य क्यों हो गया? मेरा जन्म भी वानरों के कुल में होना चाहिए था।"

सोचते-सोचते अगस्त्य ने अपने मन पर एक घूँसा लगाया जैसे वे वर्तमान में आ गए हों। सामने विराजक था, "गुरुदेव, आपको कल यात्रा करनी है–अवध यात्रा।"

"रथ तैयार हो गया।"

"जी गुरुदेव! रथ आश्रम के शिल्पियों ने ही बनाया है। दृढ़ कूबर लगे हैं। अश्व तीव्र गति वाले हैं। दो अनुचर यात्रा हेतु प्रशिक्षित किए गए हैं।"

"ठीक है, आवश्यक खाद्य सामग्री, जल पात्र व्यवस्थित कर देना और हनुमान् को साथ चलना है। हनुमान को सूचित कर देना।"

अगस्त्य पुनः विचारों में डूब गए।

गौएँ चरने के लिए हाँक दी गईं। पक्षी आहार की खोज में निकल पड़े। पुष्पों ने मुँह खोलने की प्रतीक्षा की।...और रथ चल पड़ा अवध की ओर पूर्व-उत्तर कोण पर।

अगस्त्य शान्त थे। एक महानायक वज्रांग साथ था, दूसरे की खोज थी। दूसरे महानायक के मिलने की पूरी सम्भावना थी। उन्हें विश्वामित्र पर विश्वास था। और रथ अपनी गति में सरपट भागता रहा।

ताड़ वृक्षों का झुंड। ऊपर लटकते ताड़ रस से भरे पात्र। ताड़पुरुष चढ़ते-उतरते दीख रहे थे। फलदार वृक्षों की पंक्तियाँ पीछे छूट जातीं थीं। पके फलों की महक का आनन्द लेते हनुमान प्रफुल्लित थे। दूधिया झरने, बड़े जलाशय, टेढ़े-मेढ़े मार्ग अगस्त्य को मोहित करते। अगस्त्य की योजना का एक भाग पूरा होने वाला था। अगस्त्य के ओठ स्फुटित थे। आँखों के कनपटी वाले कोर अपनी रेखाएँ दूर तक उभार रहे थे। अश्वों की टाप से देह का हिलना सम्बन्ध स्थापित कर रहा था।

अगस्त्य हनुमान को देखते, हनुमान पहिए की गति निहारते। रथ रुका जान पड़ता, भूमि भागती लगती।

"रथ के कूबर दृढ़ हों, अश्व स्वस्थ युवा हों और सारथी अनुभवी तो यात्रा शीघ्र पूरी हो जाती है।"–अगस्त्य हनुमान का ध्यान खींचना चाहते थे अपनी ओर। अनुचर हनुमान को देख रहे थे। सारथी लगाम अश्वों की पीठ पर धीरे-धीरे पटक रहा था।

"मैं तो विराजक को धन्यवाद देता हूँ। इतनी उचित व्यवस्था बिना निर्देश के...।" हनुमान ने विराजक की प्रशंसा की।

"परिपक्व अनुभवी को निर्देश क्या देना? वह तो स्वयं अन्य के कार्यों का निर्देशन करता है।"–अगस्त्य ने परिपक्वता की परिभाषा दी।

'परिपक्व किसे कहते हैं, मेरी समझ में नहीं आया,' हनुमान सोचने लगे–... परिपक्व...अनुभवी...विराजक।

"क्या सोचने लगे पुत्र?"—अगस्त्य ने प्रश्न किया।

"सोच रहा हूँ गुरुदेव कि ये अनुचर क्या परिपक्व नहीं हो सकेंगे। अनुभवी होने के स्वाद से ये वंचित रहेंगे क्या?"

"नहीं पुत्र, ये भी परिपक्व हैं। ये अपने कार्य में अनुभव रखते हैं। देखो, दोनों कैसे चुप हैं जैसे लकड़ी के दो कुन्दे रख दिए गए हों। ये जानते हैं कि पूज्य के सामने बिना कारण बोलना नहीं चाहिए। अपनी बात भी ये बिना आज्ञा लिये नहीं रखेंगे।"

अनुचर अपने को सम्मिलित पाकर हर्षित हो गए। अनुचरों ने दाँत निपोर दिए।

"...और हनुमान जब तुम समाज के बीच अपने कर्मक्षेत्र में प्रवेश करोगे तो तुम्हें परिपक्वता का अर्थ स्पष्ट हो जाएगा। एक बात मैं भूल ही रहा था—तुम्हें युवाओं का नेतृत्व करना है। तुम वानर क्षेत्र के प्रत्येक ग्राम में 'वानर युवा संगठन' बनाओगे। समस्त वानर अधिपतियों से मिलोगे, वे तुम्हारी सहायता करेंगे। तुम वानरों के प्रिय रहोगे। तुम्हारा युवा दल तुम्हें भविष्य में वानर सम्राट घोषित कर देगा।"

"...वो देखो!" अगस्त्य रथ पर खड़े हो गए। अश्वों की गति धीमी हो गई। अगस्त्य आश्रम की ओर संकेत करते हुए बोले, "देखो पुत्र! शरभंग मुनि का आश्रम! सारथी! रथ आश्रम की ओर मोड़ दो।"

हनुमान भी खड़े हो गए, "शरभंग की चर्चा आप किया करते थे गुरुदेव, वही शरभंग हैं जिन्हें आप औषधियाँ भिजवाया करते थे।"

"हाँ,...रात्रि को विश्राम भी यहीं होगा पुत्र।"

और रथ आश्रम के द्वार में प्रवेश कर गया।

कुलपति अगस्त्य को आता देख शरभंग के शिष्य दौड़ पड़े अतिथि के स्वागत-सत्कार के लिए। एक शिष्य मुनि की कुटीर की ओर दौड़ा। शरभंग को सूचना दी। शरभंग कुटीर के बाहर आए। अभिवादन किया। कुटीर में सम्मान सहित ले गए। अगस्त्य और हनुमान को आसन पर बैठाया। अनुचरों ने पाँव धोए। पात्र में मधु और जल आ गया। हनुमान ने मधु खाया, अगस्त्य ने चखा। जल पीकर तृप्त हुए।

हनुमान ने इतना बूढ़ा मुनि नहीं देखा था। श्वेत लम्बे केश, दाढ़ी नाभि क्षेत्र को स्पर्श करती जैसे पर्वत का चित्र उलटा चिपका दिया गया हो, काली देह। आँखें छोटी, मुँह पर मानो वस्त्र भिगोकर चिपका दिया गया। झुर्रियाँ-ही-झुर्रियाँ! दुर्बल काया। प्रत्येक अंग के हाड़ स्पष्ट हो रहे थे। गाल पिचके थे।

कुछ पल विश्राम के पश्चात् अगस्त्य ने शरभंग के आश्रम का भ्रमण करना चाहा। शरभंग ने लाठीटेक उठाया और अगस्त्य हनुमान के साथ भ्रमण पर निकल पड़े।

अनुचर और सारथी शरभंग आश्रम के आश्रमियों से मिल गए। जैसे वे यहीं के शिक्षार्थी हों।

"अब देह कार्य नहीं कर पाती आचार्य कुलपति,"—शरभंग जीवन से खीझ रहे थे।

"फिर भी आपको जीना है शरभंग जी। आप आश्रम का भार किसी बुद्धिमान आश्रमी को सौंप दें।"—अगस्त्य शब्द-बल दे रहे थे।

"आश्रम अब मैं नहीं देखता। सन्ध्या को समाचार से अवगत होता हूँ, बस यही एक कार्य है।"

हनुमान सोचते, 'इतने वृद्ध व्यक्ति के जीने से क्या लाभ है गुरुदेव को!'

"मैं अवध की यात्रा पर हूँ। मेरे साथ पुत्रवत् हनुमान हैं, अब इन्हीं के कन्धों पर दक्षिण का भार सौंप रहा हूँ। हनुमान पर मैंने अपनी पूरी ऊर्जा व्यय की है। इन पर मेरा विश्वास जाग गया है। विश्वामित्र और वसिष्ठ से मिलूँगा। मार्ग में आश्रमों का भ्रमण भी करूँगा।"—अगस्त्य ने योजना बताई। हनुमान अपनी प्रशंसा से गद्गद थे।

"अपने महानायक की खोज कर ही ली!" शरभंग बोले।

"हाँ शरभंग जी, हनुमान का मैंने निर्माण किया है। अब एक और महानायक की खोज है। इसी हेतु यह यात्रा कर रहा हूँ। दशरथ को पुत्र-रत्न की प्राप्ति हुई है। विश्वामित्र निकट ही हैं। दूसरा महानायक विश्वामित्र के निर्देशन में दीक्षित हो, मेरा विचार यही है।"

"अर्थ यह हुआ कि दशरथ के पुत्र को महानायक बनाना चाहते हैं आप। वसिष्ठ से पिंड छूटेगा तब न! वसिष्ठ दर्शन को श्रेष्ठ मानते हैं। उनकी सीमा उपदेशों तक है। क्रियान्वित करने की विधि उन्हें नहीं आती। यदि आप जैसे विचार वसिष्ठ के होते तो अब तक की प्रगति का आकलन करना सम्भव न होता।"—और खाँसने लगे शरभंग।

"वसिष्ठ भी जान गए हैं कि अवध का पतन हो रहा है। वे विश्वामित्र की हर सम्भव सहायता करेंगे।"

अगस्त्य की दृष्टि शरभंग के घुटने पर गई। घुटने बड़े हो गए थे। पाँव धनुषाकार। शरभंग की पीड़ा समझ रहे थे अगस्त्य। एक वृक्ष के नीचे तीनों बैठ गए।

"शरभंग जी, आप मेरे आश्रम से औषधि मँगा लें।...और अब चलें विश्राम किया जाए। कल प्रातः पुनः यात्रा करनी है।"

प्रातः अगस्त्य ने विराध का पता पूछा और रथ पर बैठ गए।

अगस्त्य दण्डक वन में पग-पग निहारते, नदियों के जल का परीक्षण करते, 'अरे! मृदु जल है स्वास्थ्य के लिए हितकर।' कहीं मिट्टी खोदते, हाथ में लेकर हनुमान को दिखाते—'यह उर्वर है, यहाँ वृक्ष की बढ़वार अधिक होगी, यह भूमि जौ के लिए उचित है, यहाँ धान उगाया जाय तो पैदावार अधिक होगी। यह वनस्पति औषधि के काम की है'...। 'यह वृक्ष देखो इसका फल मीठा होता है, हृदय को बलवान बनाता है।... यहाँ का वातावरण अनुकूल है यहाँ आश्रम स्थापित होना चाहिए।'...और अगस्त्य निकट के ग्राम की ओर रथ मोड़ देते। रात्रि विश्राम करते, पूरी रात दीक्षित करते, वार्ता का क्रम चलता और पुनः प्रातःकाल यात्रा।

"क्रान्ति एक-दो दिन का कार्य नहीं है, कई जीवन बीत जाते हैं। क्रान्ति का सुख आने वाली पीढ़ी भोगती है, करता कोई है भोगता कोई।"—अगस्त्य हनुमान से कह रहे थे।

"वो रहा एक और आश्रम।"—हनुमान चिल्लाए।

"रथ रोको।"—अगस्त्य ने सारथी से कहा, रथ रुक गया, "यही है विराध का क्षेत्र।" अगस्त्य रथ के नीचे उतर आए। हनुमान ने भी रथ छोड़ दिया।

"तुम यहीं रहो, अश्वों को खोल दो, पानी पिला दो। एक पहर में आता हूँ। यहाँ रात्रि को रुकना उचित नहीं है।"—सारथी और अनुचरों को निर्देश दे अगस्त्य विराध के कुटीर की ओर बढ़ गए।

"यह तो आश्रम जैसा नहीं है, उजाड़ जैसा है।"

"हनुमान चुप रहो। बस चले चलो।"—अगस्त्य ने टोका और उलझ गए झाड़ियों में। अगस्त्य का उत्तरीय कण्टकों में फँस गया, हनुमान ने छुड़ाया। घासें बड़ी हो गई थीं, अर्थहीन पौधे उगे थे। ठूँठ वृक्ष जैसे किसी ने पीट दिया हो। कण-कण पीड़ित लग रहा था।

हनुमान विराध के विषय में जानने के इच्छुक थे परन्तु आचार्य ने चुप रहने को कहा था, सो मौन साध गए थे हनुमान।

"आओ पुत्र! तुम्हें एक बल से युक्त गन्धर्व से मिलाता हूँ। यह राक्षस बन चुका है।"

कुटीर क्षेत्र में प्रवेश करते ही विराध जान गया कि किसी ऋषि का आगमन हो रहा है। पहले विराध घबरा गया फिर गर्व से उत्तान हुए ऊँची श्वास खींचता बाहर निकला। विराध जान गया कि ये कोई विशेष ऋषि हैं, दूसरा किसी जाति का युवा-लांगूल उसकी पहचान है। हनुमान ने लांगूल लगा लिया था।

अगस्त्याश्रम में आश्रमियों को जाति के पहचान का प्रतीक लगाना वर्जित था परन्तु इस विशेष यात्रा के लिए गुरुदेव ने लांगूल लगाने की अनुमति प्रदान की थी हनुमान को।

"विराध!" अगस्त्य ने सम्बोधन किया और परिचय बताया, "मैं अगस्त्य हूँ। मेरे साथ प्रिय हनुमान हैं, मेरे शिष्य। मैं दण्डकारण्य की यात्रा पर हूँ..." अवध की यात्रा नहीं बताना चाह रहे थे अगस्त्य, "तुम्हारे पास आने का एक विशेष कारण है।"

अगस्त्य का नाम सुनते ही विराध सामान्य हो गया। कहीं-न-कहीं अगस्त्य का भय उसके भीतर बैठा था। विराध ने अभिवादन किया। कुटीर से आसनी निकाल लाया और ऊबड़-खाबड़ वेदी पर बिछा दिया।

"ऋषिश्रेष्ठ, आसन ग्रहण करें," आसनी बिछाता बोला विराध, "आपका स्वागत है इस जीर्ण-शीर्ण कुटीर में। मार्गहीन कुटीर में आने से आपको कष्ट हुआ होगा। इस हेतु क्षमा करें। आप आदेश करें ऋषिवर! मैं प्रस्तुत हूँ।"

"देखो विराध, तुम गन्धर्व हो। मैं तुम्हारी परिस्थितियों से अवगत हूँ। तुम अपना भूतकाल भूल जाओ। अब यह अनैतिक, असामाजिक कार्य तुम्हें शोभा नहीं देते। हत्या, लूट, स्त्री अपहरण छोड़कर पुनः गन्धर्व रूप में स्थापित हो जाओ, मैं गन्धर्वों में तुम्हें सम्मिलित कर लूँगा। तुम्हारा मान बढ़ाऊँगा। पद-प्रतिष्ठा पाकर तुम पुनः गौरवान्वित हो जाओगे। गन्धर्व तुम्हें अपना लेंगे। इतिहास तुम्हें याद करेगा।"

अगस्त्य के इतना कहते ही विराध बिलखने लगा, बोला, "आप कुलपति हैं, आचार्य हैं। सहस्रों शिष्यों ने आपसे दीक्षा ली है और वे धन्य हुए हैं। आप मेरी पीड़ा समझ सकते हैं परन्तु जो पीड़ा मैं भोग रहा हूँ वह एक बहिष्कृत ही जान सकता है। मुझे न समाज, में स्थान मिला न किसी आश्रम में शरण।...जिस समाज ने बहिष्कृत करके मेरा बचपन छीन लिया उसे मैं किसी मूल्य पर अपना न सकूँगा।...मेरे पिता जव और माता शतह्रदा को देवों ने गन्धर्व समाज से सदैव के लिए बहिष्कृत करा दिया। तब मेरे माता-पिता अलकापुरी में रहते थे। उन्हें बहिष्कृत ही नहीं अलकापुरी से भगा भी दिया गया। मेरे पिता को कहीं शरण नहीं मिली। मैं बालक अवश्य था परन्तु मेरी स्मृति में समस्त चित्र टटके हैं।"

आचार्य मूढ़ की भाँति सुनते रहे। नयन फैलते, सिकुड़ते। कभी दाढ़ी सहलाते, कमण्डल की दिशा बदलते, हनुमान का सिर सहलाने लगते। विराध की पीड़ा से द्रवित थे अगस्त्य। अगस्त्य समाज को धिक्कारते, इन्द्र पर क्रोध करते। अगस्त्य केश खोल चुके थे, जूड़े में स्वेद भर गया था।

विराध अपनी दुख-गाथा गाता रहा, "मेरी संवेदनाएँ घायल हुई हैं आचार्य! मेरी पीड़ा का कोई मूल्य नहीं है। मैं दोषी नहीं हूँ। मेरे पिता से यदि कोई त्रुटि हो गई हो तो मैं उसका कारण नहीं। मैं क्यों दुःख भोगूँ? आप समाज को दण्डित करें, इन्द्र को हानि पहुँचा दें तो जानूँ कि ऋषियों में शक्ति है, एकता है, बल है। मैं निर्बल हूँ। मुझे सभी समझाने आएँगे। सबल के निकट किसी के जाने का साहस है?...मेरे पिता तब दक्षिण भागे थे। मैं पुष्ट था, मेरी देह मांसल उभारने लगी थी। जब दक्षिण में मेरे पिता को खाद्य की समस्या आई तो वे विचलित हो गए। मेरा प्रवेश आश्रमों में वर्जित था। मैं कुछ सीख-जान नहीं पाया। विवश होकर मैंने यह अनैतिक, असामाजिक हीन कार्य प्रारम्भ कर दिया। अब मैं पीछे मुड़ने वाला नहीं हूँ। मेरा वध ही मेरे कार्य का अन्त कर सकेगा।...और राक्षस के भय से मेरा कार्य और भी सरल हो गया है। मुझे लोग राक्षस समझने लगे हैं।"

अगस्त्य विचार करने लगे, 'विराध जैसे कितने हैं। देव-आर्य चाहते क्या हैं? पर्यावरण की चिन्ता इन्हें रही नहीं। अब इस बहिष्कृत कार्य से वे स्वयं अल्पसंख्यक हो जाएँगे। शिक्षा के अभाव में चोरी हो रही है। लोग मद्य के लोभ में आ रहे हैं, अधिपति विलासी हो गए हैं। विकास हेतु एकत्र धन स्वयं पर व्यय कर रहे हैं।'

अगस्त्य समझ गए कि विराध मानेगा नहीं, इसे कोई बात रुचिकर नहीं लगेगी।

इसका हृदय घायल है। अगस्त्य को एक युक्ति सूझ गई, "विराध, तुम मेरी दो बातें मान लो।"

"आदेश करें ऋषिवर!"—विराध ने सिर झुका लिया।

"प्रथम तो यह कि तुम आवश्यकता से अधिक लूट-पाट नहीं करोगे। लूटने की दृष्टि से किसी का वध नहीं करोगे। दूसरा—तुम्हारा सम्बन्ध रावण से नहीं होगा। तुम किसी राक्षस को अपना मित्र भी नहीं बनाओगे। यह मान लो और मेरे शब्दों की लाज रख लो।"

"आप निवेदन न करें आचार्य, आदेश ही दें। मैं अपना कार्य डरा-धमकाकर निकाल लूँगा। यह सत्य है कि रावण या राक्षसों से मेरा सम्बन्ध नहीं है, भविष्य में इसका ध्यान रखूँगा।"

अगस्त्य शस्त्र नहीं उठा सकते थे। वे यह कर्म त्याग चुके थे। भविष्य में विचार करने की सोच के साथ अगस्त्य लौट पड़े।

हनुमान को आश्चर्य होता। भिन्न-भिन्न स्थानों पर भिन्न-भिन्न समस्याएँ। तरह-तरह की वार्ता। हनुमान को नया अनुभव प्राप्त हो रहा था।

रथ आगे बढ़ गया था। कहीं रथ रुकता तो अगस्त्य किसी वृक्ष की छाँव में विश्राम करते। एक अनुचर उनके पाँव दबाता या रथ की धूल झाड़ता, दूसरा—सारथी की सहायता करता, अश्वों को जल पिलाना, देह मर्दन करना, घुमाना, चराना। अगस्त्य भूमि पर रेखाएँ खींचते, दिशा का ज्ञान करते। सूर्य को देखकर प्रहर गिनते।

अश्व हवा से बात करते। वन पीछे छूट जाता, नगर आ जाता। ग्राम छूटता तो नदी आ जाती और फिर उर्वर भूमि। कई दिन दौड़े अश्व। कई स्थान पर विश्राम हुआ। विभिन्न प्रकार के फल खाए, जल ग्रहण किया गया।

और फिर एक आश्रम आ गया। अगस्त्य इसी आश्रम को खोज रहे थे। यह अत्रि आश्रम है। यहाँ अगस्त्य विश्राम करेंगे। रात्रि यहीं बीतेगी। रथ आश्रम में आ गया।

अत्रि अगस्त्य को पहचान गए। अनसूया ने सत्कार किया। कुटीर में ससम्मान पहुँचे अगस्त्य-हनुमान। अत्रि ने हनुमान का अनुमान लगा लिया। दशरथ के यहाँ चर्चा जो हुई थी। अगस्त्य को पाकर अघा गए अत्रि।

"मैं आपकी यात्रा का प्रयोजन समझ गया अगस्त्य।"—अत्रि अँगुली उठाते हुए बोल रहे थे, "आप अवध जा रहे हैं। दशरथ पुत्र को देखने।"

"हाँ अत्रि, वहीं जा रहा हूँ। आप तो पुत्र हेतु किए गए आयोजन में भी थे।"

"जी, था, दशरथ के बड़े पुत्र का नाम राम रखा गया है।"—अत्रि बोले।

अनसूया जल-पात्र रखती हुई बोलीं, "विश्वामित्र का आमन्त्रण न होता तो ये जाते भी नहीं। बैठे-बैठे फल खाकर मोटे हो रहे हैं।"

"मुझे रात्रि में दिखाई नहीं देता, नेत्र रोग से पीड़ित रहता हूँ। कहीं जाऊँ भी कैसे?"—अत्रि ने असमर्थता दिखाई। "रात्रि में विश्राम करूँगा और बातें भी,"—अगस्त्य ने कहा तो अनसूया बोल पड़ीं, "ये देख तो पाएँगे नहीं," उनका संकेत अत्रि की ओर था।

"चुप भी रहो! सदैव मेरे पीछे पड़ी रहती हो। हर समय हँसी की बात उचित नहीं लगती।"—अत्रि खीझे।

अनसूया ने मुँह पर अँगुली लगा ली।

रात्रि विश्राम का समय आ गया। अनसूया हनुमान का सिर सहला रही थीं। हनुमान को सुख मिल रहा था। हनुमान लेटे थे। हनुमान को अंजना की याद आ गई। बाल्यकाल में जब भी सोते तो अंजना सिर पर हाथ फेरती रहतीं।

हनुमान को कब नींद आ गई, पता नहीं चला।

अत्रि और अगस्त्य को नींद कहाँ आती। अनसूया भी आ गईं। पतिव्रता अनसूया। सदैव पति की सेवा में लीन। हँसी-ठिठोली पति के साथ। सदैव व्रत-पर्वों के नए-नए आविष्कार, स्त्रियों में व्रतों को स्थापित करने की ललक।

हनुमान को सोया जान अगस्त्य ने उचित अवसर जानकर अनसूया से कहा, "अनसूया, तुम धन्य हो, तुमने आर्य-संस्कृति को नई-नई विधियाँ दी हैं, स्थापित भी किया है। तुम्हारे पतिव्रत की चर्चा पूरे आर्य जगत में है! मैं एक निवेदन तुमसे करूँगा। तुम इन्हें आर्य महापुरुषों के नाम से जोड़कर एक नाम दो और अनुकूल कथा की रचना करो। व्यक्ति कथाओं को बिना तर्क के सत्य मान लेता है। यह व्यक्ति का स्वभाव है।"

"मैं प्रयास करूँगी श्रेष्ठ भ्राताश्री।" अनसूया के सम्बोधन से अगस्त्य प्रफुल्लित हो उठे।

"इनके कारण स्त्रियों की भीड़ लगी रहती है। ये भी कभी उस ग्राम में कभी इस गृह में...इनके पाँव बाहर ही रहने लगे हैं।" अत्रि स्त्रियों की तरह हाथ चमकाने लगे।

"तुम दोनों में इतना प्रेम है, मैंने नहीं देखा कहीं भी। लड़ना-झगड़ना तो कभी हँसना-रोना, साथ-साथ। गिरना-सँभलना मिल-जुलकर। मैंने भी लोपा से प्रेम किया, बहुत किया परन्तु मेरा प्रेम नत है आपके आगे।" और अगस्त्य हँसने लगे—तीनों जन हँसे देर तक।

अत्रि के आश्रम से पूर्णतः विज्ञ हुए अगस्त्य। अनसूया से ढेरो बातें हुईं। व्रत... त्योहार...पर्व की स्थापना के नए-नए सूत्र...व्रतों में तर्क नहीं होता...इनकी श्रद्धा अन्धी होती है...हठी स्वभाव इनका जो ठहरा—अगस्त्य ने खूब समझाया। अनसूया ने इनके स्वभाव की पहचान कर ली है। स्त्री गुणों के एक-एक बिन्दु की पहचान है अनसूया को। यह क्षेत्र किसी ऋषि के वश का नहीं है। अनसूया न होतीं तो यह क्षेत्र अधूरा ही रह जाता और आर्य-संस्कृति का महत्त्वपूर्ण अध्याय अनार्यों की परम्पराओं से भर दिया जाता।

चलने की बेला आ गई। प्रातःकाल बीत गया। सूर्य ने ऊष्मा बढ़ा दी। अत्रि और अनसूया अगस्त्य को इतना शीघ्र छोड़ने वाले नहीं थे।

रथ तैयार हो गया। अनुचरों ने रथ की धूल को पोंछा। सारथी ने रथ का निरीक्षण किया। रथ चलने के लिए प्रस्तुत हो गया।

रथ के निकट अगस्त्य-हनुमान खड़े हैं। अनसूया ने हनुमान को संकेत से बुलाया और कुटीर से लाकर फल-मेवे रखने लगीं। शुद्ध जल-पात्र भरकर रथ में रख दिया गया। अत्रि कुटीर में फलों की गठरी बाँधने में लगे थे। खाद्य सामग्री रख जाने के पश्चात् अत्रि कुटीर से बाहर आए।

अत्रि अगस्त्य के निकट बोले, "एक महत्त्वपूर्ण बात भूल गया।...वह यह कि आप चित्रकूट तो अवश्य जाएँगे। चित्रकूट क्षेत्र में कई आश्रम स्थापित हो गए। अति लघु आश्रम। लगभग हर एक ग्राम आश्रम हो गया।...परन्तु उन्हें निर्देशित करने वाला कोई नहीं है। विश्वामित्र के अथक प्रयास से आश्रम तो बन गए परन्तु निर्देशन के बिना कोई प्रगति नहीं हो रही है। अकेले विश्वामित्र कितना करेंगे। मैं यात्रा कर नहीं सकता। भरद्वाज गुह के अतिरिक्त किसी पर दृष्टि ही नहीं देते जैसे वे अपना लक्ष्य प्राप्त कर चुके हों! वाल्मीकि किसी रचना में लगे हैं। उन्हें अवसर ही नहीं है। मेरी प्रार्थना है कि चित्रकूट के आश्रमों को देखकर ही आप वाल्मीकि या भरद्वाज आश्रमों को जाएँ। आप द्वारा कोई व्यवस्था होती है तो मेरी एकमात्र पीड़ा समाप्त हो जाएगी।"

"पूरी रात क्या करते रहे जो विलम्ब कर रहे हैं! दिन चढ़ गया है। लम्बी यात्रा है। शंखपुष्पी, ब्राह्मी इतना खिलाती हूँ फिर भी इनकी स्मृति में लगता ही नहीं।" अनसूया अत्रि को हाथ चमकाती बोलीं।

फिर हँसी गूँज गई। अनुचर भी हँसी न रोक पाए।

"अच्छा अब चलूँ। आपने मेरा बहुत सत्कार किया। हँस-बोलकर हम भारहीन हो गए। आज्ञा दें अत्रि महोदय, अनुमति दें बहन अनसूया।"

अत्रि ने अगस्त्य को गले से लगा लिया। अनसूया ने अगस्त्य के चरण छुए तो हनुमान अत्रि और अनसूया के पाँव पड़े। अनुचरों के दण्डवत् किया। अभिवादन-आशीष का आदान-प्रदान हुआ।

रथ आगे बढ़ गया।

फिर वही गति, वही प्रकृति, वही संवेदनाएँ, वही उत्साह।

"गुरुदेव! मैंने शरभंग को देखा-सुना" हनुमान के शब्दों में जिज्ञासा थी। "अत्रि जी का सान्निध्य मिला परन्तु आप जैसे ये ऋषि क्यों नहीं बन जाते? आप इतना परिश्रम करते हैं और ये...!"

"हनुमान, सभी एक जैसे तो हो नहीं जाएँगे। जीवन भर जिस कार्य शैली में रहे

हैं, जैसा जीवन भोगे हैं, जिस मार्ग पर चले हैं, तो क्या इस आयु में वे किसी अन्य मार्ग पर जा सकेंगे? अरे पुत्र! अपने मार्ग को ही सुरक्षित रख लें इतने में भला समझो!"

"आप इस आयु में युवाओं की भाँति कार्य कर रहे हैं। और गम्भीर विषयों पर भी इनका माथा नहीं सिकुड़ता! ये सहज ही रहते हैं! कन्द, मूल, फल, दुग्ध, मधु खाकर पुष्ट होते जा रहे हैं और आपकी देह गलती जा रही है। आप देह से कितने क्षीण हो गए हैं, अनुमान नहीं है आपको! इनकी कार्य-प्रणाली सरल है, रटे-रटाए पाठ हैं, न कहीं शोध है, न आविष्कार, न तो शिल्पी मस्तिष्क ही है।"

हनुमान की इतनी गम्भीर बात सुनकर अगस्त्य अवाक् रह गए। हनुमान की परिपक्वता स्पष्ट हो रही थी। अगस्त्य ने शान्त किया हनुमान को, "तुम्हारा कहा उचित है पुत्र, परन्तु ये ढल चुके हैं। ठोस हो गए हैं। तरल कहाँ रहे? इनका आकार अब नहीं बनाया जा सकता। अनसूया की व्यवस्था देखा, अत्रि को छोड़ो! कहीं-न-कहीं मेरी योजना के अनुरूप हो रहा है।"

रथ बढ़ता रहा। हनुमान फिर रथ के कूबर निहारने लगे। भूमि भागने लगी।

लो यह रहा चित्रकूट का क्षेत्र, कोस-कोस पर आश्रम बने हैं। नाना प्रकार के पशु-पक्षी हैं। उर्वर भूमि है तो कहीं पथरीली, झाड़ियाँ-ही-झाड़ियाँ। अगस्त्य को यह क्षेत्र जाना-पहचाना लगा। लगा कि सैंधव में हैं।

तीन वट-वृक्षों को एक स्थान पर देखकर रथ रोक दिया गया। सभी उतर गए।

"यहीं विश्राम किया जाएगा आज भी कल भी।" अगस्त्य कमण्डल उठाते हुए बोले।

"आश्रम निकट ही है गुरुदेव! क्या आश्रम में विश्राम नहीं करेंगे!" हनुमान जैसे स्मृति दिला रहे हों।

"नहीं पुत्र, इसी वट की छाया में हम रहेंगे। यहीं से चलकर एक-एक आश्रम का निरीक्षण करेंगे, आओ!"

अश्व खोल दिए गए। अनुचरों ने भूमि बुहारना आरम्भ कर दिया।

अगस्त्य धोकरी में से एक सूखी वनौषधि निकालकर एक अनुचर को देते हुए बोले, "इसे किसी शिला पर पीस लो, जल-पात्र में घोलकर पूरी भूमि लेप कर दो।" अनुचर वनौषधि पीसने चला।

हनुमान ने पूछा, "गुरुदेव यह क्या है?"

"तुमने पहचाना नहीं! इसे लेप कर देने से सर्प नहीं आते!"

हनुमान झेंप गए। भूमि लेपन का कार्य हो चुका। आसन बिछा दिया गया। रथ से सामग्री उतारकर रख दी गई। अगस्त्य ने पलथी लगा ली।

अनसूया के दिए गए सूखे फल खोल दिए गए। सबने खाया। जल पीकर तृप्त हुए।

पल भर के लिए सबने नयन मूँद लिये। थकान दूर हो गई, चैतन्य हुए। अगस्त्य ने सारथी को पुकारा, "सारथी! अश्वों को रथ में नाँध दो। निकट किसी आश्रम का

पता लगाओ। आश्रम प्रमुख यदि आ सके तो लिवा लाना। मेरा परिचय कहना। जाओ!"

सारथी सुनता चला आ रहा था अगस्त्य के निकट आते ही 'जाओ!' सुना और लौट गया अश्व नाँधने।

सारथी को शीघ्र ही एक आश्रम मिल गया। आश्रम का प्रधान अधेड़ आयु का था। सारथी ने उसे बताया, "निकट के वट-वृक्ष की छाँव में आचार्य कुलपति अगस्त्य ठहरे हैं, तुम्हें बुला रहें," वह बिना कुछ बोले रथ पर सवार हो गया।

वट-वृक्ष के निकट पहुँचते ही अधेड़ ऋषि रथ से कूद गया, दौड़कर अगस्त्य के चरणों में लोट गया।

"गुरुदेव, मेरा चरण स्पर्श स्वीकार हो। मुझे कल्पना तक न थी कि आपके दर्शन हो सकेंगे। आचार्य विश्वामित्र, आचार्य भरद्वाज, आचार्य वाल्मीकि जी से आपकी महिमा का गान सुनता रहा हूँ।"

"उठो भद्र! तुम आश्रम के प्रधान हो? तुम्हारी संज्ञा क्या है?" आशीष हेतु हाथ उठाकर अगस्त्य ने पूछा।

"मैं बर्तुल हूँ, मेरा आश्रम अति निकट है। मैं ही वहाँ का प्रधान हूँ। आश्रम आपकी निधि है। मेरा सब कुछ आपका है। आप आश्रम में चलें। यहाँ उचित नहीं लगता आपका विश्राम करना। मेरी प्रार्थना स्वीकारें गुरुदेव, स्वीकारें!"

"बर्तुल, यहीं उचित है। आश्रम में नहीं ठहरूँगा। हाँ, हमारे भोजन की व्यवस्था तुम्हें करनी है। चित्रकूट क्षेत्र में जितने आश्रम हैं, मुझे उनका भ्रमण करना है। तुम मेरे साथ रहोगे बर्तुल।" अगस्त्य के आदेश से बर्तुल का सिर स्वीकृति में झुक गया।

आचार्य अगस्त्य ने एक-एक आश्रम देखा। आश्रमों की बिगड़ी व्यवस्था देखकर आचार्य अगस्त्य को खेद हुआ। प्रत्येक आश्रमियों को आवश्यक निर्देश देते। आश्रम के प्रधान को आश्रम की सुव्यवस्था हेतु कई विधियाँ समझाते। आश्रम प्रधान एक ही बात की रट लगा रहे थे कि बिना निर्देशन के यह अवस्था आश्रमों की बन गई है। उन्हें कुशल निर्देशक की आवश्यकता है। अगस्त्य विश्वास दिलाते अगले आश्रम की ओर बढ़ जाते।

आज विश्राम का दूसरा दिन है। चित्रकूट क्षेत्र को दो भागों में अगस्त्य ने बाँट दिया। एक क्षेत्र जो छोटा था वाल्मीकि को सौंपा और दूसरा बड़ा क्षेत्र भरद्वाज को। बर्तुल ने वाल्मीकि के समाचार से अवगत कराया तो अगस्त्य ने वाल्मीकि आश्रम जाने का विचार छोड़ दिया। बर्तुल ने आश्रमों के दो भाग में बँट जाने और एक छोटे क्षेत्र का निर्देशक वाल्मीकि को बनाए जाने का आदेश भिजवा दिया।

अब अगस्त्य को शीघ्र ही भरद्वाज से मिलना है फिर वसिष्ठ से।

अगस्त्य नींद से जागे, बोले, "शीघ्र तैयार हो जाओ,...सारथी नित्य-कर्म से निवृत्त होकर रथ का परीक्षण करो, अन्तिम पड़ाव है फिर अवध। हम अवध की सीमा में ही हैं।"

सामग्री बाँधी जा रही है। अश्व नाँधे जा रहे हैं। हनुमान चुप हैं, अगस्त्य की धोकरी ठीक कर रहे हैं।

अगस्त्य ने केश लपेटा, जूड़ा बाँधने लगे, दाढ़ी सीधी की, उत्तरीय सँभाला, रथ में बैठ गए। हनुमान कमण्डल लिये थे।

अश्व दौड़ पड़े–फिर वही गति, वही आकार, वही लोग।

भरद्वाज का विशाल आश्रम। सुव्यवस्थित। शिष्यों की लम्बी पंक्तियाँ। अनेक शिष्य सिर पर पगड़ी बाँधे पंख लगाए। कार्य में व्यस्त हैं। भरद्वाज जौ बोने के लिए उर्वर भूमि का निरीक्षण कर रहे थे।

सिंहद्वार के प्रहरी ने आचार्य भरद्वाज को सूचना दी कि दक्षिण से चलकर कुलपति आचार्य अगस्त्य और निषादराज के पार्षद आश्रम में प्रवेश करने की अनुमति चाहते हैं।

"आचार्य अगस्त्य आज्ञा चाहते हैं।...आचार्य अगस्त्य! अरे उन्हें कैसी अनुमति... दौड़ो!...आओ!...आओ मेरे साथ...अगस्त्य आ गए, आचार्य पधारे हैं...कुलपति के दर्शन करो!"

सुध-बुध खोए भरद्वाज, बिना मार्ग के ही भागे सिंहद्वार की ओर।

"मेरी उपस्थिति से इतने आह्लादित हो जाएँगे भरद्वाज!"–अगस्त्य ने कल्पना नहीं की थी।

अगस्त्य-हनुमान का भव्य स्वागत हुआ। अनुचर भी अतिथि की भाँति ठहराए गए। भरद्वाज आश्रम की व्यवस्था इतनी उत्तम और स्वच्छ होगी हनुमान को भान था। प्रत्येक वस्तु अपने निर्दिष्ट स्थान पर। सब कुछ क्रमबद्ध।

"ये हनुमान हैं क्या?" भरद्वाज ने अगस्त्य से पूछा।

"हाँ भरद्वाज, ये ही मेरे प्रिय हनुमान हैं। इन्हें यात्रा-लाभ दे रहा हूँ। अवध तक जाकर ही यात्रा समाप्त होगी।"

"अब कितनी दूर ही है, आप अवध की सीमा में हैं।"

अल्पाहार का कार्यक्रम चलता रहा और होता रहा वार्तालाप।

"एक खेद है भरद्वाज।" अगस्त्य की आँखें फैल गईं।

"खेद! किसलिए?" भरद्वाज चकित हो गए।

"चित्रकूट के आश्रमों की देख-रेख नहीं हो रही है। प्रगति शून्य है। बर्तुल मिला था। नया आश्रम है उसका, मार्गहीन हैं सब। आपको चाहिए था कि पक्ष में एक बार भ्रमण आश्रमों का हो। आप मात्र निषाद क्षेत्र से सन्तुष्ट हो गए हैं। यह ठहराव क्यों?"

अगस्त्य के वचन सुनकर भरद्वाज लजा गए, दृष्टि झुक गई।

"जी आचार्य, मुझसे भूल हुई है।" भरद्वाज ने स्वीकार किया।

"भूल सुधारो भरद्वाज! मैंने चित्रकूट क्षेत्र के दो भाग कर दिए हैं। बड़ा भाग तुम्हारे

माथे है। तुम्हारे निर्देशन में ये छोटे आश्रम निर्देशित और पोषित होंगे। समय निकाल बर्तुल से अपने क्षेत्र की विज्ञता प्राप्त कर लो।"

"विश्वास करें आचार्य, अब किसी प्रकार की त्रुटि नहीं होगी।" भरद्वाज ने विश्वास दिलाया।

अल्पाहार ग्रहण कर लिया गया। विश्राम से मुक्ति मिल गयी। भरद्वाज ने अपने आश्रम का भ्रमण कराया। प्रमुख आश्रमी अगस्त्य से मिले। हनुमान आश्रमियों के साथ हो गए।

संध्या पर काली चादर चढ़ गई, भरद्वाज ज्ञान-वेदी पर आ गए। अगस्त्य को सत्कार सहित बैठाया और फिर वार्ता का क्रम चल पड़ा।

"भरद्वाज, अवध का समाचार कहें। अपनी त्रुटियों को भूल जाएँ। सहज हो लें। भूल स्वीकार कर सुधार लेना ही परिपक्वता है। अब खेद क्या?" अगस्त्य भरद्वाज को मनोवैज्ञानिक प्रभाव से बचा रहे थे।

भरद्वाज सहज हो गए, "अवध का समाचार क्या कहूँ गुरुदेव! महाराज दशरथ विलासी होते जा रहे हैं, उन्हें अपनी आयु का ध्यान नहीं है। कभी-कभी तो एक ऋतु चली जाती है, वे कक्ष से बाहर नहीं निकलते। न समय से सभा होती है, न वे राजसभा में आते हैं। राज-कर्मचारी अपनी मनमानी करते हैं। न दशरथ का कोई निर्देश, न कोई सूचना। सभा उनके वश में नहीं है। अवध में घुन लग गया है। गुप्तचर ठाट से सो रहे हैं।"

"इसका अर्थ यह हुआ कि अवध क्षेत्र अराजकता में डूबा है। इससे तो अवध का पतन निश्चित है।"

"ऐसी आशंका हम सभी को है। विश्वामित्र विशेष चिन्ता में हैं आचार्य!"

"और वसिष्ठ क्या कर रहे हैं? क्या उनका मान घट गया है?"

"मान नहीं घटा है अपितु भोग-विलास की सुविधाएँ बढ़ गई हैं। कहते हैं—मैं नियमों का निर्माण कर रहा हूँ।"

"अवध नष्ट हो गया तो उनके नियम कहाँ लागू होंगे?"

"आचार्यश्रेष्ठ हम सबको घुट-घुटकर जीना है।"

"विश्वामित्र क्यों नहीं हस्तक्षेप कर रहे हैं? वे मौन क्यों हैं?"

अगस्त्य के माथे की रेखाएँ गाढ़ी हो गईं। आँखें बड़ी हो गईं। फिर भी अगस्त्य क्रोध को पी गए।

"विश्वामित्र एक नए संकट में उलझ गए हैं। राक्षसी ताड़का सैनिकों सहित विश्वामित्र के शिष्यों को तंग किया करती है। सिद्धाश्रम के प्रत्येक कार्य में राक्षस सैनिक बाधा पहुँचाते हैं। विश्वामित्र द्वारा स्थापित आश्रमों का और दुखद हाल है। विश्वामित्र शस्त्र उठा नहीं सकते। देह पर झुर्रियों का पूरा प्रभाव है, दृष्टि से भी हीन हो रहे हैं। व्याकुल और विक्षिप्त रहने लगे हैं वे।"

"वे शस्त्र नहीं ग्रहण करेंगे तो न करें। शस्त्र उठाने वालों का निर्माण तो कर सकते हैं। एक तुच्छ राक्षसी से तंग आ गए। मुझे देखो, मैं तुम सबसे ज्येष्ठ हूँ। विश्वामित्र मेरे शिष्य हैं। विश्वास नहीं होता...।" अगस्त्य व्याकुल हो गए।

"अब विश्वामित्र की दृष्टि दशरथ पुत्र राम पर है।"

"राम का क्या करेंगे? मुझे राम पर विश्वास नहीं हो रहा है। राम भी तो वसिष्ठ जैसे आलसी, विलासी, भोगी वातावरण में पल रहा है। बालक है, जैसा देखेगा वैसा बनेगा। वसिष्ठ के ज्ञान का क्या लाभ हो सकेगा राम को? राम को ज्ञान, उपदेश, दर्शन घोलकर पिलाएँगे वसिष्ठ। राम को आचार्य थोड़े बनना है।"

अगस्त्य अवध की व्यवस्था से चिन्तित हो गए। हनुमान आचार्य का एक-एक निर्देश, एक-एक शैली का अध्ययन करते, स्मृति प्रदेश में स्थापित करते है। मौन रहते हनुमान। हनुमान को बोलने का स्थान ही नहीं मिला।

अगस्त्य ने भरद्वाज से विदा ली और अवध के मार्ग की ओर रथ मोड़ दिया।

दूसरा प्रहर बीत रहा था। संध्या दूर थी। नगर न पहुँचे तो संध्या के आने में देर कितनी लगती! लक्ष्य मिल जाए तो शीघ्र रात्रि नहीं आती, यदि लक्ष्य दूर है तो रात्रि क्षण भर में आने जैसा लगता है।

अवध मार्ग पर रथ सरपट भागा जा रहा था। नगर दिखाई दिया। अगस्त्य ने सारथी से गति धीमी करने को कहा। पथिक आ-जा रहे हैं। पगड़ी बाँधे, गौरवर्ण के लोगों की अधिकता। देखने से ही नगर आर्यों द्वारा पोषित लगता था।

अगस्त्य ने एक पथिक के आगे रथ रुकवा दिया।

तब तक पथिक रथ के निकट आ गया था। अगस्त्य ने संकेत से उसको रोका, पूछा, "भद्र पुरुष! क्या यह अवध नगर है?"

"जी, यह अवध है, आप श्रीमान् जी किस आदरणीय के घर की शोभा बढ़ाएँगे।" पुरुष ने सभ्य ढंग से कहा।

"मुझे अवध के सम्राट का आतिथ्य स्वीकार करना है," अगस्त्य के इतना कहते ही पुरुष सहम गया, उसने हाथ जोड़ लिया।

"भय मुक्त रहो भद्र!" अगस्त्य भय भाँप गए, "यदि तुम्हें सम्राट के महल की दिशा में जाना है तो रथ पर बैठो।"

"मुझे वहीं जाना है श्रीमान्, द्वारपाल मेरा सम्बन्धी है, उससे समाचार लूँगा और अपने ग्राम लौट जाऊँगा परन्तु आप चलें मैं पैदल आ रहा हूँ। मोड़ आए तो रथ रोक दीजिएगा।" पुरुष एक बात पूछने पर दो बात बताता।

"संकोच न करो भद्र, आओ! बैठो।"

अनुचरों ने स्थान रिक्त किया, पुरुष रथ पर बैठ गया। रथ महल के सिंहद्वार पर रुक गया। 'इतना भव्य द्वार!' हनुमान बुदबुदाए। हनुमान अगस्त्य के पीछे-पीछे उतर गए। हनुमान ने लांगूल लगाया।

द्वारपाल ने देखा, "मेरा सम्बन्धी एक तेजस्वी ऋषि के साथ आ रहा है। ये कौन है? लांगूल लगाए! लांगूल पशुओं का एक अंग है। यह किस देश का प्राणी है?"

अगस्त्य, हनुमान और साथ वाला पुरुष द्वार पर पहुँचे।

द्वारपाल ने रोका, "श्रीमन् यहीं ठहरे, बिना आज्ञा प्रवेश की आज्ञा नहीं है।"

द्वारपाल सुमंत्र से अनुमति लेने चला गया।

सुमंत्र ने सुना और द्वारपाल से बोले, "आदर सहित ले आओ।"

महल के लोगों के लिए हनुमान कौतूहल के विषय थे। ताम्रवर्ण, नाक थोड़ी भी न उठी थी, मात्र छिद्रों का आभास था। पुष्ट देह और लांगूल। हनुमान पीछे थे, अगस्त्य आगे। अनुचर और सारथी बाहर ही खड़े थे। हनुमान लांगूल हिलाते, कभी हाथ में ले लेते। जो देखता हँसता या दाँत निपोर देता।

सुमंत्र ने ऋषि अगस्त्य का सत्कार किया। हनुमान को देख सुमंत्र के ओठ मुस्करा उठे।

"आप अमात्य हैं अवध के?" अगस्त्य ने परिचय पूछा।

"हाँ ऋषिश्रेष्ठ, मैं सुमंत्र हूँ। राजभवन, राजपरिवार के सदस्यों के व्यक्तिगत कार्य और राजसभा के समस्त कार्यों का अधिकारी हूँ।" सुमंत्र ने परिचय दिया।

"द्वार पर मेरा रथ खड़ा है, दो अनुचर और आवश्यक वस्तुएँ हैं। सारथी भी है। आप उनकी व्यवस्था करें।"

अमात्य सुमंत्र ने दो अनुचरों को आदेश दिया, "तुम द्वार पर खड़े रथ और अनुचरों को वसिष्ठ भवन के उद्यान में ले जाओ वहाँ बने विश्राम-कक्ष में ठहरा दो। विश्राम-कक्ष के कर्मचारी अतिथि की पूरी व्यवस्था करें। जाओ!"...

सुमंत्र की दृष्टि दूसरे अनुचर पर गई, "और तुम ऋषिश्रेष्ठ को वसिष्ठ के कक्ष में ले जाओ। राजगुरु अपने कक्ष में ही हैं।"...सुमंत्र ने आदर सहित अगस्त्य से पूछा, "आप श्रीमान् जी का परिचय तो जान लूँ?"

"मैं पार्थ आश्रम से आया हूँ। मेरा नाम अगस्त्य है। मेरे साथ वीर हनुमान हैं। तुम मेरे आगमन की सूचना महाराज दशरथ से कहो। मैं चलता हूँ वसिष्ठ की ओर।"

सुमंत्र ने हाथ जोड़ लिये और स्वयं वसिष्ठ भवन की ओर चल पड़े।

"आओ, पुत्र हनुमान!" अगस्त्य ने कहा और सुमंत्र के पीछे हो लिये।

भव्य महल था। सुमंत्र के कक्ष से वसिष्ठ भवन जाने के लिए मार्ग पर चिकने पत्थर लगे थे। मार्ग के किनारे विभिन्न प्रकार के खिले पुष्प पौधों की पंक्तियाँ शोभित थीं। कहीं छायादार, कहीं फूलों से लदे तो कहीं पुष्पों से सजे वृक्ष। कहीं लताएँ, कहीं जलाशय, जलाशय में राजभवन के कर्मचारी मछलियों को चारा खिलाते।

वसिष्ठ कक्ष के बाहर वेदी पर खड़े थे। कभी वृक्ष, कभी मार्ग, कभी पुष्प निहार रहे थे कि औचक दृष्टि सुमंत्र पर गई। 'सुमंत्र के साथ अगस्त्य! और यह सद्यःयुवा?

अगस्त्य अवध के राजभवन में! यह स्वप्न तो नहीं। इधर ही आ रहे हैं। अगस्त्य,'...और दौड़ पड़े वसिष्ठ।

अगस्त्य ने वसिष्ठ को गले लगा लिया, हाथ पर हाथ धरे बोले, "कैसे हैं आप?"

"और आप...?" वसिष्ठ का स्वर तत्काल फूटा और नयन भर गए।

दो महान आत्माएँ मिलीं। दो हृदय एक हुए–मुस्कुराए। वसिष्ठ ने अगस्त्य की दाढ़ी सहलाई और अगस्त्य ने वसिष्ठ की। वसिष्ठ अगस्त्य की भुजा काँख में दबाए कक्ष की ओर बढ़ गए।

सुमंत्र चले गए। रह गए हनुमान, हनुमान को कौन पूछे? अकेले हनुमान हाथ में लांगूल लिये, निहारते–कभी यह, कभी वह, कभी ऋषिश्रेष्ठ को, कभी गुरुदेव को। 'तो क्या यह उनकी मौन साधना है, तो क्या यह चुप रहने का अभ्यास है, जो भी हो, अगस्त्य मेरे हेतु कोई विषय नहीं छोड़ेंगे। चुप रहने का धैर्य! तो क्या देखना चाहते हैं, कि मौन ने अवसाद तो नहीं ओढ़ लिया। हनुमान अवसाद का विज्ञान जानते हैं।'...और हनुमान एक आसन पर बैठ गए।

वसिष्ठ के भवन में कई कक्ष थे। अगस्त्य वसिष्ठ के कक्ष में ठहरे। दिव्य व्यवस्था थी। हनुमान चुप थे। अनुचर अगस्त्य के केश खोलने लगा, जटाएँ सँवारकर जूड़ा बना दिया और पाँव दबाने में लीन हो गया। एक अनुचर चँवर डुला रहा था। हनुमान भी चँवर का सुख ले रहे थे। पकवान पक रहा था। एक टोकरी में अभी के तोड़े गए पुष्पों को रख दिया गया।

प्रत्येक कक्ष का महत्त्व था। ध्यान-कक्ष, अध्ययन-कक्ष, शयन-कक्ष, अतिथि-कक्ष, आवश्यक वस्तु-कक्ष और भोजनालय। बीच में बड़ा-सा आँगन, आँगन के मध्य पत्थर की वेदी। सम्भवतः वसिष्ठ स्नान करते हों या एकान्त का आनंद लेने हेतु बैठते हों। भिन्न-भिन्न प्रकार के मीठे फल रखे हैं, पौष्टिक मेवे पात्रों में बन्द हैं। स्वस्थ युवा तीन गौएँ हैं। दुग्ध उबल रहा है। औटाया गया मीठा दुग्ध दो पात्रों में भरकर एक वेदी पर रखा है।

'इतना सुख! इतने भोग्य पदार्थ! इतना विलासी जीवन! एक भी कार्य स्वयं नहीं करना है! इतनी भव्यता! इतना ऐश्वर्य!! तो क्या वसिष्ठ के आलसी होने में संदेह है। उदर कितना बढ़ गया है वसिष्ठ का! व्यर्थ मांस लटक गए हैं! देह की आकृति बिगड़ गई।'

अगस्त्य सोचते रहे, औचक ध्यान आया, वसिष्ठ से बोले, "मुझे सूचना मिली है कि विश्वामित्र राम को महानायक बनाना चाहते हैं। मेरा महानायक हनुमान है। चाहता हूँ कि जब तक मैं अवध में हूँ हनुमान राम के साथ रहे। हनुमान-राम में गाढ़ी मित्रता हो जाए। आप किसी अनुचर के साथ हनुमान को राम के पास भेज दें।"

वसिष्ठ ने अनुचर को आदेश दिया, "हनुमान को राम के पास ले जाओ। पहले महारानी कौशल्या से अनुमति ले लेना।"

"हनुमान राम को अपना परिचय स्वयं देंगे।" वसिष्ठ हनुमान की ओर देखते हुए बोले।

हनुमान को भूख-प्यास लगी थी। सो हनुमान ने खूब फल खाया, दुग्ध पी जल ग्रहण किया और तब अनुचर के साथ राम से मिलने चल दिए।

क्षण भर की नींद। पल भर विश्राम फिर भी अगस्त्य के मस्तिष्क को विश्राम कहाँ! लेटे थे अगस्त्य, उठ बैठे। वसिष्ठ भी बैठ गए। अनुचरों को संकेत से हटा दिया गया। वसिष्ठ बोले, "ऋषिश्रेष्ठ! थकान मिट गई?"

"थकान मेरा शब्द नहीं है वसिष्ठ! इस शब्द को मैंने आपके लिए छोड़ दिया है। अरे, देह का तो ध्यान करते आप, कुछ तो शरीर और बुद्धि डोलाते। आपके विश्राम की सीमा नहीं।"

अगस्त्य के व्यंग्य से वसिष्ठ के नयन झुक गए। बनावटी मुस्कान उभरी–बोले, "सभी मुझे दोष दे रहे हैं, आप भी...अवध के भीतर लगे घुन कोई लघु प्राणी नहीं हैं। मैं राजपरिवार में हस्तक्षेप के लिए...मैंने जो कार्य किए हैं, वे सब ठोस हैं, स्थायी हैं। मैं आर्य-संस्कृति के कोष की रचना में लगा हूँ। यज्ञों के भेद बताए हैं, नाम दिया है। अब आप पधार चुके हैं तो आप के सुझाव-निर्देश का पालन किया जाएगा।"

"मुझे भरद्वाज ने सब कुछ बता दिया है परन्तु आप राजभवन की गतिविधियों में गहरी पैठ रखते हैं। मेरी इच्छा है आप अवध राज्य के विषय में कहें।"

वसिष्ठ समझ गए कि अगस्त्य उन्हें छोड़ने वाले नहीं। पहले से ही न जाने क्या-क्या ज्ञात कर लिये हैं। पूरी तैयारी से आए हैं अगस्त्य। परन्तु पहले उन्हें दक्षिण के समाचारों से अवगत होना चाहिए। वसिष्ठ ने आग्रह किया, "ऋषिश्रेष्ठ, मेरी जिज्ञासा दक्षिण के समाचारों से अवगत होने की है।"

अगस्त्य ने दक्षिण के समाचार से वसिष्ठ को अवगत कराया। रावण की विजय यात्रा, उत्साह, रक्ष-संस्कृति से विज्ञ कराया। हनुमान के पिता, पितामह का संक्षिप्त इतिहास कहते हुए वानर राष्ट्र के अधिपतियों की गतिविधियाँ, दक्षिण के वंश, गोत्र, कुल, जातियों का परिचय देते हुए उनका ध्यान ग्राद्ध जाति के आश्रमी चोष्या पर गया।..."मेरे आश्रम में चोष्या नाम के एक ग्राद्ध के विषय में महत्त्वपूर्ण विज्ञता प्राप्त हुई है। सम्पाति ग्राद्ध, ग्राद्ध क्षेत्र का अधिपति था। किसी कारण से उसका आधिपत्य ग्राद्धों पर न रहा। वह क्षेत्र छोड़ चला गया। उसका भाई जटायु प्रयास में है कि वह पुनः अपनी सम्प्रभुता बना ले परन्तु राक्षसों के कारण उसे सफलता नहीं मिल रही है। शीघ्र ही मैं जटायु से मिलने वाला हूँ। जटायु अरुण का पुत्र है। जटायु रथ विद्या में प्रवीण है। मैं हनुमान को इस विद्या में विज्ञ देखना चाहता हूँ। राम को भी...।"

वसिष्ठ सोचने लगे–अगस्त्य कितने दूरदर्शी हैं। भविष्य के लिए प्रारूप तैयार करना कोई इनसे सीखे। वसिष्ठ को सैंधव का अतीत याद आया। अगस्त्य के एक-एक चित्र सामने उभर रहे थे।

"क्या सोच रहे हैं महर्षि?...आप सोच रहे हैं कि वसिष्ठ का विलासी जीवन यदि छीन लिया जाए तो मृत्यु निश्चित है और अगस्त्य के संघर्ष यदि समाप्त हो जाएँ तो अगस्त्य का अंत तय है। वसिष्ठ जी! आश्रम में मेरे प्राण बसते हैं। मैंने संघर्षों का प्रारम्भ आश्रमों से किया है।...अच्छा आप कहें।"

वसिष्ठ हँसे भी, गम्भीर भी हुए, "क्या कहूँ अवध...कुछ शेष हो अवध में तब न!...अवध के महाराज दशरथ अब वे नहीं रहे। न शक्ति रही, न विवेक रहा। स्त्री-सुख में लीन और अब तो पुत्र-मोह में भी फँस गए हैं। अवध की राज्य-व्यवस्था छोटी रानी कैकेयी के अधीन है। कैकेयी के सम्बन्धी परोक्ष रूप से अवध राज्य और राजपरिवार को अपने वश में किए हैं। हत्या, लूट, उत्कोच, स्त्री-अपहरण की घटनाएँ प्रतिदिन घटित हो रही हैं। राजकोष अनियमित ढंग से व्यय किया जा रहा है। दुर्व्यवस्था मैंने ऐसी नहीं देखी कभी। पूरा अवध अराजकता की चपेट में है। मुझे भय है कि कहीं प्रजा दशरथ को अस्वीकार न कर दे। एक ऐसा कलंक लग गया है जो कभी छूटने वाला नहीं—'श्रवण वध' के कारण प्रजा की दृष्टि में दशरथ गिर गए हैं। कैकेयी के सम्मुख उनका वश नहीं चलता। एक मार्ग है ऋषिश्रेष्ठ, राम का निर्माण। राम ही अवध को बचा सकते हैं।"

"क्या राम पर विश्वास है आपको? है तो कैसे?" अगस्त्य ने प्रश्न किया।

"आप विश्वास करें। राम मेरे अधीन हैं। राम की पूरी शिक्षा-दीक्षा का भार मेरे कन्धों पर है। चारों पुत्र मेरे साथ हैं, प्रतिदिन मेरी पाठशाला में आते हैं। अध्ययन, व्यायाम, शस्त्र संचालन जैसे अनेक विषयों में विज्ञ कराया जाता है। राम मेधावी हैं। शेष तीन पुत्र लक्ष्मण, भरत, शत्रुघ्न भी तीव्र बुद्धि रखते हैं। कौशल्या नित्य आती हैं, उन्हें कैकेयी की गतिविधियों का पता है। राम पर कोई अशुभ छाया न पड़े इसका उन्हें ध्यान है।"

"आप दर्शन पिलाएँगे और मुझे चाहिए महानायक राम। महानायक का निर्माण आपके वश का नहीं है।"

"मैं अपनी दुर्बलना जानता हूँ। मैं स्वीकार भी करता हूँ। परन्तु आप चिन्ता न करें, मेरी वार्ता विश्वामित्र से हो चुकी है। राम शीघ्र ही प्रारम्भिक शिक्षा समाप्त कर सिद्धाश्रम चले जाएँगे। विश्वामित्र तो योग्य हैं न!"

"आपको मैं महत्त्वहीन नहीं कह रहा हूँ,"—अगस्त्य वसिष्ठ का साहस बढ़ा रहे थे। "आपका स्थान कुछ और है विश्वामित्र का कुछ और। विश्वामित्र वसिष्ठ नहीं हो सकते और आप विश्वामित्र नहीं बन सकते। मैं मात्र महानायक चाहता हूँ, किसी भी मूल्य पर। अवध का राज्य भले नष्ट हो जाए।"

अगस्त्य के अन्तिम वाक्य इतने ठोस थे कि नसें तन गईं। वसिष्ठ सहम गए। अगस्त्य की भौंहें माथे की गहरी रेखाओं को छू रही थीं।

वसिष्ठ ने विश्वास दिलाया, "आप मुझ पर विश्वास करें। मेरी शक्ति पर

विश्वास रखें। मैं राम को महानायक बनाने में जो प्रारम्भिक भूमिका है उसका पूर्णरूप से निर्वाह करूँगा।"

अगस्त्य को तोष हुआ, बोले, "एक अति महत्त्वपूर्ण बात, आप आर्यों-अनार्यों के भेद को सार्वजनिक न करें। अनार्यों को अपनाकर जो सुख-वैभव आप प्राप्त कर सकते हैं, उन्हें ठुकराकर नहीं। उनका निषेध विरोध पैदा करेगा। अनार्य प्रजा आपके विरुद्ध हो जाएगी और यदि संगठित हो गई तो आप क्या कर लेंगे? अनार्य संख्या में अधिक हैं। आप अनार्यों को स्वीकार कीजिए, उन्हें अपनी व्यवस्था दीजिए, इससे आप मानसिक रूप से अधिकारी हो जाएँगे और आर्य-संस्कृति स्थायी रूप से हो जाएगी।...हनुमान अनार्य हैं, अब कोई मेरा विरोध करके तो देखे आर्य से पहले वानर समाज मेरी रक्षा में हो जाएगा। अनार्य दुःख सहकर भी आपको सुख देगा, बस उन्हें आप व्यवस्था दें तो लगे कि उनके लिए है, उनका ही हित है, आपका लाभ दिखाई न दे।"

"मैं अब भूल नहीं करूँगा ऋषिश्रेष्ठ। इस विषय पर भी विश्वामित्र से तर्क हो चुका है। मेरे नेत्र खुल गए हैं।" वसिष्ठ जैसे जाल से निकलकर बोल रहे हों।

"और राम...राम को यात्रा पर ले जाइए। राम को विशेष गुणों से भर दें आप। विवेकी बना दें। मस्तिष्क की सभी ग्रन्थियाँ खोल दें। हमें राम-हनुमान को मिला देना है। दो महानायकों की शक्ति मिलकर एक महाशक्ति का निर्माण करेगी। रावण पर विजय प्राप्त करना सरल नहीं है। आपको बता चुका हूँ—देव भी पराजित हो रहे हैं रावण से।"

"मैं पहले से ही सोच चुका हूँ श्रेष्ठ! राम को यात्राएँ कराऊँगा शीघ्र ही, आप आश्वस्त रहें।"

अगस्त्य आश्वस्त थे। वसिष्ठ थक गए थे। रात्रि ने आगमन की सूचना दी। अनुचरों ने भोजन पक जाने का संकेत किया।

अगस्त्य बोले, "अब भोजन किया जाए। विश्राम हो। मैं एक पक्ष रहूँगा। अवध क्षेत्र का भ्रमण करूँगा। सूचनाएँ एकत्र करूँगा। राम को भी उचित मार्ग सुझाऊँगा। यह मेरे यात्रा के प्रस्ताव में है।"

और फिर रात, सब चुप, मौन मार्ग, घर, वृक्ष, भूमि। सारा जग अंधकार को समर्पित।

उधर हनुमान और राम में गाढ़ी मित्रता हो गई। साथ खेलते, खाते, वसिष्ठ के यहाँ दीक्षा लेने जाते। राम हनुमान को शयन के अतिरिक्त कभी न छोड़ते। हनुमान का लांगूल पकड़कर कई पग घसीटते। कौशल्या ने भी हनुमान को माँ जैसा दुलार दिया। हनुमान की इच्छा अवध में राम के साथ रह जाने की हुई परन्तु उन्हें गुरुदेव की प्रतिज्ञा, उनके कराए गए संकल्प याद आ जाते, फिर सोचते, 'मैं अपने पिता की भाँति किसी मोह में नहीं रहूँगा।' हनुमान ने अवध में बहुत-कुछ सीखा।

अगस्त्य ने अवध का भ्रमण किया। नगर, ग्राम भूमि, वन-पर्वत, नद-नदी, नाले

देखे। विश्वामित्र से मिलने का विचार त्यागकर हनुमान को एक वर्ष के लिए अवध में छोड़कर अपने आश्रम लौट गए।

"ये लो इतनी दूर फेंका इस बार, आप ले आइए। आप जब तक लकड़ी ले आएँगे तब तक मैं उस डाल पर चढ़ जाऊँगा।"—हनुमान ने लकड़ी दोनों पाँव के बीच से दूर फेंक डाल की ओर संकेत किया और वृक्ष पर चढ़ने लगे।

राम दौड़े लकड़ी लाने। हनुमान चढ़ चुके हैं। राम बार-बार असफल हो जाते। हनुमान को गुरुदेव की सीख याद आई—'राम को उत्साहित करना।' अब वह वृक्ष की शाखा चढ़ नहीं पाते, तने के बीच में अटके, कभी भूल से दूसरी शाखा पर बैठे होते, कभी शाखा छूट जाती और धम्म से नीचे आ जाते। राम हँसते, अपनी विजय पर उत्साहित होते। भिन्न-भिन्न प्रकार से उनका मनोरंजन होता।

थककर चूर हो गए सभी। उपवन में बनी विश्राम वेदी पर बैठ गए। हनुमान परिपक्व थे, राम को दीक्षित भी करना था। राम की सेवा भी करनी थी। राम से आयु में बड़े थे हनुमान, फिर भी उन्हें राम को श्रेष्ठ मानकर अभिवादन करना था। यह सब उनके पूज्य गुरुदेव अगस्त्य का निर्देश था।

हनुमान ऐसे ही विश्राम क्षणों की प्रतीक्षा में रहते।

"राम अब आप बड़े हो गए हैं।" हनुमान राम से बोले, "आपको शब्द-शब्द समझने होंगे। वार्ता करनी होगी। अपनी बात तर्क की कसौटी पर कसनी होगी।"

"आपसे जो खेल-खेल में सीख लेता हूँ वह अन्यत्र कहाँ मिले। आप कहें हनुमान मेरा ध्यान आपके शब्दों पर ही है।" राम बोले।

"व्यक्ति जो भी कार्य करे नाप-तोलकर करे। इससे प्रसन्नता आती है। संयम को बन्धन नहीं समझना चाहिए। संयम के बिना न स्वतन्त्रता आती है, न विकास होता है। संयम से व्यक्ति शक्तिमान होता है। संयम में सध जाने पर सब आसान हो जाता है।"

"इसका अर्थ है कि संयम जीवन का आवश्यक मूलमन्त्र है।"

"हाँ राम, संयमित पुरुष उद्‌देश्य को प्राप्त करता है और दलदल में फँसे लोगों को निकालने में सफल होता है। फिर लोग कष्ट से मुक्ति पाकर मान देने लगते हैं। जिसका मान होगा उसके शब्द मर्यादित होंगे। प्रजा उसकी रक्षा भी करेगी। उस पर किसी को तर्क करने का साहस न होगा।"

"गुरुदेव वसिष्ठ ने भी संयम की व्याख्या की थी परन्तु...।"

"हाँ राम, गुरुदेव ने अवश्य इसका ज्ञान दिया होगा परन्तु आपकी वह समझ में नहीं आया। गुरुदेव आचार्य की भाषा में सूत्रवत् ज्ञान की व्याख्या करते हैं और मैं मित्रवत्। मेरे गुरुदेव अगस्त्य में यही एक विशेष गुण है, वह शिष्यों को मित्रवत् मान

लेते हैं। आचार्यत्व का गर्व उनसे दूर है। वह खेल-खेल में कठिन-से-कठिन विषय को इतना सरल कर देते हैं कि लगता ही नहीं कि आचार्य बोल रहे हैं।"

राम को हनुमान की बुद्धि पर आश्चर्य हो रहा था, "आप कितने अच्छे मित्र हैं उतने ही भले गुरु भी।"

"मैं मात्र मित्र हूँ राम! मित्र ही नहीं आपका सेवक हूँ।...अब देखिए, आप सदैव मेरे लिए व्याकुल रहते हैं, मैं आपके लिए। जो व्याकुल है वह श्रेष्ठ है। व्याकुलता जीवन में नए मार्ग के निर्माण में सहायक होती है परन्तु इस व्याकुलता की सीमा की पहचान होनी चाहिए। अति भला नहीं हो सकता। व्याकुलता प्रयत्न करने के लिए प्रेरित करती है। व्याकुलता को जीवन के विकास पथ पर लगाना चाहिए, धैर्य के साथ।...मैं भी व्याकुल हूँ वानर राष्ट्र के लिए...किसी-न-किसी दिन वह मेरे अधिकार में होगा।"

"अब मेरी भी सुनिए! मेरे गुरुदेव ने भी कम नहीं सिखाया-पढ़ाया है।" राम की आत्मश्लाघा बोलने लगी, "विकास क्षण भर में नहीं होता यह एक अनवरत प्रक्रिया है। हमें आशा और विश्वास रखना होगा। अमर-आशा। निर्जीव मन से व्यक्ति टूट जाता है। इस विश्वास की रक्षा के लिए विश्राम की आवश्यकता नहीं है। विश्राम मृत्यु का लघु रूप है। हम इस प्रकार संरक्षित हों कि मृत्यु पीड़ा न दे सके।"

हनुमान को आभास हो गया कि राम अतिरिक्त मस्तिष्क के भी धनी हैं। ऐसे राम की सेवा करनी ही चाहिए। राम हनुमान को वानर राष्ट्र का अधिकारी बना देंगे। अभी दीक्षा ही कितनी प्राप्त की है राम ने और आयु ही क्या है!

"राम आपकी प्रखर बुद्धि है, मैं आह्लादित हूँ परन्तु आत्मश्लाघा के प्रभाव में आकर वार्ता नहीं होनी चाहिए, इससे ईर्ष्या का जन्म होता है। व्यर्थ की ईर्ष्या उचित नहीं। यदि ईर्ष्या का रूप प्रतिस्पर्धा हेतु हो तो ठीक है।...हम दक्षिण के लोगों को आप पर ही विश्वास है। हम दुखी प्राण हैं। अभाव, भूख, प्यास, रोग में हमारा जीवन व्यतीत होता है। हम श्रम में विश्वास करते हैं, सेवा को धर्म मानते हैं। कला-शिल्प हमारा आधार है, मेरी प्रार्थना है कि उचित अवसर जानकर, दीक्षा पूर्ण कर वानर क्षेत्र और दण्डकारण्य में पधारें। उचित व्यक्ति को अनुकूल पद पर स्थापित करें।"–हनुमान मन की बात कह गए।

"हाँ हनुमान, ऐसा ही मेरे गुरुदेव भी कह रहे थे और अगस्त्य गुरुदेव भी। कह रहे थे कि 'बड़े होने पर तुम्हें दक्षिण जाना होगा।' वे मुझसे पता नहीं क्या-क्या कराएँगे।"–राम बच्चों की भाषा बोलने लगे।

"क्या कराएँगे! जो कराएँगे उचित ही होगा। कुछ स्मृति में हो तो कहें राम।"

"गुरु वसिष्ठ यज्ञों की स्थापना की बात कर रहे थे और गुरु अगस्त्य जी दुष्टों को नाश करने की दीक्षा दे रहे थे।"

"दुष्टों के नाश की बात समझ में है परन्तु यज्ञों की स्थापना...। कौन-कौन से यज्ञ हैं?"

"मैं समझाता हूँ, जैसे–गोमेध यज्ञ–इन्द्र को बहिष्कृत करना, इन्द्र को मानसिक दण्ड देकर उसे जय कर लेना। अश्वमेध–राष्ट्रजयी होना, समस्त भूखण्डों को अधिकार में करना। नरमेध यज्ञ–मनुष्यों पर विजय प्राप्त करना, जन-जन के हृदय को जीतना एक महानायक के लिए अति आवश्यक है।...और भी यज्ञ हैं–ब्रह्मयज्ञ, पितृयज्ञ, भूतयज्ञ, नृयज्ञ। ब्रह्मयज्ञ में सन्धि बेला की साधना, ध्यान। पितृयज्ञ में पिता के नाम से एक पक्ष नामांकित करना, उसे पितृ पक्ष का नाम देना और माता-पिता की पूर्ण रूप से सेवा करना। भूतयज्ञ–बलि देना। नृयज्ञ–अतिथि का सत्कार।"

राम देवयज्ञ के विषय में चुप रहे। अगस्त्य ने स्पष्ट बता दिया था, "राम तुम आर्य हो और हनुमान अनार्य, कोई ऐसा प्रसंग न छेड़ देना कि हनुमान आर्य-अनार्य के भेद को जानकर मित्र के स्थान पर शत्रु बन जाए। देवों की बातें तो आएँ ही न।"

हनुमान वर्ष भर अवध में रहे। राम ने हनुमान से सीखा, हनुमान ने राम से और वसिष्ठ से। अवध राजपरिवार के दुलारे बन गए हनुमान।...और हनुमान के प्यारे बने चारों पुत्र दशरथ के।

हनुमान आज जा रहे हैं। राजभवन उदास है। चारों भाई दुखी हैं। राम के नयन अश्रु से भरे हैं। हनुमान को जाते बनता न राम विदा करते। दशरथ ने ढेरों आशीष दिए। कौशल्या ने नए वस्त्र और मार्ग के लिए खाद्य सामग्री। वसिष्ठ ने दिए ज्ञान से भरे दो शब्द। राम ने दी गदा, रत्नों से सुसज्जित।

और हनुमान अपने मार्ग पर दक्षिण दिशा की ओर।

"हनुमान आ गए...हनुमान आ गए...अरे हनुमान आ गए!...दौड़ो गुरुदेव को सूचना दो।...तुम विराजक से कहो।...मैं लोपा माँ को सूचित करता हूँ।"

अगस्त्याश्रम हनुमान को देखकर हर्षित था। अगस्त्य को सूचना दे दी गई। विराजक दौड़ा। हनुमान ने अगस्त्य के पाँव छुए। विराजक से अभिवादन हुआ।

"विराजक! हनुमान को स्वच्छ कराओ, फल खिलाओ...और हनुमान! एक पहर बाद अवश्य मिलना। आज तुम्हारा आश्रम में अन्तिम दिन है।"–अगस्त्य लोपा के कुटीर की ओर चले गए।

पहर भर दिन बीता। हनुमान सामान्य हो गए। अगस्त्य के कुटीर की ओर विराजक के साथ जा रहे हैं।

"आओ मेरे प्रिय हनुमान।" अगस्त्य हनुमान को देखते बोले, "अवध में एक वर्ष तुमने सार्थक किया, अवश्य ही तुमने राम को मोह लिया होगा और राम तुम्हारे हृदय में स्थान पाए होंगे।"

हनुमान ने पुनः अभिवादन किया और चुप रहे, विराजक भी साथ में था। अगस्त्य का संकेत पाकर हनुमान ने बोलने का प्रयास किया–परन्तु विराजक बीच में कहने लगा–

"राम का साथ, वसिष्ठ की शिक्षा-दीक्षा और माँ कौशल्या द्वारा पौष्टिक आहार लेकर हनुमान निखर गए हैं। गुरुदेव! हनुमान के पाँव की गति सन्तुलित हो गई है, प्रसन्नता मुख पर फैली रहती है। नयन ज्ञान से भरे लग रहे हैं। माथा चिन्तनशील व्यक्तित्व का चित्र उभार रहा है। भुजाओं, जाँघों में मांस चढ़ गया है। छाती फैल गई है। गात रक्तवर्णी हो गए हैं।"—हनुमान को देखकर विराजक प्रसन्न था।

अगस्त्य को भी ऐसा ही लग रहा था। आह्लादित थे अगस्त्य, बोले, "तुम्हें कुशल देखकर पूरा आश्रम हर्ष में है। अच्छा बताओ, तुमने अवध में क्या सीखा?"

हनुमान सोच में पड़ गए, यहाँ क्या नहीं सीखा था जो नया मिला हो वहाँ, फिर भी गुरुदेव को उत्तर देना था, "वसिष्ठ प्रतिदिन धर्म का पाठ पढ़ाते। यज्ञों के भेद, मन्त्रों-सूत्रों का वर्गीकरण और उनकी व्याख्या, अनेक नई-नई नीतियों की परिभाषाएँ... परन्तु गुरुदेव उनकी भाषा कठिन थी, सन्तुलित बोलते थे। राम की समझ में कम आता था, मैं राम को विश्राम के समय वसिष्ठ द्वारा दी गई शिक्षा को खण्ड-खण्ड समझाता। राम खेल-खेल में उसे ग्रहण कर लेते। स्मृति क्षेत्र राम का विशेष रूप से निर्मित हुआ जान पड़ता है, मात्र सुनकर की कठस्थ हो जाता है उन्हें।"

"और अस्त्र-शस्त्र का ज्ञान?"—अगस्त्य वसिष्ठ के दर्शन ज्ञान से खीझ उठे।

"अस्त्र-शस्त्रों की भी दीक्षा दी जाती थी," हनुमान आश्वस्त करा रहे थे अगस्त्य को, "धनुष का संचालन, असि, खड्ग, चक्र, भाला, शूल, हल और शृंखला-जाल का नित्य अभ्यास कराया जाता था। राम शंख ध्वनि से देर तक नाद कर लेते थे। शंख मुझसे न फूँका जाता। मैंने उन्हें गदा के संचालन की विधि से विज्ञ करा दिया है। गदा प्रहार से बचाव के सभी सूत्रों से राम प्रवीण हो चुके हैं। मैंने भी धनुषबाण के प्रवाह एवं प्रभाव को नष्ट करने की विधि राम से जान ली है।"

"हनुमान!" अगस्त्य सम्भावित युद्ध हेतु हनुमान को तैयार कर रहे थे, "भविष्य में बड़े युद्ध की योजना बन सकती है। तुम और राम मिलकर सम्भावित युद्ध को अनुकूल परिणाम तक पहुँचाओगे यही मेरी इच्छा है और विश्वास भी।"

"जीवन में अनेक छोटे-छोटे युद्ध भी करने हैं। संघर्ष युद्ध का ही रूप है। संघर्ष व्यक्ति अकेले कर सकता है। क्या संघर्ष हमें उद्देश्य तक नहीं ले जाता?"—हनुमान वार्ता में पारंगत हो चुके थे।

"विकास की प्रक्रिया में स्थान-स्थान पर युद्ध करने पड़ते हैं। एकमात्र संघर्ष ही हमें लक्ष्य दिखा सकता है।...अनुभूतियों पर जब भी आक्रमण होगा, युद्ध होगा। व्यक्ति जो भूमि का है, भूमि पर रहता है, मिट्टी ही उसकी सम्पत्ति है, मिट्टी उसकी देह का अंग है। जब भी उसकी मिट्टी घायल होगी वह विरोध करेगा। घायल करने वाले से तुम्हें युद्ध करना होगा। मिट्टी का व्यक्ति विरोध कर सकता है, युद्ध नहीं। वह तुम्हारे पीछे खड़ा हो जाएगा, नेतृत्व नहीं करेगा। अगुवा तुम्हें बनना है। दुखों के गर्भ से ही जिनका जन्म हुआ हो, बूँद भर सुख के सहारे जो जी रहा है, वह बूँद भी कोई सुखा

दे तो विरोध होगा और तुम्हें उस विरोध का नेतृत्व करना होगा।...मैं दुखों पर शोध कर रहा हूँ, सुख छानकर निकाल रहा हूँ, मेरी यह शोध-यात्रा अनन्त है। तुम्हें इसे भी प्रतिस्थापित करना है।"

"विज्ञान क्रियाएँ बढ़ाता है। विज्ञान की क्रिया से शिल्प उपजेगा तुम्हें शिल्प की रक्षा करनी है। सेवा हेतु सदैव प्रस्तुत रहना है। यदि राम महानायक बन गए तो तुम्हें उनके निर्देशन में समस्त कार्य सम्पादित करने होंगे। राम की सेवा आजीवन करनी होगी। तुम महानायक के दास रहोगे, तुम दास का अर्थ हीन, नीच न समझना। दास महत्त्वपूर्ण है। तुम राम के कार्य हेतु दास बनोगे। यह विकास का सूत्र है। हम लघु बनकर बड़े से बड़ा कार्य सम्पादित कर सकते हैं। तुम्हें राम उच्च पद पर प्रतिष्ठित करेंगे।...समर्पण सेवा का मूल मन्त्र है। सहानुभूति, सहयोग का भाव बना रहे। सजीव और निर्जीव सेवा साधनों का ध्यान रखना होगा। पुरुष दो प्रकार के होते हैं–क्षर और अक्षर। इन्हीं में व्याप्त है पुरुषोत्तम। पुरुषोत्तम को अपना स्थान बनाना होगा। क्षर का अर्थ है बदलने वाली सृष्टि, जैसे–फल, पुष्प, अन्न...लकड़ी, पत्थर, धातु...। अक्षर का अर्थ है जो बदल न सके, जैसे–श्रमिक, कृषक, ऋषि...। एक श्रमिक के बाद दूसरे श्रमिक का जन्म होगा ही। श्रमिक मिटेगा नहीं।"

हनुमान आज अन्तिम दिन तक भी कुछ न कुछ सीख गए। भला अगस्त्य के समीप बिना ज्ञान प्राप्त किए रहा जा सकता है क्या! अगस्त्य का ज्ञान अनन्त है। ठहराव नहीं, विश्राम नहीं, समाप्त होने का तो नाम ही नहीं। अगस्त्य शोधी ऋषि हैं एक शोध के बाद दूसरा शोध, इस प्रक्रिया का अन्त नहीं।

हनुमान को पूर्ण कर दिया अगस्त्य ने। आश्रम का जीवन पूरा हुआ। आश्रमी हनुमान को दूर नहीं करना चाहते थे। हनुमान के कन्धों पर उत्तरदायित्वों का बोझ था

हनुमान ने अगस्त्य के चरण धरे। अश्रुपूरित नयनों से अगस्त्य ने विदा किया आश्रमी बिलख पड़े। मैना ने आँचल मुँह में ठूँस लिया। लोपा की बूढ़ी आँखें बूँदें टपका रही थीं।

विराजक, सलेटू, सर्वगन्ध और कुम्भा हनुमान को रत्नपुर तक पहुँचाने हेतु तैयार थे। रथ आ गया था। चोष्या दौड़ा आया गुरुदेव से हनुमान के साथ रत्नपुर तक जाने की अनुमति माँगने लगा। आचार्य अगस्त्य ने मौन स्वीकृति दी। बोल नहीं पाए। हनुमान के बिछुड़ने का दुख तो एक नए प्रारम्भ की प्रसन्नता। सुख-दुःख मिलकर अगस्त्य के अश्रु को बढ़ा रहे थे। उन्हें लगा कि सूर्य से किरणें बिछुड़कर किसी पुष्प के बन्द मुँह खोल रही हैं।

पूरा आश्रम शान्त। वृक्ष शान्त, भूमि शान्त, दुबके पक्षी, एकटक निहारती गाएँ, कुत्ते पूँछ हिलाते कभी अगस्त्य के पाँव के समीप, कभी हनुमान की जाँघ पर चाटते-सूँघते, मानो वे कह रहे हों, "इस आश्रम को छोड़कर न जाओ हनुमान, हमसे भूँका नहीं जाएगा।"

हनुमान का रथ द्वार से निकल गया। द्वार तक दौड़े चारों कुत्ते और ठहर गए। दो-चार बूँद अश्रु नयन से ढरककर नाक की ओर बह चले और थम गए। नयन के भावुक अश्रुकण!

हनुमान रत्नपुर पहुँच गए। पूरा नगर उल्लसित था। जिसे देखो वही हर्षित है। हनुमान के सत्कार में उत्सव मनाया गया। नगरवासियों ने अपने पारम्परिक गीतों, नृत्यों से हर्ष व्यक्त किया। विराजक, सर्वगन्ध, सलेटू, कुम्भा, चोष्या कुछ दिन तक हनुमान के साथ रहे और वापस आश्रम लौट आए।

पवन भी हनुमान की भाँति जब अगस्त्याश्रम की दीक्षा लेकर आए थे तो विद्याधर प्रह्लाद ने उत्सव मनाया था और नगरवासी आज की भाँति ही नाच-कूद रहे थे। पवन को भूत याद आता। कितनी आशाएँ थीं विद्याधर को और आचार्य अगस्त्य को कितना विश्वास था। पवन को तब लगा था कि वे आशा, विश्वास की गरदन मरोड़ रहे हैं। हनुमान को देखकर मृत भावनाएँ जी गईं, जो सुप्त था जाग गया। पिता का संकल्प यदि पुत्र पूर्ण कर दे तो लगता नहीं कि पिता ने नहीं किया। पिता पुत्र के कार्य को अपना मानकर गर्व का अनुभव करता है। हनुमान में पवन भविष्य देख रहे थे।

उचित अवसर जानकर हनुमान ने पिता ने कहा, "पिताश्री, मेरी इच्छा है कि रत्नपुर में एक वानर सम्मेलन आयोजित किया जाए।"

हनुमान वानर सम्मेलन आयोजित कर वानर जाति पर स्वयं के प्रभावशाली होने का प्रदर्शन करना चाह रहे थे। एक बार यदि व्यक्तित्व की पहचान हो गई तो सारे कार्य सरल हो जाएँगे। हनुमान स्वयं को स्वीकार कराना चाह रहे थे। बालि के मोह-जाल से छूटकर वानरों का झुकाव हनुमान पर हो गया तो अधिक दिन तक वानरराज बालि सम्राट न रह सकेंगे।

हनुमान अपनी योजनाओं के विषय में पहले पिता से ही वार्तालाप करना चाहते थे। हनुमान की योजनाओं में पवन की पैठ थी। अगस्त्य के द्वारा वे अपनी भूमिका बना चुके थे परन्तु व्यक्तिगत कारणों से क्रियान्वित न कर सके थे।

पवन ने सुना कि हनुमान वानर युवा सम्मेलन आयोजित करना चाहते हैं तो प्रसन्न हो बोले, "हनुमान यह तो मन की बात है। परन्तु बालि को शंका हो सकती है। यह सूचना सम्भव है रावण तक हो जाए।"

"तो क्या अन्तर? बालि के अधीन मेरा राज्य है परन्तु क्या हम विकास के लिए आयोजन नहीं कर सकते और रावण से मुझे भय नहीं है।"–हनुमान साहस के साथ बोले।

"तो ठीक है, मुझे तुम्हारी निर्भीक बुद्धि पर विश्वास है। वानर-राज को भी आमन्त्रण भेज देना।"

"नहीं पिताश्री, उन्हें आमन्त्रण क्यों? मैं किसी अधिपति, सम्राट को नहीं बुला रहा हूँ। मैं युवा वानरों को आमन्त्रित कर रहा हूँ। हाँ, किष्किन्धा के युवाओं को सूचना दी जाएगी।"

"किसे सूचित करोगे किष्किन्धा में?"

"मेरी बात हो चुकी है। सुग्रीव, जाम्बवान, सुषेण मेरे कार्यक्रम में प्रमुख रहेंगे।"

"सुषेण तो औषधियों के ज्ञाता हैं।...अब चाहे जिसे बुलाओ परन्तु तुम्हें अपना लक्ष्य सदैव याद रहना चाहिए। तुम्हें वानर राष्ट्र का मानसिक सम्राट बनना है।"

"मैं अपना उद्‌देश्य जानता हूँ पिताश्री। सम्राट कोई रहे, मैं तो व्यक्ति-व्यक्ति के हृदय में वास करना चाहता हूँ और राक्षसों का नाश...। यदि अवध के राम का साथ हो गया तो रक्ष-संस्कृति का समूल विनाश करके रहूँगा।"

"इसके लिए तुम्हें सम्राट की राजसभा में महत्त्वपूर्ण पद प्राप्त करना होगा। राज्य में हस्तक्षेप कर सकोगे, तुम्हारे पास अधिकार होंगे। अधिकार का बल बड़ा होता है, प्रजा नत रहेगी और तुम अपने लक्ष्य पर आगे बढ़ सकोगे।"

"ठीक है पिताश्री, मैं आपके निर्देशन में ही प्रत्येक कार्य करूँगा परन्तु आप मुझे इतना अधिकर तो दे ही दें कि मैं निर्णय लेने में स्वतन्त्र रहूँ।...अब चलता हूँ आयोजन की तैयारी में...।"

आज वानर जाति का प्रथम युवा सम्मेलन है। झुण्ड-के-झुण्ड वानर आ रहे हैं। वानरों के प्रभाव से रहे रीछ, ग्राद्ध भी अपने दल के साथ हैं। रीछों के अगुवा जाम्बवान, ग्राद्धों के जटायु भी उपस्थित हो चुके हैं।

रत्नपुर से कोस भर की दूरी पर जलाशय के समीप आयोजन स्थल है। आज हनुमान व्यस्त हैं, अतिव्यस्त। व्यस्त क्यों न हों, आज से उनका कर्म-क्षेत्र प्रारम्भ हो रहा है। हनुमान संयोजक हैं। वानर क्षेत्र का कोई युवा ऐसा नहीं था जो आया न हो। किष्किन्धा से सुग्रीव और सुषेण के नेतृत्व में युवा दल आ गया था। महेन्द्र के अमात्य वृष्टिनभ अपने दल का नेतृत्व कर रहे थे। महेन्द्र दल आए हुए लोगों में सबसे बड़ा दल था। बहुत भीड़ थी। भीड़ को ज्ञान नहीं था, भीड़ बैठना नहीं जानती, भीड़ को दिशा देनी पड़ती है। भीड़ के अगुवा को विज्ञ होना चाहिए, नहीं तो भीड़ खाई में गिर सकती है।

अनेक ग्रामों के ग्रामीण अपने युवा वीरों के साथ थे तो गुप्त रूप से अधिपति अपने क्षेत्र के सम्मानित व्यक्तियों के साथ।

अस्त-व्यस्त व्यवस्था देखकर हनुमान घबराए। वे कार्यकर्ताओं को दौड़-दौड़कर निर्देश देने लगे। अगस्त्य आश्रम से विराजक, चोष्या, कुम्भा, सावंगकर, करणपारा, माण्डूक, सलेटू और सर्वगन्ध आए थे, आश्रम से सगुणानन्द और सत्वमुनि भी पधार चुके थे।

हनुमान ने कार्यकर्ताओं को बुलाया, "आप सभी इतने ढीले क्यों हैं? इस तरह तो यह भीड़ मात्र एक ढेर की तरह हो जाएगी। आप लोग तत्काल दिशा के अनुसार व्यवस्था करें।...सर्वगन्ध तुम पूरब के मार्ग पर रहो, उन्हें सभास्थल का मार्ग बताओ।... चोष्या, तुम चलो सभास्थल की ओर, अगुवा से उसकी दिशा पूछो और दिशा अनुरूप स्थान दिलाओ।''

सलेट्टू, सर्वगन्ध, चोष्या, कुम्भा, करणपारा, माण्डूक में विद्युत-सी चपलता आ गई। विराजक मंच की ओर बढ़ गया। सगुणानन्द, सत्वमुनि, सुग्रीव, जाम्बवान, सुषेण मंच पर बैठ गए। विराजक मंच से चिल्ला-चिल्लाकर शान्त करता। भीड़ की ध्वनि कम न होती। हनुमान ने एक-एक कार्यकर्ताओं को लगा दिया। कन्धे झुका-झुका भीड़ को रत्नपुर के वानर बैठाने लगे।

बड़ी कठिनाई से वानर शान्त हुए। सभी की कार्यवाही प्रारम्भ हो गई। विराजक ने सभा में आए लोगों का स्वागत किया और हनुमान का आह्वान किया। हनुमान खड़े हो गए, बोले, "सभा में आए सभी जनों का हम अभिवादन करते हैं। आज की सभा के सभापति वानरराज बालि के अनुज सुग्रीव होंगे। आपको स्वीकार है!"

"स्वीकार है!...ठीक है! यही उचित है!" की ध्वनि से पूरा क्षेत्र गूँज गया। वानर 'हो-हो' करने लगे।

"शान्त हो जाएँ, आपका हर्ष अभिनन्दनीय है। आपके उत्साह से हम सब प्रेरित हो रहे हैं।...मैं देख रहा हूँ कि कोई ग्राम नहीं छूटा है और न ही कोई वरिष्ठ। मैं अत्यन्त प्रसन्न हूँ। पूर्व की ओर बैठे किष्किन्धा के वानर वीर, पश्चिम में बैठे महेन्द्र के वानर वीर और रत्नपुर के मेरे प्रिय साथियो! मंच पर बैठे वरिष्ठ जनो! अगस्त्याश्रम से आए आश्रमी श्रेष्ठों को मेरा अभिवादन। मैं स्वागत करता हूँ मंच पर बैठे सभाध्यक्ष सुग्रीव जी का और प्रमुख सभासभेय, सभासह–जाम्बवान, जटायु, विराजक, सत्वमुनि, सगुणानन्द और समस्त वानर अगुवाओं का। मैं ग्राद्ध, रीछ और अन्य जाति के श्रेष्ठों का विशेष रूप से स्वागत करता हूँ कि वे इस वानर युवा सम्मेलन में पधारकर हम पिछड़ों के उत्साह बढ़ा रहे हैं। मुझे विश्वास है कि हमारे पिछड़ेपन के साथ-साथ हमारी जाति भी सुधरेगी और हम प्रथम पंक्ति के योग्य हो सकेंगे।

"मैं मंच की ओर से काठला, गुजारी, पिनाकू, शेला, तोमरी, पीशा, मुसला, चापा, गदारी, जो अपने-अपने ग्राम के ग्रामणी हैं, स्वागत करता हूँ। मैं बीजसारा, मटेरहूँ, मन्दारा, सेमरी, कुन्दीपुर, खारी ग्रामों के ग्रामणियों का स्वागत करता हूँ। अभी जो नए ग्राम बसाए गए हैं, सम्भवतः लंकापति रावण द्वारा–उन सभी ग्रामों–रक्षपुरी, राक्षसग्राम, रक्षणपुर, सिंगवास, पिण्डवास से आए पीड़ित वीरों का मैं हृदय से स्वागत करता हूँ।"

हनुमान की जय!...सुग्रीव की जय!...हम जटायु के साथ हैं।...जाम्बवान की जय!... के सद्घोषों से सभास्थल पुनः गूँज उठा।

और पुनः शान्त...मौन...! संकान्त, चोष्या, कुम्भा, सलेटू, सर्वगन्ध मंच के अगल-बगल खड़े थे। हनुमान को छाई स्तब्धता को स्वर देना था। सबकी दृष्टि हनुमान पर थी।

हनुमान ने मौन तोड़ा, "वानर वीरो! हम एकत्र क्यों हुए हैं? मैं चाहता हूँ कि वानर जाति और वानर के समकक्ष अन्य पिछड़ी जातियाँ एक हो जाएँ।"

"तो क्या हम एक नहीं हैं? हमारी किसी से शत्रुता नहीं है।"—चापा भीड़ से उठकर बोला।

"तुम उचित कह रहे हो भद्र। परन्तु हम एक नहीं हैं। हमारी एकता बिखरी है। इसी बिखराव का लाभ हमारे शत्रु ले रहे हैं। देखने में हम एक हैं। हमारी संस्कृति एक है, हमारी परम्पराएँ, पर्व, हमारे खाद्य पदार्थ एक हैं। हमारे पूज्य रुद्र हैं परन्तु क्या हम एक ध्वनि सुनकर एकत्र हो सकते हैं? क्या हमारा पड़ोसी ग्राम सुरक्षित है? यदि कोई आक्रमण हो तो क्या कोई हमारी सहायता के लिए आगे जाएगा। एकजुटता कहाँ है!... मेरे वानर भाइयो! हमें अब एकता की परिभाषा करनी होगी। रक्ष-संस्कृति का फैलाव हो रहा है। कई ग्राम राक्षसों ने बसा लिये हैं। वहाँ हमारे वानर भाई दुःख भोग रहे हैं। सम्राट को राजकार्य से अवकाश ही नहीं है। मैं वानरराज बालि का सम्मान करता हूँ परन्तु अपना भी कर्तव्य है, दायित्व है, और...। हम अपनी पहचान बनाए रखें, उसकी रक्षा करें।"

हनुमान बालि के दोषों का वर्णन नहीं करना चाहते थे। परन्तु राज्य की व्यवस्था में चुन-चुनकर दोष निकालते। हनुमान जानते थे—चाहे जितना भी गुणी व्यक्ति हो अवगुणों से परे नहीं हो सकता।

हनुमान ने पुनः कहा, "हमें ग्राम से ग्राम को जोड़ना है। इसके लिए झाड़ियों को काटकर मार्ग बनाने होंगे, यही मार्ग ग्राम को हृदय से जोड़ेगा...हमें व्यक्ति से व्यक्ति को मिला देना है। अपने अन्दर सेवा-भाव पैदा करना होगा। सेवा से ही हम व्यक्ति को जीत सकते हैं। सेवा से हृदय मिलता है। इसी माध्यम से हम वानर राष्ट्र की, वानर जाति की सेवा कर सकते हैं।...हमें दम्भी नहीं होना चाहिए, आलस्य छू तक न सके, अज्ञान मिटाना होगा, हमें अपनी परम्पराओं को सुधरी परम्परा से जोड़ना होगा, भेद तो रहे ही न, इसके लिए प्रथम आवश्यकता है कि हम निर्भीक हों। भय ऐसा भाव है जो व्यक्ति के समस्त कार्यकलापों में अवरोध पैदा करता है। हम अपने को निर्बल न समझें, हमारा बल सेवा के लिए हो। बल का समुचित प्रयोग किसी की सेवा के लिए किया जाए तो परिणाम स्पष्ट होने लगेगा। हमें द्वैत में नहीं फँसना है। हम भले ही अकेले रहें परन्तु अनुपम रहें, हमारे जैसा दूसरा कोई न हो।"

"हमें आपकी बात समझ में नहीं आ रही है।"—रक्षपुरी का कुण्डेभार बोला।

"कुण्डेभार जी आप बैठ जाएँ। प्रारम्भ में शब्द से अर्थ तक, कार्य से लेकर क्रियान्वयन तक न तो बुद्धि में बात आती है और न कोई समझ...। बाद में सब सरल,

और परिणाम तक स्पष्ट हो जाता है।" हनुमान बोले और पुनः अपने अन्तिम वाक्य के आगे खड़े हो गए, "हमें समाज के सबसे नीचे रहने वाले प्राणी की सहायता करनी है। पूरा ध्यान देना है उसके विकास हेतु उसकी प्रगति के लिए। हमें आपसी द्वन्द्व को समाप्त करना है। रावण वानरों, रीछों, ग्राद्धों को नीच समझता है। कोई रुद्र से जाकर पूछे कि हम नीच क्यों हैं? हम पिछड़े क्यों हैं? हमें वही स्थान प्राप्त करना है जहाँ कोई हमें नीच दरिद्र न कह सके। यह सब बालि की समझ के बाहर है। वे रावण के मित्र हैं। भला एक मित्र अपने मित्र की जाति को नीच जाति कहता है। रावण मेरे वानरराज से मल्लयुद्ध में हार चुका है फिर भी उसके शब्द-सम्बोधन आप देख रहे हैं! हमें अपने विकास से, अपनी सेवा से यह बता देना है कि जो उच्च बनते हैं वे भी नत हैं हम सबके आगे।

"...मैंने अवध तक की यात्रा की है, अवध के राजकुमार राम के साथ मेरा एक वर्ष बीता है। मैं स्वयं राम का सेवक बन गया हूँ। मुझे विश्वास है कि राम वानर क्षेत्र के विकास में पूरा सहयोग देंगे। मेरा विश्वास उन पर दृढ़ है। आप सभी के स्नेह से मैंने अवध का हृदय जीता है। हमारे सम्राट को यह सब करने का अवकाश नहीं है।... मेरा विचार है हर ग्राम तीर्थ बन जाए। हर घर व्यायामशाला। प्रत्येक अधिपति की अपनी सम्प्रभुता हो, वह स्वतन्त्र रहे। वानर राष्ट्र का प्रत्येक प्राणी स्वतन्त्र हो। मेरी यही इच्छा है।...कर्म को हृदय में उतारना होगा। कर्म यदि आत्मा से किया जाए तो उस कर्म के परिणाम का मूल्य आँकना कठिन होगा। मैं पुनः दोहरा रहा हूँ—आप सभी को आक्रमण का भय व्याप्त है। इस भय को दूर कर दें।"

सभा समाप्त हुई। सुग्रीव युवा वर्ग के अध्यक्ष बने। हनुमान का नेतृत्व सभी ने स्वीकार किया। निर्णय लिया गया कि हर एक ग्राम में वानर युवा संगठन स्थापित हो।

अगस्त्य द्वारा प्राप्त ज्ञान का भरपूर प्रयोग किया हनुमान ने। अगस्त्य जो चाहते थे वही हुआ। पूरा वानर समाज राम का दास था। स्पष्ट है—आर्यों का दास। बिना किसी युद्ध के बिना किसी व्यय के। अगस्त्य का मानसिक दबाव हनुमान के माध्यम से बढ़ता गया।

9

दक्षिण क्षेत्र और दक्षिण के द्वीप समूहों में लंका का वैभव पहचान बन गया। पूरी लंका सुव्यवस्थित, सुरक्षित थी। सागर घेरकर खड़ा था। राक्षस प्रजा सुख से थी। राक्षसवीर विजय अभियानों में व्यस्त थे। रावण को पल भर का विश्राम नहीं और जब से हनुमान की गतिविधियों का पता चला तब से रावण चिन्तित हो गए।

राज्य के महारथी और प्रमुख राजकर्मी रावण को घेरकर बैठे हैं। सुमाली से विस्तृत चर्चा हो रही है। द्वारपाल ने सूचना दी, "लंकापति की जय हो! सूचना-यात्री टहलवा सूचना लाए हैं, आपके दर्शन के इच्छुक है।"

"प्रस्तुत करो।"

टहलवा को मार्ग दे दिया गया। टहलवा ने अभिवादन किया, "सम्राट की जय हो! मेरा अभिवादन स्वीकारें।"

"कहो, क्या समाचार है?"

"महाराज, मेरे पास तीन सूचनाएँ हैं—वानर क्षेत्र की, अवध की और अगस्त्य आश्रम से सम्बन्धित। क्षमा करें, एक और सूचना मैं भूल गया था वह है विदेह की। मुझे समाचार कहने की आज्ञा हो।"

"हाँ-हाँ कहो, तुम समाचार कहो और मेरी व्यग्रता शान्त करो।"—रावण शीघ्र ही सूचना से अवगत होना चाहते थे।

"सुनें महाराज! पहले वानर राष्ट्र से अवगत हों," टहलवा बोला, "वानर राष्ट्र के वानर, रीछ, ग्राद्धों ने अपने-अपने ग्राम में समिति बना ली है। वे रक्ष-संस्कृति के विरोध में बात करते हैं। बालि को सुग्रीव पर इतना विश्वास है कि वे सुग्रीव की गतिविधियों पर ध्यान नहीं दे रहे हैं। हनुमान युवा वानरों का नेतृत्व कर रहा है। सुग्रीव और किष्किन्धा के वे लोग जो सुग्रीव के प्रभाव में हैं, सीधे हनुमान के प्रभाव में आ गए हैं। सुग्रीव से हनुमान की गाढ़ी मित्रता है। मुझे तो यह भी पता चला है कि बालि को किसी भाँति सम्राट के पद से अपदस्थ पर स्वयं सुग्रीव सम्राट बनना चाहते हैं और हनुमान प्रधान अमात्य। विशेष तो यह है महाराज! कि राक्षसों की गतिविधियाँ शून्य हो गई हैं इन वानर युवकों के हस्तक्षेप के कारण।"

"इन वानरों को सबक सिखाना होगा इनका मस्तिष्क चढ़ गया है। ये मूर्ख हैं, यह भी नहीं जानते कि हम राक्षस और वानर यहाँ के मूल-निवासी हैं। आपस में इस तरह के भेद से देव-आर्य हम पर चढ़ आएँगे।"—रावण वानरों पर खीझ भी रहे थे और आक्रोशित भी थे।

"अवध की सूचना से विज्ञ हो लंकापति," टहलवा ने निवेदन किया, "अवध के सम्राट दशरथ जो अब तक पुत्रहीन थे उन्हें पुत्ररत्न की प्राप्ति हो चुकी है, चार पुत्र हुए हैं दशरथ की रानियों को और विदेह के महाराज सीरध्वज को कन्यारत्न की प्राप्ति हुई है। बहुत गुप्त सूचना दे रहा हूँ। आर्य ऋषि चाहते हैं कि अवध और विदेह में सम्बन्ध स्थापित करा दिया जाए फिर अवध के राजकुमारों का सम्बन्ध युवा वानरों के संगठनों से...। वे एक महाशक्ति की योजना में हैं। सबकी दृष्टि आप पर है। अगस्त्य और विश्वामित्र ने अनेक आश्रम स्थापित कर रखे हैं। दक्षिण के ऋषियों का जाल बिछा है।"

"जनस्थान तो मेरा है! दण्डकारण्य से ग्राद्धों का अधिकार छिन ही गया! ग्राद्ध

अवध के अधीन थे, अब मेरी सम्प्रभुता में हैं या वानरराज बालि के अधीन। रही बात ऋषियों की तो मैं शीघ्र ही राक्षसों की टोलियाँ विभिन्न दिशाओं में भेजता हूँ। ऋषि तंग आकर अपना स्थान छोड़ देंगे।"–रावण निश्चिन्त लगे।

रावण के ऐसा कहने पर सुमाली बोले, "लंकापति! मेरे विचार से आप छोटे आश्रमों के ऋषियों को हानि पहुँचाएँ परन्तु अगस्त्य को न छेड़ें। अगस्त्य को छेड़ना हितकर नहीं है, वे वानरों के पूज्य हैं। दक्षिण में आपका विरोध हो सकता है।"

"एक सलाह मेरी भी है," अकम्पन बोले, "वानर क्षेत्र में गुप्तचरों का जाल बिछा दिया जाए। बालि को भोग-विलास की वस्तुएँ भरपूर उपलब्ध कराई जाएँ, जिससे उनका ध्यान मेरे गुप्तचरों पर न हो।"

"वानर क्षेत्र, पूरा दण्डकारण्य क्षेत्र, ताड़का क्षेत्र समस्त दिशाओं में गुप्तचर लगा दिए जाएँ, मुझे पल-पल की सूचना मिले।...अभी हमें कुबेर को जय करना है, यमराज को धूल चटाना है और रुद्र से आशीर्वाद लेना है। मेरे राक्षस वीर महारथियो, विजय अभियान की तैयारी करो और अपनी दृष्टि हर स्थान पर रखो। जो दृष्टिहीन हो गया वह पराजित हो गया। इन नीच वानरों, रीछों, ग्राद्धों और डरपोक ऋषियों से भयभीत होने की आवश्यकता नहीं है।" रावण सहमत होते हुए बोले।

एक क्षेत्र जय करने के बाद लगता कि रावण को विश्राम मिला परन्तु विश्राम रावण के भाग में नहीं है। रावण को चैन ही कहाँ? आए दिन कुछ न कुछ घटित हो जाया करता था। अब वानर राष्ट्र में ही विद्रोह की स्थिति बन गई थी। इसे बालि को दूर करना चाहिए परन्तु बालि अपने बल के मद में चूर कहीं विश्राम में लीन होगा। बालि में अनेक गुण हैं परन्तु उसका स्त्री-सुख उसे ले डूबेगा, जब से सम्राट का पद उसे मिला है, वह नित-नई स्त्रियों की चाह रखने लगा है। बालि पर देवों का प्रभाव कहाँ से आ गया? रावण को अतीत जानना होगा, जो आर्य या देव बहिष्कृत कर दिए गए हैं उन्हें राक्षस बनाना होगा। स्वच्छ जल से युक्त स्थान उपलब्ध कराना होगा। जो मानसिक रूप से पीड़ित हैं उन्हें बुद्धि बल प्रदान करना होगा, आश्वासनों के आलम्ब का टेक देना होगा। इसी प्रकार राक्षसों की वृद्धि सम्भव है और रक्ष-संस्कृति का विस्तार। यहाँ क्या नहीं है! देवों से हमारी भूमि क्या अच्छी नहीं है! सागर है, नदियाँ हैं, घने वन, जलाशय, फूलों से लदे वृक्ष, सीधे सरल लोग हैं। सूर्य का उगना भला यहाँ से कहीं अच्छा दिखता है! सूर्य हमारा तनाव कम करता है। सूर्य की ऊर्जा हमें शक्ति देती है, सूर्य मेरा है। उगता सूर्य। देव तो डूबते सूर्य को ही प्रगति मानते हैं। बादलों से घिरा उनका प्रदेश। शीघ्र ही अस्त हो जाएँगे।

रावण को सूचना मिल चुकी थी कि वानर क्षेत्र पर अगस्त्य का प्रभाव है। अगस्त्य आर्यों के श्रेष्ठ और सम्मानित ऋषि हैं। सैंधव में अगस्त्य के प्रभाव से कोई अछूता

न था। पवन की शिक्षा अगस्त्य आश्रम में हुई है। अवश्य ही अगस्त्य ने पवन को आर्यों के हित में शिक्षा दी होगी। पवनपुत्र हनुमान भी अगस्त्य-आश्रम से दीक्षित हुए हैं। पूरा वानर क्षेत्र आर्य बुद्धि का हुआ जा रहा है और बालि के कान बन्द हैं। जिसके पास कान नहीं हैं वह सम्राट होने का अधिकारी नहीं है। वह दिन दूर नहीं कि वानर राष्ट्र की सम्प्रभुता हनुमान के हाथों में...।

रावण का सिर घूम गया, "बस एक बार यदि वानर बदल गए तो फिर लौटकर वे वानर न रह सकेंगे, या तो आर्य हो जाएँगे या राक्षस। मुझे राक्षस बनाना है और यदि राक्षस न भी बने तो आर्य कदापि नहीं बनने देना है। बदला हुआ व्यक्ति अपने अतीत जैसा नहीं होना चाहता, उसे अपना भूत आश्चर्य लगता है। वह इतिहास सुन सकता है। लज्जित या गर्वित हो सकता है। अच्छा तो वर्तमान ही होता है।"

"दक्षिण क्षेत्र की समस्त पिछड़ी जातियाँ बालि के अधिकार में हैं। मुझे शीघ्र ही एक दूत बालि के यहाँ भेजकर विद्रोही वानरों की सूचना देनी होगी और बालि को सचेत करना होगा।" रावण ने अनुचर को टहलवा को उपस्थित करने का आदेश दिया।

अनुचर चला गया। आधी घड़ी बाद टहलवा उपस्थित हो गया, "लंकापति की जय हो। मेरे लिए क्या आज्ञा है महाराज!"

"टहलवा! किष्किन्धा के लिए उचित दूत की व्यवस्था करो।"—रावण एक वाक्य बोले। टहलवा सीधे समवृत्तिवाह के यहाँ चला गया।

समवृत्तिवाह टहलवा के निकट ही रहते थे। आयु अधिक थी। टहलवा के पूर्व सूचना विभाग का कार्य वही देखते थे। टहलवा को अपनी ओर आता देखकर समवृत्तिवाह सचेत हो गए। "आ टहलवा आ! पड़ोस में रहकर भी तू कहाँ मिल पाता है? अवश्य ही कुछ विशेष हुआ है।" समवृत्तिवाह बोले।

"समवृत्तिवाह जी! आप हम सभी के आदरणीय हैं। आप जानते हैं कि विजय अभियान और रक्ष-संस्कृति को लेकर लंकापति कितने चिन्तित हैं। क्षण भर का अवकाश नहीं। लंकापति का सारा कार्यक्रम अब सूचनाओं पर निर्भर है।" टहलवा ने व्यस्तता व्यक्त की और हाथ जोड़ लिया, "आपसे एक अनुरोध है।"

"कहो क्या बात है? अब मैं किस योग्य हुआ जाता हूँ?"

"आयु के बढ़ जाने से बुद्धि और प्रखर हो जाती है। हम सब जहाँ कहीं रुकावट अनुभव करते हैं तो गति पाने आपके यहाँ ही तो आते हैं।"

"अधिक भूमिका की क्या आवश्यकता? सीधे अपनी बात कहो!"

"वानर क्षेत्र की गतिविधियों से लंकापति चिन्तातुर हैं। एक योग्य दूत की आवश्यकता है। मेरी दृष्टि में आपसे अनुभवी और धैर्यशील, शान्त कोई नहीं। आप तार-तार समझाने के विशेषज्ञ हैं। आप अभी लंकापति से मिल लें।"

टहलवा ने वानर क्षेत्र में फैली विद्रोहात्मक गतिविधियों से विज्ञ कराया। सुग्रीव, हनुमान, नल, नील, तार, मलयवन, जाम्बवान की गुपचुप विरोधी नीतियों से भी अवगत

कराया। लंकापति की एक बार और सेवा करने का अवसर समवृत्तिवाह ठुकराना नहीं चाहते थे।...और टहलवा के साथ राजभवन की ओर चल पड़े।

द्वारपाल ने रावण के कक्ष में प्रवेश किया, "महाराज की जय हो। टहलवा जी और उनके साथ एक वृद्ध भद्र आपके दर्शन की आज्ञा चाहते हैं।"

"शीघ्र उपस्थित करो,"–रावण की जान में जान आ गई। वे इस नई समस्या का समाधान खोजने में सफल हो गए थे।

टहलवा और समवृत्तिवाह उपस्थित हैं। समवृत्तिवाह को देखते ही रावण पहचान गए। बोले, "अरे समवृत्तिवाह तुम! अब मेरा कार्य आसान हो गया, तुम अवश्य ही...।"

"लंकापति की जय हो। मुझे टहलवा ने सब कुछ बता दिया है। मैं वानर क्षेत्र में कार्य भी कर चुका हूँ। आज्ञा हो! मुझे क्या करना है?"

"समवृत्ति! तुम बालि के यहाँ दूत बनकर जाओ। उन्हें स्पष्ट कर दो कि राज्य में विरोधी गतिविधियाँ प्रभावी हो रही हैं। हनुमान, सुग्रीव, नल, नील, तार, जाम्बवान आदि गुप्त रूप से बालि का विरोध कर रहे हैं। तुम स्वयं विवेकी हो अच्छी प्रकार बालि को समझा सकते हो। एक बात की स्वीकृति ले लेना कि किसी प्रकार हनुमान अपने वानरों के साथ में विजय अभियान में सहयोग करें, यदि ऐसा हो गया तो हमें दो लाभ होंगे। एक तो यह कि हम वानरों के बल की थाह ले लेंगे, दूसरा–हनुमान से भय नहीं रहेगा, शत्रु के मित्र की विजय को पचाना सरल बात नहीं है। यह भी सचेत कर देना कि मतंग ऋषि का क्षेत्र अगस्त्य द्वारा पोषित हो रहा है। वानर क्षेत्र में घुन लग गया है। आर्यों ने जाल फैला दिया है। कभी भी रावण या बालि उस जाल में फँस सकते हैं।"

समवृत्तिवाह चले गए। सागर पार करने के लिए पोत और रथ की व्यवस्था कर दी गई थी।

"समवृत्तिवाह का अभिवादन स्वीकार करें वानर सम्राट!" समवृत्तिवाह ने अनुमति ली और बालि के कक्ष में प्रवेश किया, "मैं लंकापति राक्षसों के सम्राट रावण का दूत हूँ। अतिआवश्यक सन्देश और चर्चा हेतु लंकापति ने आपके अधीन भेजा है।"

"क्या किसी कठिनाई में हैं लंकापति?"

"कठिन तो कुछ भी नहीं लंकापति के लिए और आप भी तो असम्भव शब्द नहीं जानते परन्तु चिन्ता अवश्य है।"

"चिन्ता! किसलिए?"–बालि को आश्चर्य हुआ।

"हाँ सम्राट, उन्हें राक्षसों की या लंका की नहीं, आपकी चिन्ता है। वानर क्षेत्र में विरोधी गतिविधियाँ पनप रही हैं। राज समिति के कई सदस्य गुप्त रूप से आपका विरोध कर रहे हैं। यही नहीं, आपके परिवार में भी विरोधी मानसिकता फल-फूल रही है। अभयदान हो तो आगे कहूँ।"

"कहो समवृत्तिवाह। दूत को क्या भय? दूत और सूचना-यात्री को भय नहीं होना चाहिए और किसी को इन्हें छेड़ने का अधिकार भी नहीं है।"

"क्षमा करें सम्राट, सुग्रीव पद के लोभी हो गए हैं। हनुमान के साथ मिलकर आपके विरोध में स्वर मिला रहे हैं। इसका प्रारम्भ हनुमान द्वारा आयोजित वानरों के सम्मेलन से हुआ है।"

"क्या कह रहे हो समवृत्तिवाह!" बाली के माथे पर बल आ गया, "मैं यह मानने को तैयार नहीं। सुग्रीव मेरा अनुज है, सगा है। उसे अब भी दुलार देता हूँ। जो सुख मैं भोगता हूँ उसे भी वही उपलब्ध है, फिर विद्रोह क्यों? और हनुमान ने तो नई क्रान्ति ला दी है। कामचोर वानरों में कार्य के प्रति उत्साह जाग गया है। ये उपवन, ये मार्ग, ये जलाशय और प्रत्येक ग्राम में व्यायामशाला। स्वयं हनुमान निर्देशित कर रहे हैं। हनुमान ने वानर क्षेत्र को समृद्ध कर दिया है। हनुमान के कारण मैं सुख भोग रहा हूँ। राज्य की ओर से चिन्ता मुक्त हूँ।"

"आप मेरी बात भले न स्वीकार करें परन्तु यह सत्य है। समस्त अधिपति हनुमान के प्रभाव में हैं। प्रजा में हनुमान का मान है, यदि प्रजा ने आपके प्रति विद्रोह कर दिया तो?...प्रजा में विद्रोह के प्राण यदि हनुमान ने फूँक दिए तो..., निश्चित ही हनुमान को वानर अपना सम्राट मान लेंगे।"

समवृत्तिवाह सोचने लगा, 'राक्षस वानरों को नीच समझते हैं। यदि ये नीच और हीन हैं और इतना विकास कर सकते हैं तो हम राक्षस क्यों नहीं? परन्तु लंकापति को केवल विजय यात्रा करनी है, राज्य के विस्तार में ही सुख पाते हैं। भले ही अन्य सभी विषयों में पिछड़े रह जाएँ हम। हम इन्हें मूढ़ समझते रहे, अविवेकी मानते रहे परन्तु इन वानरों को तो देखो!"

"क्या सोच रहे हो समवृत्ति?"—बालि मौन रहना नहीं चाह रहे थे। "सोच रहा हूँ सम्राट कि हनुमान की दीक्षा अगस्त्याश्रम में हुई है। अगस्त्य सदैव मूल निवासियों को विरोध की ही दीक्षा देते हैं।...और हनुमान के पिता भी अगस्त्य आश्रम से दीक्षित हुए हैं। अगस्त्य को आर्य-लाभ दिखाई दे रहा है। पवन असफल हो गए। अब हनुमान को सिखा-पढ़ाकर अगस्त्य ने भेजा है। अगस्त्य कभी यहाँ के मूल लोगों का हित सोच सकते हैं भला!"—समवृत्तिवाह का यह अन्तिम प्रहार कार्य कर गया।

"ठीक है, मैं गुप्तचरों को उनकी गतिविधियों पर दृष्टि रखने के लिए आदेश दिए देता हूँ।" बालि की समझ में कुछ और आने लगा, "परन्तु मेरे राज्य में राक्षस हस्तक्षेप न करें, बस सूचना दे सकते हैं।"

"गुप्तचरों से कार्य होने वाला नहीं, मेरी विज्ञता में आपके राज्य की गुप्तचर व्यवस्था ढीली है। लंकापति की एक सलाह है, आप स्वीकारें। शीघ्र ही लंकापति अलकापुरी के विजय अभियान पर निकलने वाले हैं। 'राक्षसों की ओर से हनुमान वानर वीरों के साथ लंकापति की सहायता करें। कुबेर से युद्ध करें, उन्हें बन्दी बनाएँ। यदि ऐसा हुआ

तो हनुमान आपके और राक्षसों के विरोधी नहीं माने जाएँगे।' अगस्त्य की दीक्षा का प्रभाव अभी होगा तो हनुमान कभी भी राक्षसों का पक्ष नहीं लेंगे। यही एक परीक्षा कर लेने का माध्यम बनता है।"

"चलो तुम्हारा कहा मान लेते हैं कल ही पवन के यहाँ किसी सभासद को भेजकर इस प्रस्ताव का निवेदन करते हैं।" बालि सहज भाव से बोले, फिर उनकी छाती उत्तान हो गई, अँगुली उठ गई, "हाँ, एक बात रावण से कहना...पुनः कह रहा हूँ...मेरे राज्य में कोई हस्तक्षेप न करे। उन्हें जो कठिनाई हो मुझसे कहें। मैं दूर करूँगा। मुझे उनके उपहार स्वीकार हैं परन्तु हस्तक्षेप नहीं। मैं मित्र हूँ, मैं भी रावण का ध्यान रखता हूँ। मेरे कारण उन्हें कोई बाधा न हो इसी सोच में रहता हूँ। कहना की वानर क्षेत्र से निश्चिन्त रहें।"

समवृत्तिवाह ने अभिवादन किया, जाने की आज्ञा ली और जिस मार्ग से आए थे, लौट गए।

वानर क्षेत्र में कितना सच हो रहा है, कितना झूठ। सच का ज्ञान नहीं, झूठ की सूचना नहीं। सत्य-असत्य में बल का क्या कार्य? यहाँ बुद्धि चाहिए। तो क्या बालि बुद्धिहीन है। "ओह! रावण से सन्धि करके पछता रहा हूँ। व्यर्थ में झंझट मोल ले लिया। उठा के पटक तो दिया ही था, बस प्राण ही हर लेना था, सो रावण को महत्त्वपूर्ण जानकर छोड़ दिया। क्या-क्या सोचता रहता है! अब उसे मेरे अमात्यों पर सन्देह हो रहा है, हनुमान जैसे विकास पुरुष पर शंका हो रही है। वानरों का विकास उसे सहा नहीं जा रहा है। वानर पच नहीं रहे।...परन्तु मित्र है तो अपने लाभ में कहीं न कहीं मेरा लाभ भी तो सोचता होगा। हनुमान का परीक्षण कर लेना उचित होगा। चित्र स्पष्ट हो जाएगा।

बालि कक्ष से बाहर आ गए। उन्हें लगा की आँधी ने उपवन के साथ निर्दयतापूर्वक व्यवहार किया है। पेड़ों ने अपने फल भूमि पर डाल दिए हैं। पुष्प लोट गए हैं। पत्ते दास बन गए हैं। शाखाएँ समर्पित हो गई हैं।

उपवन के कई चक्कर लगाए बालि ने, याद आया पवन के यहाँ कलामेघ को भेजना चाहिए। बालि कक्ष मे आ गए। द्वारपाल से कहा, "कलामेघ को बुलवाओ!"

कलामेघ को आने में प्रहर भर लगा परन्तु बालि को लगा कि पलक झपकते ही कलामेघ आ गए। बालि पर ताड़ रस का प्रभाव था परन्तु सहज थे, बोले, "आप मेरे वरिष्ठ और अति विश्वासी सभासह हैं। आपको पवन के पास जाना है...एक आवश्यक कार्य आ पड़ा।"

"रत्नपुर की यात्रा! पवन जी को बुला लें तो क्या कार्य नहीं बन पड़ेगा।"—कलामेघ यात्रा से दूर रहते थे।

"बात यह है कलामेघ...रावण ने अपने विजय अभियान में इस बार अलकापुरी को लक्ष्य किया है।"

"अलकापुरी! कुबेर पर आक्रमण! लंका तो मिल ही गई।"

"हाँ अलकापुरी, रावण की नीति राज्य विस्तार की है। हम रोक नहीं सकते। मेरे कारण वानर क्षेत्र सुरक्षित है, नहीं तो रावण ने यहाँ भी प्रयास...और इस विजय अभियान में वे वानर वीरों की सहायता चाहते हैं, युद्ध के लिए। विशेष रूप से हनुमान के संरक्षण में वानर वीर...हनुमान वानरों के सेनापति होंगे, यही इच्छा है रावण की।"

"मुझे तो लगता है वानरराज कि रावण आपकी मित्रता की आड़ में राक्षस हित में कार्य कर रहे हैं।"

"तो हानि ही क्या? कौन नहीं अपना हित चाहेगा? रावण के कारण मैं भी तो सुरक्षित हूँ। आर्य आक्रमण करने का साहस कर सकते हैं भला!"—बालि ने कलामेघ की बात काट दी।

कलामेघ रत्नपुर के लिए तैयार हो गए। बल यात्रा करेंगे। हनुमान को पल-पल की सूचना है। यह सूचना उन्हें चकित करने वाली थी। हनुमान ने सुग्रीव से आज्ञा ली। सूचनाओं से अवगत कराया और शीघ्र भागे रत्नपुर की ओर। कलामेघ के पूर्व वे पहुँच जाना चाहते थे।

पवन यज्ञ कर रहे थे। अगस्त्य ने नित्य यज्ञ की सलाह दी थी। यज्ञ का अर्थ समिधा का हवन नहीं वरन् एक वेदी पर बैठकर चिन्तन करना था। औचक हनुमान के आने की सूचना मिली, "हनुमान! बिना सूचना के हनुमान का आगमन, कोई विशेष प्रयोजन आ पड़ा क्या?"

पवन वेदी से उठ गए और कक्ष की ओर चले गए। हनुमान ने पिता को आते देखा, चरण स्पर्श किया। सहज थे हनुमान, न कोई अकुलाहट, न कहीं तनाव। "क्या बात है हनुमान? प्रातः ही तुम यहाँ! पूरी रात चले हो, लगता है।"—किसी अदृश्य आशा से घिरे थे पवन।

"सब कुशल है पिताश्री, मैं तो ऐसे प्रयोजन हेतु निर्मित ही हुआ हूँ। आए दिन घटने वाली घटनाओं को गाँठ बाँधकर क्या रखना? घटनाओं का समाधान करना...हाँ एक विशेष प्रयोजन उपस्थित हो गया है।"

"क्या बात है पुत्र?"—पवन को सन्देह हो गया कि कहीं बालि को हनुमान की विरोधी गतिविधियों की सूचना न मिल गई हो, वे डर गए।

"भय की कोई आवश्यकता नहीं है पिताश्री।" हनुमान पवन का भय भाँप गए, "रावण का कोई प्रस्ताव बालि के माध्यम से आपके पुराने मित्र कलामेघ प्रस्तुत करने वाले हैं।" हनुमान मुख्य बात टाल गए। पवन को व्यर्थ की चिन्ता में उलझाना नहीं चाहते थे।

"कलामेघ से तो मेरे सम्बन्ध पीढ़ियों से हैं। सम्भव है इसी कारण बालि ने कलामेघ

को भेजा है कि मैं बात न काट सकूँ।...चलो देखा जाएगा।"–पवन भी सहज हो गए।

पवन आ गए। कलामेघ को देखा। वे तो जानते ही थे कि कलामेघ आने वाले हैं। औपचारिक अभिवादन हुआ। पवन ने आने का कारण पूछा, "कहो कलामेघ, कैसे मार्ग भूल गए। किष्किन्धा तुम्हें छोड़ती ही नहीं, यात्रा से भी भय रखते हो। प्रयोजन कहो। क्या प्रिय करूँ तुम्हारा?"

"पवन जी आप मुझसे आयु में बड़े हैं। हमारे सम्बन्धों में कभी भेद नहीं हुआ।" कलामेघ चर्चा की भूमिका बना रहे थे। हनुमान दूसरे कक्ष से किवाड़ की ओट होकर सुन रहे थे, "पूरी पृथ्वी पर, जहाँ तक मेरी दृष्टि जा रही है वानरों जैसा मेल-मिलाप कहीं नहीं है। वानर सम्बन्धों की प्रगाढ़ता के लिए प्रसिद्ध हैं। वानरों से रीछ, कोल, ग्राद्ध, भील, शबर, निषादों ने सम्बन्ध बनाने के गुर सीखे हैं।"

"लगे कथा कहने। कभी तो अपना और परिवार का हाल-चाल कहते! वैसे बात अच्छी कर लेते हो। चलो, शीघ्र बताओ किस प्रयोजन से आना हुआ?"–पवन आतुर थे शीघ्र कारण जान लेना चाहते थे।

"मैं शीघ्र ही मुख्य बात पर आ रहा हूँ परन्तु मेरी भी कुछ सुन लें। मुख्य बात मेरी नहीं है।...हम सम्बन्धों को मधुर बनाने में सरल और सहज हो गए। बहुत लोग हमारी सरलता को मूर्खता समझ बैठे हैं। देखिए पवन जी! मैं तो तटस्थ रहता हूँ फिर भी मेरे नयन बन्द तो नहीं हैं। राक्षस भी मेरे सीधेपन का लाभ उठाना चाहते हैं। आर्य भी...। राक्षसों का परोक्ष प्रभाव वानरों पर पड़ रहा है। पहले देव हमसे लाभ लेते रहे अब राक्षस दृष्टि गड़ाए हैं। आर्यों को हमारा रूप घिनौना लगता है।...और, लाभ लेना हो, उनके हित की बात हो तो हम अच्छे हो जाएँगे।...देवों को, आर्यों को, राक्षसों को भी हमारी खाद्य वस्तुएँ रुचती नहीं। वे कहते हैं कि वानर पशु के खाद्य पदार्थ खाते हैं। किस बात के श्रेष्ठ हैं देव, श्रेष्ठ हैं आर्य और राक्षस...? अरे ये तो अभी कुछ वर्ष पहले सुना था कि वन-वन भटकते थे। मेरी समझ में कुछ नहीं आता पवन जी।"

"अरे छोड़ो, जो समझ के परे है उसमें बुद्धि लगाने की आवश्यकता ही क्या?"–पवन आतुर तो थे ही, खीझे भी।

"आप मेरा प्रवाह न बिगाड़िए, सुनिए–आर्य, देव, ऋषि सब एक हैं। अलग हैं तो वानर ही न! बालि ने रावण से सन्धि कर ली है, जिससे आए दिन नया-नया बखेड़ा खड़ा रहता है। बालि को कौन समझाए? एक अगस्त्य ही दीखे जो वानरों का भला चाहते हैं!"

कलामेघ को कहाँ पता था कि अगस्त्य भी आर्य-लाभ देख रहे हैं। पवन सोचने लगे कि चलो मार्ग पर तो हैं।

"...बालि को रावण ने कहलवा भेजा है कि अलकापुरी के विजय अभियान में हनुमान वानर वीरों के साथ वानरों का नेतृत्व करें और रावण के पक्ष में युद्ध करें। रावण को सन्देह है कि कुछ वानर राक्षस विरोधी गतिविधियाँ अपना रहे हैं। मित्र होने

के कारण बालि के राज्य का वानर राक्षसों का विरोध नहीं कर सकता। रावण ने दूत के माध्यम से बालि के कान भर दिए हैं। बालि को हनुमान, सुग्रीव पर सन्देह हो गया है कि भविष्य में ये दोनों मुझे सम्राट के पद से हटा देंगे और स्वयं...। इसी सन्देह को मिटाने के लिए बालि ने हनुमान का चयन स्वीकार किया है। रावण का भी विचार था कि हनुमान ही वानरों के सेनापति बनकर आएँ।...यह सन्देह वाली बात मैं अपनी ओर से कह रहा हूँ। वे तो मात्र हनुमान को युद्ध में जाने का आदेश ही भिजवाए हैं। आप अपने हैं सो यह सब कह रहा हूँ।"

पवन ने सुना तो चेहरे का रंग पीला हो गया। अवाक् से देखते रहे कलामेघ को, फिर बोले, "यह तो उचित नहीं है कलामेघ! परन्तु बालि के आदेश की अवहेलना करने का साहस मुझमें नहीं है। हनुमान अल्पज्ञ है, अभी युद्ध की नीतियों से विज्ञ कहाँ है? गृह की बात कुछ और है। किसी अन्य देश में जाकर आक्रमण करना...।"

और पवन उदास हो गए।

"उदास न हों पवन जी, हनुमान पर विश्वास रखें। मैं चलता हूँ, शीघ्र ही सूचित करना है। वानरराज को मैं स्वीकृति की सूचना दे दूँगा और कुछ न बोलूँगा।"

और कक्ष के बाहर कलामेघ। कलामेघ का समय समाप्त हो गया था। शीघ्र किष्किन्धा पहुँचना था। पवन रोकते रह गए परन्तु कलामेघ रुके नहीं।

पवन उदास रहने लगे। एकमात्र प्रिय पुत्र हनुमान वो भी रावण के पक्ष में कुबेर से युद्ध! कुबेर रावण के पुराने शत्रु ठहरे। लंका तो रावण को दे दी थी कुबेर ने, अब अलकापुरी किसी मूल्य पर जाने न देंगे। दक्षिण में कुबेर अकेले थे। गिने-चुने यक्ष और कुछ लोभी नाग परन्तु अलका में तो यक्ष ही यक्ष हैं। हो सकता है कि कुबेर की सहायता देव करें। कुबेर को देवों ने ही तो लोकपाल नियुक्त किया है। मेरा हनुमान कैसे सामना करेगा? क्या कल्पना की थी, किस स्वप्न में घूम रहा था।...और जाने क्या होने वाला है। यदि हनुमान को जाने न दूँ तो बालि मेरे शत्रु हो जाएँगे। बालि कभी क्षमा नहीं करेंगे। देश से निकाल देंगे, और रत्नपुर का किष्किन्धा में पूर्ण रूप से विलय हो जाएगा।... लेकिन हनुमान मेरे कहाँ हैं। मेरा तो मात्र जन्म देने का अधिकार था। अब तो अगस्त्य का अधिकार है।...तो क्या अगस्त्य जाने देंगे हनुमान को?...यह सब मेरे कारण हो रहा है। मैंने ही अपनी प्रतिज्ञा तोड़ी, अपना संकल्प भूल गया, अब उसका मूल्य तो चुकाना ही पड़ेगा। परन्तु हनुमान के रूप में मूल्य...! मेरा हनुमान प्रतिभासम्पन्न है... नहीं, हनुमान को मृत्यु के मुँह में न जाने दूँगा। बालि से बैर सही, मुझे रत्नपुर भी नहीं चाहिए। रावण से लड़ूँगा परन्तु हनुमान को न भेजूँगा युद्ध भूमि में।

पवन भिन्न-भिन्न दूषित भावनाओं से भी घिर जाते। पुत्र-मोह ने उनका विवेक हर लिया है। आसन का बिछावन सिकुड़कर लहरदार बन गया।

हनुमान को ज्ञात हुआ कि पिताश्री चिन्तातुर हैं। अवसाद ने घेर लिया है। स्वप्न में बड़बड़ाते हैं। विक्षिप्त पिता का हाल लेने हनुमान पवन के कक्ष की ओर गए। उनकी विक्षिप्तता का कारण हनुमान जान गए कि पिता पुत्र मोह में उलझ गए हैं।

पिता के चेहरे पर छाई उदासी उनके अवसाद का चित्र बना रही थी। हनुमान चित्र में पुत्र-मोह को देख रहे थे। पिता की दुर्बलता भाँप रहे थे हनुमान। हनुमान को देखकर पवन ने कोई प्रतिक्रिया व्यक्त नहीं की तो हनुमान मुस्कुराकर बोले, "कलामेघ ने किस दृष्टि से आपको देख लिया? कौन सी ऐसी बात वे कह गए कि तब से आपने अपनी यह दशा बना ली? मैं भी ओट में होकर सुन रहा था।" हनुमान का मनोविज्ञान काम करने लगा।

"अरे तुम!...पुत्र...क्या तुमने सब कुछ सुन लिया!"—पवन अचकचा गए, विश्वास ही नहीं हुआ। युद्ध की बात सुनकर भी हनुमान पर कोई विपरीत प्रभाव नहीं पड़ा। हनुमान का मुस्कुराना, भोलापन, सहजता का अभिनय भी पवन पर प्रभावी हो रहा था।

"हाँ पिताश्री, मैंने सुन लिया और सहज हूँ। आपको जानकर आश्चर्य होगा कि मैं कलामेघ की सभी बातें जानता था। युद्ध का प्रस्ताव भी, इसी हेतु उस दिन रात्रि में मुझे रत्नपुर आना पड़ा।"

"हनुमान तुम्हारा किस विधि से किस औषधि से निर्माण हुआ?"

"अगस्त्य जी का शिष्य हूँ।"

"मैंने भी उन्हीं से दीक्षा ली है।"

"परन्तु आप अपना संकल्प भूल गए। क्षमा करें पिताश्री, आपने गृहस्थ जीवन अपना लिया। इसी कारण पारिवारिक और व्यक्तिगत मोह आपको सता रहा है। मैंने लोक-जीवन अपनाया है, मुझे न मोह है, न भय।"

पवन झेंप गए, सिर झुक गया, 'सत्य ही तो है कि वे संकल्पों की रेखा से फिसल गए। गुरुदेव ने सत्य ही कहा था—विवाह न करना नहीं तो तुम जननायक वैसे नहीं बन सकते जैसा कि मैं चाहता हूँ। आज हनुमान ने मेरे नयन खोल दिए। हनुमान मेरा ही रूप है, मेरी आत्मा है। मैं हनुमान ही तो हूँ। हनुमान की ऐसी ही सोच रही तो हर वानर अपने को हनुमान समझेगा। वानरों में पूज्य हनुमान होंगे। रुद्र के बाद हनुमान का स्थान होगा।'

"पुत्र, तुम्हारी दीक्षा पूर्ण है।"—पवन को गर्व हुआ।

"पिताश्री, अपनी बुद्धि के अनुसार सभी अपनी दीक्षा में पूर्ण होते हैं। आप भी, मैं भी और...। जहाँ तक आपके मोह का प्रश्न है, वह तो रक्त में है। जो व्यक्ति पारिवारिक बन्धनों में बँध जाएगा, मोह तो पलेगा ही, बिना मोह के परिवार चला है क्या? मोह के बिना परिवार में विघटन आ जाता है। बिरले ही ऐसे होते हैं जो बन्धनों के मोह-जाल से मुक्त होते हैं। उनका चरित्र दोहरा होता है। एक तो पारिवारिक बन्धन का मोह दिखावे के लिए, दूसरा जनकल्याण का मोह। मैं जनकल्याण हेतु ही जीता-मरता हूँ।

मुझे राम में यह गुण दिखाई दिया।...और मैं भी तो सेवा मोह में फँसा हूँ।"

"हनुमान तुम महान हो, तुमसे सीख...! जनकल्याण से बढ़कर कोई कार्य महत्त्वपूर्ण नहीं। जननायक से बड़ा कोई पद नहीं।"—पवन अश्रु से भीगने लगे।

"फिर भी पिताश्री मैं यह भूला नहीं हूँ कि भविष्य में आधिकारिक रूप से विशिष्ट स्थान लूँ। समझिए प्रधान अमात्य का पद प्राप्त करना है। सुग्रीव मेरे शब्द-जाल में फँस चुके हैं...मेरा एक यह भी लक्ष्य है। सम्प्रभुता जिसके पास होगी वह कठिन-से-कठिन कार्य भी आसानी से कर लेता है।"

पवन बोले नहीं, अश्रु थम गए थे, गात पर बूँदें अभी भी थीं। भाव-विभोर हो हनुमान की बातें सुनते रहे।

"...और युद्ध से आप चिन्तित न हों। आपका हनुमान युद्ध-कला में प्रवीण है। मैं निराशा नहीं पालता पिताश्री।...आप देखें कि इस युद्ध से मुझे कितना लाभ होगा...। रावण के मन से भ्रम दूर हो जाएगा कि वानर राक्षसों से द्वेष रखते हैं। बालि भी निश्चिन्त हो जाएँगे। बालि की आज्ञा का पालन वानर वीर विशेष रूप से मैं प्राण देकर भी... उनकी मर्यादा बनाए रखेंगे। बालि वानर क्षेत्र से अलग किसी भी युद्ध में रुचि नहीं रखते और यदि युद्ध की आवश्यकता हुई तो मुझे ही भेजेंगे, महारथियों के साथ। रावण अब और भोग-विलास की वस्तुएँ बालि को देगा। वानरराज आलसी और कर्महीन होते जाएँगे। पूर्व के बल का ध्यान रखते हुए वे और अभिमानी होंगे। अभिमानी व्यक्ति का मान नहीं होता। प्रजा बालि से विमुख होती जाएगी। उनका विश्वास मुझ पर बढ़ेगा तो और भी महत्त्वपूर्ण कार्य मुझे सौंप देंगे। प्रजा मेरी होगी। बालि एक शब्द या कह लें कि विरोध का प्रथम अक्षर भी सुन नहीं सकते चाहे रावण हेतु या स्वयं हेतु। मैं स्पष्ट विरोध करूँगा नहीं, परन्तु मेरे समस्त कार्यों में रावण के और बालि के विरोध का कुछ प्रतिशत भाग अवश्य रहेगा। यह प्रतिशत समयानुकूल बढ़ता जाएगा। मैं हर कार्य क्रमबद्ध कर रहा हूँ पिताश्री।"

पवन अपने पुत्र की बुद्धि पर फूले न समाए फिर अश्रु बह चले। ओष्ठ मुस्कुरा उठे। विशेष प्रकार का आह्लाद का सुख ले रहे थे पवन...मौन...।

"...रावण के पक्ष में युद्ध करने का एक लाभ यह भी है कि मैं रावण की युद्ध-नीति से परिचित हो सकूँगा। रावण के महारथियों के बल को परख सकूँगा। राक्षसों के पास विवेक कितना है, क्या सोचते हैं वे, उनकी दिनचर्या कैसी है। रावण का प्रभाव राक्षसों पर कितना है। स्वयं रावण कितना बुद्धिमान है। यह सब मैं प्रत्यक्ष देखूँगा, यह क्या कम लाभ है! अरे पिताश्री! युद्ध तो नाममात्र का ही करूँगा। मैं तो राक्षसों को जाँचने-परखने जा रहा हूँ। संयोग से यह अवसर मिल रहा है। सच कहें तो इसमें रावण की ही हानि है मुझे साथ लेकर। लाभ तो मुझे है। मैं राक्षसों से परिचय बढ़ाऊँगा। सुना हूँ कि रावण का छोटा भाई विभीषण की बुद्धि रावण से मेल नहीं खाती। वह साम्राज्यवादी नीति का विरोधी है। उसके मन में भी लंकापति बनने की इच्छा है। ऐसी

ही ग्रन्थि का निर्माण हो रहा है उसके मस्तिष्क में। राक्षसों के व्यवहार से परिचित हो लूँ तो लंका में गुप्तचरों को लगाऊँ। मुझे किसी मूल्य पर विभीषण को मिलाना है।"

''...और पिताश्री मुझे भी अपने बल की थाह होगी। अपनी दीक्षा की परीक्षा का प्रयोगात्मक स्वरूप सामने आ जाएगा। भविष्य में मुझे राक्षसों से ही लड़ना है। राक्षस संस्कृति का भरपूर ज्ञान मिलेगा। इन सब लाभों को आप कम आँक रहे हैं! सब कुछ मेरे हित में है। आप आश्वस्त रहें।"

"...बस एक बार मुझे गुरुदेव से आज्ञा लेनी है। नया प्रयोजन है, उनका मत जानना चाहूँगा।" पवन, हनुमान की बुद्धि विवेक के आगे नत हो गए, उन्हें विश्वास हो गया कि हनुमान कभी हार नहीं सकता।

हनुमान ने जब अगस्त्य से इस सम्भावित युद्ध में स्वयं को सम्मिलित होना बताया और अनेक लाभाकारी कारण गिनाए तो अगस्त्य ने सहर्ष अनुमति दे दी। ढेर सारे आशीष और शुभकामनाओं के साथ हनुमान को अगस्त्य ने विदा किया।

हनुमान वानर वीरों की टोली बनाने में जुट गए। एक-एक वानर वीरों का परीक्षण करते। समर्पित वानर जो हनुमान के लिए प्राण देने तक को न हिचकते, सम्मिलित कर लिए गए। धीरे-धीरे हनुमान की टोली में सहस्त्रों वानर वीरों ने प्रवेश ले लिया। विशेष प्रकार का युद्ध प्रशिक्षण प्रारम्भ हो गया।

10

यात्रा की तिथि निश्चित कर दी गई। रावण विभीषण से बोले, "विजय अभियान हेतु यात्रा की तिथि तय कर दी गई है। लंका तुम्हारे कन्धों पर देता हूँ। हाँ सुनो! बालि के यहाँ तीव्र धावक भेज दो इस अभियान में वानर वीर भी साथ रहेंगे। मैं रत्नपुर के पास वाले जलाशय के निकट ही शिविर डालूँगा। हनुमान वानरों के सेनापति होंगे। अब वानरों से मुक्त हो गया हूँ। कई माह की चिन्ता दूर हुई।"

विभीषण को रावण की विजय यात्रा अब रुचिकर नहीं लग रही थी फिर भी मना करने का साहस ही कहाँ था? विभीषण के भाव मुख पर आ गए परन्तु बनावटी स्फुटन में बोले, "अभी रत्नपुर और किष्किन्धा के लिए यात्रा की व्यवस्था करता हूँ। आपके ठहरने का स्थान भी देख लेता हूँ।"

इस विजय अभियान में खर, दूषण भी आए थे। रावण ने आदेश दिया, "प्रहस्त, महोदप, मारीच, खर, दूषण, महापार्श्व, दुर्मुख, देवान्तर, अकम्पन, अतिकाय, विरूपाक्ष, यज्ञकोप, विकट, धूम्राक्ष, दण्ड और सभी महारथी अपनी-अपनी टुकड़ियाँ तैयार कर लें। हमें इस पक्ष के अन्दर ही अभियान पर चल देना है।"

"परन्तु..." प्रहस्त बोले, "यह वर्षा ऋतु...मेघ तो शान्त हो।" प्रहस्त को रावण ने टोका और बोले, "हमें वर्षा, ग्रीष्म नहीं देखना है मामाश्री, यदि वर्षा ऋतु में ही युद्ध छिड़ जाए तो उचित समझें। कुबेर जैसे लोग विलासी जीवन जीते हैं, उन्हें ऋतुओं के कुप्रभाव का भय रहता है। हम राक्षस वीर हैं। प्रकृति के अनुसार ढल जाते हैं। परन्तु लगता है कि अलका तक जाते-जाते वर्षा का काल समाप्त हो जाएगा...और अभी बहुत क्षेत्र शेष है, सम्भव नहीं लगता कि मेरे जीवन काल में पूर्ण हो पाएगा।"

और महारथी...सैनिक टुकड़ियाँ एकत्र करने में जुट गए।

इधर कुबेर को लंका छोड़ने का दुख अभी भी सता रहा था। कुबेर जानते थे कि रावण को चैन नहीं होगा अवश्य वह अलकापुरी पर आक्रमण करेगा तो क्या देव मेरी रक्षा करेंगे। देव किसी की सुरक्षा नहीं करते। बस उपाधियाँ बाँटकर सुख-लाभ भोगते हैं। जो कुछ भी होगा देखा जाएगा। कुबेर के मन में आया कि मैं भी अपनी पहचान, एक प्रतीक रूप में स्थापित करूँ। रावण ने एक पहचान बनाई, आर्यों ने उपस्थिति बना ली, देव तो देव हैं हर स्थान पर अपने प्रतीकों को छोड़े हुए हैं। मैं भी अपने प्रतीक स्थापित करूँगा। कुबेर ने मणिभद्र और संयोघकण्टक को बुलाया। प्रतीकों को स्थापना का विमर्श कई दिन तक चला।...और परिणाम हुआ कि ग्राम-ग्राम में ग्राम-देवता के बड़े-बड़े पिण्ड स्थापित किए जाएँ। इन्हें नाम दिया जाए 'ग्रामरक्षक यक्ष।' कहीं यक्ष प्रतिमा तो कहीं पिण्ड, किसी वृक्ष के नीचे स्थापित करें। इस कार्य में आर्यों का सहयोग लिया जाए। आर्यों ने पुरोहितों की नियुक्ति की है, वे ही इसे संरक्षण भी देंगे।

कुबेर ने मणिभद्र से कहा, "आप सम्पूर्ण आर्य क्षेत्र, दक्षिण क्षेत्र के ग्राम-ग्राम में यक्षों को नियुक्त कर दें तो यह कार्य शीघ्र ही सम्पन्न हो जाएगा।"

"इतने यक्ष कहाँ हैं?"

"तो एक यक्ष एक अधिपति के यहाँ और एक यक्ष आर्य ऋषियों के यहाँ लगाएँ। दो ग्रामों के बीच में मार्ग के किनारे पिण्ड स्थापित कराएँ इन्हें 'मार्गरक्षक' का नाम दें।"

"राक्षस विरोध करेंगे। मूलवंशी तो स्वीकार लेंगे परन्तु राक्षसों के विरोध का उपाय क्या है?"

"राक्षस क्षेत्रों में मात्र 'ग्रामरक्षक' का नाम दें, वहाँ यक्षों का नाम कहीं न आए। कालान्तर में सब सामान्य हो जाएगा और लोग इन पिण्डों को कुबेर की मान्यता दे देंगे। यक्ष कभी धरती से मरेगा नहीं। हमारी पहचान भी रक्षक के रूप में होगी।"

और पिण्ड स्थापना हेतु यक्ष फैल गए भू-खण्डों पर।

हनुमान को समाचार मिल चुका था। रावण के आने की तिथि ज्ञात हो गई थी। रत्नपुर के एक जलाशय के निकट वानर वीर एकत्र होने लगे। हनुमान नित्य युद्ध की नीतियों पर व्याख्यान देते। देह का अभ्यास होता और होती प्रतीक्षा रावण की।

हनुमान ने वानर वीरों को इस युद्ध में सुरक्षात्मक युद्ध के लिए आदेश दिया। सुरक्षा के नए-नए गुर सिखाए गए। यह भी तय हुआ कि कोई वानर वीर किसी भी यक्ष का प्राण नहीं लेगा और न गम्भीर रूप से घायल करेगा। हमें मात्र ढकेलना और गिराना है, आगे बढ़ना है। हमारा आगे बढ़ना भी राक्षसों के पीछे से ही होगा। ध्वनि करनी होगी, जिससे लगे कि हम तन-मन से लड़ रहे हैं। हमें राक्षसों की युद्धनीति से विज्ञ होना है, उनके बल की थाह लेनी है।

रावण अपने वीर महारथियों, सैनिकों के साथ सागर पार कर गए। पोत पीछे छूट गए। अश्वों, रथों पर अस्त्र-शस्त्र लाद दिया गया। तीव्र गति से रावण आगे बढ़े। कई दिन की यात्रा फिर वानर क्षेत्र...रत्नपुर।

रत्नपुर का जलाशय दिखाई दिया, अनेक पशु जल पीकर आ रहे थे। सहसा वानरों का झुण्ड देख रावण प्रसन्नता से चीखे, "प्रहस्त देखो! वानर सैनिक मेरी प्रतीक्षा कर रहे हैं।"

"हाँ, अश्वों की टाप उन्हें सुनाई दे रही है!...सम्भव है।"

"इसी कारण एक-एक कर खड़े हो मार्ग निहार रहे हैं।"

"महोदर ध्वज हिलाओ!"

और रावण ने गति बढ़ा दी।

हनुमान के वानर वीर राक्षस सैनिकों को इधर आता देख हो-हो करने लगे। धूल से वातावरण ढँक गया। धूलकणों ने पत्तों पर परतं बनाना प्रारम्भ कर दिया।...और राक्षस सैनिक वानरों के शिविर के निकट और निकट, लो आ गए पास...।

गति थम गई। सब शान्त। धूल उड़ती रही देर तक। एक ओर राक्षस सैनिक एक ओर वानर वीर। 'अरे इतनी अधिक संख्या वानरों की।' रावण आश्चर्य से देखते रहे वानर वीरों को।

"आप वानर वीरों का स्वागत है इस अभियान में। यह बताएँ कि आप में हनुमान कौन है?", रावण सम्मानित ढंग से बोले।

"स्वागत तो मुझे करना चाहिए राक्षसराज, आप वानर क्षेत्र में आए हैं।...मैं ही हनुमान हूँ...मेरा अभिवादन आपको।"

यह तो बालि से भी अधिक विवेकी है। वाणी शुद्ध है। मर्यादाएँ जानता है। वाणी से मोह लेने की क्षमता है इसमें।–रावण सोचने लगे हनुमान के व्यक्तित्व के विषय में।

'बुद्धिमान व्यक्ति सबका आदर करता है। लोग कहते हैं कि रावण वानरों को नीच समझता है परन्तु रावण ने 'आप' कहा, वानरों का स्वागत किया, कितनी मधुर ध्वनि है। तो क्या यह रावण की कोई चाल है या रावण के मस्तिष्क की पराकाष्ठा।'

हनुमान रावण की बुद्धि का अध्ययन कर रहे थे। राक्षस और वानर भूखे थे, हनुमान उनकी भूख समझ गए, बोले, "मेरे राक्षस साथियो! यह उपवन आप अपना समझें। देखिए! कितने मीठे, रसदार फल लदे हैं। फल खाकर तृप्त होइए।"...और राक्षस वानर जुट गए फल खाने में।

प्रातः रावण का विजय अभियान चल पड़ा। आगे राक्षस वीर, पीछे वानर। रथ पर रावण, महारथी अश्वों पर रथों पर, हनुमान भी रथ पर, वानर-राक्षस कूदते-फाँदते अलकापुरी की दिशा में।

वन-वीथिकाओं, पर्वत-झरनों, नदी-नालों को पार करते। ग्राम-नगर के किनारे से धूल उड़ाते चले जा रहे रावण के योद्धा, हनुमान के वीर। अभूतपूर्व मिलन है राक्षसों-वानरों का। न कहीं द्वेष न कहीं ईर्ष्या। सबको अपने बल पर विश्वास है। रावण को अपनी नीति पर तो हनुमान को अपने विवेक पर भरोसा है।

रावण ने यक्ष क्षेत्र में प्रवेश किया। इतनी बड़ी सेना देख यक्ष भागने लगे। कुबेर को सूचना दी गई। कुबेर ने डटकर युद्ध करने की आज्ञा दी और नृत्य में लीन हो गए। कुबेर विश्राम चाहते थे। अभी कुछ देर पूर्व मणिभद्र से यक्ष पिण्डों की स्थापना ग्रामरक्षक के रूप में जो हो गई थी, उसकी सूचना से अवगत हो रहे थे और अगली योजनाओं पर विमर्श कर रहे थे। इतने से थक गए थे कुबेर।

यक्षों और राक्षसों में घनघोर युद्ध छिड़ गया। हनुमान एक-एक पल का अध्ययन करते और रावण के महारथियों के पीछे ही लगे रहते। जिसे राक्षस घायल करते और प्राण लेना चाहते, हनुमान दौड़कर बीच में आ जाते, 'आप उधर जाएँ महाशय इसे मैं देखता हूँ,' कहते हुए घायल को ढकेल देते। यही हाल अन्य वानर वीरों का भी था।

राक्षसों का पीछे हटना देख रावण ने सिंहनाद किया, ओज स्वर में बोले, "वीर राक्षसो! वानरो! इन हीनकाय दुर्बल यक्षों से तुम घायल हो रहे हो! ऐसे में विजय मिलना सम्भव नहीं है। पूरे बल को केन्द्र में स्थापित करो। एक साथ आक्रमण करो। क्या तुम्हारा रावण पराजय का दुःख सह सकेगा! दौड़ा! तुम बहादुर हो, तुम्हारे बल की सर्वत्र चर्चा है। अपने बल का मान रखो।"

रावण के इतना कहते ही महारथी यक्षों पर टूट पड़े। एक बार तो वानरों में भी स्फूर्ति आ गई। भुजाएँ फड़क उठीं परन्तु हनुमान वानरों की उत्तेजना ताड़ गए, मूक संकेत से धैर्य रखने को कहा। हनुमान ने सोचा बल को केन्द्र में स्थापित करना आवश्यक होता है युद्ध में। हनुमान राक्षस महारथियों के प्रहार के गुर देखे। कौन-सा अंग विशेष कार्य कर रहा है और कौन-सा अंग निर्बल जान पड़ता है, सूक्ष्मता से अध्ययन किया। रावण का ध्यान हनुमान पर न होकर राक्षस वीरों पर अधिक था। वे योद्धाओं को व्यूह में युद्ध करने हेतु निर्देशित करते हुए लड़ रहे थे।

रावण यक्षों की सेना में घुस गए। रावण पर अनेक प्रहार हुए। अस्त्र-शस्त्रों को काटने में इतने व्यस्त हो गए रावण कि उन्हें प्रहार करने का अवसर ही न मिला। रावण

को घिरा हुआ जान महोदप, महाकाय, विरूपाक्ष अपनी टुकड़ी के साथ रावण की ओर मुड़ गए। यक्ष आघात पर आघात सहते परन्तु पीछे हटने का नाम तक न लेते। औचक रावण को एक युक्ति सूझ गई। वे दण्ड में पत्ते लपेटकर जला-जलाकर फेंकने लगे। 'अरे देखते क्या हो ऐसा ही करो!' सहस्रों राक्षसों ने अग्निदण्ड फेंकना प्रारम्भ कर दिया। यक्ष जलने लगे। सर्वत्र आग ही आग फैल गई। ऊपर से अकम्पन, धूम्राक्ष जैसे महारथियों का प्रहार। यक्षों के अस्त्र-शस्त्र गदा, मूसल, प्रास, तोमर, मुग्दर व्यर्थ हो रहे थे।

कुबेर को सूचना मिली कि यक्ष पराजित हो रहे हैं। घायल होकर यक्ष क्षेत्र से भाग रहे हैं। रावण ने अग्नि वर्षा की है। यक्षों के प्रहार व्यर्थ हो रहे हैं। कुबेर ने एक बड़ी टुकड़ी के साथ संयोघकण्टक को भेजा। यक्षों में जैसे प्राण आ गया। संयोघकण्टक ने मारीच को घायल कर दिया। परन्तु संयोघकण्टक भी टिक न सका और भाग खड़ा हुआ।

राक्षस कुबेर के राजभवन में प्रवेश कर गए। हनुमान को अचरज हुआ रावण की युद्ध कला पर। क्या युद्ध कला है, युद्ध विवेक कितना परिपक्व है। रावण की 'अग्नि वर्षा' का सूत्र सीखा हनुमान ने।...और वानर वीरों के साथ राक्षसों के पीछे लग गए।

रावण के सैनिकों का प्रवेश जानकर कुबेर भयातुर हो उठे। काँपते ओठों से बोले, "मणिभद्र, आप यक्षों के श्रेष्ठ वीर सेनापति भी रहे हैं, जाइए! अलका की लाज अब आपके हाथ में है।"

मणिभ्रद यक्ष वीर सैनिकों का सामना करने हेतु राजभवन के द्वार की ओर बढ़ गए। घमासन युद्ध छिड़ गया। जहाँ देखो हुंकार, सिंहनाद, ओज के स्वर, 'मारो-मारो'– 'काटो-काटो' के स्वर गूँजने लगे।

धूम्राक्ष ने मणिभद्र का सामना किया। मणिभद्र की गदा से धूम्राक्ष घायल हो भूमि पर गिर पड़े परन्तु तत्काल उठकर मूसल से घातक प्रहार कर दिया। मणिभद्र गिर पड़े, उसे गिरा हुआ देख रावण सहित अनेक महारथियों ने मणिभद्र पर प्रहार करना प्रारम्भ कर दिया। मणिभद्र किसी प्रकार प्राण बचाकर भागे।

कुबेर मन से पराजय स्वीकार कर चुके थे परन्तु राज्य की मर्यादा के लिए गदा लेकर चल पड़े। लोकपाल होने के कारण अन्त तक उन्हें प्रयास करना ही था। कुबेर के साथ अमात्य शुक्र और प्रौष्ठपद भी थे। शंख और पद्म नाम के प्रधान सुरक्षाकर्मी कुबेर के पीछे-पीछे चल रहे थे। कुबेर को फिर वही उपाय सूझा रावण को समझाने का।

रावण को सम्मुख जान कुबेर ने कहा, "रावण मेरे भाई! अब यह युद्ध मार-काट छोड़। जा लंका में रह। तेरी लंका सुरक्षित है और तू बली भी है, किसी में साहस नहीं है कि लंका पर आक्रमण करे। लंका अजेय है।"

"आप मुझे वही पुरानी बातों में उलझाने का प्रयास न करें। मैं युद्ध के लिए आया हूँ, आप युद्ध करें या पराजय स्वीकार करें।"–रावण रोष में परन्तु सम्मानित स्वर से बोले।

"रावण तू कुल की मर्यादा रख! हम बुद्धिजीवी हैं और बुद्धिजीवी कभी युद्ध नहीं चाहता। जितना है उसी में सन्तोष करता है, सुख से रहता है। व्यर्थ में जीवन को व्यस्त कर कष्ट मोल लेना ठीक नहीं। मैं तुम्हें कोई कष्ट तो नहीं दे रहा हूँ। तुमने लंका माँगी, मैंने दे दी, अब यहाँ तेरा क्या काम? तू अपनी राह मैं अपनी...। महत्त्वाकांक्षा अधिक उचित नहीं। विस्तार की भी सीमा होनी चाहिए। किसी के जीवन में बाधा डालना उचित नहीं है और न अधिकार है। एक दिन यह विस्तार, यह महत्त्वाकांक्षा, यह अतिविश्वास तुम्हें ले डूबेगा अब भी चेत जा रावण! मैं तेरा बड़ा भाई हूँ, भले के लिए कह रहा हूँ।"–कुबेर ने रावण को कई प्रकार से समझाया।

"आप देवों की भाषा बोल रहे हैं। क्या देव बुद्धिजीवी नहीं? क्या आर्य बुद्धिजीवी नहीं? ये देव मूलवंशियों को समूल नष्ट कर देने की इच्छा नहीं रखते? आप अपनी पहचान से द्रोह कर रहे हैं। आप मानसिक रूप से दास बन चुके हैं। कष्ट सहकर भी मैं अपनी संस्कृति की रक्षा कर सकूँ तो हानि नहीं। अरे, मैं तो इस हेतु प्राण त्यागने में भी संकोच न करूँगा। और लंका तो मेरी ही थी मैंने अपनी वस्तु ली है इसमें कृतज्ञता वाली बात कहाँ? मैं मात्र राज्य की सीमा नहीं बढ़ा रहा हूँ, मैं तो रक्ष-संस्कृति का पालक हूँ सो उसका विस्तार तो आवश्यक है न! पहले देव ही हम सभी के जीवनबाधक बने, फिर भी पूज्य हैं। आभिजात्य हैं। मैंने अपनी रक्षा में पाँव बढ़ाया तो मैं दोषी हो गया। लगता है कि देवों ने आपको देव बना दिया है। अब आप मेरे नहीं रहे। आप पूर्ण रूप से देवों द्वारा पोषित हैं। सुना हूँ कि आपको धनाध्यक्ष बनाकर एक नया पद देकर लुभा लिया गया है। आप शब्दों से सज्जित उपाधियाँ लादे रहिए। मैं एक-एक चाल जानता हूँ देवों-आर्यों की।"

कुबेर निरुत्तर हो गए। रावण अब शब्दों में समय व्यर्थ करना नहीं चाह रहे थे, "शब्दशस्त्र त्याग दीजिए धनाध्यक्ष महोदय! यह लीजिए गदा प्रहार।"–रावण ने व्यंग्य किया और गदा चला दी।

कुबेर कुछ देर तक सामना करते रहे। हनुमान रावण की विद्युत गति देख रहे थे। शस्त्र के पीछे शस्त्र, प्रहार पर प्रहार। कितनी सुरक्षा करते कुबेर अन्ततः रावण की गदा का प्रहार उनके मस्तक पर लगा, वे भूमि पर गिर पड़े।

रावण विजयी रहे। राक्षसों ने कुबेर की अलकापुरी लूट ली। विशेष प्रकार के रथ रावण ने देखे। रावण को आश्चर्य हुआ–कुबेर के पास इतने कलात्मक रथ! तीव्र गति वाले। अरे! यह तो रथ सुरक्षित है! इस पर प्रहार का प्रभाव ही न होगा।...अरे यह इतना बड़ा रथ! इसमें कई अश्व जोतेने होंगे! राक्षसों ने सभी रथ अपने अधिकार में कर लिये।

राक्षसों, वानरों ने विश्राम किया। धूम्राक्ष और मारीच गम्भीर रूप से घायल थे। कई स्थान पर मांस कट गया था, रक्त बहकर सूख गया था। रावण अपने अभियान में एक वैद्य रखते, जिसे घायलों की चिकित्सा करने का ज्ञान था। वैद्य ने रावण से

कहा, “घायलों का प्राथमिक उपचार कर दिया गया है परन्तु धूम्राक्ष और मारीच के मांस कट गए हैं, गहरा घाव है। इसके लिए मुझे बड़े टूँड़ वाले कई चींटे चाहिए।”

हनुमान निकट ही थे, ‘ये चींटों का क्या करेंगे!’ हनुमान को इस अद्‌भुत चिकित्सा पद्धति पर आश्चर्य हो रहा था। रावण ने वानरों को देखा, बोले, “आप वानरों में हनुमान कौन है? मुझे सभी एक जैसे लगते हैं–जैसे बालि। वानरों की पहचान करना कठिन है। लगता है, सब एक-दूसरे के प्रतिरूप हैं।” कहकर रावण हँसने लगे।

हनुमान भी हँसे और आगे आए, “मैं हूँ हनुमान, कहें राक्षसराज क्या आदेश है?”

“वानरों को भेजकर शीघ्र चींटों की व्यवस्था करें।”

हनुमान के वानर-वीर चींटों की खोज में निकल पड़े। शीघ्र ही उन्हें कई चींटे एक स्थान पर मिल गए। बड़े-बड़े मुण्ड वाले काले-काले। एक वानर ताम्बई रंग के चींटे ले आया। सबको एक पात्र में एकत्र किया गया।

बड़े-बड़े मुण्डधारी, स्वस्थ टूँड़ वाले चींटे देखकर वैद्य प्रसन्न हो गया। पत्तों के रस से और जल से घाव को साफ किया। फिर एक मोटी तीली को बीच में से आधा चीरकर चिमटी बना ली। चिमटी से चींटे के मुण्ड को पकड़कर फटे मांस को सटाकर चींटे लगा देता। चींटा दोनों टूँड़ धँसाता। टूँड़ तीरनुमा होने से निकलता नहीं और वैद्य मुण्ड को धड़ से अलग कर देता। एक पहर में धूम्राक्ष और मारीच के घाव सिल गए। औषधि का लेप लगाकर, पत्तों को तह कर वृक्ष की छाल से घाव बाँधकर वैद्य ने ठंडी साँस ली।

हनुमान इस अद्‌भुत चिकित्सकीय प्रणाली से चकित थे। उन्हें बहुत बड़ा ज्ञान मिला था।

अब हनुमान को लौटना था। “अब आज्ञा दें राक्षसराज, आपने जिसका प्रस्ताव किया था अब वह पूरा हुआ,” हनुमान ने आज्ञा माँगी।

“अभी तो यह अभियान यम श्रेष्ठ को पराजित करने जाएगा। क्या वहाँ नहीं चलोगे हनुमान?”

“मैं वानर सम्राट बालि के अधीन हूँ। सम्राट की आज्ञा का अक्षरशः पालन करना कर्तव्य है। सम्राट ने अलकापुरी के आक्रमण हेतु ही आज्ञा दी है। मेरा रुकना सम्भव नहीं।”

“इसी कारण तुम बालि के प्रिय हो! जाओ! हम राक्षस वानरों के आभारी हैं।”

हनुमान लौट पड़े। मार्ग में वानरों के साथ राक्षसों की युद्ध नीति की चर्चा चलती रही तो कभी कुबेर के रथ की।

“मेरे राक्षस वीरो! कुबेर को जीतकर हमने एक बड़ी उपलब्धि प्राप्त कर ली है। राक्षसों का मान बढ़ गया है। भू-लोक पर कोई ऐसा प्राणी नहीं कि जो

राक्षसों से भय न रखता हो। हमें इसी अभियान में यमों के राज्य को जय करना है। मैं यमों के विषय में बता दूँ जिसे आप उनसे सचेत रहें, कोई बाधा न हो।"—रावण आगामी अभियान हेतु राक्षसों की मानसिकता शुद्ध कर रहे थे।

मारीच को युद्ध अच्छा नहीं लग रहा था, "अब युद्ध को विराम दें राक्षसराज! मार्ग में मोड़ न आए तो विश्राम नहीं मिलता, थकान आती है। मोड़ हमें आगे के मार्ग के लिए विचार करने का समय देता है। धूम्राक्ष भी गम्भीर रूप से घायल हैं।"

मारीच के इतना कहते ही रावण के नयन फैल गए, "मारीच, तुम निराशावादी न बनो। इस हेतु पुनः यहाँ आना क्या उचित है हम उत्साहित हैं, हमारे शस्त्र अभी उत्तर देने के लिए तैयार हैं।"

"शस्त्र आधे से अधिक व्यर्थ हो चुके हैं।"—खर ने कहा।

"तुम्हारा साहस कैसे हुआ बोलने का? चुप रहो!"—रावण ने खर को डाँटा। खर ने सिर झुका लिया। सभी राक्षस सकते में आ गए, कहीं लंकापति रुष्ट हो गए तो!

"लंकापति क्रोध न करें, आपके सभी सगे-सम्बन्धी हैं। हम जो विचार करेंगे राक्षस हित में ही करेंगे। आपसे पारिवारिक सम्बन्धों में बड़े भी लोग हैं परन्तु राजकार्य में आप श्रेष्ठ हैं। हमने आपको राक्षसराज घोषित किया है। हम विचार कर लें तब अपना लक्ष्य निर्धारित करें।"—घायल धूम्राक्ष के इतना कहते ही रावण सहज हो गए।

"मेरा आपको कष्ट देने का विचार नहीं है बन्धु," रावण बोले, "परन्तु जिन ध्वनि तरंगों में बात हो रही थी उसका उत्तर इसी प्रकार दिया जा सकता है।"

"क्या घायलों की सेना यमों से युद्ध करेगी?"—धूम्राक्ष ने प्रश्न किया।

"हमारे शस्त्र आधे रह गए हैं। बचे हुए शस्त्र ही यथेष्ट हैं। यम हैं ही कितने? और घायलों की बात, तो हम वैद्य जी से पूछ लेते हैं। स्वस्थ होने में कितने दिन लग जाएँगे। धूम्राक्ष और मारीच युद्ध नहीं करेंगे, वे शिविर में विश्राम करेंगे।"

"धूम्राक्ष और मारीच को छोड़कर शेष सभी राक्षस एक पक्ष में स्वस्थ हो जाएँगे।" बिना पूछे वैद्य बोल पड़े।

"और हमें एक माह तो लग ही जाएगा यम क्षेत्र पहुँचने में। हमारी गति तेज नहीं होगी कछुवा गति से चलेंगे।"

राक्षसों के सिर झुक गए। मौन स्वीकृति मिल गई। सबको मूक बना देख प्रहस्त बोले, "रावण उचित कह रहे हैं, पुनः अभियान पर इसी हेतु इसी दिशा में निकलना उचित नहीं है। राज्य का धन व्यय होगा—अनावश्यक, और यमों के पास शस्त्र ही क्या है? वही शूल, भिन्दिपाल बस—यम युद्धनीति भी नहीं जानते, वे मात्र दण्ड देते हैं। हाँ, रावण कहिए जो जानते हों यमों के विषय में। आप सभी सुनें!"

रावण राक्षसों के सहज होने से प्रसन्न हो गए। एक बार लगा कि राक्षस अब युद्ध का विरोध कर देंगे। देह की पीड़ा किसे नहीं विचलित कर देती है। घाव सीधे मस्तिष्क में पहुँचता है और देह को दुख देता हुआ मस्तिष्क को झंकृत करता रहता

है। अब रावण को यमों के विषय में विज्ञ कराकर पुनः राक्षसों का उत्साह वापस लाना है।

"मेरे राक्षस साथियो! आपको जानकर आश्चर्य होगा कि ये यम भी यहाँ के मूल निवासी हैं। ये भी देवों के लोभ में आ गए हैं। यम स्वभाव से क्रूर हैं। देवों ने यमों को अधिपति को मिला लिया और अपना दण्डाधिकारी घोषित कर दिया। यमों के अधिपति यमराज कहलाए। देवता इन्हें 'मृत्युदेव' से सम्बोधित करते हैं। यमराज ने यमों को निर्देशित कर रखा है कि 'कहीं भी देव विरुद्ध जो कार्य करे उसे पकड़कर लाओ।' उसे विभिन्न प्रकार से दण्डित किया जाता है। दण्ड का स्वरूप अपनी आँख से नहीं देख सकते। ये यम यमराज के आदेश से किसी को कुत्तों से नोचवाते हैं, किसी को शूल धँसाते हैं। हृदय कँपा देने वाले दण्ड देते हैं, जैसे—कानों में भीतर तक शूल चुभाना, बलि दिए गए पशुओं के रक्त से स्नान कराना फिर उसे धूप में हाथ-पाँव बाँधकर छोड़ देना, जल को खारा करके डुबाना वो भी जब खूब प्यास लगी हो। शूल बिछाकर नंगे पाँव दौड़ाना, तब तक कि उसकी देह के रोम-रोम से गिरकर रक्त न बहने लगे।...कई माह तक भूखे रखना फिर कड़ुए फल देना। केश में बड़े-बड़े चींटे डाल देना। एक हाथ आग में भून देना। कुछ को तो मल पोत देना, कीचड़ खिलाना।...मैं कितना कहूँ, कहते नहीं बनता। सुना हूँ कि स्त्रियों की योनि और पुरुषों की गुदा में दण्ड को एक ओर नुकीला कर धीरे-धीरे धँसाते हैं ये यमदूत!"

"इनको धरती पर रहने का अधिकार नहीं है!"—अकम्पन का चेहरा विद्रूप हो गया।

"हाँ, अधिकार तो नहीं परन्तु..." रावण से राक्षस प्रभावित हो गए थे, "रह रहे हैं, इन्हें देवों ने अधिकार दे रखा है। ये यमदूत कहलाते हैं। पूरे भू-लोक में फैले हैं। इन्हें कोई देख नहीं पाता, इतने गुप्त हैं कि पहचान कठिन है। रंग से काले हैं, हैं तो मूलवंशी ही न!...मुझे लगता है कि ऋषियों का संरक्षण इन्हें मिलता है।...या फिर देवों ने कोई गुप्त व्यवस्था कर रखी है। इन्हीं यमदूतों पर आर्य ऋषि कई कथाएँ रच चुके हैं, मुझे ऐसा ज्ञात हुआ है।...यही नहीं इनके चेहरे दण्ड देते समय विद्रूप हो जाते हैं, कुछ तो विद्रूप हैं भी। दण्ड देकर आनन्द मनाते हैं, दूसरों को पीड़ा भोगते देख अपना मनोरंजन करते हैं।"

"यह इतने घिनौने हैं! इनका कृत्य...छी...इनके पास विवेक नहीं है क्या?"—विरूपाक्ष चकित थे।

"ये यम बहुत दुष्ट प्रकृति के हैं," रावण पुनः बोले, "हो सकता है ये पहले दुष्ट न रहे हों। देवों के प्रभाव में आकर ऐसा कर रहे हों।...ये लुक-छिपकर देवों को सूचनाएँ भी देते हैं। ये यमदूत हम आदिवासियों की सद्यःकिशोरी कन्याओं का अपहरण करते हैं। यदि देवों की कन्याएँ रुचिकर लगीं तो ठीक है नहीं तो ये यमों के भोग की वस्तु बन जाती हैं।...देवों ने अपने न्याय के लिए धर्मराज की नियुक्ति की है। ये धर्मराज मात्र देवों का, देवहित में कार्य करने वाले आर्यों का और ऋषियों का न्याय करते हैं। इनसे आदिवासियों से कोई सम्बन्ध नहीं है।...अब आप सभी बताएँ कि क्या ऐसे यमों

का नाश करना उचित नहीं है? यमों को सही मार्ग पर लाना क्या हम मूलवंशियों का धर्म नहीं है? भोली-भाली प्रजा को यमदूतों के भय से मुक्त कराना क्या राक्षसों की नीति नहीं है?...अरे भाइयो! मैं प्राण देकर भी यह कार्य किए बिना वापस नहीं लौटूँगा! हम अपने घाव भूल जाएँ, हम साहस और आत्मबल का हृदय में संचार करें।" रावण के इतना कहते ही राक्षस आत्मविश्वास से भर उठे।

"यमों को स्वाद चखाए बिना हम लंका नहीं लौटेंगे।...हाँ-हाँ, नहीं लौटेंगे...हम बल का पूरा प्रदर्शन करेंगे...हम यमों को धूल चटाकर ही साँस लेंगे...लंकापति विश्वास करें...विश्वास करें ऽऽ ...।" –राक्षसो वीरों का साहसी स्वर गूँज उठा।

राक्षसों की टोली यम लोक पर आक्रमण हेतु चल पड़ी। राक्षस घाव भूल गए। रावण ने देखा–राक्षस सैनिकों में ऐसा उत्साह कभी न आया था। दिन जाते देर नहीं लगती, राक्षस यम क्षेत्र के निकट पहुँच गए। और फिर क्या था, राक्षस यमपुरी पर आक्रमण कर चुके थे। सहस्रों यम योद्धाओं के साथ राक्षस भिड़ गए। प्रासों, परिघों, शूलों, मूसलों, तीमरों, भिन्दिपालों से प्रहार होने लगे। यम कट-कटकर गिरने लगे। राक्षस भी घायल होकर भूमि चाटते।

रावण को यम सैनिकों ने घेर लिया, वे रावण को शूल चुभाने लगे। रावण को प्रहार करने का अवकाश ही नहीं दिया। अवसर पाकर रावण ने पाशुपत का सन्धान किया। बाण-पर-बाण, प्रहार पर प्रहार, विद्युत-सी गति। यम क्षेत्र छोड़कर भागे।

अब यमों में श्रेष्ठ मान रखने वाले योद्धा कालदण्ड और मृत्युकाल ने सामना किया परन्तु रावण के आगे उनके समस्त शस्त्र व्यर्थ हुए। यमों की पराजय हुई और रावण जयी। राक्षस प्रसन्नता से झूम उठे।

राक्षसों को इतना शीघ्र परिणाम प्राप्त होने का विश्वास नहीं था। उन्हें लगा कि अभी लड़े ही नहीं। यमराज बन्दी बना लिये गए।

"यमराज, तुम अपने कृत्य त्याग दो, अपने को पहचानो और विकास की गति में सम्मिलित हो जाओ! हम तुम्हें स्वीकारते हैं। तुम आज से रक्ष-संस्कृति के अधीन हुए।"–रावण मृत्युदेव को सम्बोधित कर रहे थे।

"परन्तु हम देवों के अधीन हैं।" यमराज बोले, "हम ऐसे ही कृत्यों के लिए नियुक्त किए गए हैं। हम अभ्यासी हो गए हैं। हमारा परिवर्तन सम्भव नहीं है राक्षसराज!"

"आप अब मेरे अधीन हैं। इस कृत्य को छोड़ना ही होगा आपको, नहीं तो मैं आपका वध कर दूँगा। मैं चाहता हूँ कि आप सही मार्ग पर आ जाएँ। समय आने पर मैं आपको अपना दण्डाधिकारी नियुक्त कर दूँगा।"

"तो ठीक है, हम आपकी अधीनता स्वीकार करते हैं। समय आने पर हमारा अभ्यास भी छूट जाएगा। वातावरण त्यागने में समय तो लगेगा ही, हम धीरे-धीरे बादल जाएँगे। अब आप मुझे इन बन्धनों से मुक्त कीजिए।"–यमराज बन्धनों की ओर संकेत कर रहे थे।

"यह बन्धन तो खोल देता हूँ, परन्तु रहेंगे आप मेरे होकर।"

"स्वीकार है।"–यमराज ने स्वीकार किया।

"आप देखें, अपने नयन फैलाकर देखें यमराज! देवों ने कभी आदिवासियों की सहायता की है? कितने ही अधिपतियों को उपाधियाँ देकर उन्हें मिलाकर अपना स्वार्थ सिद्ध किया है परन्तु युद्ध के समय किनारे हो जाते हैं। वरुण, निवातकवच, यक्ष, मरुत और आप! कितनों के नाम गिनाऊँ। सम्भवतः आपमें चेतना आ गई हो। आज के दिन से आपके द्वारा नियुक्त यमदूत कोई अनैतिक, अव्यावहारिक और देवों के हित में कार्य नहीं करेंगे।"

मृत्युदेव ने सिर झुका लिया। रावण राक्षसों को लंका प्रस्थान करने का आदेश देकर स्वयं रुद्र लोक को चले गए। रुद्र को प्रसन्न करना आवश्यक था। रुद्र को विज्ञ कराना था राक्षस गतिविधियों से रक्ष-संस्कृति से। रुद्र से सीख लेनी थी। रावण का रथ आगे बढ़ गया।

रुद्र अनार्यों के पूज्य थे ही। देवों ने भी पूज्य माना। रुद्र ने दुष्टों का इतना संहार किया कि रुद्र को संहार के देवता के रूप में प्रतिष्ठित कर गौरवान्वित किया गया। भिन्न-भिन्न प्रकार से लोभ देकर रुद्र को देवों ने मिला लिया। रुद्र तटस्थ हो गए। वे देवों-आर्यों-अनार्यों के किसी भी कार्य में हस्तक्षेप न करते, हाँ, यदि रुद्रलोक की सुरक्षा का संकट आता तो वे युद्ध हेतु तैयार हो जाते। रुद्र से जीतना असम्भव था। इसी कारण रुद्रलोक में कोई हस्तक्षेप नहीं करता।

रुद्र आयुधों के निर्माता थे। उनका मान और बढ़ गया जब रुद्र में महान गुणों के तत्त्व देखे गए। यदि रुद्र रुष्ट हो जाएँ तो किसी का वश नहीं चलता। रुद्र की प्रार्थना सभी करते थे। रुद्र औषधियों के निर्माता भी थे। रुद्रलोक की वनौषधियों पर उनका अधिकार तो था ही, बिना उनकी आज्ञा के एक पत्ता भी छूना मना था। रुद्र के पास भिन्न प्रकार के अस्त्र-शस्त्र थे, ऐसे शस्त्र कहीं देखे गए न सुने गए। उन्होंने धनुष और त्रिशूल का निर्माण किया। आर्य शंख फूँकते, इसके पूर्व ही डम-डिग, डम-डिग की ध्वनि से भरे डमरू का आविष्कार रुद्र ने कर दिया था।

रुद्र के कई नाम थे। प्राचीन नाम व्रात्य था। व्रात्य बाद में महान हो गया। महान से महादेव और ईशान कहलाया। व्रात्य यायावरी जीवन व्यतीत करता था, कालान्तर में पर्वत क्षेत्र का राजा हो गया। अपने गुणों और शोधों के कारण पूज्य बना। अब रुद्र का सम्मान है। देवों ने कई और नाम भी दिए–शिव, शर्व, पशुपति, महादेव, उग्र, अशनि, भव, तृतीय देव नाम का सम्बोधन किया गया। तृतीय देव मानना देवों की विवशता थी, उनके आतंक से देव रोने लगे थे और उन्हें अपना तीसरा देव मानकर सन्तुष्ट किया।

देव कहते—रुद्र क्रोधी भी हैं, इनके नेत्र फैलते हैं तो आग बरसती है और क्रोध की अग्नि में जो सामने दिखता है जल जाता है।

रुद्र अनार्यों को मार्ग दिखाते थे परन्तु अब तो आर्य, देव भी उनसे सलाह लेते हैं। रुद्र मार्गदर्शन हेतु आतुर रहते हैं। जिसने रुद्र को कष्ट देने का प्रयास किया वह नष्ट हो गया।

देव हो चाहे आर्य, सभी अपनी सम्प्रभुता पर रुद्र के हस्ताक्षर के लिये प्रयासरत रहते। अनार्य तो रुद्र के हैं ही, तो भला रावण क्यों न स्वीकृति लें। रावण की परख होगी। रावण निखरेंगे। पूज्य रुद्र का हस्ताक्षर प्राप्त हो सकेगा। बिना रुद्र की दृष्टि के अनार्य स्वयं को अपूर्ण समझते। रावण को पूर्ण होना है।

रावण का रथ बढ़ रहा है और भाग रहा है दिवस। भागमभाग में रावण की रक्ष-संस्कृति पोषित हो रही है और आर्यों का स्थायीकरण हो रहा है। देवों का प्रवेश हर स्थान पर हो गया है, किसी के हृदय में, किसी के मस्तिष्क में, किसी के आयोजन में, किसी के विस्तार में देव...। रावण एक-एक अनार्यों के नयन खोल रहे हैं। एकत्र हुई धूल की परतें खुरच रहे हैं फिर दिखाते हैं कि ये तुम हो...! कहाँ खो गए या सो गए! जागो! जागरण में ही प्रकाश है, प्रकाश में स्पष्टता।

रावण को ठिगने लोग मिलते हैं। राख लपेटे भी दीख रहे हैं। शिवलोक की प्रजा निश्चिन्त है। कोई वनस्पतियाँ एकत्र कर रहा है तो कोई पशु चरा रहा है। छोटे-छोटे खेत, खेतों में बैल जुते हुए—नाटे। रावण ने देखा कि सपेरे भी हैं, सर्प की खोज में। सर्प का विष निकाल रहे हैं सपेरे। विष से औषधि बनती होगी या आयुधों का निर्माण में प्रयोग होता होगा, यह तो रुद्र ही जानें।

रावण की तरफ किसी का ध्यान नहीं है। रावण जैसे लोग आते ही रहते हैं। रुद्र से मिलने का कितना प्रयास करते हैं लोग! प्रजा इतनी निर्भीक है कि कोई आए या जाए क्या अर्थ, किसी में साहस नहीं कि रुद्र की प्रजा को छेड़े। सेनाएँ चली जाती हैं किसी के कान तक न हिलते। यह रुद्र का प्रभाव है। 'क्या मेरी लंका ऐसी निर्भीक हो सकेगी? क्या मेरी प्रजा के भी कान नहीं हिलेंगे? रुद्र से इसका मन्त्र लेना होगा, कई सूत्रों से विज्ञ होना होगा परन्तु क्या रुद्र इतनी सरलता से विज्ञ करा देंगे। हैं तो अनार्यों के पूज्य। मुझे रुद्र को प्रसन्न करना होगा। रुद्र के हृदय को जीतना होगा।'

रावण शिव के निकट होते जा रहे हैं। रथ जाने का मार्ग नहीं है। रावण ने समीप का एक ग्राम देखा, रथ को ग्राम के ग्रामणी के यहाँ ठहरा दिया। सारथी को वहीं छोड़ अश्व लेकर आगे बढ़ गए। बाद में ज्ञात हुआ कि ग्राम किर जाति के लोगों का था। फिर कोल, किरातों का क्षेत्र प्रारम्भ हो गया। अन्य जाति के लोग भी मिले। देखने से अनार्य ही थे परन्तु इनकी वेशभूषा भिन्न थी। इनकी भाषा कम समझ में आती। रावण को इसका क्या अर्थ, उन्हें तो रुद्र से साक्षात्कार करना है और अब वे निकट हैं। रावण पूछते हैं शिवलोक का मार्ग। ज्ञात हुआ कि इस पहाड़ी के बाद रुद्र के गण मिल जाएँगे

और प्रारम्भ हो जाएगी रुद्र के निवास स्थान की सीमा रेखा। 'हम सब शिव की प्रजा हैं, आगे बढ़ जाएँ श्रीमान्'–और रावण पहाड़ी के उस पार...। रुद्र के गण नाग, किरात और भूत रावण को दिखाई दिए। कोई रावण को रोक-टोक नहीं रहा था। गण निर्भीक थे और जो रुद्र क्षेत्र में आता भयमुक्त हो जाता। यदि यही आर्यों का क्षेत्र होता तो यह रावण लूट लिया गया होता। धन्य हैं रुद्र के गण।'–रावण सोचते।

रावण ने एक किरात को टोका, "भद्र, मुझे पूज्य रुद्र के दर्शन करने हैं, क्या आप मार्ग बता सकते हैं? मैं रावण हूँ।"

"आप कोई हों इसका अर्थ व्यर्थ है, हाँ, यही मार्ग सीधे रुद्र महादेव के निवास तक जाएगा परन्तु आपको प्रधान सेनापति से अनुमति लेनी होगी।"–किरात सहज ढंग से बोला।

"प्रधान सेनापति से आज्ञा?"

"हाँ, बिना आज्ञा प्रवेश वर्जित है। कोई सींग लगाए मिले तो उससे प्रधान सेनापति का पता पूछिए। प्रधान सेनापति श्रीमान् नन्दी जी हैं।"

रावण को ध्यान आया–'रुद्र की सेना एक सींग लगाती है। सेनानायक श्रृंगी भी एक सींग लगाते हैं...प्रधान सेनापति दो सींग। मैंने भी अपनी पहचान का प्रतीक यहीं से लिया है। रावण अपनी स्मृति पर मुस्कराए। अश्व आगे बढ़ गया।

रावण कुछ ही दूर गए होंगे कि सींग लगाए, हाथ में दण्ड लिये रुद्र के सुरक्षाकर्मी दिखे। रावण ने नन्दी का पता पूछा। मार्ग मिल गया।

रावण नन्दी के आवास के द्वार पर खड़े हैं। द्वार बन्द है। गणों ने नन्दी को सूचना दी, ''दक्षिण से चलकर रावण रुद्र महादेव के दर्शन की इच्छा रखते हैं, द्वार पर खड़े हैं।''

"आदर सहित बुलाओ।"

गण रावण को कक्ष में ले गया। रावण ने नन्दी को देखा, "इतनी विशाल काया! बड़ा मुँह! बड़ी आँखें! दो मोटे-मोटे दृढ़ सींग बलशाली भुजाएँ! गले में भिन्न-भिन्न प्रकार के रत्न-पत्थरों की मालाएँ।" ऐसा जीव रावण कभी देखे न सुने थे।

"मैं राक्षसराज रावण हूँ। सुदूर दक्षिण में स्थित लंका का स्वामी हूँ। बड़ी अभिलाषा और आत्मविश्वास के साथ रुद्र के दर्शन का इच्छुक हूँ। आप मेरा अभिवादन स्वीकार कीजिए और रुद्र के दर्शन हेतु मार्ग दीजिए।"

"न आपका अभिवादन स्वीकार है और न तो मार्ग मिलेगा राक्षसराज!"–अचानक नन्दी क्रोध से बोले।

"परन्तु क्यों?"

"आप योग्य नहीं हैं। आपने रुद्र महादेव जी के लिए सम्मानित शब्दों का प्रयोग नहीं किया है और न अनुरोध। आप लंका के सेवक हैं, राज्यकार्य हेतु नियुक्त हैं, स्वामी तो हमारे रुद्र महादेव जी हैं। एक बात और ध्यान रखिएगा–रुद्र महोदव जी को मान-सम्मान का अर्थ नहीं, वे शब्दों में नहीं जीते, कर्म में विश्वास रखते हैं। आप अनार्य

हैं, आप कर्म में विश्वास रखते हैं? शब्दों में जीना छोड़िए, परन्तु हम रुद्र महादेव जी के लिए मर्यादित शब्दों का प्रयोग पर बल देते हैं। रुद्र निर्विकार हैं। आप क्षमा माँगिए।"

नन्दी के इतना कहने पर रावण अवाक् हो गए। रावण ने क्षमा-प्रार्थना की तो नन्दी हँसे, बोले, "रावण जी, अब एक कार्य और शेष है। आप मुझसे मल्लयुद्ध करें. रुद्र महोदव जी की यही आज्ञा है–जो भी अनार्य मुझसे मिलने आए, तुम उसके बल की थाह लो। बलयुक्त व्यक्ति ही प्रवेश पा सकता है।"

"मल्लयुद्ध! आपसे! इतनी विशाल काया!"

"हाँ राक्षसराज, मुझसे मल्लयुद्ध, मेरी देह का कोई तो उपयोग हो। देह में घृत जम गया है। रुद्र महादेव जी ने कहा कि घृत को पिघलाओ। इस हेतु मल्लयुद्ध किया करता हूँ। इससे आज्ञा का पालन भी तो होगा।"

रावण हँसे...देर तक हँसते रहे।

"हँसना छोड़ो, आओ! मुझे भूमि चटाने की युक्ति सोचो।"–नन्दी के इतना कहते ही रावण नन्दी से भिड़ गए।

और अन्त में नन्दी चित्त हो गए। रावण ने सहारा देकर उठाया और क्षमा माँगी और बोले, "अब तो आपको विश्वास हो गया कि मैं बल से युक्त हूँ और रुद्र महादेव जी से साक्षात्कार करने के योग्य हूँ।"

"यही अयोग्यता अनार्यों में है–बल का अभिमान। यह सर्वथा अनुचित है फिर भी तुम्हें मार्ग देता हूँ।"–नन्दी कराहे और मुस्कराए। उनकी पीड़ा स्फुटन में खो गई।

"शीघ्र जाओ राक्षसराज कई दिनों से रुद्र महादेव जी का शोध-कार्य छूटा है, कब वे चिन्तन कक्ष में चले जाएँगे यह पता नहीं है।" नन्दी पुनः बोले तो रावण ने कहा, "परन्तु चिन्तन कक्ष में जाने के पूर्व आपको सूचना तो मिल जाएगी?"

"हाँ, परन्तु जाओ अभी वे इस दशा में नहीं हैं, समय व्यर्थ न करो।"

रावण, रुद्र-निवास की ओर मुड़ गए।

"अनार्यों के पूज्य, प्रातः स्मरणीय श्रद्धेय रुद्र महादेव की जय हो! इस तुच्छ राक्षस रावण का अभिवादन स्वीकार हो! आप द्वारा पोषित, आपके स्नेह में पली लंका की सुरक्षा करने का कर्तव्य मेरे सिरमाथे है। आप प्रसन्न हों पूज्य, साक्षात्कार की अनुमति दें।" यह कहकर रावण भूमि पर लोट गए।

रुद्र, रावण की ध्वनि सुनकर कक्ष के बाहर आ गए। देखा–एक अनार्य पुरुष याचना कर रहा है, अपने को रावण कहा है, तो यही है रावण! "उठो रावण, उठो! किस हेतु तुम्हारा आना हुआ है मैं क्या हित करूँ? बोलो!"

रुद्र की मृदुता से रावण का भय दूर हो गया बोले, "पूज्य! मैं आपसे साक्षात्कार करना चाहता हूँ, मेरे मन में जो दुविधा है उसे दूर करना चाहता हूँ। हम अनार्यों को विश्वास है कि आपसे चर्चा कर लेने के पश्चात् पुरुष पूर्ण हो जाता है, इन्हीं चर्चाओं के क्रम में मैं आवश्यक ज्ञान और आयुध भी प्राप्त करने की इच्छा रखूँगा।"

"तुम्हारी योग्यता तो जानूँ? चलो बोलो क्या कहना है! यदि वार्तालाप में मैं प्रसन्न हो गया। तुम्हारी योग्यता की झलक मिली तो तुम्हें वह सब प्राप्त होगा जो तुम चाहते हो।"

रावण ने आत्मविश्वास को केंद्रित किया और कहा, "आपकी स्वीकृति से हर्ष है, मुझे भान हो गया कि मेरी जिज्ञासा शान्त होगी, मुझे प्रश्नों के उत्तर मिल जाएँगे। मैं ज्ञान की पराकाष्ठा को प्राप्त होऊँगा।"

"तुम्हारी जिज्ञासा, तुम्हारे प्रश्न, तुम्हारी पराकाष्ठा या और भी जो इच्छाएँ हैं तुम्हारी पूर्ण होंगी परन्तु मैंने कहा न! कि तुम्हारी योग्यता पर निर्भर है। कितना लाभ ले सकोगे यह अब तुम जानो।"

"पूज्यवर! देवों ने, आर्यों ने हम अनार्यों को दास बनाया। इसका सामना अपनी बुद्धि से कर रहा हूँ। हम एक-एक अनार्य को जगाएँगे, उन्हें सत्य का पाठ पढ़ाएँगे परन्तु देवों द्वारा निर्धारित इन देवपुरुषों का क्या करूँ, इससे हमारी प्रजा जो आपके स्नेह से पोषित है—मानसिक दास बन रही है। देवों ने देवपुरुष निर्धारित कर रखे हैं—सूर्य, द्यौ, मित्र, पूजन, विष्णु, उषा, अश्विन, सवितृ, आदित्य ये आकाश के देवपुरुष हैं। आर्य इन्हें पूजते हैं। देखा-देखी अनार्यों में भी प्रसार बढ़ रहा है। हम आकाश की सत्यता को भूलते जा रहे हैं। इनका कार्य ही क्या है, व्यर्थ में हम अपनी बुद्धि व्यय कर रहे हैं। ये नाम लाभकारी हैं क्या? हमें लाभ तो आकाश से प्राप्त होता है इन देवपुरुषों का आकाश पर क्या अधिकार?"

रुद्र ने पलथी लगा ली, बोले, "रावण तुम्हारी वार्ता रुचिकर है। विश्राम की मुद्रा में बैठ जाओ, मैं सुनने हेतु तैयार हूँ। तुम्हें मेरे जैसा श्रोता नहीं मिलेगा। निकाल लो अपनी भड़ास, मन का मैल धुल जाएगा।"

रावण सम्मुख बैठ गए, "पूज्यवर! मैं देवपुरुषों के विषय में चर्चा कर रहा था—अंतरिक्ष पुरुष भी कई हैं—इन्द्र, मरुत, वायु, पर्जन्य, मतरिश्वन, एकपाद, त्रिताप्य। आश्चर्य तो यह कि इन्द्र स्वयं देवराज हैं तो अंतरिक्ष पुरुष कैसे हो गया। दूसरा यह कि आपको भी अंतरिक्ष पुरुष की श्रेणी में रखा गया है। क्या आप इन पुरुषों की सीमा में बँधकर रहेंगे? अंतरिक्ष में ग्रह, नक्षत्र, तारे हैं, ये सब प्राकृतिक हैं। इन पर देवों का कैसे आधिपत्य हो सकता है।

"...अग्नि, सोम, पृथ्वी, वृहस्पति, सरस्वती को पृथ्वी के देवपुरुष नाम की मान्यता दी गई। वरुण को सागरपुरुष कहा गया।

"...इन पुरुषों के विषय में जो और विज्ञता है वह मैं कहना चाहता हूँ—अग्नि प्रारम्भ में लुटेरा था, इसने अग्नि संस्था बनाई अग्नि अनार्यों को लूटकर देवों-आर्यों को समृद्ध करता था। अब यह रूप यज्ञ के माध्यम से लाभकारी बना है देवों के लिए, परन्तु प्रसन्नता है कि आर्य अब देवों को समिधा का लाभ नहीं दे रहे हैं। स्वयं आर्य-ऋषि लाभ ले रहे हैं।"

"हाँ रावण," रुद्र बोले, "इस अग्नि को मैं जानता हूँ। इसे रोका गया। मुझसे पूर्व में जो रुद्र हुए वे अग्नि का विरोध करते थे। देवों का वश न चला तो वे रुद्र श्रेष्ठ को देव मान लिया, पूजने लगे। एक बार रुद्रश्रेष्ठ को यज्ञ से प्राप्त समिधा का भाग देने से देव नकार गए। उस समय दक्ष थे। दक्ष ने यज्ञ से बहिष्कृत कर दिया रुद्रश्रेष्ठ को। तो रुद्रश्रेष्ठ ने दक्ष का वध कर दिया, तब से देव इतने भयभीत हो गए कि वे रुद्र के विरुद्ध कोई कार्य करते ही नहीं। अग्नि का प्रसार आर्यों में है। वे अग्निदेव को मान्यता देते हैं। यज्ञ की अग्नि को इसका प्रतीक समझते हैं।"

"मैंने यज्ञ और अग्निदेव का बहिष्कार कर दिया है, हम राक्षसों में इसकी मान्यता नहीं है। सागर पर वरुण का क्या अधिकार? समुद्र सबके लिए है। वरुण कहते हैं कि, 'हम सत्य और नियामक के प्रतीक हैं। ऋतु परिवर्तन, रात-दिन मेरे आदेश से होता है।' भला प्रकृति के नियमों पर किसी का आदेश चला है। ये किस प्रकार का मानसिक भय दे रहे हैं, दबाव बना रहे हैं। वरुण कहते हैं–'हम पृथ्वी और सूर्य के ज्ञाता हैं', भले ही एक दिशा का भी भ्रमण न किए हों।"–रावण बिना रुके बोलते गए।

"...सोम कहते हैं कि मैं वनस्पति पुरुष हूँ। कोई वृक्ष लगाए तो इनका स्मरण करे। वनस्पतियों पर इनका अधिकार रहेगा। सोम ने कितना अहितकर कार्य किया है! सुरा का आविष्कार करके। इसका चलन देवों तक नहीं वरन् अनार्यों में भी फैल गया है। इससे हमारी सोच संकुचित होती जा रही है। हम मद्य के प्रयोग की विधि, मात्रा नहीं जानते। हमारी प्रजा मानसिक संतुलन खो रही है, गृह कलह बढ़ रहा है। हम मद्य के रूप में मधुर विष पीकर चेतना-शून्य हो रहे हैं।...और ये सोम वनस्पति के पुरुष बने हैं, श्रेष्ठ कहला रहे हैं, एक भी वृक्ष लगाया है? उषा का प्रगति उत्थान में क्या अर्थ? उषा अपनी प्रकृति देखें! हम कर्मशील हैं, हमारी प्रगति आशीर्वाद से नहीं कर्म करने से है, उपदेश की क्या आवश्यकता? व्यर्थ का शब्द-जाल। अब उषा की पूजा करें तो प्रगति होगी, भले ही हाथ-पर-हाथ धरे रहें।...अश्विन विपत्तिकाल में सहयोगी पुरुष बने हैं। पुषन पशुओं के देवता बने हैं। विष्णु पूरे भू-मण्डल के संरक्षक। विष्णु ने कभी अनार्यों को संरक्षण दिया। ये देव स्वयं के लाभ हेतु पदों का आविष्कार करते रहते हैं। हम इनके मानसिक दास बने हैं। हमें इनसे लड़ने का, पीछा छुड़ाने का उपाय बताएँ पूज्यवर!"

रावण की बुद्धि, विवेक, चिन्तन पर अघा गए रुद्र। रुद्र का रूप निखर गया। देह पर लिपटी राख चमकने लगी, वे मुस्कराए। रुद्र रावण के प्रश्नों के उत्तर कहाँ से खोजें? कितना तार्किक मस्तिष्क है रावण का! परन्तु उन्हें रावण को तोष देना था। रावण को सन्तुष्ट कर उसकी जिज्ञासा शान्त करनी थी। रुद्र ने नयन बन्द कर लिये, डमरू बजाया, केश के बन्धन खोल दिए। रावण को रुद्र क्षेत्र ही अलग-थलग दीख रहा था। गणों की वेशभूषा, रुद्र के सैनिक, नन्दी और अब स्वयं रुद्र। राख लपेटे, बड़े-बड़े केश, दाढ़ी-मूँछ नहीं, पत्तों-छालों से बना वस्त्र, त्रिशूल और उसमें बँधा डमरू, स्वस्थ

और पुष्ट देह के स्वामी, विशाल छाती, ठोस भुजाएँ मांसल ठोस इतना कि शूल न धँसे। सब नया अनुभव था रावण के लिए।

रुद्र कुछ क्षण तक डमरू बजाते रहे फिर नेत्र खुल गए। स्नेह से बोले, "प्रिय रावण! मुझे तुमने अति प्रसन्न कर दिया है। यहाँ जो आता है मुझसे कुछ माँगने आता है और तुमने भी माँगा परन्तु कई प्रश्न जो निरुत्तर जान पड़ते हैं, चर्चा की। ऐसा विमर्श कहाँ सुनने को मिलेगा। मैं अघा गया प्रिय!...अपनी सुगन्ध मंगलकारी होनी चाहिए। तुमने रक्ष-संस्कृति की स्थापना की है, 'राक्षस' नाम दिया है। तुम उन सबकी रक्षा करोगे जो तुम्हारी अधीनता स्वीकार करेंगे। यह अधीनता का बन्धन क्यों! यदि तुम्हारे अधीन कोई व्यक्ति न रहे, स्वतन्त्र रहे परन्तु रक्ष-संस्कृति अपना ले तो क्या उसकी रक्षा करना तुम्हारा धर्म नहीं होगा। सदैव अपनी सुगन्ध भलाई के लिए बिखेरो, मंगलकारी हो। तुम्हारी इस नई संस्कृति के पीछे दर्शन होना चाहिए। आर्य- संस्कृति दर्शन प्रस्तुत करती है। मेरी संस्कृति न देवों की है, न आर्यों की मैं किसी का ऋण नहीं लेता, मुझसे ही ले जाते हैं सब। चाहे शब्द, चाहे वस्तु। मैंने नाद किया है, डमरू से शब्दों का निर्माण किया है। डमरू मेरा प्रतीक है। कल्याण कार्यों के लिए आवश्यक है निर्भयता। निर्भय होकर ऐसी भावना की ग्रन्थि बनाना कि मेरे जैसा दूसरा भी है। संवेदनाएँ मेरी पीड़ा देती हैं, ठीक उसी प्रकार अन्य को भी पीड़ा देती होगी।...व्यवहार प्रत्यक्ष करो। परोक्ष का व्यवहार आधा प्रभाव रखता है। जो हो सामने हो।...और इन सबमें छिपी है अनुभूति, जैसी अनुभूति होगी वैसी संवेदनाएँ जन्मेंगी। फिर व्यवहार कार्य रूप में आएगा।"

"...मात्र कल्पना नहीं अच्छी। देवों ने कल्पना की देवपुरुषों का पद सृजित कर दिया। यह सर्वथा प्रकृति धर्म के विरुद्ध है। मैं सहमत हूँ तुमसे। मैंने किसी का विरोध न करने का संकल्प लिया है। जो जैसे चाहे रहे, बस मेरी गतिविधियों में हस्तक्षेप न करे। तुम्हें भौतिक वस्तुओं की चिन्ता करनी चाहिए। व्यक्ति के लिए—घृत, मधु, अन्न, वस्त्र, बुद्धि की आवश्यकता है। इन व्यर्थ के शब्द जाल में फँसकर समय व्यतीत करने, कुंठित होने की आवश्यकता नहीं है। देव चतुर हैं, बिना श्रम के लाभ लेने के अभ्यासी हैं। धीरे-धीरे मानसिक दास बना देंगे फिर करेंगे स्वार्थ सिद्ध। आर्य परोक्ष रूप से भौतिक वस्तुओं का चिन्तन करते हैं। प्रकृति किसी एक व्यक्ति की थाती नहीं है।"

"...कोई कर्म छोटा-बड़ा नहीं होता, सब समान हैं। तुम्हारा कर्तव्य है भूखे के हाथ में भोजन देना। वृक्ष बनो—फलदार, छायादार वृक्ष, दृढ़-घनी शाखा वाले। प्रजा तुम्हारी भुजा सहस्रों देखे, तुम्हारा मस्तिष्क प्रत्येक दिशा में घूमे। विलक्षण प्रतिभा के धनी बनो। नदी बनो, हर प्यासे को जल दो। मेरी शिक्षा सब कुछ अर्पण कर देने की है परन्तु सार्थक हाथों में। मस्तिष्क को नदी बना दो, गति हो, प्रवाह हो, समान गति...नदी से गीत सुनो, जल का नाद समझो। गाँठ न लगाओ। जहाँ उचित मिले ग्रहण करो। सम्बन्धों का निर्वाह करो, निबाहने में मिठास होगी, मिठास ज्ञान से प्राप्त करो। तब आनन्द लो, मेरी तरह हो जाओगे। कीचड़ में भी पुष्प खिलते हैं, उन्हें बस सूर्य का प्रकाश चाहिए।

प्रकाश मुझसे लो परन्तु खिलो। जीवन को साधो, साधना से कठिन से कठिन वस्तु प्राप्त हो सकती है।"

"...पद को पद से, शब्द को शब्द से, बुद्धि को युद्ध विवेक से, नए-नए मार्ग बनाकर देवों की अपनी प्रतिभा का परिचय दो, वे स्वयं धराशायी हो जाएँगे।...प्रकृति हमारी है, उनकी भी...हमारा धर्म प्राकृतिक है। प्रकृति में रहो और प्रजा को इसका ज्ञान कराओ। देखो मुझे, ध्यान से देखो!"

रावण रुद्र को ध्यान से देखने लगे। सबकुछ भिन्न, सबसे अलग, विलक्षण, अकल्पनीय!...रुद्र मौन हो गए। रावण अब क्या कहें? कैसा व्यक्तित्व है रुद्र का। क्या रुद्र अब नहीं बोलेंगे। कितना विशाल मस्तिष्क है। रावण की पलकें उठी रह गईं। साहस कर बोले, "पूज्यवर! मैं अभी अधूरा हूँ आप मौन हो गए, कृपा कर अपने रूप में रहस्य को बताएँ।"

"रावण!" रुद्र ने मौन तोड़ा, "व्यक्ति को प्राकृतिक होना चाहिए। मेरे वस्त्र कृत्रिम नहीं, पत्तों-छालों से बने हैं। राख लपेटे हूँ, इसका लाभ यह है कि आयुधों के निर्माण में देह पर कुप्रभाव नहीं होता। मेरा भोजन फूल, फल, पत्ते, जड़, मूल, छाल हैं। वनस्पतियों का सेवन करता हूँ, कुपोषण का प्रभाव नहीं है। देव सुरा पी, विचित्र खाद्य से जीभ का स्वाद बनाते हैं परन्तु मैं...मेरा आवास, मेरा पूरा क्षेत्र प्रकृति पर निर्भर है। हम प्रकृति को नहीं छेड़ते। पशु-पक्षियों, सर्प एवं अन्य वन जीवों की रक्षा करते हैं। ये हमारे जीवन हैं। यही कारण है कि जो इस क्षेत्र का रुद्र हुआ पूरी आयु जीवन को यौवन में रहकर व्यतीत किया। न किसी ऋतु का कुप्रभाव हुआ, न कभी रुग्ण हुआ। देवों ने कितनी अप्सराएँ भेजीं। विषकन्याएँ मुझे लुभाने-मारने आईं परन्तु मैं शान्त...कोई परिवर्तन नहीं...वे यहाँ के आनन्द में लीन हो गईं, मेरी हो गईं। विष को विष से मारो। तो कहीं विष में इतना जल मिला दो, इतना मिला दो कि विष का प्रभाव समाप्त हो जाए।"

''...तुमने अभी देवपुरुषों की चर्चा की, तुम मान्यता ही न दो इन्हें। तुम इनसे बल से, ज्ञान से लड़ो। निःसंकोच, निडर! एक दिन यह काया क्षीण होकर निष्प्राण हो जाएगी तो भय, संकोच क्या? सामना करो!...देवों ने एक पुरुष का और पद सृजित किया 'कामदेव'—यह कामदेव कमनीय स्त्रियों का स्वामी है। देवों के निर्देशन में यह आर्यों-अनार्यों को स्त्रियाँ भेजता है। स्त्री-सुख भोग के लोभ में पुरुष इनके चंगुल में फँस जाता है और देव अपना लाभ सिद्ध करते हैं। मेरे यहाँ भी देवों ने यह चाल की। कामदेव स्वयं आया। कई स्त्रियाँ साथ थीं, भिन्न-भिन्न प्रकार से मुझे आकर्षित करने का प्रयास किया। मैं चुप था, सामान्य था। कामदेव का प्रयास विफल रहा तो स्वयं उसने मेरे कार्य में विशेष रूप से चिन्तन कार्य में बाधा डालने का पूर्ण प्रयास किया। मैंने उसका वध कर दिया, उसके शव को जलाकर राख लपेट ली मैंने। बची राख की पोटली उन्हीं स्त्रियों को देकर विदा कर दिया। भयभीत स्त्रियाँ भाग गईं। देव लजा गए, भयभीत भी हुए। अब देवों में साहस कहाँ? देवों ने पुनः मेरी स्वीकृति लेकर नए

कामपुरुष की नियुक्ति की परन्तु अब वह मेरा क्षेत्र देखने तक का साहस नहीं रखता। मैं मृदु हूँ परन्तु क्रोधी भी। समयानुसार कार्य करने से परिणाम हित में होता है।"

रावण अवाक् थे, रुद्र के विषय में इतना विस्तृत नहीं जानते थे। रुद्र, रावण के नयन खोल रहे थे।

"...कामपुरुष का वध हो जाने के बाद मुझे प्रसन्न करने के लिये मुझे 'वासना पर विजय प्राप्त करने वाला प्राणी' कहा। अपने काम को वश में रखो। इन्द्रियों का अधिकार न होने दो। स्त्रियों की काम-इच्छा शान्त हो जाती है, पुरुषों की नहीं।"

"...पशुओं का सम्मान करो। वृषभ को पूज्य मानो। मैंने आर्यों से कहा है कि वे पशु मारना बन्द करें, इनके दुग्ध और बल से पोषित हो। गो-दुग्ध के तत्त्व देह को पुष्ट करते हैं। मांस मीठा हो सकता है परन्तु मांसभक्षी की देह विद्रूप होती है। गौओं को मान्यता मिलनी चाहिए।...हमने बैल की सवारी की, बैल के कार्य जानते ही हो, वृषभ रथ तुम्हारे पास होगा ही। यमों ने गवय पाले हैं। नर-गवय की सवारी भी यम करते हैं। अश्व तो आर्यों की देन है। पशु प्रकृति के साथ होता है, उसे अपना अंग समझना चाहिए।"

"...देवों ने बलि प्रथा का चलन किया मात्र मांस लोभ में। देखो, कैसे उलझाया–कोई कहता है–'मुझे प्रसन्न करना है तो वृषभ की बलि दो', कोई–'चितकबरी गौ की'। मित्र और वरुण भी बलि की बात करते हैं। 'अश्विन-ताम्रवर्णी पशु की' बलि चाहते हैं। सब मिल-बाँटकर भक्षण कर तृप्त होते हैं। मैंने विरोध किया तब जाकर यह क्रिया खुलेआम बन्द हो गई परन्तु परोक्ष में यह कार्य हो रहा है। मैंने इन्हें 'गोविकर्त', 'गव्यच्छ' कहा, इनका अपमान किया। यह बलि प्रथा आर्यों, अनार्यों में प्रसारित हो रही है। इसे तुम दूर कर सकते हो।...नारियल को प्राणयुक्त मानो इसे फोड़ दो इसी की बलि दो। रूप बदलो। क्रिया को क्रिया से चित करो। समाज की प्रथाओं पर दृष्टि रखो।...यह मैंने तुम्हें ही नहीं आर्यों को भी कहा है। प्रतीकों में कार्य हो, लाभ होगा, हित और रक्षा भी।"

दिवस पर दिवस बीत रहे हैं। रावण को लंका की सुध न अपनी, बस एक ध्यान रुद्र का, रुद्र की वाणी का, शब्दों का स्वाद, रोम खड़े हो जाते रावण के, कभी लार मुँह में भर जाता, कभी स्फुटन होता तो ओठ फैले रहते देर तक और दाँत निपोरते तो निपोरे ही रहते। ध्यान जाता तब जाकर सामान्य मुँह हो पाता। रुद्र प्रतिदिन पलथी लगाते और स्वर देने लगते। पहले देर तक डमरू बजाते, नयन बन्द कर सोचते फिर धारा प्रवाह शब्द...दर-शब्द...अन्त नहीं...

"...रावण, मुझे सब पता है। मेरे गण पूरे भू-लोक में फैले हैं। पूरी सूचना मुझे मिलती है। तुम्हारी रक्ष-संस्कृति के विषय में विज्ञ हूँ। प्रसन्न हूँ कि तुमने नई स्थापनाएँ देकर अनार्यों में प्राण फूँका है। यज्ञ का अर्थ बदल रहा है। इसका अध्ययन करो। जाति, गोत्र, कुल से अब पहचान न हो। कर्म से व्यक्ति पहचाना जाए। मुझे रक्ष-संस्कृति ने

हर्षित किया है। हमारा विश्वास बढ़ा है तुम पर।...राक्षस की पहचान होगी। और इसके आगे भी चिन्तन करने की आवश्यकता है। दक्ष ने अपनी कन्याओं के नाम नक्षत्रों के नाम पर रखे हैं। प्रकृति ही धर्म है हमारा। हमारे धर्म में किस प्रकार सूक्ष्मता से प्रवेश कर रहे हैं आर्य, क्या इसका विवेचन किया तुमने, विचार-विमर्श अपने श्रेष्ठों से किया?...किसी यज्ञ में दशरथ ने इक्कीस बाँझ गौओं का वध किया था। विभिन्न देव बुलाए गए थे। क्या तुमने विरोध किया? अपने घर में बैठे-बैठे कुढ़ने से कार्य सम्पादित नहीं होता। तुम अपना विवेक अन्य क्षेत्रों में भी लगाओ मात्र युद्ध से और राज्य विस्तार से स्थायित्व नहीं मिलेगा।"

रावण को अपनी जिज्ञासा से अधिक प्राप्त हो गया था। उन्हें विश्वास नहीं था कि ज्ञान सुख इतना मिलेगा। फिर भी एक विशेष प्रश्न धक्के दे रहा था, "पूज्यवर! यदि अनुमति हो एक जिज्ञासा व्यक्त करूँ, मेरा जीवन तो सफल हो गया लेकिन आर्यों ने अनार्यों को हीन बना दिया है।"

"बोलो रावण! पूछो! यहाँ से अपूर्ण होकर जाना उचित नहीं।"–रुद्र ने अनुमति दी।

"पूज्यवर! मैं सुन्दरता की परिभाषा से विज्ञ होना चाहता हूँ। रूपवान किसे कहेंगे? देवों-आर्यों ने मिलकर जो परिभाषा दी है वह उन्हीं के लिए है। वे कहते हैं–नुकीली नाक, बड़े नयन, लम्बे केश, क्षीण कटि, लम्बी गरदन, गौर वर्ण ही रूपवान के लक्षण हैं। गौर वर्ण सुन्दर क्यों? लम्बी नाक आकर्षक क्यों? क्या चपटी नाक की सुन्दरता नहीं? गौर वर्ण क्यों? लम्बे केश क्यों? क्या ये ही मानक हैं सुन्दरता के? सौन्दर्य का बोध इन्हीं में क्यों है, इस परिभाषा से अनार्य कुरूप और विद्रूप हैं? मुझे इन मानकों में सुन्दरता के लक्षण नहीं दीखते। हममें हीन भावनाएँ भर रही हैं। इसी कारण हमें नीच और गन्दा कहा जा रहा है...क्यों? अनार्य स्त्रियों का अपहरण करके तो ये सुख भोगते हैं, तब इन्हें नीचता नहीं दिखती...भला कुरूप का अपहरण किया जाता है सुख के लिए? ये अपनी वस्तुओं को आकर्षक कहते हैं और हमारी को घिनौनी। भले ही इनके कृत्य घिनौने हों। हमारी दंत पंक्तियाँ बराबर नहीं हैं ऊबड़-खाबड़ हैं, टेढ़े-मेढ़े दंत हैं तो क्या सुन्दर नहीं हैं। समान दंत पंक्तियाँ सुन्दर क्यों?"

रावण की सूक्ष्म दृष्टि रुद्र को विचलित और प्रसन्न कर रही थी। कैसे-कैसे प्रश्नों के घेरे में रावण है। रावण का उत्तर नहीं, रावण जैसा कोई नहीं। अब भी यदि अनार्य सँभल न पाए तो आर्य-संस्कृति के स्थायित्व को रोका न जा सकेगा। अनेक विचारों-वादों का जन्म होगा और हीनतर मानसिकता के दास सर्वदा के लिए हो जाएँगे।

रुद्र बोले, "रावण तुम्हारी बुद्धि परिपक्व है, सूक्ष्म दृष्टि रखते हो।...उचित कह रहे हो...सुन्दरता की परिभाषा आर्यों के अपने हित में है।...जब ये अनार्य स्त्रियों का अपहरण करते हैं मैथुन क्रिया के लिए तो इनको अनार्य स्त्रियों का वर्ण सुन्दर लगता है। चिकनी, गोल स्वस्थ जाँघें लुभाती हैं, ठोस नितम्ब उभरे हुए आकर्षक लगते हैं।

मोटे ओठ रसीले जान पड़ते हैं। इसी से अर्थ निकालो कोई वस्तु सुन्दरता की परिभाषा में आ सकती है क्या? सुन्दरता तो उपयोगिता पर निर्भर है। गुण ही रूपवान है। फल सुन्दर है का क्या अर्थ...मीठा है, रुचिकर है तो सुन्दर है। अंगों के रंग-रूप का बखान कर सुन्दर कहना उचित नहीं है। यह भी देवों-आर्यों की एक युक्ति है कि अनार्यों को कुरूप कहो, उनकी हर शैली को हीन समझो जिससे अनार्य मानसिक दबाव में रहें। हीनता का बोध प्रगति में बाधक होगा। हीन-भावना से ग्रसित व्यक्ति प्रतिस्पर्धा में पराजित होता है...पहले तो वह प्रतिस्पर्धा में भाग ही नहीं लेगा।...सुन्दरता नयेपन का नाम है। जो सत्य है वही सुन्दर है। शब्दों में सुन्दरता है। अनुपात में सुन्दरता है। जो अलग दिखाई दे वह सुन्दर है। जो हमें मुग्ध कर दे वह सुन्दर है। जो बिना किसी परिभाषा में बँधे, बिना किसी विशेषण से लदे हों वह सुन्दर हैं, बस भावनाएँ अनुकूल हों। प्रतिकूल भावनाएँ दुःख देती हैं, कुरूप लगती हैं, विद्रूपता का चित्र उभर जाता और अनुकूलता सुख देती।"

"...देव, आर्य चतुर हैं भिन्न-भिन्न प्रकार से मानसिक युद्ध कर रहे हैं। देवों ने अब युद्ध बन्द कर दिया है। अब यही—सब किया करते हैं, परिभाषाएँ देते हैं, सब अपने स्वार्थ में... । मुझे भी कुरूप कहा, मेरी आकृति को डरावना कहा। जब इन्हें मेरी शक्ति का ज्ञान हुआ मेरे आयुधों का पता चला तो ये भय से मुझे सुन्दर कहते हैं। ये कहते हैं—'रुद्र सुन्दर है, रुद्र सत्य है, रुद्र ही संहारक है, रुद्र से बड़ा कोई देव नहीं।... भला मुझे देखो! इनकी परिभाषा में मैं सुन्दर दिखता हूँ। पहले भी कहा हूँ, इनके शब्द-जाल परिभाषाओं में उलझकर मानसिक तनाव न पालो'।"—और शिव मौन हो गए।

रावण तुष्ट हो गए। वर्ष भर रहे। रुद्र क्षेत्र का भ्रमण किया—चम्पा? अशोक, पुनाग, मन्दार, आम, पाडर, लोध, प्रियंगु, अर्जुन, केतक, तगर, पनस, प्रियाल के वृक्ष देखे। शिव के गणों से—स्वरोदय, गन्धर्व, सामुद्रिक ज्ञान और वेश बदलने की विद्याएँ सीखीं। रुद्र तो प्रसन्न थे ही। रुद्र से धनुर्विद्या, मृत संजीवनी, त्रिशूल के सूक्ष्म गुर सीखे रावण ने। पिनाक और तड़ित नामक आयुध प्राप्त किए। रुद्र क्षेत्र के नागों से सर्प विद्या सीखी, विषयुक्त तीर के प्रयोग का अभ्यास किया।

रावण का मैल धुल गया था, आह्लादित स्वर से बोले, "महादेव, मैंने आपके पिंड की स्थापना की है, एक रूप दिया लिंग-रूप। हम अनार्य आपको प्रतीक मानकर प्रत्येक कार्य करते हैं।"

रुद्र रावण के भोलेपन पर हँसे, "यह मुझे ज्ञात है परन्तु पिंड का मान आर्य भी रखें तो यह कार्य बड़ा होगा। अनार्य तो अपने हैं ही।...एक बात और कहूँगा तुम अपने प्रश्नों का उत्तर स्वयं खोजो। शोध करो, परिभाषाएँ लिखो, ज्ञान की व्याख्या करो। तुम योग्य हो, अनार्यों को योग्य नेतृत्व की आवश्यकता थी। जितने अनार्य अगुवा हुए लड़ते रहे, युद्ध करते रहे, लोभ में फँसते रहे और मर-खप गए। किसी ने कोई स्थापना नहीं दी।...मैं तटस्थ हूँ, मेरे लिए आर्य-अनार्य में भेद नहीं है। सम्भव है मेरे बाद कोई रुद्र

न रहे। तुम्हारे कन्धों पर बहुत भार है। सदैव विचार कर पाँव बढ़ाना।...हाँ, सुना हूँ कि वानरों से तुम्हारा मैत्री सम्बन्ध है। वानरों की एक पहचान है। वानर किसी के कार्य में हस्तक्षेप नहीं करते, अपनी संस्कृति के पीछे जीते-मरते हैं। वे कभी तुम्हारे न होंगे। उनके कार्यों में तुम्हारा हस्तक्षेप उचित नहीं। प्रत्येक वानर सैनिक है। युद्ध में कभी जीत नहीं सकते, जिसकी प्रजा स्वयं सैनिक हो वह सम्राट कभी जय किया जा सकता है? तुम अपने लाभ हेतु उन्हें उकसाओगे तो यह वे सह न सकेंगे।...मेरे गण वहाँ भी हैं। मेरे गण रुद्र क्षेत्र के बाहर भूत कहाते हैं। मैं भूत ही तो हूँ, देवों का भूतकाल! आर्यों का भूतकाल, अनार्यों का भूतकाल। मैं भविष्य भी हूँ, जिसने मेरी राह ली वह भविष्य सुरक्षित कर लिया। मैं वर्तमान हूँ, मेरे बिना भला कोई कार्य कर सकता है। देवों ने भविष्य सुरक्षित किया है, वर्तमान में सुख भोग रहे हैं।...इन भूतों की सुरक्षा करना यदि कहीं दिख जाएँ। इनसे छिपने की विधि सीखना और मेरे लिए महत्त्वपूर्ण सूचनाएँ देना।

"जाओ रावण लंकापुरी जाओ, मुझे विश्वास है कि रावण पर राक्षस गर्व करेंगे।...हाँ, जाते-जाते याद रख लो अगस्त्य से न जूझना, उन्हें छेड़ना हितकर नहीं है।"

और रुद्र चिन्तन कक्ष में चले गए।

रावण जय किए गए नगरों को देखते, अधिपतियों से मिलते सूचनाएँ एकत्र करते लंका की दिशा में चल पड़े।

11

कुबेर के यक्ष ग्राम देवता के रूप में यक्ष-पिंड स्थापित करने हेतु भू-मण्डल पर फैले थे। उन्हें निर्देश था कि वे आर्य ऋषियों का सरंक्षण प्राप्त करें और उन्हों के माध्यम से आर्य-ग्रामों की सीमा पर पिंड स्थापित करें। अनार्यों के ग्राम में मात्र ग्राम-रक्षक कहें यक्ष का नाम लें।

अगस्त्य चाहते ही थे कि ऐसी कोई युक्ति सुझाई जाए और उन्हें पूरे मनोयोग से कथा का रूप देकर स्थापित किया जाए।

सलेटू दोनों यक्षों को साथ लिये अगस्त्य की कुटीर की दिशा में आ रहा था। विराजक पहले से उपस्थित थे। अगस्त्य यक्षों का आना जान नहीं पाए कि किस कारण हेतु यक्ष भ्रमण कर रहे हैं परन्तु यक्षों द्वारा पिंड स्थापना की सूचना विराजक को थी। यह विराजक समझ न सका था कि पिंडों को स्थापित कर यक्ष किस क्रिया को रूप देना चाहते हैं। रुद्र के पिंड से तो वह अवगत था ही। रुद्र पूज्य थे, रुद्र को प्रतीक मानकर अनार्य प्रेरित होते थे। पिंड, मानो साक्षात् रुद्र ही जीवित अवस्था में हों और प्रत्येक क्रिया-कलापों

पर दृष्टि रख रहे हों। रावण ने रुद्र पिंड को और परिभाषित करके, एक रूप की संरचना कर रुद्र का मान बढ़ा दिया है।

सलेटू और यक्ष समीप आ गए, ''आओ बन्धुओ आओ! यह पार्थ-आश्रम आपका स्वागत करता है।'' अगस्त्य ने स्नेह शब्दों से स्वागत किया। कुटीर में बिछे आसन पर बैठने का संकेत किया। सलेटू चौखट पर बैठ गया। विराजक की सूचना सत्य प्रमाणित हो रही थी। विराजक सोचे, कि 'मैंने पहले क्यों नहीं यक्ष-पिंडों की स्थापना को सूचित किया गुरुदेव को, इससे मेरी सूचना साक्षात् प्रमाणित होती। गुरुदेव पर मेरा विश्वास दृढ़ होता।'

''इतनी लम्बी यात्रा करके दक्षिण क्षेत्र में भ्रमण करने का प्रयोजन क्या है यक्ष बन्धुओ!''—अगस्त्य ने पूछा।

''हमारे लोकपाल कुबेर हैं। हम अलकापुरी के यक्ष हैं। हमें निर्देश हुआ है कि ग्राम-ग्राम में ग्रामरक्षक पिंड स्थापित किए जाएँ। ग्रामवासी इन्हीं पिंडों से प्रेरणा लेंगे। कुकर्म करने से डरेंगे। इन पिंडों को ग्रामवासियों के हृदय से जोड़ने का कार्य ऋषि करें, यह लोकपाल का अनुरोध है। हम आपके आश्रम में आश्रय चाहते हैं और आपका निर्देशन भी। हमें ग्राम के मार्ग सुझाए जाएँ। शेष आप स्वयं हमारे कार्य देखकर प्रसन्न होंगे।''—यक्षों ने अपना परिचय और कार्य संक्षेप में बताया।

''मुझे अति प्रसन्नता है बन्धु! जो आप यह नेक कार्य करने जा रहे हैं। मेरा आश्रम आपको पूरा सहयोग देगा और संरक्षण भी।''—अगस्त्य ने यक्षों को आश्वस्त किया।

''मेरे ही समान प्रत्येक आश्रम हेतु दो-दो यक्षों की नियुक्ति की गई है।'' यक्ष वार्ता को विस्तार देना चाहते थे परन्तु अगस्त्य ने रोका और उन्हें आश्रम के भ्रमण का सुझाव देकर टाल गए। अगस्त्य को विराजक की सूचनाएँ भेद रही थीं, ''आप आज विश्राम करें। आश्रम का मार्ग सुझाए जाएँगे, दिशा का ज्ञान और सामाजिक वातावरण से विज्ञ कराया जाएगा। इस आश्रम के श्रेष्ठ विराजक हैं।''—अगस्त्य ने विराजक की ओर संकेत किया, ''ये ही आपको प्रस्तावित कार्य की रूपरेखा तैयार करेंगे। अब आप जाएँ। मैं आवश्यक चर्चा के क्रम में हूँ।''

सलेटू यक्षों को आश्रम भ्रमण कराने ले गया। सब शान्त था। बादल थे परन्तु वर्षा बन्द थी। सूर्य दूर तक न दिखता था। भूमि में छिपे जीव-जन्तु बाहर आ गए थे। पत्तियाँ झरकर भूमि से चिपक गई थीं। पौधे जल की मार से झुक गए थे। आश्रम में भरा जल भूमि ने सोख तो लिया था परन्तु वृक्षों की जड़ों एवं तनों के निचले भाग पर चिपके तिनके, पत्तियाँ जल-चिह्न बना रहे थे, जिससे जल की अधिकता का आभास होता था।

अगस्त्य बोले, ''आओ विराजक, बाहर की वेदी पर अब वर्षा नहीं होगी। वर्षा के बाद कुटीर में रहने का मन नहीं होता। बाहर निकलकर तो देखो, दिशा का भ्रम होगा। स्थान नया लगेगा, जान पड़ेगा कि यह वृक्ष तो यहाँ नहीं था। यह मार्ग सिंहद्वार

तक न जाकर उल्टी दिशा में जाएगा। आओ चलें वेदी पर।'' और अगस्त्य वेदी की ओर बढ़ गए।

''अब कहो विराजक। रावण की सूचना अधूरी रह गई है।''–अगस्त्य वेदी पर बैठते ही बोले।

''वेदी गीली हो गई है। इस गीले पर बैठना आपके लिए उचित नहीं है गुरुदेव।''

''अच्छा जाओ, आसन ले आओ। और कहो रावण की...।''

विराजक ने आसन बिछा दिया और बोला, ''रावण ने रुद्रगणों से कई गुर सीखे और विशेष अनुरोध पर रुद्र ने रावण को ताण्डव नृत्य भी कई दिनों तक दिखाया।''

''इसका अर्थ यह हुआ कि रावण वेश बदलने और छिप जाने की कला से विज्ञ है। जानते हो विराजक ताण्डव नृत्य में अनेक गुण छिपे हैं। रावण कहाँ तक विज्ञ हुआ है यह तो रावण ही जाने। ताण्डव नृत्य में आयुधों से बचाव के सूत्र हैं। योग के सूत्र हैं। अब रावण अजेय हुआ है। रावण में बुद्धि प्रबल है, प्रखर बुद्धि का स्वामी है। एक हनुमान और एक राम के निर्माण में हम कितने लोग लगे हैं और रावण अकेले हम सब पर भारी हैं।''

पुनः अगस्त्य की चेतना विपरीत दिशा में लौटी। कहीं विराजक रावण से प्रभावित होकर रावण के पक्ष में न हो जाए, है रावण भी मूलवंशी और विराजक भी। अगस्त्य मनोविज्ञान के श्रेष्ठ ज्ञाता थे। विषयान्तर कर देते, जिससे कोई प्रभाव न हो विराजक पर।

अगस्त्य ने विषय बदला, ''अभी यक्ष आए थे, हैं भी। तुम्हें उनकी सहायता भी करनी है। तुमने मूलवंशियों की, आर्यों-अनार्यों की बात की थी। मेरे प्रति आशंका भी उपजी होगी तुम्हारे मन में। यक्ष अनार्य हैं, यहाँ के मूलवंशी कहे जाते हैं। देवों ने यक्ष-श्रेष्ठ कुबेर को लोकपाल बनाया। यक्ष प्रतिष्ठित हैं आर्यों में। मैं भी सम्मान करता हूँ। मैं भेद नहीं मानता। बस कार्य जनकल्याण का होना चाहिए। यक्ष-पिंड स्थापित होगा तो अनार्यों का ही मान बढ़ेगा। अनार्यों का साहस बढ़ेगा। मैं रावण के पिंड स्थापना को भी अनुचित नहीं मानता, सम्मान करता हूँ इस कार्य का। कहीं-न-कहीं रावण भी अनुकरणीय है। तुम्हें यक्षों की भरपूर सहायता करनी होगी।''

भला कौन अगस्त्य के शब्द-जाल में फँसने से अपने को रोक सकता है! शब्दों से विराजक के हो गए थे अगस्त्य, परन्तु हृदय...अगस्त्य हृदय तो आर्य-लाभ देख रहा था।

''रावण का समाचार कहो विराजक, मैं बीच में टोककर तुम्हें व्यथित तो नहीं कर रहा हूँ। यक्षों के विषय में भी मेरा बोलना मुझे उचित लगा सो...''

और अगस्त्य रावण की सूचना की प्रतीक्षा करने लगे।

''आप धन्य हैं गुरुदेव, आप सत्य को स्वीकारते हैं। आप भेद नहीं रखते।''–विराजक चुप हो गया। अगस्त्य मौन रहना चाह रहे थे। विराजक की बुद्धि पूरी तरह से अगस्त्य के प्रभाव में हो गई थी।

अगस्त्य पिंड स्थापना में विश्वास नहीं रखते परन्तु क्या करें अनार्यों को प्रसन्न रखना है। पिंड से आर्य-कथा को जोड़कर आर्य-लाभ सिद्ध करना है। कहीं अस्वीकार को भी स्वीकारना पड़ता है परन्तु इस स्वीकार में विचार न बदल जाए इसका ध्यान रखना चाहिए।

"गुरुदेव! रावण ने रुद्र के ताण्डव नृत्य को देखकर 'रुद्र ताण्डव स्तोत्र' की रचना करने की घोषणा की है।"

"रावण ने पूरे मनोयोग से ताण्डव नृत्य को देखा है। वह इस नृत्य से इतना सीख गया होगा जो हम सोच नहीं सकते।" अगस्त्य को वाणी भार लगा और विराजक से रावण के विजय अभियान को पूछा, फिर मौन साध लिया।

"आपको आश्चर्य होगा गुरुदेव! रावण कुबेर को अलकापुरी जाकर पराजित कर चुका है। कुबेर बन्दी बना लिये गए थे। सहस्त्रों यक्ष मृत्यु को प्राप्त हुए। अलका में खुले रूप में राक्षस घूम रहे हैं।"

"...कुबेर के बाद यमों के राज्य में रावण ने आक्रमण किया। यम कहाँ तक टिक पाते। शीघ्र ही यमलोक जय कर लिया गया। यमलोक भी रावण के अधीन हुआ।... रावण की योजना सीधे इन्द्र को पराजित करने की है। रावण का पुत्र मेघनाद अभी किशोर है, कुछ वर्ष बाद वह भी युवा हो जाएगा। इन्द्र से सामना करने का लक्ष्य मानकर बाल्यकाल से मेघनाद को युद्ध अभ्यास कराया जा रहा है।"

'इसका अर्थ यह हुआ कि जो यमदूत अनार्यों को सताते थे, अपहरण कर दण्ड देते थे, देवों द्वारा युद्ध में बन्दी बनाए गए अनार्यों को विशेष दण्ड प्रावधान के अन्तर्गत दण्डित करते थे, वह सब समाप्त! मुझे ऋषियों की एक सभा बुलानी होगी, 'यमदूत अभी भी है, आर्यों का अहित करने वालों को मृत्यु देंगे,' यह प्रचारित करना होगा। यह विराजक भी न जाने परन्तु वह तो सूचना अधिकारी है। अब यह कार्य राम से ही कराना होगा।'–अगस्त्य सोचते रहे।

"गुरुदेव कई वर्षों की सूचना है। मैं अब विश्वामित्र का पृष्ठ उलट रहा हूँ। चित्रवत् समाचार कहने का पूरा प्रयास करूँगा। यदि कहीं भाषा दोष हो तो क्षमा करेंगे।"–विराजक आज पुनः अपनी सूचनाओं का पुलिन्दा लेकर वेदी पर बैठ गया। अगस्त्य तो उत्सुक थे ही।

"आज सूचनाएँ समाप्त कर दो कहकर! भले ही पूरी रात्रि बैठना पड़े। सूचनाओं से अवकाश तो मिले। अभी यक्ष आए हैं। सम्भव है, यह आने का क्रम चलता रहे। आश्रम का विस्तार हो गया है। सर्वत्र विचार युद्ध फैला है और साथ में रावण का विजय अभियान भी।"–अगस्त्य ऊब गए थे।

और विराजक ने विश्वामित्र का अध्याय हाथ में ले लिया।

''विश्वामित्र अपने पाँच शिष्यों के साथ अवध में प्रवेश करते हैं। उन्हें देखकर नगरवासी 'विश्वामित्र! विश्वामित्र!!' चिल्लाने लगे। कोई कहता किधर गए हैं! मैं देख लेता! कोई कहता हट तू क्या देखेगा विश्वामित्र को, ये ऋषि लोग हैं...बड़े ऋषि! हम छोटों से नहीं मिलते। देखते नहीं सीधे, राजभवन की ओर जा रहे हैं।...सुना है कि बड़े तपे-तपाए हैं...कुपित हैं क्या? बड़ा ऊँचा नाम है, हम सबको दर्शन दुर्लभ हैं। संयोग से आ गए हैं तो एक झलक देख तो लेने दो।

''...अवध के पथों पर भीड़ जमा हो गई। विश्वामित्र को मार्ग मिलता गया। लम्बे-लम्बे डग विश्वामित्र के, पीछे शिष्य दुलकिया चाल में थे मानो वे दौड़ रहे हों। कब आए, कब गए! किसी को भान हुआ, किसी को झलक मिली, कोई ताकता रहा मुँह भीड़ का और विश्वामित्र सीधे राजभवन के द्वार पर।

''द्वार-रक्षक ने मार्ग दे दिया। दूसरा द्वार-रक्षक वसिष्ठ भवन के मार्ग का संकेत करता हुआ वसिष्ठ को सूचना देने गया। दशरथ को भी सूचना भेज दी गई।

''वसिष्ठ ने विश्वामित्र को देखा—'अरे ये तो विश्वामित्र हैं।' दौड़कर वसिष्ठ ने विश्वामित्र को गले लगा लिया। वसिष्ठ विश्वामित्र में आपका व्यक्तित्व देख रहे थे। मुझे ऐसा लगा गुरुदेव! मैं गुप्त रूप से विश्वामित्र और वसिष्ठ के आगे-पीछे रहा, किस विधि से रहा यह न पूछें, मुझे प्रामाणिक सूचनाएँ एकत्र करनी थीं। यही कारण था कि आप इतने दिनों तक सूचनाओं से वंचित रहे।...मुझे लगा कि दो व्यक्ति नहीं दो पर्वत गले मिल रहे हों, टकराने के लिए नहीं, विशाल होने के लिए। मुझे लगा कि दो नदियाँ मिलकर अपना पाट चौड़ा कर रही हैं। कई ज्ञान समूह मिलकर एक ग्रन्थ की रचना कर रहे हैं। गणित और विज्ञान मिलकर एक अध्याय हो गए हों। सभी शास्त्र किसी रथ पर सवार हो गए हों और सारथी विश्वामित्र हों, रथ पर बैठे वसिष्ट।

विराजक ने जो सुना-देखा, अगस्त्य से कहता गया, ''...विश्वरथ! क्या प्रिय करूँ? अभी बहुत दिन पूर्व आचार्य अगस्त्य आए थे। उनसे बहुत से विषयों पर चर्चा हुई। वसिष्ठ ने कहा तो विश्वामित्र बोले, मैं अवगत हूँ आपसे आचार्य की जो वार्ता हुई, मुझे सूचना है।''

''तो कहो क्या प्रयोजन है?''—वसिष्ठ बोले।

''मेरी व्यग्रता से आप विज्ञ हैं,'' विश्वामित्र प्रयोजन बता रहे थे, ''मैं वन-वन भटक रहा हूँ। आश्रम-आश्रम दौड़ रहा हूँ। मुझे भी राजसुख प्राप्त हो सकता है परन्तु नहीं, मैं पहचान के लिए लगा हूँ। पहले सिद्धाश्रम का निर्माण हुआ और अब उसी के बल पर अनेक आश्रम, अनेक शिष्य...। रावण द्वारा नियुक्त राक्षस आश्रमों के कार्य में विघ्न डाल रहे हैं। आप सब जानते हैं।...मैं शब्दों को क्या विस्तार दूँ, बस मैं आने के कारण पर आता हूँ। मुझे दशरथ पुत्रों को महाराज से दिला दीजिए।''

''दो को तो मैं नहीं कहूँगा। हाँ, राम और लक्ष्मण आपके लिए ठीक रहेंगे। कल महाराज से बात होगी।''—वसिष्ठ दो टूक बोलकर चुप हो गए।

"ठीक है! हमें राम और लक्ष्मण मिल जाएँगे न?..."

"मैं अब राम के माध्यम से अनेक सूत्रों को स्थापित करूँगा। राम के द्वारा ही आपके नियम क्रियान्वित होंगे। हमें एक राजपुरुष मिला है। हम उसका निर्माण करेंगे स्वयं के हित में, आर्य-लाभ में और इसी लाभ को ध्यान में रखकर आर्यों-अनार्यों को एक कर देंगे।...सैंधव में कितना परिश्रम करना पड़ा था। सब अनुकूल हो गया परन्तु एक हठी बालक...अरे वही अर्जुन अब वह अर्जुन...नहीं सहस्रार्जुन हो गया है, हैहयवंशी है न!...सैंधव छोड़ने का एक कारण यह भी था। परशुराम अर्जुन के विनाश का संकल्प ले चुके हैं परन्तु परशुराम में रुद्र जैसा साहस चाहिए। अब हम इस क्षेत्र को अधूरा नहीं छोड़ सकते। कल आप राम को मुझे सौंप दें।"

विराजक ने अगस्त्य से पूछा, "ये आर्य-लाभ क्या है गुरुदेव?" फिर एक घूँसा लगा अगस्त्य को, "आर्य-लाभ का अर्थ है सबका हित। एक नाम दे दिया गया है, आर्य का अर्थ है श्रेष्ठ, 'श्रेष्ठ लाभ' और अभी तुमने ही कहा कि विश्वामित्र आर्य-अनार्य को एक कर रहे हैं।"

फिर मोह ने डस लिया विराजक को और वाणी को गति देने में व्यस्त हो गया विराजक, "...दूसरे दिन महाराज दशरथ के सम्मुख उपस्थित थे वसिष्ठ और विश्वामित्र! विश्वामित्र ने राम-लक्ष्मण को माँगा तो दशरथ ने आनाकानी की परन्तु विश्वामित्र के आगे उनकी एक न चली। वे बोले, ऋषियों के परिश्रम का फल है–राम। आप जानते हैं महाराज। आपसे तब भी कहा था कि आप पुत्र-मोह त्याग दें परन्तु आप इतने मोही हैं कि मुझे तो राजा कहने में लाज आती है। गृहस्थ और राजा में अन्तर है।...मैं पहले भी कह चुका हूँ, चाहूँ तो अनेक दशरथ निर्माण कर सकता हूँ परन्तु राम नहीं, राम तो एक ही बन सकता है। राम जनकल्याण हेतु जा रहे हैं। नई स्थापना के लिए मैं ले जा रहा हूँ। राम पर अवध क्या पूरा भू-लोक गर्व करेगा। दशरथ मान गए और राम, लक्ष्मण ऋषिश्रेष्ठ विश्वामित्र के साथ हो लिये।"

"...मैं इसके बाद आश्रम चला गया। कई सूचना यात्री लगा दिए गए–अवध के लिए, विश्वामित्र पर दृष्टि रखने हेतु और अन्य ग्रामों के लिए। शेष सूचनाएँ मैं क्रमबद्ध कर लूँ तो कहूँ, इसके लिए कुछ दिन का समय दें गुरुदेव!"

और फिर आश्रम उसी गति में आगे बढ़ता हुआ।

विश्वामित्र आगे बढ़े जा रहे हैं, साथ में राम, लक्ष्मण हैं। राम को अलग प्रकार का अनुभव हो रहा है। जो ग्राम पड़ता उस ग्राम से जुड़ी एक कथा, जो आश्रम दिखता उसके भूत की कथा, नदी की कथा, वन कथा, मार्ग की कथा। कथाओं की शृंखला! न राम थकते, न लक्ष्मण, न विश्वामित्र रुकते, न कथा थमती। आवश्यक विश्राम और फिर पग बढ़ जाते। कथा के बीच-बीच में विश्वामित्र का ज्ञान फूटता और राम

उसे पी जाते, कुछ भाग लक्ष्मण भी प्राप्त करने में सफल होते।

"मैं चाहता हूँ राम...तुम्हारे प्रति प्रजा श्रद्धा रखे। एक बार श्रद्धा जाग गई तो वह पूजनीय हो जाता है। मृत्यु के बाद भी लोग उसे मरा हुआ नहीं मानते। तुम्हें इस योग्य बनना है। सभी भावनाओं पर नियन्त्रण रखना है। संवेदनाओं की सूक्ष्म अनुभूति प्राप्त करने की क्षमता होनी चाहिए। तुम अनुभूतियों से अपना संसार बनाओगे। हम जैसे ऋषियों को, पुरोहितों को तुम प्रतिष्ठित करोगे।" विश्वामित्र अचानक रुक गए... "राम तुमने यात्राएँ की हैं। तुम्हें अनुभव है परन्तु यह यात्रा एक निर्णय करेगी। तुम्हें वन-जीवन ही व्यतीत करना है। बोलो तैयार हो?"

"गुरुदेव, मैं पहले से ही प्रस्तुत हूँ। आचार्यश्रेष्ठ अगस्त्य ने ऐसा ही कहा था, मन ही मन मैं आपकी प्रतीक्षा में था।"—राम सहज ढंग से बोले।

"यह आश्रम देखो!"—मार्ग में एक आश्रम की ओर संकेत करते हुए विश्वामित्र बोले।

"चलिए गुरुदेव, आश्रम में आज का विश्राम हो, मैं आश्रम का आनन्द तो ले लूँ, अभी ऐसा आश्रम मैंने देखा ही कहाँ है।"—लक्ष्मण उतावले थे।

"नहीं लक्ष्मण, विश्राम का समय नहीं है अभी दिन शेष है। रात्रि तो किसी ग्राम में बीत जाएगी। अवकाश और विश्राम के विषय में मत सोचो, यह विषय सोचने का नहीं। व्यर्थ ऊर्जा व्यय न करो। असमय विश्राम से गति में बाधा पड़ेगी, ऊर्जा आलसी हो जाएगी। विश्राम स्वयं सिर चढ़कर बोलेगा कि मुझे अपनाओ, तब विश्राम करो ऐसे विश्राम से स्फूर्ति आती है। क्यों राम उचित यही है न?"

"जी गुरुदेव, लक्ष्मण उतावले हो जाते हैं।...आश्रम में हमें आश्रमियों का सुख-दुःख सुनना होगा, उनकी समस्याओं का हल बताना होगा और हमारे पास समय कम है।... कहें गुरुदेव, आश्रम के विषय में।"

"यहाँ एक कन्दर्प नाम का पुरुष रहता था, वह स्त्री-सुख का लोभी था, कई रूपवती स्त्रियाँ उसके पास थीं, परन्तु वह रुद्र की निन्दा करता था। वह सूचना रुद्र के गणों ने रुद्र को पहुँचा दी। तुम सम्भवतः जानते हो रुद्रगण सर्वत्र घूमते रहते हैं। किसी में साहस नहीं कि रुद्र की निन्दा करे। रुद्र तो रुद्र हैं, उन्हें किसी का क्या भय! रुद्र स्वयं आए और बिना कुछ पूछे कन्दर्प का वध कर दिया। बहुत दिनों तक यह स्थान रिक्त रहा फिर ऋषियों ने इसे अनंग नाम देकर आश्रम स्थापित कर दिया। तब से यह आश्रम और यह क्षेत्र अनंग नाम से जाना जाता है।" विश्वामित्र को मौन देखकर लक्ष्मण तुरन्त बोले, "और कौन-कौन भ्रमण करता रहता है गुरुदेव। हमें सचेत रहना चाहिए।"

"बड़ी जिज्ञासा है लक्ष्मण में गुरुदेव!"—राम मुस्कराए। वे भी जानना चाहते थे लक्ष्मण की आड़ में।..."जिज्ञासा होनी चाहिए, विमर्श की चाह बनी रहे। व्यक्ति तर्क द्वारा मस्तिष्क को परिमार्जित करता है।...हाँ, भ्रमण पूछ रहे हो न!...भ्रमण तो आप भी कर रहे हैं। अपने ही राज्य में महाराज की निन्दा क्या सह सकोगे?...नहीं। और

यम के दूत पूरे भू-लोक में फैले हैं, वे नित्य भ्रमण किया करते हैं। रावण ने यमराज को पराजित किया है और 'यमदूत आतंक छोड़ दें' यह प्रतिज्ञा कराई है यमराज से। अब यमदूत अन्य कार्यों में व्यस्त हो रहे हैं परन्तु हमें 'यमदूतों का आतंक है, वे अपना वही कार्य सदैव कर रहे हैं, करते रहेंगे' ही प्रचारित करना है। अनार्य भयभीत तो रहेंगे।... अभी दो यक्ष आए हैं सिद्धाश्रम में, ये यक्ष-पिंड स्थापित कर रहे हैं ग्रामरक्षक के रूप में। मेरी समझ से रावण द्वारा स्थापित रुद्र-पिंड की प्रतिक्रिया में कुबेर यह कार्य सम्पादित करा रहे हैं। रावण और कुबेर में शत्रुता तो है ही। प्रत्येक जागरूक अपने-अपने कार्य में लगा है। हमें सभी पर दृष्टि रखनी होगी।''

राम को यह रोचक यात्रा स्मृति में सदैव रहेगी। वसिष्ठ के साथ यात्रा तो की थी परन्तु आनन्द नहीं आया। मन कुम्हलाया रहता था...वसिष्ठ मौन रहा करते...अब मौन में कितना प्रवेश करे कोई। मौन दूसरे को उबाता ही है।

एक संस्था आगे बढ़ रही थी। उसके साथ परिणाम चल रहा था। विश्वामित्र परिणाम जानते थे। उन्हें अपने ज्ञान पर विश्वास था। बढ़े जा रहे थे...। कहीं रुके तो शस्त्र अभ्यास कराया, कहीं योग सिखाया, तो कहीं व्यायाम।...कहीं सामाजिक विषयों पर व्याख्यान दे डाला तो कहीं प्रथाओं का इतिहास दोहराया...कहीं खो गए अतीत में... कहीं भविष्य का चित्र दिखाया...कहीं सभ्यता, संस्कृति की परिभाषाएँ विश्लेषित कीं तो कहीं हँसी-ठहाके...और आ गया सिद्धाश्रम!

''ऐसा आश्रम विश्वामित्र का! इतना विशाल! इतना भव्य! अकल्पनीय! आश्चर्य! यह तो पूरा सैनिक उपनिवेश है...नहीं-नहीं, यह तो शिक्षा का केन्द्र है...नहीं-नहीं, यह तो विज्ञान की प्रयोगशाला है!'' राम, लक्ष्मण औचक दृष्टि से देखते। सुना तो था परन्तु देखा पहली बार है। वसिष्ठ का आलस्य यहाँ नहीं है। वसिष्ठ का अप्राकृतिक सुख यहाँ नहीं है, न तो बनावटी है, न कहीं व्यर्थ की बुनावट। सब प्रकृति के अनुसार! वृक्ष हैं तो वन जैसे, पुष्प, पौधे स्वयं उगे हुए, मार्ग चलते-चलते बन गया। कितना प्यारा है, आकर्षक! लुभाने वाला। जो सबसे अलग हो वह तो सुन्दर होता ही है।

राम ने विश्राम किया, लक्ष्मण ने भ्रमण। विश्वामित्र सीधे अपने कुटीर में। आश्रमी, राम-लक्ष्मण की सेवा में जुट गए। एक-एक आश्रमी, विषयों के आचार्य राम-लक्ष्मण को देख जाते। दिन बीत गया, रात्रि भी चली गई सोने में और प्रातःकाल...।

प्रातः राम, लक्ष्मण ने शौचादि कार्य से निवृत्त हो विश्वामित्र की प्रतीक्षा करने लगे वेदी पर। विश्वामित्र को सूचना हो गई कि अवध के राजकुमार वेदी पर हैं। विश्वामित्र कुटीर के बाहर आए।

राम, लक्ष्मण ने अभिवादन किया। विश्वामित्र ने 'बैठो-बैठो' कहा और आशीष में हाथ ऊपर उठ गए।

''तुम्हें अन्य कुटीर में विश्राम की आवश्यकता नहीं है। मेरा कुटीर बड़ा है। तुम

मेरे साथ रहोगे, सदैव।''—विश्वामित्र राम से अलग होना नहीं चाहते थे।

''जी गुरुदेव,''—राम बोले और मौन हो गए।

''संकोच की आवश्यकता नहीं है, भार मुक्त होकर अभय बनकर जो कुछ बोलना, पूछना चाहो-कहो।'' विश्वामित्र जानते थे कि अभी आश्रम में संकोच होगा, ''अब तुम कर्म क्षेत्र में पाँव रखने जा रहे हो। राम! तुम माध्यम हो, आलम्ब हो। आधार दृढ़ हो तो निर्माण स्थायी होगा...तुमने कल आश्रम देखा होगा। पुष्प देखा? कैसे पीले-पीले, लाल-लाल भाव तृप्त करने वाले हैं, ये देखने में सुन्दर हैं, इनमें से कुछ विषैले भी हैं। फलों को देखो कितना सुन्दर, चिकना आकार परन्तु इनमें भी कुछ विषयुक्त तीखे फल हैं।''

''विषयुक्त! परन्तु क्यों गुरुदेव? इनका क्या काम आश्रम में?''—राम बोले।

''कोई वस्तु अर्थहीन नहीं। पहली बात तो यह है कि यह औषधि निर्माण के काम आता है, दूसरी, तुम्हें इनसे सीख लेनी है, तुम्हें जीवन में अनेक वस्तुएँ ऐसी ही लुभाने वाली मिलेंगी, तुम्हें इनके रंग, रूप, सौन्दर्य, सौष्ठव का लोभ नहीं करना होगा। तुम्हें इनके अनावश्यक आकर्षण से बचना होगा।''

विश्वामित्र को संकोच दूर करना था, लक्ष्य थी ताड़का। विश्वामित्र राम का सहज रूप देख रहे थे, बोले, ''तुम्हारा पहला लक्ष्य होगा ताड़का का वध। तीन दिन का समय है। इन दिनों में मैं ताड़का के विषय में बताऊँगा और तुम्हें प्रदान करूँगा ताड़का वध हेतु आवश्यक शस्त्रों एवं आयुधों को, संचालन की विधि भी बताऊँगा। दिन-रात एक कर तुम अभ्यास करोगे।''

''परन्तु...'' राम को आशंका हुई, ''ताड़का अधिपति है, उसके सैनिक हैं। यह तो एक युद्ध हुआ और युद्ध में सेना की आवश्यकता होगी तो क्या आपके आश्रम में सेना है? अकेले ताड़का से युद्ध करना न्यायसंगत नहीं है गुरुदेव।''

''तुमने उचित कहा है, राम! व्यक्ति अकेला होता है परन्तु उसका साहस अकेला नहीं होना चाहिए। साहस को केन्द्र में करके देखो, तुम्हें पूरी सेना दिखाई देगी। जान पड़ेगा कि यह वृक्ष तो उखाड़ ही लूँगा, यह पर्वत क्या है। इसे सहज ही ढकेल दूँगा। तुमने रुद्र को जाना नहीं, रुद्र को अकेले देख सेना सहम जाती है। रुद्र को मात्र अपना लक्ष्य याद रहता है। रुद्र शत्रु की ओर उठते हैं और तत्काल वध कर देते हैं, उन्हें न सेना की आवश्यकता, न किसी सहयोग की। परीक्षा लेते हैं, शत्रु होने का प्रमाण यदि सत्य हुआ तो वध। न आक्रमण, न कई सैनिक टुकड़ियाँ...ताड़का संध्या को भ्रमण करने हेतु प्रतिदिन अपने प्रासाद से निकलती है, उसके साथ मारीच और सुबाहु होते हैं। मारीच कभी-कभी रावण के यहाँ चला जाता है। इस समय मारीच यहीं है। मैं तुम्हें उसके भ्रमण क्षेत्र में ले जाऊँगा और मेरे दिए गए आयुधों का प्रयोग तुम करोगे। ये आयुध अकाट्य हैं।''

तीन दिन तक राम, लक्ष्मण को अभ्यास कराया विश्वामित्र ने। राम विलक्षण प्रतिभा

के धनी थे। विश्वामित्र एक गुर बताते राम उससे अधिक विज्ञ होते।...और वह दिन आ गया।

''आज ताड़का क्षेत्र का भ्रमण करना है राम।''—विश्वामित्र ने स्मृति दिलाई।

''मैं पूर्ण रूप से तैयार हूँ गुरुदेव।''—राम दृढ़ता से बोले।

''मैं भी ताड़का वध हेतु चलने को आतुर हूँ गुरुदेव। मेरे वाण उसे एक पग बढ़ने न देंगे।''—लक्ष्मण रोष से बोले, उनका भोलापन झलक रहा था।

राम ने तरकश बाँध लिया, लक्ष्मण तो बाँधे ही थे। और धनुष उठ गया, पग बढ़ गए।

''हो सकता है कई दिन लग जाएँ ताड़का की खोज में।''—विश्वामित्र ने धैर्य की परीक्षा ली।

''दिन क्या? कई माह लग जाएँ तो भी बिना ताड़का का वध किए लौटूँगा नहीं गुरुदेव।''—राम उत्तीर्ण हो गए।

''यदि ताड़का आज नहीं मिली तो रात्रि विश्राम कहाँ करेंगे गुरुदेव?''—लक्ष्मण के बालपन में भय था।

''अभी से...क्यों लक्ष्मण प्रारम्भ से ही विश्राम की चिन्ता और भय?'' विश्वामित्र हँसते हुए बोले, ''आश्वस्त रहो, रात्रि व्यतीत करने की पूरी व्यवस्था है परन्तु आज ताड़का अवश्य प्रासाद से बाहर आएगी। तीव्रता से पाँव बढ़ाओ रात्रि होने से पहले हमें उसके क्षेत्र में होना चाहिए। आज पूर्णिमा है, चन्द्र प्रकाश मेरी सहायता करेगा।''

सूर्य पूरी तरह छिप गया है, संध्या के पाँव रात्रि ने बटोराना प्रारम्भ कर दिया है। राम, लक्ष्मण विश्वामित्र के साथ ताड़का क्षेत्र में हैं। औचक ठहाकों की ध्वनि हुई। साथ-साथ कई ठहाकों की गूँज दूर तक फैल गई।

''ये स्वर तो ताड़का के हैं, यह ध्वनि मारीच की है और यह सुबाहु है! धीरे-धीरे सचेत होकर आगे बढ़ो राम। प्रत्यंचा चढ़ा लो। बाण लगा लो! तुम्हें वह औचक देखे। इससे वह संज्ञाशून्य हो जाएगी। और राम तुम तत्काल दो बाण प्रहार करोगे एक उसकी छाती में दूसरा कण्ठ में। लक्ष्मण तुम...। तुम उसके उदर में लगातार बाणों का प्रहार करोगे।''

''...राम! दो बाणों के प्रहार में अन्तर न हो। मेरे दिए गए विशेष आयुध के बाण हैं न! तुम्हारे पास...।''

''जी गुरुदेव!''—राम दोटूक बोले।

''आओ! सिंह जैसे पाँव बढ़ाओ। कल तुम्हें चाल-गति के विषय में बताया था। पद्‌ध्वनि का बड़ा महत्त्व है...आओ! वो निकट ही आ रही है।...ताड़का को भेदकर राम तुम शीघ्र सुबाहु को दो तीर चलाओगे और वही प्रक्रिया लक्ष्मण दोहराएँगे उसके उदर में बाणों की वर्षा फिर मारीच। यह कार्य बड़ी शीघ्रता से करना होगा नहीं तो कोई एक भाग सकता है।''

ताड़का का ठहाका थम गया। उसने औचक एक पुरुष को अपनी ओर धनुष पर लक्ष्य साधते देखा। ताड़का गरजकर आगे बढ़ी, तुरन्त अपने कृत्रिम नख पहन लिये। परन्तु देर कहाँ! राम का बाण छूट चुका था। बाण कण्ठ को छेदकर भीतर तक धँस गया, दूसरा चला और छाती को भेदता हुआ आधा बाण घुस गया। लक्ष्मण बाणों की वर्षा करने लगे। ताड़का को चीखने-चिल्लाने का भी अवसर नहीं मिला।...यह देख मारीच और सुबाहु जब तक सोचते, राम सुबाहु को लक्ष्य में ले चुके थे और साँयऽऽ...की पवनध्वनि से बाण कण्ठ प्रदेश में धँस गया और दूसरा छाती में। लक्ष्मण को यह एक खेल लग रहा था। हँसी ओठों में दबाए बाण पर बाण छूटते रहे लक्ष्मण के धनुष से। और अब तीसरा लक्ष्य, परन्तु मारीच सँभल गया, आक्रमणकारी को पहचान गया। विश्वामित्र को देख सहम गया और फिर बाण की ओर धनुष से। अपनी ओर बाण आता देख मारीच ने गर्दन झटक दिया। बाण कान छेदता हुआ निकल गया। रक्त देख मारीच घबरा गया। फिर प्रत्यंचा कान तक खींच लिया राम ने, यह भी लक्ष्य हिल गया और मारीच की भुजा में बाण लगा। मारीच भागा...भागते-भागते लक्ष्मण के दो-तीन बाण लगे कुछ जाँघों में कुछ नितम्बों में, मारीच भाग गया।

पूरी रात विश्वामित्र, राम और लक्ष्मण खोजते रहे मारीच को, मारीच कहीं नहीं मिला। दूसरे दिन पुनः उसे ढूँढ़ा गया परन्तु वह कहीं गुप्त स्थान में छिप गया था।

विश्वामित्र राजकुमारों के साथ लौट आए। प्रथम बार राम सफल हुए थे। कर्म-क्षेत्र का शुभारम्भ बाणों से हुआ। विश्वामित्र का परिश्रम सार्थक हुआ परन्तु अभी कार्य पूरा न हुआ था।

विश्वामित्र अपने अगले प्रस्तावों पर दृष्टि डाल रहे थे। राम को क्या करना है। सीरध्वज से कैसे सम्बन्ध स्थापित होगा और अहल्या को स्वीकारने का प्रमाण-पत्र देना...।

राम विश्वामित्र के निर्देश में प्रशिक्षित होने लगे। यात्राएँ होने लगीं। ग्रामों में भ्रमण करते राम। गिन-गिनकर राक्षसों का राम के द्वारा वध होता या ग्रामणी के समक्ष उसके पूर्व गोत्र-कुल में प्रतिष्ठित कर दिया जाता।

विश्वामित्र राम को स्थापित करने की युक्तियाँ सोचते। औचक एक दिन हर्ष से उल्लसित होकर चिल्लाए कुलपति, 'मिल गया-मिल गया' सूत्र मिल गया। शब्द मिल गए। अरे ओ तीरथू!...कहाँ है रे! तीरथू!

तीरथू दौड़ा आया, "क्या आज्ञा है गुरुदेव?"

"सुकण्ठ, आजानुबाहु, पुनर्वसु और चित्ररथ को बुला लाओ।"

"गुरुदेव! ऋषि नहीं हैं, वे अपने आश्रम कब के चले गए। चित्ररथ को बुला देता हूँ।"

तीरथू दौड़ा चित्ररथ की ओर। चित्ररथ राम से अगली यात्रा के विषय में चर्चा

कर रहा था।...''चित्ररथ जी...चित्ररथ जी, गुरुदेव 'मिल गया-मिल गया' चिल्लाए... फिर...फिर मुझे पुकारने लगे...मैं पहुँचा तो आपको शीघ्र बुलाने को भेज दिया...चलिए... दौड़कर चलिए...गुरुदेव कुपित तो नहीं हो गए?''

चित्ररथ तेजी से बढ़ा, राम भी चल दिए। तीरथू अभी हाँफ ही रहा था, 'क्या बात हो गई, आचार्यश्रेष्ठ तो अति प्रसन्न थे, परन्तु इधर वे किसी विचार में डूबे हैं। राम को छोड़ किसी से बात नहीं करते!'

विश्वामित्र कुटीर के भीतर जाते, बाहर आते। यह क्रम देख राम घबराए। चित्ररथ बोला, ''गुरुदेव स्वस्थ तो हैं? क्या आज्ञा है? मैं प्रस्तुत हूँ।''

''आओ बैठो, आओ राम, आओ तीरथू मेरे समीप आ जाओ।''—और बाहर कुटीर के चौखट का सहारा लेकर कुलपति विश्वामित्र बैठ गए।

''क्या बात है गुरुदेव, आप विक्षिप्त जैसे लग रहे हैं।''—राम ने कुशल-क्षेम पूछा।

''स्वस्थ हूँ राम, विक्षिप्त तो हूँ ही नहीं। राम! अति-प्रसन्नता भी विक्षिप्तता का चित्र ही उकेरती है।''...फिर वे चित्ररथ की ओर घूम गए, ''चित्ररथ! तुम तो जानते हो राम ने कितना महत्त्वपूर्ण कार्य किया है। ताड़का किसी के वश में नहीं थी। किसी में साहस नहीं था कि उसका वध कर सके...।''

''यह तो आपके ज्ञान का प्रतिफल है...।''—राम गुरुदेव का मान रखने का प्रयास कर रहे थे।

''तुम चुप रहो राम...बोलोगे नहीं...हाँ तो चित्ररथ तुमने राम का साहस देखा, कार्य देखा...यात्रा में देख भी रहे होगे। मैं राम को अब स्थापित कर देना चाहता हूँ। राम को प्रतिष्ठित कर देना चाहता हूँ। ऐसे शब्दों से जिसे कभी मिटाया न जा सके, राम अमर रहें। राम के कार्य अमिट हों। संस्कृति की पहचान बन जाएँ राम।''

विश्वामित्र रुके। जी भरकर स्फुटित हुए। उनके आह्लाद की सीमा न थी। मुख से निकला, धीरे से, 'मेरे राम' और फिर स्फुटन...।

''चित्ररथ! अब यदि कोई मृत्यु को प्राप्त होता है तो उसके शव के साथ जो भी सम्बन्धी शव-यात्रा में जाएँगे, वे 'राम नाम सत्य है' कहेंगे। राम ही सत्य हैं। राम का कार्य सत्य है। व्यक्ति राम के लिए जन्मा है, राम के कार्य के लिए ही उसका प्रत्येक कार्य हुआ है। राम सत्य के लिए अवतरित हुए हैं, राम ही मर्यादा हैं। राम गौरव हैं। 'राम नाम सत्य है से राम को स्थापित करना है। इसके लिए तीन महत्त्वपूर्ण निर्देश दे रहा हूँ, सुनो चित्ररथ! एक—कल आश्रम के प्रत्येक आश्रमी को एकत्र करो, उन्हें यह अमुक संदेश सुना दो। दो—तुम्हारे सूचना-यात्री मेरा आदेश सर्वत्र फैलाएँ जहाँ तक उनकी पहुँच हो।...दक्षिण के आश्रमों में भी। ग्राम-ग्राम में प्रसार हो कि राम ही सत्य हैं, शव-यात्रा में इसे कहते हुए चलें। मृत्यु व्यक्ति का अन्तिम सत्य है। इस अन्तिम सत्य में भी राम है। राम के बिना मृत्यु भी अधूरी है। तीन-जो अड़ियल राक्षस हों उनका पहले राम वध करें और उसके परिवार में चित्ररथ के कर्मचारी 'राम नाम सत्य' शव-यात्रा

में कहने को कहें। इससे राम का भय राक्षसों में और अन्य आतंकियों में व्याप्त होगा। लोग समझने लगेंगे कि हम तो झूठे थे, असत्य कर्म पर थे, सत्य तो राम हैं। यह राक्षसों से ही प्रारम्भ हो।''

राम को यह प्रतिष्ठा मिल गई। राम स्थापित हो गए। राम मृत्यु के सत्य बन गए। सिंहद्वार के प्रहरी 'राम नाम सत्य' सुन लेते कभी-कभी। राम भी स्वयं चित्ररथ की यात्रा में किसी-न-किसी ग्राम में स्वयं के नाम का सत्य सुनते। राम चकित थे। 'यह क्या हो रहा है, मैं सत्य हूँ! अन्तिम सत्य! अन्तिम सत्य लोग मान लेंगे? मुझे मर्यादा पुरुष मान लेंगे? मुझे प्रत्येक पाँव सोच-समझकर बढ़ाने होंगे। यदि पाँव फिसल गए तो लोग मेरे नाम के सत्य को असत्य मान लेंगे। अभी जाने क्या-क्या कराएँगे कुलपति विश्वामित्र।'

'ये बूढ़े ऋषि क्या चाहते हैं? क्यों चाहते हैं आर्य-लाभ? कितने लोभी हैं। व्यक्ति व्यक्ति है, जिसे जितना बढ़ना है बढ़े। मैं तो अपने अवध में ही कुशल से था। यह व्यर्थ को बोझ!...परन्तु क्या अवध सुरक्षित है? क्या रावण का प्रभाव अवध तक नहीं हो सकता? तब हम रावण के दास हो जाएँगे। क्या दास जीवन उचित है? ये ऋषि अनुचित नहीं सोचते। ऐसे ही ये मरने-खपने वाले नहीं है। ये एक व्यवस्था देकर ही मानेंगे, एक स्थापना देंगे। आर्यों को मानसिक रूप से प्रतिष्ठित करेंगे। ऋषियों का जाल बिछा है। ये कुछ भी कर सकते हैं। मुझे माध्यम बनाकर मेरा मान ही तो बढ़ा रहे हैं।'

राम कई दिन तक विचार प्रदेश में भ्रमण करते रहे।

रावण रुद्र से प्रशिक्षित होने के बाद बदल गए। उनके व्यवहार और चरित्र में अभूतपूर्व सुधार हुआ परन्तु वे अपने विजय अभियान से कभी समझौता न कर सके। रावण को ज्ञात हो गया था कि यक्ष-पिंड की स्थापना ग्राम-रक्षक के रूप में यक्ष कर रहे हैं। इन्हें रोकना कठिन है। रावण इसका प्रतिउत्तर देना चाहते थे। कई दिनों के विचार-मंथन से रावण को युक्ति सूझ गई–'देवों' ने अनार्यों को दैत्य भी कहा है क्यों न मैं भी 'दैत्य-पिंड' की स्थापना करूँ। रुद्रपिंड जीवन-सृजन के प्रतीक रूप में स्थापित होता रहे। अब यह दैत्य-पिंड भी स्थापित होगा यह भी ग्राम-रक्षक के रूप में गाँव की रक्षा करेगा। राक्षस रक्षा ही तो करते हैं। इस दैत्य-पिंड को 'दैत्य-बाबा' का नाम दे दूँ और स्थापित कराने का आदेश दे दूँ। क्या यक्षों से राक्षस कम हैं, वे एक पिंड स्थापित करेंगे हम दस स्थापित करेंगे। अतिरिक्त में रुद्र-पिंड तो रहेगा ही।

रावण ने राजसभा के वरिष्ठों से विचार-विमर्श किया। प्रस्ताव पारित हो गया और सबकी सहमति प्राप्त हो गई। रावण के राक्षस पूरे भू-लोक में फैल गए–दैत्य पिण्ड हेतु।

फिर रावण का ध्यान विजय अभियान पर गया। अभी एक महत्त्वपूर्ण क्षेत्र अछूता था। हैहयराज अर्जुन की नगरी महिष्मती। रावण चाहते थे कि अर्जुन भी राक्षसों की

संस्कृति अपना ले। देवों के निकट अर्जुन के होने के कारण रावण को आशंका थी कि कहीं वह भी देवों के लोभ में आकर देव-लाभ के कार्य न करने लगे।

रावण वीर महारथी साथ लेकर अभियान की दिशा महिष्मती नगरी की ओर मोड़ दिया।

कई दिनों की यात्रा ने विश्राम किया। दूरी समाप्त हो गई। महिष्मती नगर पहुँच गए रावण, साथ में आई वीर महारथियों की एक छोटी-सी सैनिक टुकड़ी। इस नगरी पर देवों-आर्यों की सम्प्रभुता तो नहीं थी परन्तु रहन-सहन पर पूरा प्रभाव था। श्रेष्ठ और समृद्ध नगरों में एक था महिष्मती। रावण देखते—क्या यहाँ हैं और लंका में नहीं, कैसे मार्ग हैं जो लंका में नहीं हैं, भवन कैसे हैं जो हमने अभी तक निर्माण नहीं किए हैं। नगर देखते-देखते रावण ने अग्निपुरुषों को देखा। ये अग्निपुरुष देवों के अधीन थे। लूटने का कार्य करते थे। तो क्या अर्जुन इनको पूरी छूट दिए हुए हैं। अरे यह क्या! यह तो भवन...ऐसा भवन!...इसका नाम ही 'अग्निकुंड है। सम्भवतः इसमें अग्निपुरुष रहते हों। वातायन से अस्त्र-शस्त्र भी दीख रहे हैं। अग्निपुरुषों को इतना संरक्षण।

रावण ने सूचना पहुँचा दी कि लंकापति राक्षसराज रावण युद्ध की याचना करता है। उपरान्त, रावण नगर के बाहर चले गए। नर्मदा नदी को देखा, झील-झरने देखे। वन, पशु, कन्दराएँ देखीं। नरगवय, हिरण, व्याघ्र, सिंह, गज भीषण ताप से व्याकुल थे। नदी, जलाशयों का आश्रय लिये ये पशु अतिकष्ट का अनुभव कर रहे हैं। जल से इन्हें शान्ति मिलती थी।

नर्मदा के तट पर, कुछ जल के ऊपर पक्षियों को देखा। चक्रवाक, कारंडव, हंस, जलकुक्कुट, सारस नर्मदा की शोभा बढ़ा रहे थे। जल में कहीं-कहीं फेन भी था। ऊँचे फैले हुए पुलिन नर्मदा की गरिमा-गाथा गा रहे थे।

रावण ने महारथियों को सम्बोधित किया, "ग्रीष्म का यौवन है, भीषण ताप से त्वचा जल रही है। नर्मदा पुनः मिलने वाली नहीं है, आओ! स्नान कर लें, जल-विहार के सुख से हम वंचित क्यों हों?"

प्रहस्त, महोदर, विरूपाक्ष, धूम्राक्ष, शुक, सारण, अकम्पन और सभी महारथी सैनिकों ने नर्मदा के जल का आनन्द लिया।

नर्मदा से बाहर निकलते हुए रावण बोले, "सारण! रथ में देखो रुद्र-पिंड है क्या? दैत्य-पिंड हो तो उसे भी लाना!"

सारण रथ की ओर बढ़ गया। एक रुद्र-पिंड था और दो दैत्य-पिंड। रावण ने रुद्र-पिंड नर्मदा के तट पर स्थापित कर दिया।

शुक और सारण को महिष्मती की दो दिशाओं में नगर की सीमा से कोस भर दूर दैत्य-पिंड की स्थापना का निर्देश देकर रावण महारथियों के साथ नगर की ओर बढ़ गए।

शिविर लग गया, शुक और सारण भी आ गए। रावण को कोई सूचना नहीं मिली अर्जुन की ओर से। पुनः सूचना लेकर अमात्यों के पास शुक और सारण गए।

अमात्यों ने कहा कि अभी महाराज अर्जुन स्त्रियों के साथ विहार कर रहे हैं। आज वे युद्ध नहीं करेंगे। लंकापति चाहें तो अमात्यों और महिष्मती की सेना से युद्ध कर सकते हैं, शुक ने रावण को सूचना दी।

फिर क्या था राक्षस और महिष्मती की सेना में संग्राम छिड़ गया। अमात्य और उनकी सेना राक्षसों से घायल होने लगी। यह समाचार सुन कीतवीर्य अर्जुन वीर योद्धाओं के साथ रण क्षेत्र में उतर गया।...घोर संग्राम होने लगा। राक्षस देर तक टिक न सके। घायल होकर भूमि पर लोटने लगे। रावण की सेना बन्दी बना ली गई। रावण और राक्षस महारथियों को रस्सी से बाँधकर नगर में घुमाया गया। 'घोर अपमान...असहनीय... इससे तो मृत्यु भली...क्यों नहीं मेरा सिर देह से अलग हो गया...।'—रावण का सिर झुक गया। सेना के साथ यह पहली बार पराजित हुए थे।

बन्दी रावण, बँधे हुए महारथी, कारागार में राक्षस सैनिक। रावण को क्या सूझे? जिसका विश्वास नहीं वह हो गया, 'अकल्पनीय परिणाम। क्यों नहीं रुद्र के आयुधों का प्रयोग किया। किस दिन काम आएँगे ये। अर्जुन के बल को इतना कम आँकना नहीं चाहिए था। अर्जुन के पास सहस्रों युक्तियाँ हैं युद्ध की। यही कारण है कि देवों के अति निकट रहते हुए भी उसकी सम्प्रभुता बनी है। मैं तो लंका में हूँ, देवों से दूर, आर्यों के पास नहीं, अजेय लंका सागर से घिरी है फिर भी सुरक्षा के लिए मैं व्यथित रहता हूँ। ...और अर्जुन निडर...न कोई दबाव...न तनाव...स्त्रियों के साथ विहार... सुख...आनन्द।'

मित्रवत् व्यवहार, सन्धि प्रस्ताव और वार्ता हेतु रावण ने अपना अनुरोध महाबली कीतवीर्य अर्जुन को भिजवाया।

"महिष्मती (पति) की जय हो। लंकापति रावण महाराज ने सन्धिवार्ता, मित्रवत् व्यवहार की प्रार्थना की है।"—संदेशवाहक ने निवेदन किया।

"अब पता चला है पर्वत की ऊँचाई! रावण को बड़ा गर्व था। अभी उसने वीर देखे ही कहाँ? छोटे-छोटे अधिपतियों पर अपना रोष व्यक्त करता है। ऊपर चढ़ तो देख कि तू कितना छोटा-सा वृक्ष लग रहा है, बौना रे बौना! जाओ रावण को सम्मानपूर्वक सभा में उपस्थित करो!"—अर्जुन हँसा।

"क्षमा करें महाराज, रावण सभा में सन्धि के बाद उपस्थित होना चाहते हैं। वे आपसे एकान्त कक्ष में वार्ता करेंगे।"—संदेशवाहक पुनः बोला।

"ठीक है। रावण की इच्छा पूरी करो। उन्हें विशिष्ट अतिथि कक्ष में ले आओ। मैं चलता हूँ।"—अर्जुन ने इतना कहा और आसन से उठ गए।

रावण भी उपस्थित हो चुके थे। उन्हें सम्मान सहित विशिष्ट आसन पर बैठाया गया। अनुचरों ने चँवर डुलाए। सुरा प्रस्तुत की गई परन्तु रावण ने मना कर दिया।

''बोलो रावण क्या चाहते हो?''–अर्जुन ने पूछा।

''आप श्रेष्ठ हैं। मैं आपकी श्रेष्ठता स्वीकार करता हूँ आप वरिष्ठ भी हैं, आयु में मुझसे ज्येष्ठ ही होंगे। मेरा कुछ निवेदन है, आप स्वीकार करें तो कहूँ?''

''पहले कहो तो!''

''मैंने रक्ष-संस्कृति की स्थापना की है। मैं चाहता हूँ कि भू-लोक के समस्त मूलवंशी रक्ष-संस्कृति के अधीन रहें। राक्षस कहलाएँ। आप आर्यों को भी रक्ष-संस्कृति अपनाने को कहें, यदि वे स्वीकार न करें तो युद्ध में पराजित कर उनका विनाश करें। श्रेष्ठ भ्राताश्री! हमारी आपकी न जाने कितनी पीढ़ियाँ गल-पच गईं इसी धरती पर। ये देव-आर्य हम पर अधिकार जमाए हैं। अपनी संस्कृति हम पर लाद रहे हैं। अब हम चेत गए हैं हम किसी लोभ में नहीं आएँगे।''

''धन्य रावण धन्य! तुमने युद्ध तो किया परन्तु मानसिक युद्ध की क्षमता भी रखते हो। तुम सम्मान के योग्य हो।...परन्तु मैं अपने मूल रूप में हूँ और रहूँगा, तुम अपनी संस्कृति के लिए प्रयास करो, मैं बाधा नहीं डालने वाला। देव, आर्य मुझे हानि नहीं पहुँचा सकते। मेरा भय व्याप्त है। मैं तो देवों से लाभ लिया करता हूँ और अपनी मनमानी करता हूँ। मुझे रोकने का साहस किसी में भी नहीं है। मैं एक ही बात स्वीकार करूँगा, तुम्हें मैं बाधा नहीं पहुँचाऊँगा।''

''दूसरा निवेदन, आप अग्निपुरुषों को नगर से निकाल दें, ये अनार्यों को लूटते हैं। मुझे आश्चर्य है कि इन्हें देव क्षेत्र में होना चाहिए परन्तु ये तो आपके नगर में...!''

''ये अग्निपुरुष अब लूट का कार्य छोड़ दिए हैं, ये हमें भी यज्ञ से प्राप्त समिधा का एक भाग देते हैं। इनका क्षेत्र एक सीमा तक रह गया है। इनसे मुझे कोई बाधा नहीं है।''

रावण निरुत्तर हो गए। वे निवेदन ही कर सकते हैं। 'चलो यही क्या कम है कि अर्जुन देवों के अधिकार में नहीं हैं, अपनी स्वतन्त्र सत्ता स्थापित कर देवों जैसा सुख भोग रहे हैं। मैं तो अभय हुआ ही।'

रावण को मौन देख अर्जुन पुनः बोला, ''रावण, मुझे सहस्रार्जुन भी कहते हैं। मेरे पास सहस्रों युक्तियाँ हैं। देव-आर्यों की एक-एक विधि जानता हूँ। ऋषियों की समस्त युक्तियों से परिचित हूँ। तुम अवगत होगे, यह क्षेत्र आर्यों का था, अब भी है। यहाँ आर्य और आर्य ऋषियों ने अनेक महत्त्वपूर्ण कार्यों, युद्धों का प्रारम्भ किया। यह प्रारम्भ क्षेत्र है। मेरे पूर्वज आर्यों के अभिन्न अंग थे। मुझे छेड़ने वाला कोई नहीं है। बस एक ही मेरा शत्रु है–परशुराम। परशुराम मेरे विरुद्ध है। अश्व पर बैठकर भ्रमण किया करता है, प्रजा को भड़काता है। इसके लिए भी कई उपाय मेरे विचार में हैं।...हाँ रावण, मेरे भय से अनेक ऋषि भिन्न-भिन्न दिशाओं को भाग गए। ज्ञात हुआ कि अगस्त्य तुम्हारी दिशा में हैं। तुम उनसे बचकर रहना, छेड़ना नहीं। अगस्त्य का सैंधव में इतना आतंक था कि नाम से ही सिहरन होती थी। ज्ञान-विज्ञान से अगस्त्य पूर्ण हैं।...बस तुम अपना

कार्य करो। मैं तुम्हारे साथ मित्रवत् व्यवहार करूँगा, कोई आवश्यकता हो तो कहना। जाओ, तुम्हारे महारथी, सैनिक मुक्त किए जाते हैं।''

रावण ने अभिवादन किया। अर्जुन ने गले लगाया और रावण विदा हो नगर के बाहर हो गए।

रावण को अपमान भूलता न था, वे सैनिकों-महारथियों के साथ लंका जाने में हीनता का बोध कर रहे थे। सैनिकों को लंका जाने आ आदेश देकर ताड़का क्षेत्र की दिशा में अपना रथ मोड़ दिया।

राम की दीक्षा पूर्ण हो गई। राम परिपक्व हो गए। परिपक्व पुरुष में धैर्य और गम्भीरता रहती है। राम धैर्य की परकाष्ठा हो गए। कुलपति विश्वामित्र के साथ आश्रम के बाहर घेरे की परिक्रमा कर रहे थे। समय-समय पर विश्वामित्र निरीक्षण किया करते–कोई पशु न छिपा हो, सर्पों ने निवास न बना लिया हो या इक्के-दुक्के बचे राक्षस किसी घात में न बैठे हों।

चित्ररथ ने सूचना दी, ''विदेह से संदेश-पुरुष आया है। आपसे निवेदन की इच्छा व्यक्त कर रहा है।''

विश्वामित्र राम के साथ सिंहद्वार की ओर मुड़ गए, ''मेरे कुटीर के पास बनी वेदी पर प्रस्तुत करो, शीघ्र आता हूँ।'' कहते हुए विश्वामित्र ने सीरध्वज की ओर मस्तिष्क को मोड़ दिया। राम से बोले, ''सम्भवतः जिसकी प्रतीक्षा थी वह समय आ गया।''

''कैसा समय गुरुदेव?''–राम को जिज्ञासा हुई।

''वही तो कहने जा रहा हूँ...बहुत दिनों से मेरी इच्छा थी कि विदेह और अवध में मधुर सम्बन्ध स्थापित हो जाए परन्तु कोई युक्ति नहीं सूझ रही थी। तुम्हारा जन्म और विदेहराज सीरध्वज को पुत्री रत्न की प्राप्ति हुई तो मेरा प्रश्न हल हो गया। सीरध्वज की पुत्री का नाम सीता है। सीरध्वज को तब कोई संतान नहीं थी। क्षेत्र भ्रमण करते समय सीरध्वज को एक उर्वर खेत में लांगल से बनी गहरी नाली में यह कन्या दिखी। विदेहराज ने बड़े प्यार-दुलार से पाला। कुछ वर्ष बाद सीरध्वज की पत्नी सुनैना ने एक पुत्री को जन्म दिया। कन्या का नाम उर्मिला रखा गया।...दोनों कन्याएँ विवाह के योग्य हैं।...सीरध्वज के भ्राता इक्षुमती नदी के किनारे बसे सांकाश्चा नगर के अधिपति हैं। उनकी भी दो कन्याएँ मांडवी और श्रुतकीर्ति हैं।...अवश्य ही संदेश-पुरुष कन्याओं के स्वयंवर का आमन्त्रण लेकर आया होगा।''

''परन्तु आपका क्या कार्य?''–राम की जिज्ञासा बनी थी।

''चलो, पहले पुरुष से संदेश तो जान लें। व्यर्थ मन की मिठास के आनन्द का अर्थ ही क्या?''–और विश्वामित्र के पाँव तीव्र हो गए।

वेदी के पास खड़ा है संदेशवाहक। साथ में चित्ररथ है। विश्वामित्र वेदी पर

आए। सबको बैठने का संकेत देते हुए बोले, "क्या संदेश है? विदेहराज कुशल से तो हैं?"

"कुलपति मेरा अभिवादन स्वीकारें। विदेह कुशल से हैं और महाराज भी।...महाराज राजकुमारियों का स्वयंवर करने वाले हैं। आमन्त्रण ले आया हूँ, आमन्त्रण में तिथि निर्धारित है। विशेष रूप से आपकी उपस्थिति हेतु प्रार्थना की गई है। मैं अवध का आमन्त्रण लेकर जा रहा हूँ। शीघ्रता में हूँ आज्ञा दीजिए।"—संदेशवाहक शीघ्र निवेदन कर जाने को हुआ।

"रुको संदेशवाहक! कुछ अन्य समाचार तो देते जाओ।" विश्वामित्र ने स्वयंवर की तिथि देखी, "अभी स्वयंवर में समय है। यात्रा में घबराना नहीं चाहिए, धैर्य रखो तुम्हारी यात्रा समय से पूर्ण होगी।"

संदेशवाहक ठहर गया। विश्वामित्र ने पूछा, "क्या कुशध्वज अपनी कन्याओं के साथ आ रहे हैं?"

महाराज कुशध्वज विदेह में ही हैं। मिथिला में आए दो माह हो गया। राजपरिवार का विचार है कि योग्य वर मिल गया तो कुशध्वज की कन्याओं का भी विवाह कर दिया जाएगा।

"राजपुरोहित शतानन्द, प्रधान अमात्य सुदापन तो कुशल से हैं?"

"जी, शतानन्द जी ने अभिवादन कहा है। प्रधान अमात्य जी ने आपका कुशल-क्षेम लाने को कहा है।"

"अच्छा जाओ!...चित्ररथ इसे मार्ग के लिए फल दे दो और अवध के लिए सुविधायुक्त मार्ग का निर्देशन, जाओ इसके साथ आश्रम की सीमा तक...।"

और विश्वामित्र अब राम के सम्मुख हो गए।

"मेरा अनुमान सत्य हुआ, स्वयंवर का आमन्त्रण आ गया। तुम मेरे साथ स्वयंवर में चलोगे।"

"गुरुदेव, मेरी इच्छा विवाह की नहीं है। मैं पारिवारिक सूत्रों में बँधना नहीं चाहता। गुरुदेव अगस्त्य ने हनुमान को ऐसा ही करने को कहा है। वे हनुमान को वज्रांग बनाना चाहते हैं। क्या मैं वज्रांग नहीं हो सकता। गुरुदेव, अगस्त्य जी कह रहे थे कि—पारिवारिक बन्धनों से युक्त व्यक्ति जनकल्याण के कार्य में अपनी पूरी प्रतिभा का प्रयोग नहीं कर सकता। व्यक्ति की प्रतिभा का कुछ अंश तो परिवार में व्यय होगा ही। मुझे भी पूरे समर्पण के साथ कर्मक्षेत्र में पाँव रखना है।"

राम की भावना से विश्वामित्र चकित थे। उन्हें योजना बिखरती लगी। कुछ देर सोचते रहे, फिर बोले, "राम तुम अगस्त्य की बात कहते हो। वे मेरे भी गुरु हैं, मैं उन्हें भली प्रकार जानता हूँ। कठिन-से-कठिन विषय भी सरल करके प्रस्तुत कर देना और छोटी-से-छोटी बात में भी सूक्ष्मता से सूत्र ढूँढ़ लेना, अगस्त्य की विलक्षण प्रतिभा है। हनुमान और तुममें बहुत अन्तर है। हनुमान अनार्य है, अति-पिछड़ी जाति का पुरुष

और तुम श्रेष्ठ राजपुरुष, अभिजन। तुम आर्य हो, तुम्हें जनकल्याण के साथ-साथ अवध के सम्बन्धों पर भी विचार करना है। हनुमान को अविवाहित रहने को गुरुदेव अगस्त्य ने क्यों कहा जानते हो?...वानर जाति अति कामुक जाति है। बिना स्त्री-सुख के वह रह नहीं सकती। व्यक्ति का स्वभाव है कि एक बार स्त्री-सुख मिल जाने पर वह उस सुख से वंचित नहीं होना चाहता और वानर तो स्वाद के पारखी हैं। नारी का स्वाद प्राप्त कर हनुमान कभी जनकल्याण भी भावना सोच न पाते, जैसा गुरुदेव अगस्त्य चाहते थे। तुम उनके पिता पवन को देख लो, बालि को देख लो।...और राम! विवाह मात्र स्त्री-सुख भोग नहीं है। यह एक संस्कार है। एक यज्ञ है। एक प्रक्रिया है जीवन की।... एक पत्नी होना भी ब्रह्मचर्य के समान है...और सोचो, तुम्हारे पिता दशरथ का क्या होगा? तुम्हारे जन्म के पूर्व उत्तराधिकार की कितनी चिन्ता थी उन्हें। हम सब भी महाराज दशरथ की चिन्ता से दुखी थे।...अपने सम्मुख उत्तराधिकारी का उत्तराधिकारी देखने की लालसा होती है, यह व्यक्ति का स्वभाव है, आशा तो बाँधे ही रहता है व्यक्ति।... और हम ऋषिगण तुम्हारे साथ हैं, तुम्हारे किसी कार्य में पत्नी या परिवार बाधक नहीं होगा। विश्वास रखो।...ये तो विचार करो तुम अवध के भावी सम्राट हो। तुम्हारी स्थापना मर्यादापुरुष की होगी। अभी तुम्हारे नाम की स्थापना हुई 'राम नाम सत्य है' इसका प्रचार तीव्रता से हो रहा है। तुम अपने जीवन काल में इसका सुपरिणाम देख सकोगे।... तुम्हें अपने पड़ोसी राज्यों से मेल रखना है, जहाँ सम्बन्ध बने वहाँ सम्बन्ध बनाना है। रावण का विनाश करना है, इस हेतु तुम्हें शक्तिशाली बनना होगा। सम्बन्ध तुम्हें शक्ति देंगे।...और मेरा दिया वचन गौतम को...उसे भी सत्य होना है 'एक न एक दिन विदेह और अवध को एक कर दूँगा। विदेहराज भी उत्तराधिकारी तुम्हें ही घोषित करेंगे, यह वचन मैंने ले लिया है।''

राम मौन ही नहीं रहे वरन् जीवन का एक और पक्ष देख रहे थे। चुप...एकाग्र... विश्वामित्र के शब्दों में लीन...। विश्वामित्र धारा-प्रवाह बोल रहे थे...''अभी तुम वज्रांग की बात कर रहे थे। हनुमान वज्रांग हैं और तुम भी वज्रांग हो चुके हो। मैं रावण को भी वज्रांग मानता हूँ।''

राम निरुत्तर हो गए, कोई प्रश्न भी शेष न रहा। राम को स्वीकार करने के अतिरिक्त कोई मार्ग नहीं था। राम ने स्वीकार किया, विश्वामित्र हर्षित हुए।

''राम मैं पूर्ण हो गया, मैं सफल हो गया, आओ तुम्हें अनेक अस्त्र-शस्त्र, मानवास्त्र सौंप दूँ और भारहीन हो जाऊँ। तुम इन आयुधों के संचालन की विधि से विज्ञ हो। मैंने तुम्हें पूर्ण रूप से दीक्षित कर दिया है। आओ चलें शस्त्रागार की ओर।''

और विश्वामित्र ने राम को सत्यास्त्र, सोमास्त्र, महास्त्र, वैधास्त्र, मदनास्त्र, सोरास्त्र, तामस-अस्त्र, पैशाच-अस्त्र, शोषण-अस्त्र, प्रशमन-अस्त्र, प्रस्वायन-अस्त्र, माहनास्त्र, ब्रह्मास्त्र, अग्नि-अस्त्र, वायु-अस्त्र, नारायण-अस्त्र, शिवशूलास्त्र, वज्रास्त्र और अनेक आयुध एवं मनवास्त्र प्रदान किए।

‘‘आओ राम! इस कक्ष में भी तुम्हारे योग्य विशेष प्रकार के अस्त्र-शस्त्र रखे गए हैं, इसे भी सँभालो,’’ कहते हुए विश्वामित्र ने अन्य कक्ष का द्वार खोल दिया—मायामय, शिशिर, दुर्धर्ष, संवत, नन्दन, असिरत्न, किकणी, कापाल, मूसल, शक्ति, क्रौछ, दोवज्र, कालपाश, धर्मनाश, गदा, शिखरी, मोदिकी, धर्मचक्र, वीरकालचक्र, विष्णुचक्र, उग्रइन्द्रचक्र सौंपकर रिक्त हो गए विश्वामित्र ।

विश्वामित्र ने आश्रम की ओर से महाराज दशरथ को विदेह के स्वयंवर और स्वयं राम, लक्ष्मण को साथ ले आयोजन में सम्मिलित होने की सूचना चित्ररथ से भिजवा दी। सूचना में यह भी कहा गया कि भरत और शत्रुघ्न को लेकर राजपरिवार भी उपस्थित हो। सूचना-यात्री गौतम ऋषि के आश्रम भी भेजा गया। वहाँ राम, लक्ष्मण और विश्वामित्र के शीघ्र पहुँचने की सूचना दी गई।

विदेह की यात्रा पर निकल पड़े हैं विश्वामित्र और राम साथ में लक्ष्मण। फिर प्रारम्भ हो गई विश्वामित्र की कथा, वे इस बार अनेक संस्मरण सुना रहे थे जो सैंधव क्षेत्र से जुड़े थे। इन्हीं संस्मरणों में याद आया कि स्वयंवर का प्रकार तो राम को बताया ही नहीं। विश्वामित्र ने एक घने वृक्ष की छाँव में रथ को रोक दिया। साथ वाला रथ भी रुका, उस पर अस्त्र-शस्त्र लदे थे।

‘‘आओ राम छाँव में, एक महत्त्वपूर्ण विषय विस्मृत हो रहा है। अश्व भी विश्राम कर लेंगे, देखो! कितना स्वेद बहा है अश्वों को।’’ हाँफते हुए अश्वों की ओर हाथ उठाते हुए विश्वामित्र रथ से उतर गए।

‘‘स्वयंवर के लिए सीरध्वज की एक प्रतिज्ञा है।’’ विश्वामित्र बोले।

‘‘स्वयंवर के लिए प्रतिज्ञा!’’ राम को आश्चर्य हुआ।

‘‘हाँ प्रतिज्ञा, सीरध्वज का कहना है कि, उनके यहाँ रखे धनुष की जो प्रत्यंचा चढ़ा देगा उसी के साथ वे सीता का विवाह करेंगे।’’

‘‘कैसा धनुष है गुरुदेव कि उसकी प्रत्यंचा चढ़ाना कठिन होगा? यह कार्य तो सम्भवतः सभी कर सकते हैं।’’—लक्ष्मण बीच में बोले।

‘‘यह कोई साधारण धनुष नहीं है।’’ विश्वामित्र लक्ष्मण के सिर पर हाथ फेरते हुए बोले, ‘‘यह आयुधों के संचालन का यंत्र है, इसे धनुष का आकार दे दिया गया है। सीरध्वज को कैसे मिला, यह ठीक से ज्ञात नहीं परन्तु यंत्र देखकर लगता है कि यह रुद्र का निर्माण है। सीरध्वज के पिता धर्मज्ञ का रुद्र से सम्बन्ध था, सम्भव है यह धनुष रुद्र ने निर्माण कर यहीं छोड़ दिया हो। कोई कहता है कि एक अनार्य रुद्र से अनेक आयुध प्राप्त कर मिथिला मार्ग से रथ पर चढ़ा तीव्र गति से भागा जा रहा था, यह आयुध गिर गया जो राजभवन में रखा हुआ है। विदेह राज्य के सभी वीर और प्रशिक्षित सैनिक, धनुर्धारी प्रयास करके थक गए हैं, कोई सफल नहीं हुआ।’’

‘‘राम से आशा कैसी! ये तो धनुष देखे तक नहीं हैं।’’—लक्ष्मण को राम पर विश्वास नहीं था।

"तुम ठीक कहते हो लक्ष्मण। उस धनुष को राम तो क्या रुद्र के अतिरिक्त कोई संचालित कर ही नहीं सकता, हाँ, वह अनार्य जो इसे ले जा रहा था वह अवश्य इसकी विधि जानता होगा, यदि वह वही धनुष है तो!"

"मेरे प्रश्न का उत्तर नहीं मिला गुरुदेव?"—लक्ष्मण ने पुनः जिज्ञासा प्रकट की।

"धैर्य रखो लक्ष्मण, तुम्हारे प्रश्न का उत्तर मिल जाएगा।...उस यंत्र के संचालन की विधि तो मैं भी नहीं जानता परन्तु उसकी प्रत्यंचा चढ़ाने की विधि जानता हूँ, वह टूटकर बिखरेगा कैसे यह भी जानता हूँ। राम तुम्हें प्रत्यंचा ही नहीं चढ़ानी है वरन् उसे तोड़ देना है खंड-खंड। एक बार धनुष खंडित हो जाने पर पुनः रुद्र से भी नहीं जुड़ेगा।"

"धनुष को खंडित करने से क्या लाभ? प्रत्यंचा चढ़ाकर अपने पास न रख लूँ? और रुद्र के संचालन की विधि से विज्ञ हो जाऊँ।"—राम का आयुध मोह बोल रहा था।

"नहीं राम यह उचित भी नहीं। रुद्र यदि संचालन की विधि न बताएँ तो क्या इसे लादे रहोगे? और यदि किसी अनार्य के हाथ लग गया और वह रुद्र से संचालन की विधि सीख लिया तो...भूलो मत, रुद्र अनार्यों के पूज्य हैं। भला इसी में है कि जो कहूँ वही करो।"

"विधि शीघ्र बताइए गुरुदेव प्रत्यंचा चढ़ाने की और तोड़ने की भी।"—लक्ष्मण उतावले हो रहे थे।

"देखो! अश्व जल पी आए, सारथी ने विश्राम कर लिया। लगता है, एक नींद सो भी गया था। चलो, रथ में बैठो मार्ग में बताऊँगा। अभी एक और आवश्यक कार्य पूर्ण करते हुए आगे बढ़ना है।"

रथ आगे बढ़ गया। विश्वामित्र ने धनुष की प्रत्यंचा चढ़ाने की विधि से विज्ञ कराया राम को। धनुष के एक-एक अंग को परिभाषित किया विश्वामित्र ने और धनुष से जुड़े अनेक कठिन प्रश्नों के उत्तर समझाकर पूर्ण परिचित करा दिया, जिस हेतु चाहते थे कुलपति।

रथ विदेह राज्य में प्रवेश कर चुका था, संध्या तक रथ के मिथिला पहुँच जाने का विश्वास था। अहल्या का स्थान निकट ही था। विश्वामित्र अहल्या को प्रतिष्ठित करना चाह रहे थे।

विश्वामित्र ने अहल्या का प्रसंग छेड़ दिया, "राम मार्ग में चलते हुए ही एक महत्त्वपूर्ण कार्य करना है। यह कार्य शेष न रहे।...तब तुम्हारा जन्म भी न हुआ था। गौतम ऋषि की पत्नी के साथ इन्द्र ने बलात्कार किया। इन्द्र तो इन्द्र हैं। भला समर्थ व्यक्ति को कोई हानि पहुँचा सकता है। इन्द्र छाती उत्तान किए घूम रहा है। इधर अहल्या को समाज ने बहिष्कृत कर दिया। इस अपमान को सहन न कर सके गौतम और वे सीरध्वज के राजपुरोहित का पद त्यागकर एकान्त में चले गए। मेरे निवेदन पर वे आर्य हित के कार्य किया करते हैं। इतना श्रेष्ठ ऋषि हीन होकर जी रहा है। गौतम रचनाशील हैं।

सृजनात्मक मस्तिष्क रखते हैं। वेद के कई खंड लिखे हैं। थोड़ी मुझसे भिन्नता है, वे कहते हैं, वेदों से अनार्यों को परिचित न कराओ, वे इससे विज्ञ न होने पाएँ परन्तु मैं चाहता हूँ कि वेद की बातें सभी जानें। वेद में हमारा इतिहास है, हमारे युद्ध हैं, हमारी विजय-गाथा है, हमारी सभ्यता है, संस्कृति है, रहन-सहन है। उचित हो या अनुचित विज्ञ तो सभी हों। वे कहते हैं, हमारे अनुचित व्यवहार, हमारी चतुर चालें, हमारे छल-कपट अनार्य जान लेंगे तो और भी भड़क जाएँगे।''

''गौतम जी अनुचित नहीं कह रहे हैं गुरुदेव।''—राम ने गौतम को स्वीकार किया।

''यह सब छिपाने की वस्तु नहीं है, जब छिप ही नहीं सकती तो हम क्यों न इसे प्रकाश में ला दें। वेदों का प्रसार पशुपालक भी कर रहे हैं, पशु चराते समय वेद का गान कर रहे हैं। देवों ने यही निर्देश दिया है। यह व्यक्ति के मस्तिष्क का मनोविज्ञान है एक के बाद एक उसका अनुकरण करेगा, हमारा इतिहास सर्वत्र फैल रहा है, बात अलग है कोई इसे समझे या न समझे।...अनार्यों के पास बुद्धि ही कितनी है। अनार्य अपने शिल्प में ही व्यस्त हैं।...मैंने भी तो वेद के खंड लिखे हैं।''

रथ आगे बढ़ रहा था। स्तब्धता छा गई, विश्वामित्र मौन और राम जिज्ञासु की भाँति निहारते विश्वामित्र को।

''अरे! मैं विषय के विस्तार में चला गया।'' विश्वामित्र जैसे भटक गए हों और पुनः मार्ग पर आने का प्रयास हो, ''लज्जित गौतम एकान्त में रहने लगे। ग्राम से दूर अहल्या ने भी अपना कुटीर लगा लिया। अभी तक वह बहिष्कृत का जीवन जी रही है।...गौतम का थोड़ा भला हुआ, जब उनके पुत्र शतानन्द को विदेह राज्य का राजपुरोहित बना दिया गया।...सीरध्वज के पिता धर्मज्ञ गौतम ऋषि को राजपुरोहित बनाए थे सो गौतम का मान तो था ही। दूसरा यह कि इन्द्र को अब आर्य क्षेत्र से बहिष्कृत कर दिया गया है। वह अब आर्यों के समाज में मान-सम्मान नहीं प्राप्त कर सकता।''

''इन्द्र का वध क्यों नहीं कर देते? आप मुझे आज्ञा दीजिए।''—राम का स्वर कठोर हो गया।

''मरे हुए को क्या मारना राम। धीरे-धीरे इन्द्र की सत्ता का ही लोप हो जाएगा, बचेंगे मात्र आर्य।...अब तुम्हें अहल्या को समाज में प्रतिष्ठा दिलानी है। बूढ़े हो चले गौतम का एक तो सहारा है, अहल्या का दिन भी कट जाय भली प्रकार।''

लक्ष्मण मौन रहे, उन्हें यह समाज, बहिष्कार, इन्द्र का कृत्य समझ में नहीं आ रहा था।

विश्वामित्र पुनः बोले, ''राम, तुम्हें यहाँ भी स्थापित होना है। तुम जिसे अपना लोगे उसे समाज को अपनाना पड़ेगा। तुम मानक हो समाज के। तुम्हारे नाम का स्मरण कर लोग संकल्प लें, तुम्हारा नाम लेकर कोई नया कार्य प्रारम्भ करें, यह स्थापना मुझे देनी है। तुम जिसे प्रतिष्ठित करोगे उसका मान होगा। वह समाज को मान्य होगा। तुम प्रत्येक कर्म, वस्तु, विचार, आयोजन, प्रयोजन, मान-सम्मान की मान्यता हो। तुम

अहल्या को ग्रामवासियों के समक्ष स्वीकार करोगे। गौतम के समक्ष कहोगे, 'मैं राम... अवध का राजकुमार अहल्या की पुनः स्थापना करता हूँ, स्वीकार करता हूँ। समाज के बहिष्कार से मुक्त करता हूँ।' ग्रामवासी स्वीकार करेंगे। ग्राम में ग्रामणी के समक्ष अहल्या और गौतम यज्ञ करेंगे। ग्रामवासी समिधा डालेंगे। अहिल्या के हाथ से फल वितरित होगा...। देखो! वो रहा अहल्या का कुटीर!"

"मैं आपकी प्रत्येक बात से सहमत हूँ गुरुदेव! अहल्या का बहिष्कार नहीं पूरे स्त्री समाज का बहिष्कार है। गौतम का अपमान नहीं वरन् पूरी आर्य-संस्कृति का अपमान है। मैं प्रत्येक स्त्री को समाज में उचित स्थान दिलाकर रहूँगा।"

और अहल्या प्रतिष्ठित हो गईं। गौतम का एकान्वास समाप्त हुआ। स्त्रियों में राम का मान बढ़ा। राम के सम्मान में गीत गाए गए। ग्रामवासी राम के नाम का संकल्प ले चुके थे, वे प्रत्येक कार्य के प्रारम्भ में राम का नाम लेने को सहर्ष तैयार थे। विश्वामित्र अहल्या के ग्राम में कुछ देर तक रहे।

अब समय कहाँ शीघ्र ही मिथिला पहुँचना है परन्तु अब मिथिला दूर भी तो नहीं। दूरी समाप्त हो गई यात्रा की, दूरी समाप्त हो गई अहल्या-गौतम की। भेद मिट गया, कलंक धुल गया। ग्राम की माता बन गईं अहल्या। राम की सेविका बन गईं अहल्या। अहल्या अब अबला नहीं। अहल्या ने दूर-दूर तक राम का यश गाया। राम के नाम की स्थापना करने में जुट गईं। उनका सम्बन्ध कई ग्रामों से हो गया, कई आश्रम सम्पर्क में आए। अत्रि आश्रम की अनसूया का बल मिला और नारियों को जगाने का कार्य प्रारम्भ हो गया। स्त्रियों की टोलियाँ बन गईं। अब कोई इन्द्र अहल्या जैसी नारी का बलात् सुख नहीं भोग सकेगा। अब कोई अहल्या इन्द्र के भय से लाज से सिकुड़ी समर्पण नहीं करेगी। राम एक नई विधा में स्थापित हो गए। राम की गति आगे बढ़ती गई। लोग राम के नाम की काल्पनिक कथाएँ सुनने लगे।

अपमान की पीड़ा असहनीय होती है। अपमानित व्यक्ति यदि प्रतिशोध लेने की इच्छा रखता है तो उसका बल बढ़ जाता है और बुद्धि क्षीण। सामान्य अवस्था में बुद्धि पर कोई विशेष प्रभाव तो नहीं होता परन्तु वह स्वयं को बलहीन, क्रियाहीन समझने लगता है। रावण के साथ भी यही हुआ। प्रतिशोध ले भी तो कैसे...किससे...अर्जुन से।...असम्भव कार्य और रावण का बल क्षीण होने लगता है। फिर भी धैर्य, एक साहस का भाग अभी प्राणयुक्त। रावण संस्कृति के संस्थापक हैं, राक्षसों के मानक हैं। अनार्यों में उनकी प्रतिभा को जोड़ अन्य किसी में नहीं। सर्वांगीण विकास हुआ है रावण का। एक छोटी-सी पराजय से इतनी निराशा! इतना हतोत्साह!...पराजित हुआ तो अपनों से। अपनों का बहुत-कुछ सहना पड़ता है।

रावण लंका नहीं गए। भ्रमण की इच्छा से रथ ग्राम-ग्राम रुकता। रावण ग्राम में

ठहरते ग्रामणी को बुलाते। रुद्र-पिंड और दैत्य-पिंड की स्थापना होती। इसी विषय पर चर्चा होती। मार्ग में कहीं किसी वृक्ष के नीचे रावण विश्राम करते तो वहाँ रुद्र-पिंड किसी भी गोल पत्थर को मान्यता दे स्थापित करते, वेदी बनाई जाती। कभी किसी वृक्ष के नीचे ग्राम-रक्षक के रूप में मिट्टी का गोल पिंड बनाकर दैत्य-पिंड को स्थापित करते, जलाशयों, नदी के किनारे—जहाँ भी रावण थोड़ा विश्राम करते, यह क्रिया सम्पादित अवश्य करते। कोई ग्रामीण मिलता तो कहते, 'मैं रावण हूँ उस वृक्ष के नीचे पिंड स्थापित है। उसकी रक्षा करना।' ग्रामीण भय से काँपता, स्वीकार करता और रावण बिना किसी उल्लास के अपनी योजनाओं के विस्तार का चिन्तन करते आगे बढ़ जाते।

रावण का रथ ताड़का क्षेत्र की दिशा में मुड़ गया। रावण खोए थे चिन्तन-प्रदेश में। मार्ग और दिशा की पहचान करते रावण चौंके, "सारथी, यह दिशा तो ताड़का क्षेत्र की है, यह मार्ग वहीं जाएगा?"

"जी सम्राट, यह दिशा आपके उपनिवेश की दिशा है।"—सारथी बोला। रावण हर्षित हो गए। पीड़ा शान्त हो गई। अपना स्थापित केन्द्र, राक्षसों के अधिकार का क्षेत्र। आर्य-बहुल क्षेत्र में राक्षसों ने पहचान बनाई। मेरी ताड़का, तू राक्षसों का गौरव है, मारीच तेरे बल पर मैं अघा जाता हूँ। सुबाहु तेरी व्यवस्था ने अनार्यों को स्थापित किया है यहाँ। मुझे ताड़का क्षेत्र देखने का सुख मिलेगा। "सारथी, रथ की गति बढ़ाओ!" रावण शीघ्र पहुँचना चाहते थे। रावण की पीड़ा दूर हो गई थी, वे अपने रूप में आ गए। रथ ने गति बढ़ा दी, अश्वों के टाप-पर-टाप...सरपट।

"ताड़का का क्षेत्र इतना वीरान। कहीं कोई राक्षस नहीं। ताड़का के राक्षस सैनिक कहाँ हैं? और कहाँ है मारीच? सुबाहु कहाँ हो!...प्रासाद पर गिद्ध बैठे हैं! अरे! यहाँ तो वन पशु विचर रहे हैं। प्रासाद में शृगालों ने घर बना लिया। इतनी चमगादड़ें यहाँ क्यों हैं?"

"...न ताड़का है, न मारीच, न राक्षस, न सैनिक, न सुबाहु। क्या हो गया? कैसी व्यवस्था है ताड़का की। लगता है, ताड़का ने आवास बदल दिया। परन्तु प्रासाद में राक्षस तो होने चाहिए।"

ताड़का क्षेत्र राक्षसों से विहीन, सुनसान देख रावण ताड़का की खोज में वन में भटकने लगे। घने वृक्षों में छिपे मारीच ने रावण को देख लिया, "लंकापति की जय हो! मैं इस वृक्ष के नीचे हूँ।"—घायल मारीच कराह रहा था।

"मारीच!...अरे यह क्या? तुम घायल हो!...तुम्हारे घाव अभी तक हरे हैं?"—रावण को मारीच की दशा पर विश्वास नहीं हुआ।

"घाव तो सूख गए हैं। किसी तरह पत्तों के रस लगा-लगा और वृक्ष की छालों को रगड़-रगड़कर लेप लगाते-लगाते कई दिन में घाव सूखे हैं। अभी मांस में पीड़ा है, गाँठों में पीड़ा है, घाव से टीस भी उठती है। कई स्थान पर भीतर घाव लगे हैं...देखिए यहाँ...और यहाँ भी...।" मारीच देह दिखाता और कराहता, "बाणों की बौछार हो रही

थी लंकापति, वाण के झटके से कई बार गिरा हूँ। भागने में भी चोट आई।...लंकापति वो...वो विश्वामित्र के साथ दो राजकुमार आए थे...हम समझ पाते कि कौन हैं...तब तक बाण ही बाण...ताड़का और सुबाहु वहीं मृत्यु को प्राप्त हो गए, मैं भागा...भागते-भागते मेरी दशा यह हो गई।''

''कौन थे राजकुमार? कहाँ के थे? क्या अपराध था राक्षसों का? विश्वामित्र तो ज्ञानी हैं।''—रावण का क्रोध सिर चढ़ गया।

''विश्वामित्र चिल्ला-चिल्लाकर कह रहे थे—'ये अवध के राजकुमार राम और लक्ष्मण हैं। राक्षसो! यह क्षेत्र छोड़ दो, यह क्षेत्र अवध के अधीन हो गया है। यदि कोई राक्षस दिखाई दिया तो उसका वध कर दिया जाएगा। राक्षस अपने स्थान को वापस जाएँ, यही अवध की राजाज्ञा है...और फिर उन राजकुमारों, सिद्धाश्रम के प्रशिषित आश्रमियों ने गिन-गिनकर राक्षसों का वध किया। मैं छिपा रह गया मेरे साथ दो राक्षस भी छिपे हैं, वे मुझे प्रतिदिन सूचनाएँ देते हैं। मेरी खाद्य सामग्री की व्यवस्था वही करते हैं।''—मारीच हाँफने लगा और भूमि पर पसर गया।

रावण के पाँव की भूमि खिसकती लगी, जैसे रक्त रुक गया हो, भुजाएँ तन गईं, नसें उभर आईं, स्वेद से डूब गए रावण। एक पराजय के बाद दूसरी पराजय। तो क्या जय के बाद पराजय की शृंखला बनेगी? क्या इस पराजय में रावण जी सकेंगे? जय के स्वाद के बाद यह तीखा स्वाद रुचिकर होगा? भला पराजय कभी अच्छी रही है? क्या रक्ष-संस्कृति का विरोध व्यापक स्तर पर हो रहा है?...एक बार पाँव बढ़ गए तो बढ़ गए पीछे देखना भीरु व्यक्ति का काम है।

''कहाँ हैं विश्वामित्र! कहाँ हैं राम, लक्ष्मण! अभी देखता हूँ।''—रावण तड़पे।

''वे यहाँ नहीं मिलेंगे, विदेह में स्वयंवर आयोजित है। सीरध्वज की ज्येष्ठ कन्या सीता का स्वयंवर, उसी आयोजन में भाग लेने गए हैं।...आपको भी आमन्त्रण मिला होगा लंकापति?''—मारीच ने रावण को सूचना दी।

''हाँ, आमन्त्रण अवश्य भिजवाया होगा सीरध्वज ने परन्तु वह तो लंका जाएगा न! मैं कई माह से अभियान और भ्रमण पर हूँ।''

''समस्त वीर राजकुमारों को बुलावा भेजा गया है। अधिपति, सम्राट भी उपस्थित रहेंगे।''

''चलता हूँ मारीच, वहीं देखूँगा राम, लक्ष्मण और विश्वामित्र को। अनेक अधिपति मिलेंगे, उनकी थाह लूँगा।...और सुनो साहस, रखो, तुम दो राक्षसों को सूचना प्रभारी बनाकर तुम दंडकारण्य में जाओ। जनस्थान की एक दिशा का भार सँभालो। अब तुम गुप्त रहकर दंडकारण्य की देख-भाल करोगे। खर तुम्हें निर्देशित करेगा। उससे कहना कि मैंने ऐसा ही कहा है।''—इतना कहकर रावण सारथी को रथ की दिशा मिथिला की ओर मोड़ने का आदेश देकर रथ पर बैठ गया।

विभिन्न प्रदेशों के राजकुँवर, राजे-महाराजे, सम्राट, अधिपति आयोजन स्थल पर एकत्र हो रहे हैं। मिथिला में अच्छी भीड़ जुटी है। पथ पर पानी का छिड़काव हुआ है। स्वागतकर्मी एक-एक को पुष्पहार पहना रहे हैं। छाती उत्तान किए, भुजाएँ फड़काते राजकुमार स्वयंवर स्थल की ओर बढ़ रहे हैं। राम, विश्वामित्र, लक्ष्मण पहुँच चुके हैं, सभा में आसन ग्रहण कर लिया है। बीच में बैठे विश्वामित्र, दोनों ओर राम, लक्ष्मण। विश्वामित्र ने राम के कान में कहा, ''धनुष उठाने, प्रत्यंचा चढ़ाने और तीसरा–खंडित करने का सूत्र स्मृति में रखो, दोहराओ, एक-एक भाग अभी से निहारो, देखो धनुष सामने दीख रहा है। मैं अभी सीरध्वज से मिलकर आता हूँ। लगता है, कार्यक्रम में थोड़ा विलम्ब है।''

और विश्वामित्र विदेह के एक राजकर्मी को देख उसी ओर मुड़ गए।

राजकर्मी विश्वामित्र का संकेत पाकर महाराज के कक्ष की ओर बढ़ गया और विश्वामित्र एक अन्य कक्ष में। यह कक्ष अतिविशिष्ट लोगों के लिए बना था...एकान्त। कुछ पल बाद सीरध्वज विश्वामित्र के कक्ष की ओर बढ़ते दिखाई दिए। द्वारपाल से 'किसी को प्रवेश न देने' को कहते हुए विश्वामित्र के समीप आकर बोले, ''कहें ऋषिश्रेष्ठ, क्या आज्ञा है?''

''मैं आपको महत्त्वपूर्ण सूचना देने और आश्वस्त करने आया हूँ।''

''कैसी सूचना? शीघ्र कहें, कार्यक्रम में बस थोड़ी-सी देर है।''

''क्या महाराज दशरथ अपने दो पुत्रों के साथ पधार चुके हैं?''

''हाँ, दशरथ पुत्रों सहित आए हैं। मेरे विश्राम कक्ष में ठहरे हैं।''

''उन्हें सभा में उपस्थित होने को कहें। क्या कुशध्वज भी अपनी दोनों कन्याओं के साथ उपस्थित हैं?''

''हाँ, वे भी हैं पुत्रियों के साथ।''

''पहली बात कि आप आश्वस्त रहें, पूर्ण विश्वास रखें आपकी प्रतिज्ञा मेरे साथ आए दशरथ पुत्र राम के अतिरिक्त कोई पूर्ण करने वाला नहीं। धनुष की प्रत्यंचा चढ़ाने की विधि रुद्र के अतिरिक्त मैं ही जानता हूँ, अब राम विज्ञ हैं। दूसरी बात कि आप अपनी दूसरी पुत्री का विवाह लक्ष्मण से और कुशध्वज की दोनों कन्याएँ माण्डवी, श्रुतकीर्ति का विवाह भरत और शत्रुघ्न से करने का मेरा प्रस्ताव स्वीकार कर लें।''

सीरध्वज के हर्ष की सीमा न रही, ''आपने मेरी समस्त चिन्ताएँ दूर कर दीं। मैं भार मुक्त हुआ जाता हूँ। मेरे हर्ष, मेरे आह्लाद सीमा से बढ़ रहे हैं। प्रसन्नता में हृदय गति बढ़ गई है। आप धन्य हैं ऋषि, आपने मेरा प्रिय किया है। यह ऋण रहेगा आपका।''

''एक बात और सुन लें तब आप जाएँ। राम सबसे अन्त में धनुष उठाने जाएँगे। एक-एक कर जब सब थक जाएँगे तो आप कहेंगे क्या इस धरती पर कोई वीर योद्धा नहीं? क्या यह पृथ्वी वीरों से रिक्त हो गई है? क्या मेरी दुलारी बिना ब्याह के रह जाएगी? मैं यदि यह जानता कि इस धरा पर दुर्बल, हीनकाय, भीरु जैसों की भीड़ एकत्र हो

रही है तो ऐसा संकल्प ही न लेता। इतना कहकर आप बैठ जाएँगे तब राम आपकी प्रतिज्ञा पूरी करने जाएँगे। यह अभिनय आपको करना होगा सीरध्वज, इसी से मेरा ऋण आप चुका देंगे।''

''अवश्य करूँगा अभिनय। सीता के लिए, आपके लिए, राम के लिए मुझे जो करना होगा करूँगा। मैं आश्वस्त हुआ, मैं हर्षित हुआ।''—कहते हुए सीरध्वज सभा स्थल की ओर बढ़ गए।

विश्वामित्र उठे और आकर राम, लक्ष्मण के बीच में बैठ गए। चलो, एक लाभ तो हुआ आने वाले सम्भावित वीरों के बल की थाह लगेगी। वीरों की चाल और उनके मुख से भी उनके ज्ञान की कल्पना की जा सकती है। राम की विज्ञता, राम का बल देखकर सभी आगन्तुक नत होंगे और भीतर ही भीतर राम का मानसिक दबाव बना रहेगा। राम के भय की एक ग्रन्थि उनके मस्तिष्क में बन जाएगी। समय पड़ने पर राम उन्हें अवध के अधीन कर लेंगे, सहज ही।

सीरध्वज खड़े हुए। सभा में निःशब्दता छा गई। अभी वे प्रथम वाक्य बोलते कि द्रुतगति से रावण ने प्रवेश किया, रावण एक-एक पुरुष को निहारते। सहसा उनकी दृष्टि विश्वामित्र पर टिक गई। उनके दोनों छोर पर बैठे राजकुमारों को ध्यान से देखा। मन-ही-मन कहा, 'अच्छा तो ये दशरथ के पुत्र हैं और ये विश्वामित्र।' ऋषि तो बहुत आए थे परन्तु उनके पास राजकुमार नहीं थे। रावण आसन ग्रहण कर चुके थे। सीरध्वज या कोई अन्य आगन्तुक रावण को पहचानता है कि नहीं, यह ज्ञात नहीं हुआ। विश्वामित्र, राम, लक्ष्मण तो परिचित थे ही नहीं। नाम से सभी अवगत थे।...अवश्य ही कुछ लोग रावण को देख चुके हैं। सभा में खुसुर-फुसुर होने लगी।

सीरध्वज ने प्रतिज्ञा सुनाई। सभी आमन्त्रित अवाक् रह गए, कुछ तो हँसे, यह कोई संकल्प हुआ, धनुष की डोर कौन नहीं चढ़ा पाएगा! यदि दो राजकुमार प्रत्यंचा चढ़ाने की क्षमता रखते हों तो क्या सीता दोनों से ब्याही जाएँगी, 'यह कैसी प्रतिज्ञा, यदि कई राजकुमार इस कार्य को पूर्ण करें एक-एक कर तो सीता के लिए युद्ध हो जाएगा।'...कौन होगा सीता का पति?...किसे सुख देगी सीता...? कौन जाए पहले धनुष की ओर...। आपस में तरह-तरह की बातें...तरह-तरह के लोग...।

''आप सभी मौन बैठे हैं या आपस में बातें कर रहे हैं। यह कोई साधारण धनुष नहीं है। आप सभी से मेरा निवेदन है कि एक-एक कर आप प्रत्यंचा चढ़ाने का प्रयास करें।...एक बात ध्यान रखें मात्र राजकुमार ही इस प्रतियोगिता में भाग ले सकते हैं, शेष मेरे सम्मानित अतिथि हैं। हम उनका इस सभा में स्वागत अभिनन्दन करते हैं।''—सीरध्वज इतना कहकर बैठ गए।

राजकुमार एक-एक कर धनुष की ओर बढ़े। अथक प्रयास किया परन्तु धनुष हिला तक नहीं। धनुष अपने आधार-आलम्ब को छोड़ता ही नहीं! लगता था कि किसी यंत्र द्वारा कसकर बाँधा गया हो। सम्भवतः सभी प्रयास कर चुके। बल का गर्व चूर

हो गया, हँसी विलुप्त हो गई। निरीह प्राणी की भाँति चुप-साध गए सब। जैसे सीता कोई नारी न होकर कोई शक्ति हो। सीता को पाना इस विधि से असम्भव हो गया।

सीरध्वज को विश्वामित्र के शब्द गूँज रहे थे। अभिनय हेतु खड़े हुए। विश्वामित्र के दिए गए शब्द-वाक्यों को दोहराया। अभिनय क्या सत्यता थी, सीरध्वज का कंठ भर गया–'लगता है, मेरी सीता बिन ब्याही रह जाएगी...'

राम को विश्वामित्र का संकेत मिल चुका था। राम चल चुके थे धनुष की ओर। सभा की दृष्टि राम की ओर, रावण के नयन एकटक राम की ओर। सभा में स्तब्धता छा गई। राम धनुष के समीप खड़े एक-एक अंग को सूक्ष्मता से देख रहे हैं। विश्वामित्र के सूत्र उनके ध्यान में हैं। देर तक खड़े रहे राम। सभा में सभी मौन और दृष्टि राम की ओर। सूत्र के अनुसार तीनों अंग धनुष के दिखाई दिए राम को। राम ने तत्काल दृष्टि साधकर प्रथम अंग को स्पर्श करते हुए धनुष को उठा लिया। सभा में हलचल हो गई।...राम ने दूसरा बिन्दु छू दिया और प्रत्यंचा चढ़ा दी, अपने स्थान पर घूम गए, धनुष को टंकार दी, इसी क्षण तीसरा अंग दबा दिया। धनुष कई खंडों में बिखर गया। सभा खड़ी हो गई। हर्ष की ध्वनि से वातावरण गूँज गया।

सीता ने राम के गले में वरमाला डाल दी। राम सीता के हो गए। सीता राम की... सदैव के लिए...आजीवन...मृत्यु तक...साथ निभाने का संकल्प।

पूर्व प्रस्ताव के अनुसार राम, लक्ष्मण, भरत, शत्रुघ्न का सीता, उर्मिला, मांडवी, श्रुतकीर्ति के साथ विधिवत् विवाह हुआ। दो राष्ट्र मिले। दो शक्तियाँ मिलीं, दो भाषाएँ एक हो गईं। सीरध्वज ने आगन्तुकों को उपहार देकर विदा किया।

अब महाराज दशरथ को विदा करने का समय आया, अपनी कन्याओं को राजकुमारों के साथ विदा करने का समय...

रावण जिस मार्ग आए थे, लौट गए। रावण का रथ लंका की दिशा में मुड़ गया। किसी को पता नहीं कि कब रावण चले गए।

तभी मिथिला के पथ पर हलचल हुई। कन्धे पर धनुष, पीठ में तरकश बाँधे, परशु लटकाए, घनी-काली दाढ़ी, घने पुष्ट देह के स्वामी अश्व को सरपट दौड़ाए जा रहे हैं। 'ये कौन हैं'?...'अब तो सभा विसर्जित हो गई'...'इन महाशय का अब क्या अर्थ...?' ये राजकुमार थोड़े हैं...ये तो ऋषि लगते हैं...'परन्तु हैं वीर, देखते नहीं शस्त्र लादे हैं पीठ पर'...

परशुराम का अश्व सभा स्थल के द्वार पर रुका। अश्व को वहीं छोड़ परशुराम सभा कक्ष में प्रवेश कर गए। सभा स्थल रिक्त हो गया था। कहीं-कहीं कोई बैठा दिख जाता। एक और विश्वामित्र को देख चकित रह गए–'अरे ये तो विश्वामित्र हैं,' दौड़कर पास गए।

विश्वामित्र को यह देखकर विश्वास नहीं हुआ कि ये परशुराम हैं। परशुराम ने अभिवादन किया।

विश्वामित्र बोले, "अरे परशुराम! यहाँ किस प्रयोजन से तुम्हारा आना हुआ। सैंधव कुशल से है न?"

"तात! बिना विश्राम किए सीधे चला आ रहा हूँ। पहले जल की व्यवस्था कीजिए, द्वार पर अश्व बँधा है उसकी भी व्यवस्था हो। प्यासा और स्वेद से पूरी तरह तर हो गया है।"

विश्वामित्र ने एक अनुचर को बुलाया और उचित निर्देश देकर परशुराम को देखने लगे। 'परशुराम ऋषि होकर कितना बलिष्ठ है। सैंधव की रक्षा यही तो कर रहा है। आर्यों का संरक्षक है ही कौन?...मेरा परशुराम!'

परशुराम जलपान कर तृप्त हुए। अश्व की उचित व्यवस्था कर दी गई। सीरध्वज विदाई की तैयारी में व्यस्त थे।

परशुराम बोले, "मैंने सुना है कि मिथिला में स्वयंवर होने वाला है। प्रतिज्ञा सुनी कि कोई विलक्षण धनुष है जिसकी डोर चढ़ानी है। मैं व्याकुल हो गया कहीं किसी अनार्य के हाथ धनुष न लग जाए, इसी कारण मुझे यहाँ आना पड़ा।"

"मैं यहाँ हूँ तो तुम्हें इसकी चिन्ता नहीं करनी चाहिए।"

"यह मेरी स्मृति में आया ही नहीं।"

"तुम आश्वस्त रहो, वो देखो! धनुष के खंड-खंड बिखरे हैं। इसे अवध के राजकुमार राम ने खंडित किया है।" विश्वामित्र मुस्कुरा दिए।..."कहो सैंधव का समाचार," विश्वामित्र सैंधव से विज्ञ होना चाहते थे, "कवि, मुरु, श्रंजय, भरत, तुर्वष, अणु, द्रुस्यु के समाचार क्या हैं? कीतवीर्य अर्जुन का आतंक तो होगा ही?"

"सभी अपना राग अलाप रहे हैं। कोई विशेष नहीं है परन्तु अर्जुन का आतंक तो आर्यों के लिए पीड़ादायक है। हैहयवंशी उत्पात मचा रहे हैं। मैंने आश्रम छोड़ दिया है। यायावर का जीवन है मेरा। मैं एक-एक हैहयों का वध कर रहा हूँ। रुद्र की शैली मैंने अपना ली है। मुझे युद्ध करना नहीं है और मैं युद्ध में अर्जुन को पराजित भी नहीं कर सकता। जहाँ मिला आतंकी हैहय उसे मार डाला। मेरी खोज अर्जुन की है। कभी बिना सैनिकों के मिल गया तो तुरन्त बिना कारण बताए उसका वध कर दूँगा। अर्जुन भी मेरी खोज में है। परन्तु मैं उसे मिलूँ तब न! मैं कभी इस ग्राम कभी उस ग्राम में, कभी इस गोत्र का कभी उस गोत्र-कुल का बनकर रह रहा हूँ। प्रजा मेरे साथ है। मेरा ठिकाना बताने का साहस किसी में नहीं है...एक बात से आपको आश्चर्य होगा तात!... अभी-अभी रावण युद्ध की याचना से महिष्मती गया था, पराजित होकर लौटा है। रावण का गर्व चूर हो गया है परन्तु दुख तो यह है कि रावण ने अर्जुन से सन्धि कर ली है। ज्येष्ठ भ्राता मानकर लौटा है रावण!"

"चलो गर्व तो टूटा रावण का।" विश्वामित्र ने तोषपूर्वक कहा, "अब कहाँ जाओगे? चलो! मेरे आश्रम कुछ दिन तक रहो।"

"नहीं तात, यहाँ तक आ ही गया तो अगस्त्याश्रम देखने की इच्छा है। बस मुझे

अवध के राजकुमारों से मिला दें।...अर्जुन का वध करने के बाद मैं भी एक आश्रम की स्थापना करने की सोच में हूँ।''

विश्वामित्र ने परशुराम को राम से मिलाया, राजकुमारों ने परशुराम की तेजस्वी देह को देखा। ऐसा ठोस व्यक्ति वे कभी देखे न थे। परशुराम ने राम से चर्चा की और अश्व की ओर मुड़ गए।

''जानते हो राम, यह परशुराम भी वज्रांग हैं।''—कहकर विश्वामित्र हँस दिए।

12

अब अगस्त्य विराजक को खोज रहे हैं, जैसे पहले कभी विराजक को आवश्यकता थी। वेदी तक आए। वेदी पर आने से वे सूचनाओं से विज्ञ होना चाहते हैं, व्याख्यान देने का मन हो जाता है या किसी विषय पर विमर्श करने की इच्छा।...या फिर चिन्तन-प्रदेश में घूमते हुए कई पहर वृक्ष को निहारने की इच्छा।

''कुम्भा! पीरू!...कोई आश्रमी मेरा स्वर सुन नहीं रहा क्या?''—अगस्त्य ने पुकारा तो पीरू दौड़ा आया।

''कहो पीरू तुम कैसे हो? तुम सब दिखाई नहीं देते। देखो! विराजक आश्रम में उपस्थित है कि नहीं। विराजक को बुलाओ।'' जो आश्रमी मिलता उससे उसका कुशल पूछते अगस्त्य। कभी-कभी एक आश्रमी से दिन में कई बार पूछ लेते। करें भी तो क्या?... कितना सोचें और चिन्तन करें...बार-बार वही चिन्तन, वही विचार, वही शब्द दोहरा जाते थे।

विराजक को पीरू के साथ आते देखा तो अगस्त्य बुदबुदाए, 'इतनी देर बाद मिला विराजक!...अरे देर कहाँ। अभी-अभी तो पीरू गया था और अभी आ रहा है...तो समीप ही था विराजक! इतना निकट होने पर दूरी क्यों? कहाँ बैठा था? किससे बातें कर रहा था? किस चिन्तन में खोया था?...मेरे पास क्यों नहीं...।'

''विराजक का अभिवादन स्वीकार हो गुरुदेव।''

''नहीं स्वीकार तुम्हारा अभिवादन...तुम सब मुझसे दूर रहना चाहते हो...'' अगस्त्य कठोर स्वर में बोले परन्तु मुस्कराहट में कठोरता लुप्त हो गई और लगता कि बालमन रुष्ट हुआ है। व्यक्ति का भूत काल में होना अच्छा लगता है। भूत का महत्त्व है। इतिहास की गरिमा है। हमारी प्राचीन भावनाएँ पूजनीय हैं।

''आप से दूर रहकर जीवन व्यर्थ है गुरुदेव।''

''व्यर्थ तो मैं हो गया हूँ विराजक। मेरी इच्छा होती है इसी भूमि में लोटूँ परन्तु यह क्रिया कर पाऊँ तब न! जानते हो—वृद्ध का मन बालक जैसा हो जाता है। मेरे

निकट कोई न कोई आश्रमी रहे यदि तुम्हें अवकाश हो तो तुम...अब मेरे चिन्तन में किसी का होना बाधक नहीं है। अपितु उसी के सहारे मेरे विचारों में गति आएगी। अब सहारे की आवश्यकता है विराजक और मुझे लग रहा है कि मुझे सब छोड़ते जा रहे हैं...आते हैं, अभिवादन कर चले जाते हैं।''—और अगस्त्य एक बूढ़े बालक जैसे लगे, चुप एकटक विराजक की ओर कभी पीरू की ओर। 'मेरा कहना, बोलना क्या उचित लग रहा है,' यही सोचते रहे अगस्त्य और हथेली खुजलाने लगे।

''हम सभी अल्पज्ञ हैं गुरुदेव। जीवन के बहुत से खंड ऐसे हैं जिससे हम विज्ञ नहीं हैं। भावनाओं, आवश्यकताओं, संवेदनाओं, क्रियाकलापों की भी विज्ञता नहीं कि अब कौन सी वस्तु...। अब आप आश्वस्त रहें। हर क्षण एक आश्रमी आपके समीप रहेगा। और मैं भी यदि आश्रम में रहा तो...। इस अल्पज्ञता हेतु क्षमा करें गुरुदेव।''—विराजक वृद्ध अगस्त्य की भावना समझ रहा था।

''चलो क्षमा नहीं किया! दंड दूँगा दंड, विराजक दंडित होंगे।...और पीरू? पीरू तो मेरा दुलारा है। जाओ पीरू, अपने कार्य में लगो। जाओ स्वस्थ रहो, प्रसन्न रहो।''—अगस्त्य का पुनः बालमन मुखर हो उठा। पीरू कूदता हुआ चला गया।

''मैं दंड हेतु प्रस्तुत हूँ गुरुदेव।''

''तो इतने दिन का समाचार, अनेक सूचनाएँ बटोरकर कहाँ ले जाओगे, सुनाओ बिना रुके, बिना थके। मैं थकता नहीं, बूढ़ा हूँ तो क्या, धैर्य अभी गया नहीं है।''

''आप राम विवाह तक सुन ही चुके हैं।...राम का मन अयोध्या में लगा नहीं। विश्वामित्र द्वारा दीक्षित राम को वन दिखाई दे रहा था। कोई कारण उपस्थित नहीं होता कि वे वन को जाएँ, वो भी दक्षिण दिशा में। हनुमान, रावण उनकी स्मृति में कौंध रहे थे। एक मित्र, एक से प्रेम, एक के साथ मिलकर महाशक्ति का निर्माण। दूसरा आर्य-विरोधी, आर्य-संस्कृति पर प्रहार करने वाला साम्राज्यवादी परन्तु विलक्षण प्रतिभा का धनी।...राम युवराज घोषित हो गए, राज-कार्यों में व्यस्त। अवध की राजकीय व्यवस्था में सुधार आवश्यक था, सो राम की व्यस्तता बढ़ती गई। रावण और हनुमान स्मृति-प्रदेश में दब गए। विश्वामित्र को जब यह सूचना मिली तो उन्होंने चर जाति को समझा-बुझाकर कैकेयी की दासी मंथरा के पास भेजा। मंथरा मान गई और कैकेयी को पूर्णरूप से समझाने पर सहमत हो गई, मंथरा का भी लोभ-स्वार्थ था, कैकेयी का भी। कहा गया—कैकेयी अपने दो वचन महाराज से माँग ले जो पूर्व में महाराज ने देने को कहा था। यह वचन कैकेयी की थाती है, जो दशरथ के पास थी। दो वचन, एक—भरत को युवराज का पद, दूसरा—राम को वनवास। कैकेयी और मंथरा लोभ में थीं। भरत सम्राट होंगे तो कैकेयी राजमाता और मंथरा भी अनुचरों में श्रेष्ठ। वैसे भी सम्राट पर कैकेयी का दबाव था। राजकार्य परोक्ष रूप से कैकेयी ही देखती थीं। कैकेयी के सम्बन्धी अवध के राजकार्यों पर अधिकार जमाए हैं। वे युवराज राम का अनमने ढंग से सहयोग दे रहे हैं।''

''...महाराज दशरथ कैकेयी को वचन दे चुके थे। घायल दशरथ का वश न चला।

भरत नहीं थे। राम वन को चले गए। राम की इच्छा ही थी वन जाने की परन्तु उनकी इच्छा का पता राजपरिवार को न था। दशरथ विक्षिप्त हो गए। नगर उदास हो गया। नगरवासी योग्य युवराज को वन जाने नहीं देना चाहते थे। प्रसन्न थे तो कैकेयी के सम्बन्धी, कैकेयी और मंथरा...और हर्षित थे राम।''

''...राम के साथ सीता और लक्ष्मण भी थे। राम ने आपकी योजनाओं के परिणाम के लिए अवध त्याग दिया और सीता, लक्ष्मण ने राम के लिए... ।''

''गुरुदेव ऐसे भावुक क्षण का मैं आनन्द न ले सका, सूचना-यात्री जो कह रहा था वही कह रहा हूँ। शब्दों का स्वाद एक मुख से दो, दो से तीन...तो वह मूल रूप नहीं रह जाता।''–विराजक भावुक हो उठा।

''तुम कहो विराजक, मैं उन भावुक क्षणों के प्रदेश में विचरण कर रहा हूँ। राम त्याग का नाम होगा, राम की मार्यदा बनी रहेगी, पिता की आज्ञा का ऐसा पालक नहीं देखा। अब मैं परास्त नहीं हो सकता विराजक तुम कहो।''–अगस्त्य राम को परख चुके थे।

''राम कभी लक्ष्मण से कभी सीता से बातें करते, 'मुझे वैभव से क्या लेना-देना, वैभव ही जीवन का सार नहीं। देश राजधानी में बैठकर नहीं चलाया जा सकता। संस्कृति का पोषण तभी होगा जब व्यक्तिगत स्वार्थों को त्याग दिया जाए और वह भी जब संस्कृति अभी स्थापित ही न हुई हो, रावण जैसे राक्षसों का आघात सहना पड़े।...देवों का क्या, वे सुरक्षित हैं, देवों के देश और प्राण सुरक्षित हैं। भोगना तो आर्यों को है। पिछड़े, नीच अनार्य राक्षस हो रहे हैं। इससे रक्ष-संस्कृति, आर्य-संस्कृति के समकक्ष खड़ी हो गई है। क्या हम उन्हें आर्य नहीं बना सकते...यह सब कार्य अवध में रहकर नहीं किया जा सकता।...मेरा पूरा ध्यान बहिष्कृत आर्यों-अनार्यों पर है जो मानसिक क्लेश में जी रहे हैं, जो अपमानित हैं।''...और इस प्रकार राम आगे बढ़ते रहे। कुछ दूर तक अमात्य आए थे, जिसे राम ने लौटा दिया था।...घास-फूस पर बैठ जाते, विश्राम करते तो मस्तिष्क की रेखाओं में, चलते तो रक्त के प्रवाह में। राम गिरते पत्ते देखते तो उन्हें बहिष्कृत आर्य लगते, उन्हें लगता कि वे वृक्ष के तले बैठे हैं और ऊपर एक गिलहरी कुछ कुतर रही है, बहुत-कुछ उनके सिर पर गिर रहा है। अवसाद को संवेदना में बदल देते राम, फिर अनुभूति के धरातल पर कोई युक्ति सोचते। कैसे हैं राम! हम हनुमान को राम की भाँति बना नहीं पाए गुरुदेव।...यह कचोट मेरे मन में है। मात्र राम की गतिविधियों को सुनकर राम की प्रतिभा का आकलन किया जा सकता है गुरुदेव।''

''विराजक, तुम पूरी तरह आर्य बन चुके हो। आर्यों में श्रेष्ठ हो। तुम गुह से श्रेष्ठ हो।'' अगस्त्य ने फिर विराजक को सराहकर अपने शब्द-जाल में फँसाए रखा।...''तुम हनुमान और राम की बात कर रहे हो...राम में सम्प्रभुता के गुण हैं। राम से सम्प्रभुता की रक्षा होगी। राम सम्राट के पुत्र हैं। एक गरिमा हैं राम...और हनुमान में सेवाभाव, यदि हनुमान वानर सम्राट बन जाएँ तो अति उत्तम और नहीं तो राम के सेवक तो रहेंगे,

एक शक्ति के साथ, एक समूह के साथ, एक क्षेत्र के साथ। वानर सम्राट कोई हो, सम्प्रभुता राम की होगी और राम की सम्प्रभुता का अर्थ तुम समझते हो। यहाँ से अवध तक की राजनीति, समाज, शिल्प, योजनाएँ सब जानते हो। तुम मुझे अपनी सूचनाओं से अवगत कराओ। प्रश्न के द्वन्द्व में उलझना ठीक नहीं।''

विराजक सूचनाओं का पृष्ठ देख रहा था, ''राम निषाद-राज गुह के यहाँ गए। गुह को राम के आने की पूर्व सूचना थी। विश्वामित्र ने राम को मार्ग का चित्र समझा दिया था। गुह को सूचना सम्भवतः विश्वामित्र ने ही दी। मेरी समझ से राम के वन गमन की सूचना सभी आश्रमों को भेजी जा चुकी थी।...राम के मौन में भी एक संसार होता है, मौन में एक गति होती है और गति में नई-नई स्थापनाएँ।...राम ही सत्य के मानक सिद्ध हो रहे हैं...इतिहास में कई महत्त्वपूर्ण अध्याय जुड़ने जा रहे हैं...राम ऊबड़-खाबड़ मार्ग को समतल करने निकले हैं। ठहरे जल में प्रवाह लाना है, लहरें उठेंगी, एक धारा बहेगी और ठहरा हुआ दूषित बहकर सागर में मिल जाएगा।...राम गुह से आश्वस्त हो गए। 'राम नाम सत्य है' की स्थापना हो चुकी थी। कोई भी नया कार्य प्रजा राम के नाम का स्मरण कर प्रारम्भ करती। विश्वामित्र की इस स्थापना का प्रसार तीव्रता से बढ़ रहा था परन्तु गुह हीन भावना से ग्रसित थे। राम बोले, ''अधिपति को पिछड़ा नहीं समझना चाहिए, वह उच्च है, नीच नहीं। अधिपति हो गया, अभिजात वर्ग में सम्मिलित हो गया, भले ही वह अनार्य-कुल का हो। और श्यामवर्ण से तुम क्यों अपनी हीनता समझते हो, श्याम भी सुन्दर है। तुम्हारा सौन्दर्य-बोध निषाद जाति में होना चाहिए। श्यामवर्ण तुम्हारी पहचान है। तुम अपनी 'निषाद' पहचान खोना चाहते हो? तुम आर्य बन चुके हो, श्रेष्ठ हो, श्रेष्ठता के गुण लाओ गुह! अवध तुम्हारी रक्षा में सदैव तत्पर रहेगा।''

''...गुरुदेव! राम में समझाने, तर्क की कसौटी पर प्रत्येक बात कसने, साहस भरने की अभूतपूर्व क्षमता थी। गुह राम के हो गए। राम को एक स्थापना सीता के लिए करनी थी जैसा कि विश्वामित्र का आदेश-निर्देश था, सीता हल से बनी गहरी नाली में मिली थीं। विश्वामित्र चाहते थे कि हल से बनी नाली को अब 'सीता' कहा जाए। किसान प्रति वर्ष फसल पूजन करें सीता के नाम पर। फसल के गीत बनाए जाएँ, स्त्रियों में इसका प्रसार हो।...राम ने यह प्रस्ताव गुह को दिया और क्रियान्वित करने का आदेश देकर आगे बढ़ गए।...''

''गुह ने रोका था राम को, यहीं से अपने कार्य के विस्तार की प्रार्थना की थी परन्तु राम तो गति के पर्याय बन गए थे। राम आर्यों के सम्बल थे, आर्य की पहचान थे राम।...गुरुदेव! मुझे भी आर्य भले लगते हैं...आनन्द है...व्यस्तता है...कम से कम भिन्न-भिन्न प्रकार की योजनाएँ तो हैं, मानसिक व्यायाम तो है...मैं तो सम्पूर्ण अपने को आर्य मानता हूँ।''–विराजक को काले एवं गौर वर्ण का ध्यान आता परन्तु कोई प्रश्न न खड़ा हो यह सोच चुप हो जाता।

"...तो गुरुदेव वही निर्धारित मार्ग और राम का ठहराव। राम भरद्वाज आश्रम गए। भरद्वाज भी प्रतीक्षारत थे। भरद्वाज से चर्चा हुई। राम चर्चा में युक्ति खोजते, सूत्रों का निर्माण करते। स्थापनाएँ देते। राम जो कार्य कर जाते वह मान्य हो जाता। प्रजा और ऋषि जिसे मान दे दें, वह इतिहास-पुरुष हो जाएगा। राम के लिए पूरा प्रचार-तंत्र लगा है, फिर राम क्यों न स्थापित हों गुरुदेव!"–विराजक का मूल बोल उठता, अनायास राम पर व्यंग्य कह देता।

"...राम में सीखने की ललक थी। निषादों से नदी के विषय में, जल युद्ध की विज्ञता, जल जीवों का ज्ञान, नौका संचालन...क्या नहीं सीखा राम ने...और अब भरद्वाज से वार्ता करेंगे...विमर्श करेंगे और अपनी प्रतिभा को सम्मानित कर ही आगे बढ़ेंगे राम..."

"आपकी योजना क्या है ऋषिवर?"–राम अधिकारपूर्ण बोले।

"मेरा प्रथम कार्य यह है कि..." भरद्वाज उत्तर दे रहे थे..."कोई बहिष्कृत न हो, उसे दंड मिले परन्तु समाज से उसे बहिष्कृत न किया जाए। जो बहिष्कृत हो गए हैं उन्हें आश्रम से दीक्षित कर, उन्हें मानसिक बल प्रदान कर समाज में पुनःस्थापित करना है, प्रतिष्ठा दिलाना है।"

"राक्षसों के विषय में आपकी दृष्टि जानने का इच्छुक हूँ।"

"राक्षसों के नियंत्रण का कार्य मेरे वश का नहीं है राम। यह कार्य तो आपकी प्रतिभा के बल से ही सम्पन्न होगा। मेरा विचार है कि जो एक बार अपनी संस्कृति, अपनी पहचान बदल देगा वह इतना शीघ्र मूल रूप में नहीं आएगा, कई पीढ़ी प्रतीक्षा करनी होगी। रावण तो भय दिखाकार रक्ष-संस्कृति लाद देता है और लोग स्वीकार भी कर लेते हैं, आश्चर्य है...परन्तु हम ऐसा नहीं कर सकते, हम रावण तो नहीं हैं।...हाँ, आपको आश्वस्त कर दूँ कि जितना क्षेत्र मेरे आश्रम की सीमा में है वह राक्षसों से रिक्त है...सुरक्षित क्षेत्र है...निषादराज गुह राक्षसों को कदापि नहीं घुसने देंगे। शेष क्षेत्र की क्षेत्र अधिकारी जाने।... एक बात स्मृति में रखे राम। रावण अतुलनीय हैं। ज्ञान, विज्ञान, बल, धैर्य, साहस–जिस विषय को रावण ने छू दिया उसकी तह तक गया। वह अकेला हम सब पर भारी है, उसे कभी हल्का न समझें।"

राम छोटी बात भी ध्यान से सुनते थे। कभी-कभी दोहराई गई बातों को मनन करने लगते हैं, राम की खोजी बुद्धि क्या ढूँढ़ती, यह तो राम जानें। राम भरद्वाज को सुनते रहे, "राम, आपको झाड़ियाँ काटकर वृक्ष के सम्पूर्ण व्यक्तित्व को सामने लाना होगा। वृक्ष को तभी समझा जा सकता है और आगे का मार्ग स्पष्ट दिखता भी है। आपको भूमि से चलना होगा। समाज के छोटे से वर्ग से जुड़ना होगा। आपकी शक्ति को मात्र देख लेने से रावण परास्त हो जाएगा। रावण के दाँत में रावण की अँगुली फँसा दें आप, जो रावण से निकले ही ना, उसके माथे की रेखाएँ चिन्ता की हों, चिन्तन का अवसर ही न मिले। चिन्ता से स्वतः बल क्षीण होने लगेगा। वह लंका में उलझ जाए। लंका की समस्याएँ ही रावण की पलक न गिरने दें, वह और देख न पाएगा।

सुने तो लंका, सोचे तो लंका।''—और भरद्वाज ने वाणी को विराम दिया। भरद्वाज के मार्ग-निर्देशन में राम, लक्ष्मण, सीता चित्रकूट क्षेत्र की ओर बढ़ गए।

अगस्त्य के बार-बार मना करने पर भी विराजक कुछ न कुछ पूछ देता, ''गुरुदेव, विश्वामित्र के अतिरिक्त भरद्वाज जैसे अन्य ऋषि मुझे व्यर्थ लगे, वसिष्ठ भी। ये बस भोथरे ज्ञान पिला रहे हैं, इन बासी विचारों से आपकी योजनाएँ सफल हो पाएँगी? न कहीं अस्त्र-शस्त्र, न समाज के कार्य, न परम्पराओं-प्रथाओं में हस्तक्षेप। राम तो सुन भी रहे हैं, मैं तो मात्र सूचना देने भर में उकता जा रहा हूँ। राक्षसों का सामना करने के लिए भरद्वाज, वसिष्ठ जैसे ऋषियों को महत्त्वपूर्ण और ठोस उपाय सुझाने चाहिए, वहीं...वृक्ष के पास की झाड़ी घनी है काटो, नदी गहरी है तैरो, पर्वत ठेलने का साहस रखो, हम तुम्हारे साथ हैं...ऐसे ज्ञान की अब राम को आवश्यकता है क्या? यह तो प्राथमिक विषय हैं। राम तो स्थापित हैं। राम को मथकर निकाले गए सूत्र चाहिए, आयुध चाहिए, समाज की शक्ति चाहिए।...मैं विश्वामित्र को पूज्य मानता हूँ गुरुदेव। वे विदेह और अवध को एक करके राम की शक्ति बढ़ा दिए, कुशध्वज भी अवध के हो गए। इस शक्ति से राम शक्तिशाली अनुभव कर रहे हैं। आप और विश्वामित्र की तरह अन्य ऋषि हो जाएँ तो राम की शक्ति का अनुमान लगाना सम्भव नहीं होगा गुरुदेव!''

अगस्त्य क्या करते, विराजक का मनोबल तो ऊँचा रखना है, ''सभी एक समान नहीं होते। मैं तुम्हारी बात से सहमत हूँ। यह सब मस्तिष्क की भिन्नता है। हमें और विश्वामित्र को जो वातावरण मिला वह अन्य ऋषि को नहीं...। राम के लिए जैसा अनुकूल वातावरण बन रहा है, वह अज या दशरथ के समय में नहीं था। अब देखो हनुमान को, वह दीक्षित होने के बाद अकेले संघर्षरत हैं। पग-पग पर उसे निर्देश कहाँ मिल पाता है। इस भिन्नता को तो स्वीकार करना ही पड़ेगा विराजक!...चलो, कहो आगे अभी संध्या होने में देर है।...अच्छा, यह तो बताओ राम कहाँ तक आए हैं?''

विराजक और उसकी सूचनाओं का संसार...''राम वाल्मीकि के आश्रम की ओर बढ़ गए। वाल्मीकि भी प्रतीक्षारत थे। राम लक्ष्मण को आश्रम में रहने का अभ्यास था, सीता को कठिनाई अवश्य हो रही थी परन्तु पति और देवर का साथ...इन छोटी-छोटी कठिनाइयों पर सीता का ध्यान न जाता और उनका अभ्यास बढ़ता जाता। वाल्मीकि आश्रम में आश्रमी स्त्रियाँ भी थीं, सीता के अनुभव-ज्ञान का आदान-प्रदान हुआ, ऋषि से सार्थक वार्ता हुई राम की। राम को कार्य करने की पद्धति का ज्ञान हुआ।''

...वाल्मीकि राम से कह रहे थे, ''राम यहाँ आर्य थोड़े ही हैं। बहिष्कृत आर्य, आर्येतर जातियों की संख्या अधिक है। यही कारण है कि राक्षसों के पाँव यहाँ तक पसर गए हैं। ताड़का जैसा कोई उपनिवेश तो स्थापित नहीं है परन्तु प्रत्येक ग्राम में एक-दो राक्षस हैं, कुछ ग्राम तो राक्षसों के बन भी गए हैं। ये विशेष रूप से आर्य ऋषियों को तंग करते हैं और रुद्र-पिंड की स्थापना करते हैं। यक्ष-पिंड और दैत्य-पिंड ग्रामरक्षक के रूप में स्थापित हो रहे हैं। पूरे क्षेत्र में इनकी मान्यताएँ दृढ़ होती जा रही हैं। हम पिंड के

विरोधी हैं। हमारा विश्वास यज्ञ में है। मेरी कल्पना में कोई सूत्र नहीं आ रहा है कि इनका विरोध करूँ।...ये नीच तो हैं ही, निरीह भी हैं...इन्हें मेरा सुझाव मेरी बातें समझ में नहीं आतीं। आश्रमों की ओर से प्रतिदिन कहीं न कहीं आयोजन हो रहे हैं।...मैं शस्त्रों का व्यक्ति नहीं हूँ।...कोई उपाय नहीं सूझता मुझे अपने शास्त्रों में...मात्र शब्दों से कितना बदल दूँगा।"

वाल्मीकि ने साँस ली तो राम को बोलने का स्थान मिल गया, "इसका अर्थ है कि प्रत्येक स्थान पर घुन लगे हैं। मूषक मूल कुतरने में लगे हैं। यहाँ से दंडकारण्य भी इतनी दूर नहीं कि राक्षस आ-जा न सकें और दंडकारण्य में लंकापति का निर्देश..."

"महत्त्वपूर्ण यह है कि राक्षसों की गति रुके, नहीं तो आर्यों की दशा कल्पना के परे हो जाएगी।"—वाल्मीकि युक्ति चाहते थे।

"आचार्यश्रेष्ठ।" लक्ष्मण से रहा न गया, "हम प्रत्येक ग्राम में एक-दो दिन बिताएँ, उन्हें मार्ग पर लाएँ। एकाध दुष्ट राक्षसों का वध भी कर दें। बहिष्कृत आर्यों को आर्य प्रतिष्ठा और बहिष्कृत अनार्य को अनार्य प्रतिष्ठा दिलाएँ। हम उनके पिंड की उपेक्षा तो करें ही न। हमें उनका विश्वास जीतना है, भले ही हमारा पिंड-सिंड में विश्वास न हो।"

लक्ष्मण की ओर ऋषि देखते रह गए, राम चकित थे लक्ष्मण के विवेक पर। राम को युक्ति सूझ गई थी। लक्ष्मण की प्रशंसा हुई।

"लक्ष्मण ने तो हमारी दुविधा दूर कर दी ऋषिवर। लक्ष्मण उचित कह रहे हैं।" राम बोले, "अभी-अभी पिंड की ओर मेरा भी ध्यान गया। हम भी प्रत्येक ग्राम में ग्राम-रक्षिका के रूप में पिंड की स्थापना करेंगे। ये सप्त-देवियाँ कही जाएँगी। इनमें से कुछ देवों से, कुछ आर्यों से और कुछ अनार्यों से ली जाएँगी, ये महत्त्वपूर्ण नारियों के नाम से जानी जाएँगी। सीता का योगदान भी रहेगा। स्त्री स्त्री की बात मानती है। आपका कार्य होगा कि आप इन सप्त-रक्षिकाओं को एक कथा दें। कथा से जोड़ें। मैं तो इनकी स्थापना का प्रारम्भ तो कर दूँगा परन्तु और भी जो ग्राम हैं वहाँ इन रक्षिकाओं के पिंड स्थापित हों। आप मेरी मान्यता पर स्वीकृति के हस्ताक्षर कर दें।"

राम की विलक्षण बुद्धि से चकित थे वाल्मीकि, "राम, तुम्हारा विवेक ऋषियों से आगे है। मैं नत हो गया।...परन्तु राम, आर्य पिंड स्थापना के विरोधी हैं। हम आर्य-संस्कृति की स्थापना में हैं, इसकी मान्यता कैसे दे सकते हैं?"

"हमें अनार्यों के हृदय को जीतना है,"—राम तर्क प्रस्तुत कर रहे थे, "हमारा विरोध जहाँ है वहाँ रहेगा परन्तु हम उनकी संस्कृति में प्रवेश किए बिना आर्यों की स्थापना नहीं कर सकते। आपसे कथा की रचना हेतु अनुरोध कर रहा हूँ। कथा आर्यों से जोड़ते हुए रचें। हमें पहले उन पर मानसिक अधिकार बनाना होगा। तब कहीं वे स्वीकारेंगे, हम जो कहेंगे वह।"

"वाल्मीकि ने स्वीकार किया।" विराजक अगस्त्य को सूचनाएँ दे रहे थे और सूर्य अपना अधिकार संध्या को सौंप चला गया था।..."ऋषि के निर्देश पर राम ने चित्रकूट में आश्रम बनाया और कार्यक्रम निर्धारित कर कार्य में जुट गए। कथा की रचना हेतु प्रायः सभी ऋषियों को सूचित किया गया। भिन्न-भिन्न कथाएँ राम को प्राप्त होतीं। कथाएँ स्थापित होतीं, साथ में ग्राम-रक्षिका का पिंड देवियों के रूप में मान्यता प्राप्त कर देवीकथा में विलीन होने लगा।"

"एक बार तो लगा कि राम अवध के वैभव में पुनः उलझ जाएँगे या फिर भरत के प्रेम-मोह में वन-जीवन त्याग अवध लौट जाएँगे।...परन्तु राम तो राम थे। भरत स्वयं परिजनों सहित चित्रकूट आए परन्तु विवश होकर उन्हें लौटना पड़ा। राम का कार्य, राम की योजनाएँ, राम का लक्ष्य भरत ने जाना और अवध की सुरक्षा का विश्वास दिलाया राम को।...भरत ने कहा भी, आपके लिए अवध के वीर महारथियों की एक टोली अस्त्र-शस्त्रों से सुसज्जित नियुक्त कर भेज दूँ।...परन्तु राम ने मना कर दिया। राम नहीं चाहते थे कि अवध का कोष रिक्त हो, अवध का एक भी वीर इस कार्य हेतु नियुक्त हो। वे स्वयं यह भार मोल ले लेना चाहते थे।–भरत लौट गए।.. .और राम की वही गति।"

राम ठोस थे, तरल थे, वाष्प थे, राम के पास पराकाष्ठा थी। जो आया ठोस हो गया–घना-घना ठोस, जो आया अड़ियल–तरल हो बह गया, राम की बहती नदी में मिलकर छोटी-छोटी लहरों जैसा। राम को कथाएँ मिलने लगीं और रामकथाओं में होने लगे–कहीं सीता तो कहीं सीता के पूर्वज, राम की कई पीढ़ियाँ...तो कहीं...।

लक्ष्मण सीता को कष्ट था परन्तु कष्ट का भान नहीं था। बड़ा चरित्र साथ हो तो कष्ट का एक सुख होता है। पीड़ा की अलग प्रसन्नता होती है। चरित्र का साथ विलासिता से कई गुना श्रेष्ठ है...वैभव कौड़ी के मूल्य जैसा।...इस वैभव का सुख तो देखो–पत्तों पर सोना, पत्तों पर भोजन, वृक्ष की छाँव, नदी का विहार, फूस का घर, मिट्टी की वेदी, फलों-फूलों की प्राकृतिक मिठास।...लक्ष्मण राम होना चाहते हैं...राम होकर शब्दों को ठोस बनाना चाहते हैं। शब्दों के आकर्षण से लुभाना चाहते हैं। ऐसी कितनी कल्पनाएँ थीं लक्ष्मण के मन में और राम के साथ वे राममय होते गए। राम की छाया चाहे धूप में, चाहे पानी में...।

"गुरुदेव!" विराजक की दृष्टि अगस्त्य की ओर थी और अगस्त्य थे कि आकाश की ओर एकटक...राममय अगस्त्य भी...प्रतिभा की पराकाष्ठा देख अगस्त्य को ईर्ष्या होने लगी। ऐसी ईर्ष्या हानिकारक नहीं अपने जीवन की निर्बलता है कि, मैंने क्यों नहीं सोचा, किया, जाना...अब भी अवसर हैं...समय है क्या? राम का कार्य ईर्ष्या के योग्य है, तो समझ लीजिए कि राम उचित हैं। विराजक ने अगस्त्य को देखा, पुनः बोले,

"गुरुदेव!" अगस्त्य जैसे वापस आ गए, बोले–"बोलो विराजक, मैं तुम्हारी सूचनाओं में कभी कभी खो जाता हूँ तो तुम्हारे स्वर भी सुनाई नहीं देते।"

"आज मेरी सूचना समाप्त हो जाएगी गुरुदेव, राम विराध की ओर बढ़ चुके हैं, आगे बढ़ने की योजना कहाँ तक है, यह ज्ञात नहीं।"

"तो अब छोड़ो सूचना, राम के निकट ही रहो। किसी प्रकार की कोई बाधा आए तो आश्रम से सहयोग करो।"

"सूचना-यात्री लगे हैं आप आश्वस्त रहें। सूचनाओं का आनन्द क्यों छोड़ें।...बस अत्रि...और...विराध...।"

"कहो...! आनन्द मुझे भी है...परन्तु राम को इस आश्रम पर आना तो चाहिए?"

"यहाँ तो अवश्य ही...यह आश्रम ही केन्द्र है, यह राम की यात्रा-योजना में प्रमुख है...आप तनिक भी इस हेतु चिन्तित न रहें।"

...अत्रि का चित्र राम के हृदय में वृद्ध का था। परम्पराओं, व्रत-पर्व, प्रथाओं का निर्माता। अनार्य परम्पराओं में स्वयं का प्रवेश, आर्य-कथाओं की रचना। कल्पना ऐसी कि सत्य लगे। आज एक कल्पना के संसार में रहने वाले दम्पती का साक्षात्कार करेंगे राम।

चर्चा के क्रम में विषय से विषयान्तर हुआ। संस्कृति से हटकर व्यक्तिगत बातें होने लगीं। राजनीति छूट जाती तो दैनिक क्रियाएँ वाणी को अधिकार में कर लेतीं।...फिर मूल विषय पर और सीता, अनसूया के कुटीर में...

अत्रि बोले, "राम जितने भी कार्य मेरे द्वारा हो रहे हैं–सृजनात्मक, उस पर तुम्हारे हस्ताक्षर की आवश्यकता है। मुझे ज्ञात हुआ कि तुम वर्तमान के मानक हो। ऋषियों को विश्वास है कि भविष्य में तुम्हारे हस्ताक्षर मान्य होंगे। तुम्हारे द्वारा हस्ताक्षरित परम्पराएँ, पर्व-व्रत कालजयी सिद्ध होंगे। तुम हस्ताक्षर कर दो।"

"अवश्य ऋषिवर! ये सब वस्तुएँ राजभवनों में न पलती हैं न विकसित होती हैं, यह तो प्रजा में पाई जाने वाली वस्तु है।...और आपका सृजन ग्रामों में स्थापित हो, इस हेतु ही मैं आपके यहाँ आया हूँ। एक ग्राम भी यदि मुझे मानक मानकर आपके रचनात्मक सृजन को अंगीकृत कर लिया तो एक से ग्यारह होता है। मैं आपके विषय में बहुत-कुछ जान चुका हूँ।...मेरा एक निवेदन है कि सीता को माँ अनसूया स्त्री-दीक्षा से पूर्ण कर दें। हम तो आपके आश्रम में कई माह रहेंगे, आपने जो फल, मेवे एकत्र कर रखे हैं। अब एक नहीं बचेगा...।"

अत्रि हँस दिए।..."हनुमान ने बताया होगा...वह बहुत फल खाता था, मेवे बाँधकर ले गया।"

अत्रि और अनसूया जो रचना करते उसे सामाजिक रूप देते। अत्रि राजनीतिज्ञ नहीं हैं, वे सामाजिक व्यक्ति हैं। अत्रि राम से कहते हैं, "राम आप वाल्मीकि और भरद्वाज द्वारा निर्देशित छोटे-छोटे आश्रम देखें।...वही दुरूह ज्ञान, उलझाऊ शब्द, विज्ञान कहकर

एक भारी बोझ और बोझिल शिक्षा...तो कहीं नंगे-भूखों को शस्त्र का अभ्यास और संस्कृति का भाषण।...जब पूजा ऐसी हो...निरीह...तो आपकी क्रमबद्ध योजना चलेगी? नियम जो कठिन बनाए गए हैं इनकी समझ में आएगा? भूमि से चलने की आवश्यकता है '...इनका स्वास्थ्य ठीक हो'...यह चिन्ता करें...ये फल, मेवे, अन्न से भरपूर रहें...तब सोचेंगे अपना उद्देश्य...इन्हें तब दिखाई देगा लक्ष्य जब ये स्वस्थ, सुखी, सम्पन्न और भयमुक्त रहेंगे।''

''जब ये स्वस्थ हो जाएँगे तो क्या भरोसा है कि ये मेरे मार्ग पर ही चलें।''—राम ने प्रश्न किया।

''हाँ, ये विरोध में सोच सकते हैं। हमें इनको उलझाना होगा कि ऐसी सोच विकसित ही न हो...ये रुद्र-पिंड की पूजा करेंगे, दैत्य-पिंड और यक्ष-पिंड भी स्थापित हो रहे हैं। अभी आपने सम्भवतः देवी-पिंड की स्थापना प्रारम्भ की है। हम चाहें तो ये इससे निकल ही नहीं सकते। इनको तो पिंड ही इतना उलझा देगा कि ये पीढ़ियों तक उलझते रहेंगे। हम अनेक कथाओं को जोड़ेंगे। विचार था कि कथाएँ आर्यों के महापुरुषों से जोड़ी जाएँगी परन्तु मैं सोच रहा हूँ कि ये काल्पनिक कथाएँ अनार्यों में जो महापुरुष हुए हैं उनसे भी जोड़ दी जाएँ।...फिर तो ये इतने उलझ जाएँगे कि दस रावण भी इन्हें खींचकर बाहर नहीं कर सकते, आप हस्ताक्षर के लिए तैयार ही हैं।...''

अनसूया सीता से हस्ताक्षर लेतीं। कभी नदी पूजा, कभी पर्वत पूजा, कभी चन्द्र तो कभी सूर्य व्रत, वृक्षों की अर्चना, वन्दना...कुछ नहीं तो पति को इष्ट मानकर व्रत, पुत्र व्रत...अनेक स्त्रियों के व्रत...पर्वों की रचना अनसूया ने की...ऋषि कथा का रूप देते...और राम इन्हें पीछे छोड़ आगे बढ़ जाते...ग्राम...ग्राम...वन...नदी...और।

विराजक ने अगस्त्य से आज्ञा ली और राम के लिए चल पड़े...।

राम ने अत्रि आश्रम छोड़ा। आगे बढ़े। बढ़ना ही नियति है। राम वन-जीवन में घुल-मिल गए, बिसर गया कि थे कभी राजकुमार और अवध का विलासिता से भरा, वैभवपूर्ण जीवन था...ऐसी अवस्था में मनुष्य स्वयं को भूल जाता है, याद है तो बस कर्म और कर्मयुक्त मार्ग। नई-नई संवेदनाओं, अनुभूतियों ने राम की समस्त ग्रन्थियों को खोलकर पसार दिया था। राम बटोरते और केन्द्र में स्थापित कर लेते।

राम कभी इस ग्राम में कभी उस ग्राम में। ग्राम के बाहर ही राम का पड़ाव होता। घूमते-घूमते तापसों का क्षेत्र आया। राम ठहरना चाहते थे। राम को पाकर तापसियों में चेतना लौटी। राम के निर्देशन में वे अनेक नई विधियों के विषय में विज्ञ हुए। राम उनके साथ रुद्र-पिंड की पूजा करते, रुद्र के गुणों का गान करते और आर्य विधियाँ स्थापित करते। सीता स्त्रियों से घुल-मिलकर अनसूया की रचनाओं को कार्य रूप देतीं। अनेक स्थापनाएँ हुईं। तापसी पीड़ा से मुक्त होने का अनुभव करते। उनके जीवन में

नयापन आ गया। नई जागृति पसर गई, तापसी जाग गए। उनके जीवन और चरित्र में परिवर्तन हुआ...हाँ, नए-नए आडम्बर लद गए जिससे अभी वे भारमुक्त थे।

राम को सीता के कार्य पर आश्चर्य हुआ, ''सीते! तुम्हारी शैली, तुम्हारा ज्ञान अनुकरणीय है। इतना विज्ञ कैसे हो गईं?''

सीता बोलीं, ''मैं उच्च भावना नहीं पालती। निर्धन, नीच-दरिद्र लोगों के बीच में जाने से नहीं हिचकती, मैं उनसे बात करती हूँ। निर्माण तो मेरे मस्तिष्क में है ही...मैंने विदेह में सीखा, अयोध्या में कितने गुण मैंने बटोरे...आप हैं, लक्ष्मण हैं, मैं सीखती ही तो रहती हूँ। निषादराज गुह की पत्नी, भरद्वाज आश्रम, अनसूया माँ...क्या इतने गुणों का मैं भंडार नहीं? क्या इनकी शैलियों में से एक नई कार्य-शैली की रचना नहीं हो सकती?...तापसी हमारे इतने निकट आ गए हैं कि अब इनके भव-सागर से पार पाना कठिन है।''

और राम को बार-बार तापसियों को तोष देना पड़ा, पुनः आने का और तापस क्षेत्र में ही निवास बनाने का विश्वास दिलाना पड़ा। तब जाकर राम आगे बढ़ पाए...।

राम बढ़ गए, एक संस्कृति ने पाँव बढ़ाया।...और राम के साथ अनेक...एक से इक्कीस हुआ...इक्कीस की संख्या भी ठहरी कहाँ...आगे...।

अब तक राम खोजते रहे ग्राम, ऋषि आश्रम, बहिष्कृत प्राण...और अब राम को सब खोजते...राम का अभिनय वास्तविक, राम की बनावटी मुस्कान प्राकृतिक...राम में अनेक गुण...गुणों में राम...राम बहुत कुछ के पर्याय...राम के बिना अब बहुत-कुछ अपूर्ण...राम का मनोविज्ञान सिर चढ़ गया।

''भ्राताश्री अब पड़ाव कहाँ पड़ेगा?''—लक्ष्मण ने राम से पूछा।

''अभी दिन का दूसरा पहर है, चिन्ता क्यों लक्ष्मण पड़ाव की, चले चलो...आगे यहीं कहीं विराध का आश्रम होना चाहिए...।'' राम ने इतना कहा और विराध की पूरी कथा लक्ष्मण और सीता को सुनाने लगे।

''तब तो विराध का वध कर देना चाहिए। वह बदलेगा नहीं, उसका परिवर्तन असंभव है...जब वह आचार्य अगस्त्य की बात नहीं माना तो...'' लक्ष्मण ने अपना निर्णय सुना दिया।

''परन्तु...'' राम बोले, ''पहले उसे समझाने का प्रयत्न तो करेंगे ही।''

''भैया वह...देखो! एक बड़ा-सा कुटीर! कुटीर के आगे एक भद्दा-सा व्यक्ति।'' —लक्ष्मण सहसा विराध को देखकर बोले।

''हाँ, यही है विराध का निवास-क्षेत्र...आओ। शस्त्र तैयार रखो।''—राम ने लक्ष्मण को सचेत किया और सीता को सबसे पीछे रहने को कहकर विराध की ओर बढ़ गए।

विराध आहट पा गया था। पता नहीं किस मार्ग से, युक्ति से सीता को झपटकर कन्धे पर लाद लिया। सीता की चीख निकल गई। राम ने कई बाण छोड़ दिए। वह सीता को छोड़ राम पर झपटा ही था कि लक्ष्मण ने उसकी दोनों भुजाएँ काट दीं। भूमि

पर छटपटाने लगा वह। राम को फटी आँखों से देखता, लक्ष्मण की ओर विद्रूप की तरह और सीता को देख लजा जाता फिर राम की ओर दृष्टि घुमा लेता।

"कौन हो तुम? सम्भवतः विराध हो!"—राम ने पूछा।

"हाँ श्रीमान् मैं विराध हूँ।"

"हम तुम्हारे पास ही आ रहे थे। तुम इस प्रकार प्रस्तुत होओगे, इसका विश्वास न था। हम तो तुम्हें प्रतिष्ठा दिलाना चाहते थे। तुम्हें स्थापित कर इस क्षेत्र का अधिकारी बनाना चाहते थे,"—राम ने कहा।

"आप कौन हैं?...मैं मुड़ चुका हूँ ऐसा...कि उसे सीधा नहीं किया जा सकता...यही मैंने आचार्य अगस्त्य से भी कहा...शीघ्र ही मेरे प्राण निकल जाएँगे...मैं मृत्यु से साक्षात्कार कर रहा हूँ...शीघ्र बताएँ आप कौन हैं?"—विराध के नयन खुलते...बन्द होते।

"मैं अवध के महाराज दशरथ का पुत्र राम हूँ, मेरे साथ अनुज लक्ष्मण और भार्या सीता हैं। बोलो विराध! इस अन्तिम समय में तुम्हारा क्या प्रिय करूँ?"—राम ने परिचय दिया।

"तो आप राम हैं! मैंने भूल की, जो परिचय जाने बिना मैंने अनैतिक व्यवहार किया और यह फल भोग रहा हूँ।...फिर भी तोष है...यह जीवन व्यर्थ ही रहा...पूरा समय बहिष्कृत रहकर बीता...कहीं मान न कहीं पूछ...। यह जीवन समाप्त हुआ...कष्ट टला...।...हाँ, आप मेरा अभिवादन लें और मेरी प्रार्थना स्वीकारें...कृपा...मेरा कुल यही कहीं...वहाँ...उस ग्राम में...। उसे प्रतिष्ठा दिलाएँ...अधिकार भी, आपके हस्ताक्षर मान्य हैं समाज में...अहल्या...की चर्चा है। और मुझे यहीं भूमि में गाड़ दें। पिंड स्थापित हो रहे हैं। भूमि के...भीतर मेरा शव...ऊपर वेदी...मेरी...वेदी।...वेदी पर विराध-पिंड...मैं इस गाँव का रक्षक...। आप देर न करें राम...आपकी प्रतीक्षा शरभंग ऋषि भी कर रहे हैं। कुछ ही दूर पर...उनका आश्रम है।...वे अति वृद्ध हैं।...कब प्राण निकल जाएँ उनके... मेरा भी अन्तिम...।"

और फिर नयन बन्द हो गए विराध के...हिचकियाँ...और फिर शान्त विराध...नयन फैले रह गए निर्निमेष...आकाश की ओर।

राम ने वह सब किया जो विराध की इच्छा थी। विराध यदि अपमानित न होता तो हमारा कितना अच्छा मित्र होता। यह पूरा क्षेत्र वह अपने कन्धों पर ढोता और आर्य संस्कृति का प्रसार यहाँ के कण-कण में...कितना जीवट व्यक्ति था। राम को ऐसे पुरुषों की खोज है। अभी तक तो निर्बल, अधेड़, ज्ञान की पोथी बाँचने वाले मिले...आगे को आशा....और विश्वास...सम्भवतः अगस्त्याश्रम तक हो जाएगा परिवर्तन।

सीता और लक्ष्मण को बहुत कुछ ऐसा दिखा जो वे अभी तक न देखे थे, न सुने थे। भरद्वाज का लद्धड़ जैसा ज्ञान, बोझिल...। गुह की काली देह और उनी

देह में अति-प्रसन्नता जैसे फूलकर कुप्पा हो गए, जैसे पाँव लड़खड़ा रहे हों...तुलबुल चाल हो गई हो...जैसे कोई नया वस्त्र पहनकर चार लोगों के बीच से जाए, तो उसकी प्रसन्नता, चाल और दृष्टि...पाँव भूमि पर पड़ते-पड़ते पता लग जाए कि नया वस्त्र पहना है।... और वाल्मीकि रचनाशील। बैठे हैं तो बैठे हैं। भोर से संध्या तक, रात्रि से भोर तक... आम व्यक्ति से अलग प्रत्येक कार्य...दिनचर्या से ही पहचान लिये जाते वाल्मीकि।... 'वाल्मीकि कहते थे, ''रचनाकार और उलूक में अन्तर नहीं होता है। रचनाकार भी उलूक ही होता है। जो रात्रि में देखता है, उसे ही तो उलूक कहतें हैं। रचनाकार अंधकार में देखता है, पूरी रात देखता है रचना करता है। रात्रि में एकाग्रता बढ़ जाती है। व्यक्ति प्रकृतिमय हो जाता है...तब सृजन होता है। उलूक चालाक पक्षी है परन्तु लोग उसे मूर्ख कहते हैं। रचनाकार की क्रियाएँ देखकर लोग उसे भी व्यर्थ का व्यक्ति कहते हैं।... उलूक रात्रि में रट लगाता है, रचनाकार भी एक केन्द्र को मथता है तब कहीं घृत रूपी कोई सूत्र सूझता है और वह रच देता है कोई मन्त्र...। अत्रि और अनसूया को देखा सीता और लक्ष्मण ने। दोनों खोजी प्रकृति के...रात-दिन आपस में झगड़ते और आनन्द लेते व्यंग्य बाणों का...उसी में घायल होते...उन्हें मानसिकता की पहचान थी और रच देते व्रत-पर्व और काल्पनिक कथाएँ...शोध में तर्क, तर्क में दोनों प्राणों का लड़ना सीता को खूब भाया। दिशा एक, प्रकार दो...जल एक पात्र दो, नदी एक घाट दो...। कितना आनन्द है अत्रि-अनसूया के शोध-कार्यों में।...और अब विराध को देखकर...छीः ऐसा विद्रूप चेहरा!...विद्रूप था पहले भी! ऐसा नहीं लगता परन्तु परिस्थितियों से बन गया भद्दा सा चापट जैसा गड्ढेदार मुखमण्डल...। सीता को अवध का सुख इन सुखों के आगे फीका लगने लगा...।...फिर तो शरभंग ने...अरे शरभंग!...इतना बूढ़ा...इतना जुलजुल...इतना काला...इतना दुर्बल...। मांस था ही नहीं, चर्म ने हाड़ छोड़ दिया, नयन धँस गए, मटमैले नयन...। घुटने सिर के बराबर, गरदन की घंटी बड़ी नोकदार थूक के साथ ऊपर नीचे...देख लें तो डर लगता जैसे प्राण भीतर-बाहर आ जा रहे हों। पेट पर पतला चर्म मानो आँतें झलक रही हों। शरभंग को देख सीता को लगा कि वर्षों पहले यह मरा व्यक्ति पुनः जीवित हो गया है। शरभंग प्राण रोके क्यों हैं? क्या लोभ है? क्या करेंगे? इस धरा पर रहकर, लक्ष्मण सोचते, सीता सोचतीं परन्तु चुप...एक चुप तो चुप।

शरभंग, राम, सीता और लक्ष्मण बैठे हैं। आश्रम का वरिष्ठ आश्रमी धर्मशूर और विराजक भी साथ है। विराजक ने अपना परिचय देने के लिए धर्मशूर से मना कर दिया था।...लक्ष्मण सोचते कि मैं भी इतना बूढ़ा हो जाऊँगा! सभी कुछ न कुछ सोच रहे थे।

''मैं शीघ्र देह त्याग दूँगा राम,'' शरभंग बोले, ''आपकी प्रतीक्षा थी आपके समक्ष यह आश्रम किसी को सौंपकर तुष्ट हो जाऊँ।''

''आपका दर्शन, आपकी वाणी का सुख मिला, मैं हर्षित हूँ श्रेष्ठ! ऐसे पके और तपे प्राण कम ही मिलते हैं।''—राम शरभंग से सुनना चाहते थे।

"मैं अब किसी योग्य नहीं हूँ राम, अगस्त्य की प्रेरणा, देखभाल...उन्हीं के कारण अब तक हूँ। अगस्त्य की इच्छा थी कि योजना कार्य का रूप ले ले और आपसे कुछ क्षण ही सही वार्ता हो जाय...और मैं प्रस्तुत हूँ राम।...अभी कुछ दिन पूर्ण देव आए थे। अभी वे लोभ में हैं, अपनी श्रेष्ठता प्रदर्शित करके अपना भाग माँग रहे थे। मैंने अस्वीकार कर दिया परन्तु मात्र मेरे अस्वीकारने से कुछ नहीं होगा। एक ऐसी सत्ता चाहिए जिसकी स्वीकृति को समस्त आर्य-अनार्य समाज और आर्य-ऋषिगण मान्यता दें।...वो आप हैं आपको हम सभी मान्यता देते हैं, आप सहमति दें और अब अपनी सम्प्रभुता का प्रयोग करें।..." बूढ़े शरभंग बीच-बीच में वाणी को विश्राम देते, पुनः बोलते। ढीले लँगोट से अंडकोश दिखाई दे रहा था, जिसका ढीलापन आयु प्रमाणित कर रहा था। परन्तु सुधि न थी इसकी।

देह की सुधि होती भी क्यों? इस अवस्था में...बस राम को निहारते बोलते जा रहे थे शरभंग, "राम यह वन घना और बीहड़ है, इसका लाभ राक्षस ले रहे हैं। घने वन का लाभ देव भी लेते रहे हैं। आप भी इससे परिचित हों।...देव छली हैं, आर्य भी छली हैं। भू-भाग पर अधिकार करने की सबकी इच्छा है परन्तु यहाँ के समाज में घुल-मिलकर रहना किसी को भाता नहीं है। मैं चाहता हूँ कि आप हम सभी को नीच न समझें। यहाँ के वातावरण में रहकर यह भेद समाप्त करें। प्रजा अज्ञानी है उसे जिस मार्ग पर आप मोड़ देंगे वह उसी...। मेरी इच्छा है कि आप देवों के बन्धन से मुक्त कर हम सबको अपनी डोर से बाँध दें। आपका बन्धन हम स्वीकारते हैं। हम अपनी बात कहने के लिए तो स्वतन्त्र रहेंगे।...राक्षसों का अत्याचार...राक्षस अपनी रट...मुझे विश्वास है कि आप अब तक हुए आर्यों जैसे न होंगे।"

शरभंग की बात राम के अतिरिक्त कोई समझ नहीं रहा था, न सीता, न लक्ष्मण और न तो विराजक या धर्मशूर ही...। शरभंग ऋषि थे, विद्वान नहीं थे, वे सामाजिक मान्यता प्राप्त थे।

घने वन से सीता को भय भी लग रहा था। लक्ष्मण भयमुक्त थे परन्तु उन्हें भी वन सचेत और चकित करता था। राम को ऐसे भाव का कोई अर्थ नहीं था।

"मैं कुछ पल ही जीवित रह सकता हूँ।" शरभंग की साँस अटक रही थी, "चाहता हूँ कि आप इस आश्रम को योग्य के हाथों में सौंपकर इस क्षेत्र का कल्याण करें। यदि आपने देवों से मुक्त करा दिया तो मेरा जीवन सार्थक हो जाएगा। मैं न तो आर्य न ही अनार्य रहना चाहता हूँ, मुझे बस शरभंग ही रहने दीजिएगा। अपने समाज का शरभंग, जिसे किसी लोभ और स्वार्थ ने कभी छुआ तक नहीं।...ऋषि अनार्यों से दान प्राप्त करते हैं और न देने पर देवों के माध्यम से भय दिखाते हैं, डराते-धमकाते हैं, सोमरस पीने लगे हैं ऋषि। अब ऐसी भावना न पले और इस प्रकार की व्यवस्था न हो।...शेष आप स्वयं विवेकी पुरुष हैं। हमारे मानस अगस्त्य हैं...और मैं अब...राम...अगस्त्य...धर्म...शूर...और मेरा समाज...मेरे अज्ञानी लोग...सीधे...स...र...ल...राम...इनका...बो...झ...!!?"

और शरभंग ने प्राण त्याग दिए।

शरभंग आर्य थे कि अनार्य कोई नहीं जानता। शरभंग ने राम को मान दिया। देवों से बढ़कर। राम लाभ लेंगे, एक सूत्र में बाँधेंगे परन्तु समाज के होकर, शरभंग की आड़ में। चलो अच्छा हुआ जो चाहता था वह शरभंग ने पूरा कर दिया। राम ने सोचा और आगे की कार्यवाही पर विचार करने लगे। अभी तक विराजक था। सम्भवतः वह किसी सूचना-यात्री से अगस्त्य को सूचनाएँ भिजवाता रहा हो।

राम को कई युक्तियाँ सूझीं। पहले सम्मानित ढंग ऋषि का अन्तिम संस्कार हो। शरभंग को श्रद्धांजलि देने हेतु एक वृहद् आयोजन...और उन्हें स्थापित करने की योजना। राम जानते थे इतिहास राजनीतिक मार्ग बनाता है परन्तु कथाएँ हमें सामाजिक संदर्भों से जोड़ती हैं।

राम धर्मशूर से बोले, ''आप पूरे क्षेत्र में जहाँ तक शरभंग जी का आचार्यत्व है, सूचना दे दें कि ऋषिश्रेष्ठ ने देह त्याग दिया है। उनके अन्तिम संस्कार और शोक-सभा में सभी सम्मिलित हों...यह राम का अनुरोध है।''

धर्मशूर और विराजक ने पूरे क्षेत्र में सूचना दे दी कि कल संध्या को शरभंग अग्नि को सौंप दिए जाएँगे। जिसने जहाँ सुना वहीं से भागा शरभंग आश्रम की ओर। ताँता लग गया। राम अपना इतिहास याद करते, उसमें राजनीतिक तथ्यों पर मन ही मन विचार करते—आर्य कितने मूर्ख हैं और थे। हैं दूसरे भूखंडों के और यहाँ मार-काट... भला युद्ध से सभी कार्य सम्पादित हो सकते हैं? राम आर्यों की त्रुटियों का सूक्ष्मता से अध्ययन करने लगे। राम को विश्वामित्र याद आए, वे अत्रि और अनसूया की क्रियाओं पर भी विचार करने लगे। जब तक लोग एकत्र हों तब तक क्यों न एक-दो काल्पनिक कथाएँ रच दूँ शरभंग के लिए। शरभंग समाज के अगुवा थे, निःस्वार्थ ऋषि थे। पूरा जीवन यहीं बीता था, कण-कण शरभंग को जानता-पहचानता था।

'अरे इतने लोग! इतनी भीड़!'—लक्ष्मण औचक बोल उठते, सीता का मुँह खुला रह जाता। लोगों का आना थमा नहीं था।

आश्रम के बीच में रिक्त भूमि पर शरभंग की चिता जल उठी और सब कुछ भस्म हो गया। भीड़ रो पड़ी, भीड़ ने अपना मार्ग दर्शक खो दिया। भीड़ को लगा कि पूरा क्षेत्र रिक्त हो गया है। तभी किसी ने उच्च स्वर में कहा, 'राम की जय हो। राम नाम सत्य है!...राम की जय हो!' राम नाम सत्य है...राम की जय!...और स्वर गूँज गया। राम की जय! 'राम नाम सत्य है!'

राम के समीप एक वेदी, वेदी के समीप शरभंग की देहभस्म, जो ठंडी नहीं थी। भस्म के आस-पास सहस्रों लोग जो राम को देखते, लक्ष्मण और सीता पर भी दृष्टि ठहर जाती। किसी के नयन भस्म से हटते नहीं।

धर्मशूर वेदी पर चढ़ गया, ''शोक में डूबे मेरे भ्राताओ! कृपा कर अपने-अपने स्थान पर बैठ जाएँ। आपको राम के दर्शन की इच्छा है यह मैं जानता हूँ। आपकी पीड़ा दूर

होगी। अब शोक करने या दुख में पड़े रहने का समय नहीं है। राम आ गए हैं। हम सब अब अपने आपको राम को सौंपते हैं। धैर्यपूर्वक बैठ जाएँ। राम की वाणी का लाभ लें।''—इतना कहकर धर्मशूर बैठ गया।

अब राम को सम्बोधित करना था। अपार जनसमूह और राम का बोलना। राम की भी परीक्षा होनी थी। कितनी शक्ति है वाणी में? राम को दर्शित करना था।

राम वेदी पर खड़े हो गए। भीड़ चुप थी—निःशब्द। राम ने हाथ उठाया अभिवादन किया। सहस्त्रों हाथ उठे परन्तु निःशब्द। राम बोले, ''मार्गदर्शक, प्रेरणास्तम्भ, ऋषिश्रेष्ठ शरभंग जी की शोक-सभा में उपस्थित होकर आपने प्रतिष्ठा प्रमाणित की है। ऋषिश्रेष्ठ के अभाव का दुख तो रहेगा परन्तु आप विश्वास करें मैं ऋषि को स्थापित कर ऐसी प्रतिष्ठा दिलाऊँगा कि पूरी पृथ्वी ऋषि से गौरवान्वित होगी।''

राम ने ऋषि का और अधिक बढ़ा-चढ़ाकर गुण गाया, ऋषि से सम्बन्धित एक-दो काल्पनिक कथाएँ भी कह गए। राम ऋषि को आर्यों से जोड़ रहे थे।

राम धारा-प्रवाह बोलते रहे, ''शरभंग की कोई जाति नहीं, कोई कुल-गोत्र नहीं। शरभंग की जाति जन की जाति थी। जन ही श्रेष्ठ है ऋषि की परिभाषा में। मैं शरभंग को जनजाति मानता हूँ और जनों में श्रेष्ठ भी। आज से शरभंग जी के क्षेत्र के सभी प्राणी जनजाति के अन्तर्गत होंगे, उनकी जाति अब एक होगी और सभी जन कहलाएँगे।... इसी चिताभूमि के नीचे शरभंग की देहभस्म भूमि को समर्पित कर 'शरभंग-पिंड' की स्थापना होगी। आज के दिन ही प्रतिवर्ष यहाँ ऋषि के सम्मान में आयोजन होगा। आप सभी को उपस्थित होना होगा।''

''...आप सभी अपने-अपने ग्राम में शरभंग-पिंड स्थापित करें। शरभंग आपके प्रतीक-पिंड होंगे।''

''परन्तु आपको हमारे ग्राम में एक-एक दिन रहना होगा।''—भीड़ के बीच में किसी का स्वर गूँजा।

''अवश्य...'' राम मुस्कराए। भीड़ पर राम का प्रभाव था, ''मैं जानता हूँ भीड़ मार्ग नहीं जानती, वह इधर-उधर भटकती उसी प्राचीन ऊबड़-खाबड़ मार्ग पर आ जाती है। आपको ऐसी भीड़ नहीं बनना है। आप नए मार्ग की खोज करेंगे अपने प्राचीन का पोषण करें, आवश्यक हो तो उसे छोड़ भी दें। आप विकास की गति में हैं, निर्माण करें, मैं आपके साथ हूँ।...देवों का बहिष्कार हो चुका है। अग्नि के माध्यम से देव जो कुछ हमसे पाते थे, सब बन्द हो गया। अग्नि की सात शाखाएँ थीं—काली, कराली, मनोजवा, सुलोहिता, सुधूम्रवर्षा, स्फुलिंगिनी, विश्वरूपी। सम्भवतः इनमें से कोई एक आपके क्षेत्र का अधिकारी रहा हो। अब आप यज्ञ तो करेंगे परन्तु यज्ञ का भाग किसी अन्य को न देकर अपने पुरोहित को देंगे। पुरोहित आपका अपना है, प्रत्येक सुख-दुख में, आयोजन में आपके साथ रहेगा। जिसे पुरोहित पर विश्वास नहीं है, वे आश्रम को भाग दें। मैं शरभंग आश्रम को दृढ़ बनाने हेतु ऐसी याचना कर रहा हूँ। शरभंग जी

ने कभी किसी से कुछ माँगा नहीं।...जिस प्रकार अग्नि भाग पाकर निर्भय कर देता था उसी प्रकार आप निर्भय रहें। यह मेरी सम्प्रभुता का प्रश्न है। देव आपका कुछ बिगाड़ नहीं सकते। मैं क्या देवों से कम शक्ति या मान रखता हूँ? मेरी स्वीकृति को काटने का साहस किसी में नहीं, आप विश्वास करें।''

''...मैं चाहता हूँ कि आप अपना परिचय दें, मैं भी लाभ लूँ, आपकी वाणी का, आपके शब्द, ध्वनि, स्वर से मेरा भी परिचय हो।''

भीड़ में खुसुर-फुसुर होने लगी 'कितने अच्छे हैं...', 'कितने शालीन हैं, क्रोध तो है ही नहीं...', 'समय पर क्रोध करते होंगे...' देखो शस्त्र बाँधे हैं...हैं तो गौर वर्ण परन्तु हम कालों की बात करते हैं'...'अरे भाई हमारा हित ही सोच रहे हैं। बड़ा ज्ञान है नई-नई बात बता रहे हैं। राम जो करेंगे हमारे हित में करेंगे'।

विराजक भी सुन रहा था एक-एक शब्द। एक-एक स्वर और शीत बुद्धि की परिभाषा में अपने को तौल रहा था।

राम चुप हो गए। प्रतीक्षा करने लगे कि कोई तो उठे...।

भीड़ के बीच से वही व्यक्ति फिर खड़ा हुआ, बोला , ''भद्र राम! आप श्रेष्ठ हैं, आप आविष्कारक हैं, आप मार्ग निर्माता और निर्देशक हैं, आप सर्वोच्च हैं–पुरुषों में उत्तम, आप सम्प्रभु हैं, हम सब आपको स्वीकारते हैं। जहाँ तक परिचय की बात है। हम लघुओं का क्या परिचय?...आप स्वयं देख लें और हमारे विषय में कल्पना कर लें। हम सब अस्तित्वहीन प्राणी हैं। एक निवेदन अवश्य करूँगा–आप हमें मार्ग ही न दिखाएँ वरन् नए मार्ग निर्माण की कला से विज्ञ भी कराएँ। हम भी अपनी पंक्ति बदल सकें।''

फिर वह व्यक्ति भीड़ की ओर देखने लगा, सम्बोधित कर बोला, ''आप सभी चाहें तो अपना परिचय दें।''

भीड़ ने सुना और एक-एक कर अपनी जाति, कुल-गोत्रों से अपना परिचय दिया।... एक–हम बहिष्कृत लोग हैं 'व्रात्य'। दो–हम ग्राद्ध...।'' इसी प्रकार किरात, गन्धर्व, काल, यक्ष, चारण, नाग, निषाद, शबर ने औपचारिकता निभाई। क्रम चलता रहा...

''...हम थथियार और ये–बाकड़, बुड़गा, अरवा, गोबी । हम प्राचीन काल से रह रहे हैं परन्तु हम सदैव दुख झेलते रहे। कभी देवों से अब राक्षसों से। राक्षस हैं तो अपने ही कुल-गोत्र परन्तु...। हमारा जीवन सरल और स्वच्छ है। हम काले हैं तो क्या! हम युद्ध जैसा कुछ भी नहीं चाहते। हमारे परिश्रम से किसी को क्या लेना-देना, चाहे देव, चाहे पुरोहित या राक्षस। यह धरती जहाँ है, रहेगी। कोई इसे उठा नहीं ले जाएगा, मृत्यु के पश्चात्। आपसे आशा बँधी तो आप भी यज्ञ को माध्यम बनाकर भाग की इच्छा व्यक्त कर रहे हैं। मेरी समझ में नहीं आ रहा कुछ भी।''...और सातवाँ व्यक्ति बैठ गया।

...अगला व्यक्ति, ''श्रेष्ठ पुरुष राम। हम सब–मुंडाला, असाड, धतिया, यम्मार, ढोर, लाम्बूकुला, थोथी हैं। हमारी उत्पत्ति कहाँ से है, ज्ञात नहीं परन्तु हम अपना अलग

ही अस्तित्व रखते हैं। रावण अपने हैं हम उनके अधीन रहना चाहते हैं।...परन्तु हमें उनका अत्याचार उचित नहीं लगता, क्यों राक्षस ऋषियों को तंग करते हैं? शरभंग जी के आप प्रिय हैं इस कारण हम आपके अधीन भी रह लेंगे। हमें विश्वास है कि आप देवों की तरह नहीं होंगे और न ही किसी राक्षस जैसा व्यवहार करेंगे।''

राम सोचने लगे, 'कहीं पता लग गया रावण की सत्यता का, रावण की संस्कृति की सूक्ष्मता का और आर्यों के व्यवहार, स्वार्थी प्रकृति का तो ये एक राम क्या सहस्त्रों राम का विरोध कर देंगे। तब राम नाम सत्य न होगा और राम की सम्प्रभुता मिट्टी में मिल जाएगी।'...और राम सहज, सरल, एक रूप में, एक देह में, एक दृष्टि में और फँसे हुए सहस्त्रों लोग और यह भीड़...। राम का वध भी कर सकती है यह भीड़, रावण को अपनाकर।

राम बोले, ''आप सभी भद्र हैं यह जानकर हर्ष हुआ। आप आश्वस्त हों। आपकी जिज्ञासा शान्त होगी, शंकाएँ दूर होंगी और एक-एक प्रश्न का उत्तर मिलेगा आपको,... हाँ इधर ऋषि समुदाय बैठा है इनसे मेरा परिचय हो।''और राम ने ऋषि-मुनियों की भीड़ को चुप देखकर संकेत किया।

राम का संकेत देखकर ऋषियों में हड़बड़ाहट होने लगी। कौन आगे आए? ऋषि बोलने के अभ्यासी थे परन्तु राम के आगे कंठ फूटे तब न! ये भोली प्रजा तो अपनी बात कह गई, प्रजा को न राम का अर्थ, न रावण का, न देवों का। प्रजा का कंठ अवरुद्ध कभी नहीं हुआ।...और ये ऋषि तो जो कहेंगे प्रमाणित माना जाएगा। कहीं भी विराम जैसी त्रुटि हो गई तो ऋषित्व पर दृष्टि उठ जाएगी, वो भी राम के सम्मुख जिनके गुरु वसिष्ठ और विश्वामित्र रहे हों, अगस्त्य ने भी समय दिया हो राम के लिए। राम आर्यश्रेष्ठ हैं। देवों से भी अधिक मान्यता प्राप्त हो चुके हैं। रुद्र तक जिनकी पहुँच हैं।...ऋषि सलाह करने लगे। एक अधेड़ ऋषि खड़ा हुआ तो ऋषियों ने राम की जयकार की।

''भद्र पुरुष राम!''अधेड़ ऋषि परिचय देने लगा, ''हम सभी ऋषि-मुनि देवों द्वारा बहिष्कृत होकर यहाँ आए और ऋषि हो गए। हमारी संख्या इक्कीस थी। हम सब देवों के सेवक थे, कैसे सेवक बन गए यह पूर्वज भी नहीं बताते सम्भवतः हम पहले अधिपति रहे हों और देवों ने हमारे क्षेत्र जय कर लिये हों, और हमें दास बना दिया गया हो। सेवा कराने के बाद हमें क्यों क्षेत्र से निकालकर दक्षिण में भगाया गया, पता नहीं है। हमारे पूर्वज दक्षिण में तब से हैं। अब हम तेईस समुदायों में बँटे हैं। हम न अपनी संस्कृति में रहे न देवों की। हम परम्पराएँ बिसार चुके हैं।...आप हमारे समुदायों के नाम जान लें। आप सभी ऋषियों से अनुरोध है कि आप नाम पुकारे जाने पर खड़े होकर अभिवादन करें।'' अधेड़, ऋषियों को संकेत करता हुआ राम को सम्बोधित करने लगा, ''...ये देवों के पाँव दबाने वाले 'चरणसेवी' हैं।...ये केश सँवारने वाले 'केशी', ये जूठा बरतन धोने वाले 'जूठपतरी', दिन में कार्य करने वाले 'दिनका', रात्रि में कार्य करने वाले 'रात्रक', देह-मर्दन करने वाले 'मर्दक', अन्न कूटने वाले 'अन्नकूटक', द्रोण

बनाने वाले 'द्रोणी', ऊखल बनाने वाले 'उखली', 'मंजन' बनाने वाले, तालाब साफ करने वाले देखिए राम! उधर बैठे हैं 'तड़ागी', शय्या और बिछौने वाले 'बिछावनी', कर्म सहयोगी 'कर्मी', जल भरने वाले 'कहार', बेनी डोलाने वाले 'चँवरी', भूमि साफ करने वाले 'क्षेत्री', वेदी बनाने वाले 'वेदाक', निवास की व्यवस्था करने वाले 'गिर', मन बहलाने वाले 'मनरंजक', वस्त्र धोने वाले 'धोबी', यज्ञ के सहयोगी 'कुंडा', विचार लिखने वाले 'वास्तव' ऋतुओं के सहयोगी एवं अग्नि जलाने वाले 'ऋतुअग्नि'। एक-एक समुदाय के ग्राम बस गए हैं। आप हमारा उचित प्रयोग करें। हमें किसी सूत्र में बाँध दें, हमें भी मान्यता प्राप्त हो सके।'' अधेड़ ऋषि बैठ गया।

अब राम की बारी थी, राम से आश्वस्त होना चाहती थी भीड़। राम से मार्ग चाहती थी भीड़। और राम औचक महत्त्वपूर्ण हो गए भीड़ के लिए।

राम खड़े हो गए, भीड़ ने 'राम की जय!' 'राम नाम सत्य हैं' कहा। राम मुस्कराए, बोले, ''मेरे भद्र साथियो! प्रथम तो यह जान लें, कि 'राम नाम सत्य है' मात्र शवयात्रा के समय ही कहना है। मृत्यु सत्य है और मैं सत्य हूँ। मुझे ऋषियों ने सत्य का प्रमाण दिया है। मैं विश्वास दिलाता हूँ कि सत्य की गरिमा रहेगी, मैं रक्षा करूँगा, बिना डराए-धमकाए। आप पुनः आश्वस्त हो लें, मैं देवों जैसा नहीं, पुरोहितों को आप कुछ दें न दें आपकी इच्छा, कोई याचना नहीं करेगा। आपने कहा रावण 'मेरा है'। भाई, रावण मेरा भी है, मैं रावण को मनुष्य मानता हूँ। भेद मात्र विचारों का है। इस कारण कोई बुरा नहीं होता। इसी कारण युद्ध होते हैं और यह उचित नहीं। मैं घोषणा करता हूँ कि मेरे लिए अब 'काला' शब्द प्रयोग किया जाए मैं 'काला' पुरुष हुआ मेरी देह काली हुई। मैं आपमें घुल-मिल गया हूँ। मुझे आपसे सुन्दर अन्य नहीं दिखता। मैं एक-एक ग्राम जाऊँगा, आपके बीच रहूँगा। मुझे विश्वास है कि आप शरभंग की गरिमा का ध्यान रखते हुए मेरा मान रखेंगे। आपको रुचिकर लगे तो आप मेरी परम्पराएँ अपना लें। बहिष्कृतों का सम्मान करें, उन्हें गले लगाएँ। आप यहाँ के आदिवासी हैं, अपनी ऊर्जा मापें। आप अपने मूल रूप में रहकर मेरी विधियाँ अपना सकते हैं, निर्भय हो सकते हैं।...मैं आपके लिए अवध का राज-पाट त्याग कर आया हूँ। मेरा न कहीं स्वार्थ है न लाभ। मेरी इच्छा मनुष्य मात्र को निर्भय बनाकर एक प्रगतिशील जीवन की स्थापना करना है।...मैं आपके ग्राम और सुतीक्ष्ण के आश्रम में रहूँगा।''

राम की बात कुछ समझ में आई कुछ नहीं आई। ऋषि समुदाय आस लगाए बैठा था। वह कुछ पा न सका। राम की दृष्टि ऋषियों पर पड़ी, जैसे वे कुछ माँग रहे हों राम से।

''आप सभी ऋषियों के लिए भी योग्य और सम्मानित पद-सृजित किए जाएँगे आप आश्वस्त रहें। अब आप गौरवपूर्ण जीवन व्यतीत करेंगे।''

भीड़ ने हर्ष ध्वनि की, ऋषियों ने जयकार लगाई।

विराजक अगस्त्याश्रम में है और राम सुतीक्ष्ण के यहाँ। राम ग्राम-ग्राम गए। एक-एक व्यक्ति से मिले। राम ने पहचान बनाई। राम ने देवी-पिंड स्थापित किए, शरभंग-पिंडों का भी भरमार रही। राम एक-एक चित्र देखते, चित्र में चरित्र, चरित्र में चिन्तन फिर कथाएँ, कल्पनाएँ और एक स्थापना, एक मार्ग, एक निर्माण, एक सामाजिक व्यवस्था। राम जानते थे सामाजिक व्यवस्था पर नियंत्रण हो जाए, लोग मनोवैज्ञानिक ढंग से प्रभाव में आ जाएँ तो राजनीतिक व्यवस्था अनुकूल बनाने में कठिनाई नहीं होगी।

राम जहाँ जाते आर्य-संस्कृति का ध्वज फहरा देते। राक्षस भूमिगत हो गए। छिटपुट जो दिखे वे मार दिए गए।

लक्ष्मण कभी-कभी इस वन-जीवन से ऊब जाते, ऊब जातीं सीता—क्या यही जीवन है? शस्त्र बाँधे रहें, ग्राम-ग्राम दौड़ लगाएँ, भूमि पर सोएँ, घास-पात खाएँ। राम तो जैसे यहाँ के निवासी हो गए, लोग कहने भी लगे हैं 'श्याम रंग के राम।' राम को श्याम रंग सम्बोधित कर राम से जुड़ी कथाएँ गढ़ी जाने लगीं, गीत रचे जाने लगे। तो राम श्याम वर्ण के हो गए, काले-काले मेघवर्णी।

सुतीक्ष्ण को तो सुध ही नहीं। रात को नींद न दिन को चैन था। हाँ, राम पर विश्वास था। सारा परिश्रम सार्थक हो रहा था। राजकुमार होते हुए पूरा जीवन वन को समर्पित कर चुके हैं राम, किसलिए? आर्यों के लिए ही न! रावण भी समर्पित हैं राक्षसों के लिए। अब राम और रावण की तुलना करनी है।

गायत्री मंत्र की स्थापना हुई, इसकी महिमा गाई गई। 'गायत्री मन्त्र से व्यक्ति दोष-मुक्त हो जाता है, व्याधियाँ मिटती हैं,' यह कहकर अनार्यों को भरमाया गया। लोग भ्रम जाल में फँसते चले गए।

''मांडकर्णी की कथा सुनी राम ने,'' विराजक अगस्त्य से कह रहे थे, ''वही मांडकर्णी जो विलासिता का जीवन जी रहा है। पहले वह अनार्यों का शिक्षक था। औचक उसने अग्नि का विरोध किया, इससे देव घबरा गए। मांडकर्णी की हत्या हो सकती थी परन्तु जन विरोध के भय से ऐसा न हो सका। मांडकर्णी अनार्यों का श्रेष्ठ ऋषि हो गया था। देवों की वही पुरानी युक्ति काम आई। मांडकर्णी को कई अप्सराएँ दी गईं, महल बनवाया गया और भोग की वस्तुएँ, सुरा भी। मांडकर्णी को अब समाज से मतलब न आर्य-अनार्य से, न शिक्षा से। मस्ती का जीवन काट रहे हैं मांडकर्णी, अपने ज्ञान को पाँव तले रौंदकर।''

अगस्त्य कुछ बोले नहीं चुप थे। विराजक आर्यों से भी बढ़कर आर्य बन गया है। कहीं ऐसा तो नहीं कि मुझे प्रसन्न करने के लिए अनार्यों की बुराई मेरे मुँह पर करता हो और पीठ पीछे अनार्य-लाभ की युक्ति सोचता हो। फिर भी चुप थे अगस्त्य।

सूचना-यात्री का अश्व सीधे दौड़ता हुआ आया और अगस्त्य के समीप रुक गया। सूचनाकर्मी अश्व की पीठ छोड़ता हुआ उछलकर विराजक के सम्मुख खड़ा हो हाँफने लगा, बोला, ''मेरा...अभि...वादन। राम प्रातः से चल चुके हैं। सुतीक्ष्ण ने इसी आश्रम की दिशा की ओर विदा किया है। दूसरे प्रहर तक वे आ जाएँगे।''

राम आ रहे हैं। एक महाशक्ति आ रही है। दो राज्यों की सम्प्रभुता आ रही है। अगस्त्य की तपस्या पूरी, संघर्ष समाप्त, आयोजन का परिणाम सार्थक, बस लक्ष्य प्राप्त करना है तो कठिनाई भी नहीं होगी। सुथरा मार्ग है और पूरा क्षेत्र राममय है। रावण का प्रभाव भी कम नहीं है परन्तु ऋषि अगस्त्य के हैं।

"विराजक उचित व्यवस्था कर दो, राम अवध के भावी सम्राट हैं। लक्ष्मण और सीता को कोई कष्ट न होने पाए," अगस्त्य ने निर्देश दिया और सिंहद्वार से वेदी तक चक्कर लगाने लगे।

दूसरे प्रहर ने हाथ जोड़ लिया, तीसरा झाँकने लगा। प्रतीक्षा की घड़ी समाप्त, राम पार्थ आश्रम के सिंहद्वार पर सुतीक्ष्ण मुनि के शिष्यों के साथ और साथ में अनुज लक्ष्मण, भार्या सीता। द्वार पर पीरू। सुतीक्ष्ण मुनि के शिष्यों को पीरू पहचानता था परन्तु ये तीन कौन हैं? पीरू ने रोका नहीं, साहस न हुआ उसका और अभिवादन में सिर झुक गया।

इतना भव्य! इतना विशाल! यह आश्रम है या सैनिक उपनिवेश! राम को विश्वामित्र के सिद्धाश्रम की याद आई, वही रूप, वही रंग, वही व्यवस्था। आश्रम की भव्यता को देखती रह गईं सीता, देखते रह गए लक्ष्मण परन्तु अब राम सहज, न आश्चर्य न चकित जैसी मुद्रा।

आश्रमी जान गए कि जिस राम की प्रतीक्षा गुरुदेव कर रहे थे वे यही राम हैं। आश्रमी भागे गुरुदेव के कुटीर की ओर, लोपा की दिशा में, विराजक को सूचित करने और मैना को भी।

जिसने सुना गुरुदेव की वेदी की ओर भागा। भागमभाग मची है जैसे विश्वामित्र के यहाँ मची थी। गोबरी भाग रही है, अपरा से कहती, 'राम आए हैं'। अपरा उछल रही है और गिर पड़ती है वाचा की देह पर। शृगाल झाड़ू लगा रहा है, सुना और दौड़ पड़ा। उसकी झाड़ू पिनाकू के मुँह पर लग जाती है, आँख में थोड़ा झटका लगता है, पिनाकू आँख मलता है और भला-बुरा बकने लगता है। अपरा दुपट्टे में मुँह हवा भरकर आँख सेंकती है।

वेदी पर अगस्त्य। सामने आते हुए राम, लक्ष्मण, सीता। धधाकर उठे अगस्त्य। राम ने पाँव छुए, लक्ष्मण और सीता ने भी, लोपा के चरण भी तीनों ने स्पर्श कर माथे से लगाया। अगस्त्य ने राम को अंक में भर लिया और लोपा ने सीता को। बैठे हैं अगस्त्य, सामने राम और पीछे अगस्त्य की महत्त्वाकांक्षा, योजनाएँ, परिणाम, लक्ष्य। राम के पीछे अगस्त्याश्रम के आश्रमी, किए गए कार्यों की व्याख्या और छूटता अवध क्षेत्र का प्राकृतिक सौन्दर्य। राम के आगे आर्य-संस्कृति के संवाहक, चिन्तक, श्रेष्ठतम् ऋषि अगस्त्य और आगे समूचे भविष्य का दृश्य, रावण और राक्षस, अनार्य क्षेत्र और अनार्य लोग, बिखरी वस्तुएँ, ऊबड़-खाबड़ मार्ग, भटके हुए सताए हुए लोग और...।

दिन बीते। रात बीती। तीव्र गति से प्रहर भाग जाता। रात भी ठहर न पाती भोर

की गोद में श्वेत वसन ओढ़े, ओझल। आश्रमी पूर्व की भाँति। लोपा के पास सीता। राम, लक्ष्मण अगस्त्य के कुटीर में। आठों पहर विराजक समीप। अगस्त्य अपना पूरा ज्ञान परोस देते, युद्ध की नीतियाँ समझाते। अस्त्र-शस्त्र के संचालन की नई-नई विधियाँ बताते। आयुधों के निर्माण की कला समझाते तो कभी अनार्य समाज का विवेचन करते। पर्वों, परम्पराओं की व्याख्या भी बीच-बीच में...।

आचार्य, राम की उपलब्धियाँ विराजक से सुन चुके थे परन्तु वे राम से सुनना चाहते थे। सो राम ने अपने कार्य की आख्या प्रस्तुत कर दी। अगस्त्य को तोष हुआ और विराजक पर विश्वास। अगस्त्य राम का मनोविज्ञान जानते थे। राम को व्यर्थ का गुणगान न रुचता। राम ने अपनी यात्राओं के विषय में भी विज्ञ कराया और अगस्त्य ने कल्पना से परे सैंधव के अनेक संस्मरण सुनाए। रावण, राक्षस और वानरों के विषय में महत्त्वपूर्ण तथ्यों का द्वार खोल दिया अगस्त्य ने।

राम बोले, ''आचार्यश्रेष्ठ अब आप पूछेंगे कि देशाटन से मैंने क्या सीखा?''

''नहीं राम! मैं जान गया तुम्हारे विवेक को। तुम मेरी सोच से अधिक विज्ञ होने की क्षमता रखते हो। तुमको सूत्रों का रचयिता बनना है। अच्छा तो तब होता जब तुम मेरे शिष्य होते। राम, हनुमान को दीक्षित कर मैं भी श्रेष्ठतम आचार्यों की पंक्ति में सबसे ऊपर रहता। गुरु की सबसे बड़ी चाह होती है कि उसे योग्य शिष्य मिले।'' अगस्त्य चाहते थे कि राम मेरा शिष्य हो जाए।

''गुरुदेव, मैं आपका शिष्य ही तो हूँ,'' राम बोले, ''क्या नहीं जाना आपसे? ज्ञान के बाद विज्ञान परम्पराओं से होकर नीतियों तक, संस्कृति के स्थायीकरण की क्रिया, आर्यों-अनार्यों में भेद मिटाने की कला आर्य-लाभ को दृष्टि में रखते हुए। यह आपसे जाना है।'' राम आत्मश्लाघा में आ गए, ''गुरुदेव, मैंने भी तो कम ज्ञान नहीं आर्जित किया है और न कम देशाटन किया हूँ—गंगा, यमुना, सरस्वती, शतद्री, इरावती, चंद्रभागा, वेणी, कृष्णा, निर्विन्ध्या, सरयू के कई तटों का भ्रमण और तट की संस्कृति से विज्ञ हुआ। चर्मावती, वितस्ता, बाहुदा, विपासा, प्रयाग, नैमिषारण्य, धर्मारण्य, मानसरोवर, गया, काशी, श्रीशैल, केदार, पुष्कर, बड़वावदन, अग्नितीर्थ, महातीर्थ इंद्रुम्नसर...अनेक तीर्थ, तट, नद-नदियाँ, बावलियों को देखा। आस-पास के क्षेत्रों का सूक्ष्मता से अध्ययन किया। मैं रावण से कम नहीं, वह रक्ष-संस्कृति हेतु कुछ भी कर सकता है तो मैं भी पूरी ऊर्जा के साथ उपस्थित हूँ, समर्पित हूँ।

और गुरुदेव—कार्तिकेय स्वामी, शालग्राम, समुद्र तट, विन्ध्याचल, मदरांचल निकुंज, सप्तपर्वत, महर्षियों के अनेक आश्रम, देवताओं के ग्राम, राजर्षियों की वन में विलासिता, अनेक आडम्बर और महीतट देखे।...मुझे आप शिष्य मान लें, मैं योग्य हूँ, मैं अपने को धन्य समझूँगा।''

''मेरे राम!'' अगस्त्य बोल पड़े और राम के सिर पर स्नेह से हाथ फेरने लगे।

राम का ध्यान न सीता पर था न लक्ष्मण पर, वे अगस्त्य से वह सब कुछ प्राप्त

कर लेना चाहते थे जो अन्यत्र मिलता नहीं। राम आश्रम के एक-एक विभाग को देखते और पढ़ने का पूरा प्रयास करते।

विराजक राम के साथ हैं, "इतना अन्न भंडार!" राम चकित थे। "हाँ राम! इतना अन्न...यह अन्न आस-पास के ग्रामों से आता है, अब तो किष्किन्धा को छोड़कर सभी वानर अधिपतियों के यहाँ से अन्न, सूखे फल-मेवे आते रहते हैं। आश्रम के पशुओं के लिए खुली छूट है जहाँ चाहें चरें। चारा पर्याप्त है।"

राम आगे बढ़ते हैं, "इतने अस्त्र-शस्त्र! यह तो किसी सम्राट का शस्त्र भंडार लगता है।" राम पुनः चकित हुए विराजक ने फिर बताया, "प्रतिदिन अस्त्र-शस्त्र बनते हैं। हनुमान को आवश्यकता हुई या किसी आश्रम को राक्षसों से लड़ना ही पड़ा तो इसकी कमी न खले।" और राम ने देखा—धनुष बन रहे हैं, प्रत्यंचा की डोर माँजी जा रही है, चर्म से चाबुक बन रहा है, बाँस को चीरकर धनुष का आकार दिया जा रहा है, वाण के फल तैयार हो रहे हैं, लकड़ी की गदा के ढेर लगे हैं, धातु की गदा का भी निर्माण-कार्य चल रहा है।

राम पढ़ते, घूमते, समझते और अगस्त्य के यहाँ आकर बैठ जाते। सीता भी उसी प्रकार...लोपा के निकट...।

"राम," अगस्त्य राम से कह रहे हैं, "तुम्हें ऐसी व्यवस्था देनी है कि ये दास, ये अनार्य अपने विषय के अतिरिक्त सोच ही न सकें। इन्हें विचार करने का अवसर ही नहीं देना है। पाप-पुण्य बनाओ। अमुक कार्य पुण्य है इसका निर्धारण तुम्हें करना है, पुण्य में आर्य-लाभ। इसे आर्य, अनार्य सभी करेंगे। कार्य वे पुण्य समझकर करेंगे और लाभ होगा आर्यों का परन्तु कुछ हित भाग अनार्यों का भी हो यह ध्यान रहे। फिर वे अमुक-अमुक कार्य पाप हैं, वे न करें, उनके न करने में भी आर्य-लाभ। इसी व्यवस्था में आर्य-अनार्य समाहित हो। पाप-पुण्य को अदृश्य शक्तियों से जोड़कर बाँधकर रखना होगा। उनके मस्तिष्क में बात बैठानी है और यह कार्य तुम ही कर सकते हो। एक ग्राम भी इस व्यवस्था में सुधर गया तो समझो वर्ष नहीं लगेगा और विशाल क्षेत्र में इसका प्रचार हो जाएगा।"

राम चुप थे। गम्भीर मौन। इस मौन को अगस्त्य ने स्वीकार समझ लिया। क्या राम भी ऋषियों के जाल में उलझ गए हैं विराजक की तरह। क्या राम के मस्तिष्क को धोया-साफ किया जा रहा है आर्य-संस्कृति हेतु। अगस्त्य पुनः बोले, "हम सब तुम्हारे साथ हैं। शीघ्र ही पाप-पुण्य का निर्धारण कर लिया जाएगा।...तुमने बड़ा कार्य किया है...तुम्हारी ऊँचाई बढ़ गई है राम, अब उसकी रक्षा करना। मैं जानता हूँ सीता के नाम की स्थापना, उपाधियाँ बाँटना जैसे—जनस्य, विशपति, विशापति, गणानाम्, गृहपति...। गौ को माँ का सम्मान-पद दिलाने जैसे कार्य...तुमने स्थापित कर दिए हैं। तुम स्वयं निर्णय लेने में सक्षम हो और यही हनुमान में नहीं है। हनुमान को कहना पड़ेगा कि निर्णय लो...अमुक कार्य करो...परन्तु वानरों में सबसे समझदार है। हनुमान को बालि

द्रोही घोषित कर चुका है। बालि तुम्हारे कार्य में अवरोध पैदा कर सकता है। बालि को मार्ग से हटाना होगा, इसकी युक्ति तुम्हें खोजनी होगी।''

''बिना वध किए बालि को हटाया नहीं जा सकता और वध इतना आसान नहीं।'' राम बोले, ''वानर विरोध भी कर सकते हैं।''

''यह तुम स्मृति में रखो,'' अगस्त्य उपाय बता रहे थे...''कि हनुमान तुम्हारे साथ है। हनुमान के साथ हनुमान के लोग हैं। ऐसी स्थिति बना देगा हनुमान कि तुम्हारा कार्य सरल हो जाएगा।...हाँ, एक बात ध्यान रखना, अवध को आर्य-संस्कृति का केन्द्र मानकर चलना। दूसरी बात मगध क्षेत्र और अंग क्षेत्र आर्य-संस्कृति से अभी अछूते हैं। अपने योग्य कर्मचारियों को मगध क्षेत्र हेतु नियुक्त कर दो। यह कार्य भरत और शत्रुघ्न देखें। तुम कहो तो प्रस्ताव बनाकर विराजक से सूचना भिजवा दूँ अवध के लिए।''

''मेरी स्वीकृति!...मैं आपसे अनुरोध करूँगा कि यह प्रस्ताव आपकी ओर से हो, आदेश की तरह। मेरा नाम सम्मिलित न हो। इससे भरत और शत्रुघ्न दबाव में रहेंगे। उन्हें भी दबाव रहित खुले रूप से कार्य करने का अवसर मिलना चाहिए।...गुरुदेव! सुना हूँ, कि अंग और मगध के क्षेत्र संक्रमक रोगों से ग्रसित रहते हैं। यदि इन लोगों को औषधियाँ ज्ञात हो जाएँ, वहाँ की प्रजा इससे लाभ ले लें तो शीघ्र ही उन पर मानसिक दबाव बनाने में हम सफल हो जाएँगे।'' राम बोले और चुप हो गए, अगस्त्य राम की विलक्षण प्रतिभा देख रहे थे। रावण अतुलनीय तो राम भी।

अगस्त्य बोले, ''अभी उन रोगों का पता करके औषधि विभाग के आचार्य से बात करूँगा। आपने सार्थक सुझाव दिया।...वैज्ञानिक उपलब्धियों को रावण 'माया' कहता है उसकी माया का अध्ययन करना है। माया को प्रभावहीन करने के उपाय खोजने होंगे। मैंने रावण की माया का अध्ययन किया है, प्रतिकार के सूत्र निकाले हैं। मैं विज्ञ कराऊँगा उस प्रतिकार विद्या से।''

राम विधिवत् रूप से अगस्त्याश्रम में कई माह रहे। अगस्त्य के निर्देश पर निकट ही पंचवटी क्षेत्र में कुटीर बनाकर रहने का निश्चय किया और वहीं से अपनी कार्य योजनाएँ संचालित करने का मन बनाया। अगस्त्य ने बताया कि पंचवटी में आपको जटायु नाम का ग्राद्ध मिल जाएगा जो हर सम्भव सहायता करेगा।

और राम पंचवटी की ओर साथ में लक्ष्मण, सीता। और विराजक नित्य की घटनाओं की सूचना हेतु पुनः राम पर दृष्टि, रावण की ओर सूचना यात्री, वानर क्षेत्र में गुप्तचर।

और अगस्त्य फिर उसी वेदी पर, अपने कुटीर में, कभी लोपा के निकट, आश्रमियों के साथ और साथ में हैं वे चार कुत्तों के वंश, कई कुत्ते...झुंड। परन्तु रहते थे साथ-साथ चार ही कुत्ते...।

13

सन्देह मिटता नहीं और यदि संदेह प्रमाणित हो जाए तो पूरी क्रिया संदेह के शब्द-जाल में घूमने लगती है। इसी भूमि भाव में दंड खोजने से जीवन व्यर्थ बीत जाता है। करना क्या है कर क्या रहे हैं। विकास के सभी मार्ग अवरुद्ध हो जाते हैं। महत्त्वाकांक्षा के जल में समूल डूबे हैं। पद-प्रतिष्ठा की आग में जल रहे हैं।

बालि वानर राष्ट्र का संचालन अपने पिता ऋक्षराज से भी भली प्रकार कर रहे थे। एक-त्रुटि थी तो विलासी जीवन की और दूसरी—थोड़ा अभिमान था बल का। किसे अपने बल पर गर्व नहीं होता और सम्राट होने पर सुख-सुविधाएँ बढ़ ही जाती हैं।

बालि व्यथित थे तो सुग्रीव से हनुमान से—'हनुमान को द्रोही घोषित किया जा चुका है। सुग्रीव को कैसे दूर करें? देखने-सुनने में मृदु हैं सुग्रीव, पर भितरिया हैं। बहुत कुछ छिपाए हैं। न जाने क्या-क्या सोचता-पालता रहता है। पवन और महेन्द्र रायवर कितने अच्छे हैं अभी तक निभती आ रही है। ये हनुमान, सुग्रीव ने तो राष्ट्र के श्रेष्ठ जनों को भी अपनी ओर मिला लिया है। राष्ट्र की थाती कहे जाने वाले नल, नील, जाम्बवान, मलयवन, मयंद, द्विविद को कौन सी बूटी हनुमान पिलाकर चला गया। पहले जैसी बात ही नहीं। लगता है कि सभी द्रोही बन जाएँगे।'

'रावण से मित्रता करना सम्भवतः सुग्रीव और हनुमान को रुचा न हो। रावण को कोई समझने का प्रयास ही नहीं करता। रावण अनार्य हैं, हम भी अनार्य हैं। हम अनार्यों पर आर्यों ने कितने अत्याचार किए हैं। इसे हम समझ सकते हैं और रावण। हनुमान और सुग्रीव क्यों नहीं समझते। हमारे हित में रावण कार्य कर रहा है। यही न कि उसकी सम्प्रभुता में हम सभी को रहना होगा। और वह वानर राष्ट्र को अपने अधिकार से दूर ही रखा है। रावण विद्वान है, रावण हितैषी है। अगस्त्य ही मात्र एक ऐसे हैं जो विष बो रहे हैं। अगस्त्य का क्या काम? यहाँ दक्षिण में आकर यहाँ की आकृति बदल डाली बूढ़े ने! अगस्त्य का विरोध भी तो नहीं किया जा सकता। रुद्र रुष्ट होंगे। समाज का प्रत्येक प्राणी अगस्त्यमय हुआ है तो जन-विरोध की भी सम्भावना होगी। ऋषियों में उनकी पकड़ मजबूत है। मतंग ऋषि तो अगस्त्य के विशेष प्रिय हैं। शबरी स्त्रियों में जागृति तो पैदा कर रही है परन्तु वह मेरे प्रभाव में कहाँ! वह तो अगस्त्याश्रम से संचालित होती है। अगस्त्य चाहते क्या हैं? वे मुझसे कहते, मैं स्वयं को समर्पित कर देता। विरोध तो न होता। द्रोह तो न पलता वानर राष्ट्र में। हनुमान में न बल है, न ज्ञान, मात्र महत्त्वाकांक्षी बन जाने से क्या पद-प्रतिष्ठा मिलेगी। सुना हूँ कि राम पर अभिमान है, राम हेतु हनुमान अपना सब कुछ खोने को तैयार है।...तो मेरे लिए क्यों नहीं, मैं शत्रु कैसे बन गया! मैं हनुमान का था, वानर हूँ और राम आर्य हैं, कहाँ राम कहाँ मैं। कल ही पैदा हुआ और आज हमारे हनुमान को वश में कर लिया।'

कक्ष के बाहर बने उपवन में बालि टहल रहे हैं। सूझे तो क्या? सोचें तो क्या? करें तो क्या?...

बालि की दृष्टि अमात्य पर पड़ी वे द्रुत गति से इधर ही आ रहे थे। निकट आ बोले, ''सम्राट! सूचना-तन्त्र ने बताया है कि राक्षसों की एक टोली एक माह से किष्किंधा के आस-पास भ्रमण कर रही है और आशंका व्यक्त की गई है कि वे कोई घटना को परिणाम देने वाले हैं।''

''घटना! कैसी घटना का परिणाम? राक्षसों को हमारे राष्ट्र में हस्तक्षेप करने की मनाही है। रावण से इस बात पर सहमति हो चुकी है।''

''परन्तु जब से राक्षस किष्किंधा और आस-पास के क्षेत्र में प्रवेश कर निर्भय रह रहे हैं तब से आए दिन कोई न कोई अशुभ घटनाएँ घट रही हैं। इनकी चर्चा वानर समाज में हैं। आपकी छवि वानरों में प्रतिकूल है।''

''कौन है इनका नायक?'' बालि का माथा सिकुड़ गया, ''अमात्य जी पहले यह पता करें कि हनुमान का कोई उपद्रव तो नहीं? राक्षस के वेष में हनुमान के वानर युवा वीर तो नहीं?...हनुमान को किष्किंधा में प्रवेश की मनाही हो।''

''नहीं, सम्राट नहीं, यह हनुमान की नहीं राक्षसों की ही चाल है। इस हेतु अवश्य ही रावण से सार्थक संकेत मिला होगा। हनुमान वानर हैं और मेरे कर्मचारी वानर-राक्षस में अन्तर जानते हैं।''

''रावण मेरा मित्र है अमात्य महोदय!''

''आप किसी बात को सीधे न समझें। रावण आपसे पराजित हुआ है। अवश्य ही अपमानित होने का भाव आया होगा। उसके हृदय के भाव से आप विज्ञ कैसे हो सकते हैं।''

बालि चुप रहे।

''हनुमान पर दृष्टि रखी जाएगी। शीघ्र ही राक्षसों की टोली के नायक का नाम ज्ञात कर लिया जाएगा परन्तु एक प्रार्थना है महाराज!''

''बोलिए क्या बात है?''

''आपसे अनुरोध है कि राजपरिषद् पर विश्वास रखें। आपका विश्वासपात्र होकर कार्य करने में ही ऊर्जा का प्रयोग कर सकूँगा।''

''आप पर विश्वास है परन्तु अन्य ऐसे भी हैं जो विश्वास के पात्र अब नहीं लगते। मैंने देखा है और उनकी गतिविधियों के विषय में आपसे ही सुना है।''

बालि थोड़ी देर चुप रहे, फिर गहरी साँस लेकर बोले, ''अमात्य महोदय, अब क्या मैं बताऊँ। आपसे कुछ छिपा नहीं है। अब तो स्वयं पर विश्वास नहीं होता। पानी में अपनी छाया देखता हूँ तो मैं द्रोही हनुमान जैसा दिखने लगता हूँ।...सुग्रीव पर हुए संदेह प्रमाणित हैं। क्या नील, जाम्बवान आपके हितैषी लगते हैं! तार, सुषेण जो अपने सगे हैं वे सुग्रीव की ओर क्यों झुके रहते हैं! पत्नी तारा भी अपने शब्दों में सुग्रीव के गुण

गाती रहती है। क्या यह सब स्वयं के चेहरे को विद्रूप करने के लिए कम हैं। आपको इन सब पर दृष्टि रखनी होगी। वानर जाति, वानर राष्ट्र संकट में जान पड़ता है...दरीमुख, धूम, दुर्मुख को भी सचेत कर दें। कुमुद, शरभ, शतबलि, विनत, यूथप, प्रजंग आदि सभी श्रेष्ठ महारथियों को सदैव तैयार रहने को कहें। कभी भी कोई समस्या या कठिनाई का सामना करना पड़ सकता है।''

किष्किंधा में गुप्तचरों का जाल बिछ गया। राष्ट्र-प्रेमी वानर दीक्षित किए जाने लगे। राज्य की व्यवस्था नए ढंग से प्रारम्भ की गई। शिल्पियों को अस्त्र-शस्त्रों के निर्माण हेतु आवश्यक निर्देश दिया गया। मल्लयुद्ध हेतु प्रवीण वानर नियुक्त हुए। परन्तु बालि की कामुकता में कमी नहीं हुई। नित-नई स्त्रियों की खोज होती और बालि को प्रस्तुत कर दी जाती। बालि विहार करते छोड़ देते। किसी-किसी को ही वह देह-सुख देते-लेते। मादक द्रव्य में डूबे रहने के अभ्यासी हो गए बालि लेकिन उनके बल में कोई कमी नहीं आई। कौन था जो बालि को ऐसे व्यवहार कार्य हेतु साधन उपलब्ध कराता था? अमात्य को भी पता नहीं।

प्रवाह रुक जाए तो पुनः गति में लाना कठिन है। और अभी लक्ष्य भी प्राप्त नहीं कर पाए तो अभियान ठहर क्यों गया? कितने क्षेत्र अछूते रहे गए? गाँव-गाँव जाते। नगर-नगर घूमते। नदी-नालों के तट पर ठहरते। वृक्षों से ही समाचार पूछते। पिंड स्थापित कर देने से और दो-चार विजयी सम्मान प्राप्त करने से ही राक्षस-संस्कृति का विस्तार हो सकेगा क्या? आर्यों को तो देखो, पीढ़ियाँ बीत गईं। कितने मर-खप गए परन्तु उनकी गति थमी नहीं। प्रवाह में अवरोध हुआ भी तो आर्यों ने ढूह उखाड़ फेंका। पहले युद्ध किया। युद्ध तो अब भी हो रहे हैं। और अब संस्कृति के प्रसार में जीव-जान से लगे हैं। ऋषि-मुनि अपने व्यक्तिगत स्वार्थ से ऊपर उठे हैं। आर्य जानते हैं, कि संस्कृति के कार्य में कभी ठहराव नहीं आना चाहिए। आर्य मूर्ख थे। ये हम सभी से सीख-सीखकर हमारी बुद्धि पर राज कर रहे हैं। और हम हैं कि थोड़े से सम्मान से अघा गए। रोक दिए अपने प्रवाह। थोड़े से भराव से हर्षित हो गए कि ठहर गए जहाँ थे वहीं।

रावण के सम्मुख लंका, श्रेष्ठजन, राजपरिवार के लोग और सम्बन्धी। रावण एक-एक को सम्बोधित कर रहे हैं। पुनः किसी कार्य योजना पर विचार करने हेतु प्रमुखों से निवेदन कर रहे हैं। रावण की दृष्टि मय और दुंदुभि पर टिक गई। रावण के शब्द ठहर गए। सभा में स्तब्धता छा गई।

रावण ने गरदन हिलाई, वे किस पीड़ा से दुःखी हैं? मुख पर अनेक भाव चढ़ते-उतरते। रावण माथा ठोंकते बोले, ''मैं आप भद्र श्रेष्ठों से प्रश्न पूछता हूँ कि ये मय और दुंदुभि तो मेरे सगे-सम्बन्धी हैं। क्या मैं इनके पोषण में त्रुटि कर रहा हूँ कि कौन-सी सुविधाएँ ये भोगते नहीं। ऐसे ही कितने मेरे आश्रित हैं। व्यर्थ का जीवन भोग रहे हैं। राक्षसों

के हित में इनका कार्य क्या है, किया क्या है अब तक? मात्र लंका के धन को भोगने की लालसा-इच्छा पाले हैं ये लोग। राक्षसों के हित में मैं अकेले सोचने के लिए नियुक्त नहीं हूँ? सभी हाथ बँटाएँ। व्यक्तिगत रूप से कार्य करें राक्षस हित में, लंका के लिए। सब करें तो दंड का भार, नहीं तो एक गट्ठर का बोझ, जो कोई सँभाल सकता है क्या?"

सभा चुप थी। मय और दुंदुभि सिर नीचे किए। कभी-कभी रावण की ओर दृष्टि उठती परन्तु कर्महीन की तरह झुक जाती। इसी तरह के जो भी सभा में उपस्थित थे, सिर झुकाए थे।

रावण पुनः सम्बोधित करने लगे, "खर को ही देख लें। खर जनस्थान में पिंड की भाँति स्थापित हो गए लगते हैं। खर के साथ दूषण, मारीच, त्रिशिरा और शूर्पगखा की यही गति है। कहीं कोई विस्तार चाहता ही नहीं। यदि मैं कहूँ कि 'यहीं मूत्र त्याग करो' तो वहीं त्यागेंगे अपने विवेक से नहीं। मैं शूर्पणखा को निर्बल स्त्री नहीं मानता वह मेरी बहन है। उसे इन देहधारी आलसियों को आलस्य त्यागने के लिए उकसाना होगा।"

"...अभी जनस्थान को सूचना भेजी जाए कि मैं कार्य से सन्तुष्ट नहीं। शूर्पणखा की सम्प्रभुता वहाँ है, उसके निर्देशन में कार्य की प्रगति बढ़ाएँ। एक जन ऐसा न हो जो राक्षस संस्कृति से अछूता हो।...और दुंदुभि तुम बताओ क्या कर रहे हो वानर क्षेत्र में?"

दुंदुभि रावण के सम्बन्धियों में सबसे काला था। विशाल काया। लम्बी परन्तु मोटी गरदन, कान बड़े, लम्बा मुख मंडल, थूथन उभरा हुआ, छाती और पेट बराबर चूतड़ और जाँघों पर भरपूर मांस परन्तु पिंडली पतली। मोटी सींग लगाता था। भयंकर प्राणी जो कोई आर्य देख ले तो मूत्र त्याग दे, गुदा से मल बाहर आ जाए–भय से।

दुंदुभि हाथ जोड़कर खड़ा हो गया, "लंकापति और लंका को यह देह समर्पित है, मेरा अभिवादन स्वीकार हो। मैं एक वर्ष से किष्किंधा में नियुक्त हूँ। मेरा किष्किंधा में होना वहाँ के सूचना-वाहकों को कुछ माह पूर्व से ज्ञात हो चुका है। मेरे निर्देशन में राक्षस किष्किंधा के वानर युवकों को बालि के विरुद्ध भड़काने में सफल हो रहे हैं। हमारा हस्तक्षेप शिल्पियों, राजकर्मचारियों की गतिविधियों और राजपरिवार पर भी है। हम सफल हो रहे हैं महाराज, हमारे द्वारा घटित हो रही घटनाओं से किष्किंधा की राजव्यवस्था प्रभावित हो रही है और वानरों को यह ज्ञात भी नहीं हो रहा है कि यह सब कौन कर रहा है। बालि सोच रहे हैं कि यह सब हनुमान के कारण हो रहा है। हनुमान द्रोही प्रमाणित किए जा चुके हैं। वानरों में फूट हो गई है। वानर स्वयं मार्ग पर आ जाएँगे–'राक्षस-मार्ग' पर।"

"तुम वानरों के संस्कार से परिचित नहीं हो दुंदुभि। तुम्हारे जैसे मूर्ख, वानरों का कुछ बिगाड़ नहीं सकते। हनुमान बालि का विरोध तो कर सकता है परन्तु उसके कार्य वानरों के हित में होंगे। हनुमान राक्षस हित की बात स्वप्न में नहीं सोच सकता। तुम

जाओ और बालि को मल्लयुद्ध हेतु ललकारो। चुनौती दो। दो-चार बार ऐसा हुआ तो बालि का बल क्षीण हो जाएगा। वह सदैव आशंकाओं से घिरा रहेगा कि कहीं कोई युद्ध के लिए चुनौती तो नहीं दे रहा है। जाओ दुंदुभि मृत्यु को प्राप्त होना परन्तु पराजित होकर न आना।''

रावण के इतना कहते ही दुंदुभि उठा और सीधे किष्किंधा की राह हो लिया।

रावण प्रतिदिन किसी-न-किसी समस्या पर विचार करते और लंका का भ्रमण।... और इधर बिना रुके दुंदुभि वानर क्षेत्र में।

दुंदुभि सीधे बालि के भवन की ओर बढ़ गया। द्वार पर पहुँचते ही बालि को मल्लयुद्ध की चुनौती देने लगा। दुंदुभि का गर्जन पूरे नगर में गूँजा। बालि का आदेश था कि यदि कोई मुझे व्यक्तिगत रूप से मल्लयुद्ध की चुनौती दे तो वानर सैनिक उसे छेड़ने का प्रयास न करें वरन्...उसे सम्मानपूर्वक मुझसे मिलाया जाय या मुझ तक सन्देश कहा जाए।

प्रहर भर दुंदुभि गर्जन करता रहा। द्वारपाल ने सूचना दी। बालि उठे, गदा कंधे पर लादे सीधे द्वार पर। सुग्रीव ने सुना कि कोई राक्षस जो अपने को हेमा का पुत्र कहता है, भैया से मल्लयुद्ध की इच्छा रखता है तो वे भी गदा लिये भागे द्वार की ओर।

द्वार पर दुंदुभि का गर्जन रुका न था। बालि को देख दुंदुभि ने हुंकार भरी और पीछे हटता गया। दोनों नगर के बाहर हो गए। सुग्रीव भी पीछे थे। पता नहीं कब बालि और राक्षस ओझल हो गए सुग्रीव जान नहीं पाए।

दोनों लड़ते-लड़ते मतंग ऋषि के क्षेत्र में पहुँच गए। परन्तु बालि तो बालि थे। दुंदुभि कब तक ठहरता अन्ततः दुंदुभि बालि का प्रहार सह न सका। रक्तवमन करता हुआ मृत्यु को प्राप्त हो गया।

किष्किंधा में प्रसन्नता की लहर फैल गई। बालि गर्व से चूर हो गए। अमात्य ने कहा कि—ये वही राक्षस था जो विरोधी गतिविधियाँ संचालित करता था।

सुग्रीव का साथ-साथ दुंदुभि वध के लिए आना अच्छा नहीं लगा बालि को। फिर भी अपने भाव छिपाए बालि चुप थे।

बालि के भय से और रावण द्वारा निर्देशित होने के प्रमाण से बचने के लिए दुंदुभि का शव कोई राक्षस लेने नहीं गया। चील, कौए, कुत्ते, गिद्ध तीन दिन मँडराते रहे। मतंग क्षेत्र दुर्गंध से भर गया।

पक्ष भर न बीता होगा मतंग का एक शिष्य सूचना लेकर किष्किंधा पहुँचा।

ऋषि-शिष्य का प्रधान अमात्य ने स्वागत किया। शिष्य से आने का कारण पूछने पर ऋषि शिष्य बोला, ''मतंगाश्रम किष्किंधा का कल्याण चाहता है और सदैव विकास हेतु ज्ञान के प्रसार में लगा है परन्तु ऋषि श्रेष्ठ ने कई बार अनुरोध भी किया है सम्राट से कि आश्रम क्षेत्र में कोई युद्ध न हो चाहे राक्षस या वानर या आर्य। किसी को भी आश्रम कार्यों में व्यवधान डालने की मनाही है। सम्राट की स्वीकृति भी है।...तो फिर

यह वध ऋषि क्षेत्र में क्यों हुआ? दुर्गंध से पूरा वातावरण दूषित हो गया है। ऋषिश्रेष्ठ ने चेतावनी दी है, ''भविष्य में अब कभी ऐसी भूल न हो नहीं तो हम ऋषि मिलकर सम्राट का विरोध कर देंगे। बालि को सूचित कर दिया जाए कि सागर तट से अवध तक के ऋषि एक हैं। यह सब हम सह नहीं सकते। हमारा क्षेत्र शांति क्षेत्र है। आप प्रधान अमात्य हैं यह सूचना सम्राट तक पहुँचा दें। मैं चलता हूँ।''

और शिष्य चला गया।

बालि ने सुना। अपनी भूल पर पछताने लगे...और अब कभी ऐसा न करने की शपथ से बँध गए।

इस मल्लयुद्ध से बालि खीझ उठे। 'व्यर्थ ही मतंग ऋषि को रुष्ट किया' बालि सोचते और रावण पर मन ही मन क्रोध करते। बालि ने एक और संकल्प लिया, 'अब कोई राक्षस हस्तक्षेप करता हुआ पाया जाएगा या सुना जाएगा वह मृत्यु से बच न सकेगा।'

और बालि देर तक अमात्य के साथ विचार करने के उपरान्त शयन-कक्ष की ओर मुड़ गए।

दुंदुभि की मृत्यु का समाचार, उसकी देह दुर्गंध लंका तक पहुँची। रावण के नथुने फूलने-पिचकने लगे। बालि एक विशेष कारण बन गए। वानर क्षेत्र लंका को मुँह चिढ़ाता रहा। भाई के निधन से दुखी मायावी ने लंका छोड़ वानर क्षेत्र में रहने की आज्ञा माँगी थी।

कुछ भी हो बालि त्रस्त हैं। यह जानकर रावण को तोष होता। गृह-कलह, राज-कलह और अतिरिक्त में राक्षसों द्वारा घटित अव्यवहारिक कार्य। ''हनुमान भी शान्त न होगा। हनुमान यदि बालि को मार दे तो मैं उसे ही सम्राट घोषित कर दूँ। तो क्यों नहीं हनुमान, सुग्रीव या अन्य जो द्रोह रखते हैं मुझसे सम्पर्क करते हैं। मैं युक्ति सुझा देता। अनेक रुद्र विद्याएँ सिखाता परन्तु ये मुझे शत्रु मानते हैं। छोड़ूँ! यह सब व्यर्थ के लोग हैं, इनमें समय और बुद्धि का दुरुपयोग कर मूर्ख नहीं बनना है।''

और रावण, विभीषण की ओर मुँह फेर बोले...''हम सभी दुखी हैं। वीर दुंदुभि राक्षस धर्म की वेदी पर मृत्यु को प्राप्त हो गए। अनुज विभीषण मंदोदरी को तोष देना, संस्कृति की रक्षा में अभी कितने प्राण जाएँगे परन्तु हमें शोक नहीं करना है। सम्बन्धों की भावना में उलझना उचित नहीं है।...अनुज यह तो बताओ कि अभी कौन से क्षेत्र अछूते हैं जहाँ मेरा अभियान कूच नहीं किया?''

विभीषण अभियान युद्ध से दुखी थे। अब वे शांति चाहते थे परन्तु रावण से मन की बात कहने का साहस न होता। बड़े भाई रावण के पूछने पर बोले, ''लंकापति का ध्वज सर्वत्र फहर रहा है परन्तु अंग और मगध अछूते हैं। कैकेय की ओर अभी ध्यान ही नहीं गया। सप्त सैंधव भी...''

रावण बीच में बोल पड़े, "अंग और मगध में तो मूलवंशी ही हैं? कैकेय को छोड़ दें तो सर्वत्र अनार्य ही हैं?" रावण सोचने लगे मानो वे भूगोल लेकर बैठे हों, भूमि के एक-एक खंड की खोज कर रहे हों, "हाँ, अवध और विदेह!...अरे, अभी बहुत शेष है अनुज, बहुत कुछ छूट रहा है।"

रावण अभियान की धीमी गति से व्यथित थे। जिस तीव्रता से विजय-रथ चला था वह थम कैसे गया!

रावण और विभीषण में वार्ता हो रही थी कि अनुचर ने द्वार पर खड़े मायावी की सूचना दी और कहा, "वे महाराज से मिलने के इच्छुक हैं।" स्वीकृति का संकेत पाकर अनुचर चला गया।

मायावी दुखी था। भाई के शोक से व्यथित और इससे अधिक क्रोध था। मायावी राजनीति भी जानता था और कुशल वक्ता भी था। इस पीड़ा ने उसकी बुद्धि को शिथिल कर दिया है। रक्त-संचार बढ़ गया था। पलकें झपकती ही न थीं।

मायावी के रोषपूर्ण देह और भारी चाल से रावण सावधान हो गए। वे मायावी की पीड़ा समझ रहे थे।

समीप आ मायावी खड़ा हो गया। रावण स्नेह से मुस्कराए, बैठने और शीतबुद्धि में रहने को कहा।

अनुचर ने आज्ञा सुनी। वह मद्य लेने चला गया।

मद्य पीकर मायावी का क्रोध शान्त हो गया। वह इधर-उधर देखने लगा फिर हँसा और बोला, "आपके लिए मेरी बहन अपना सब कुछ अर्पण कर ही चुकी है और आपने उसे मान भी दिया है। व्यर्थ का प्राणी समझ, मूर्ख जान, स्थूलकाय आलसी का सम्बोधन दे हमें हीनता का बोध कराया है। क्या यह उचित है? मेरा भाई दुंदुभि लंका के लिए वानर क्षेत्र में रहता था। आप उस दिन सभा में अपमान के शब्दों का प्रयोग न करते तो वह क्रोध में आकर बालि से न लड़ता। कौन नहीं जानता कि बालि अजेय हैं, आप भी तो...।" मायावी कहते-कहते ठहर गया। नयन भर आया।

रावण चुप थे। भला विभीषण कहाँ बोल पाते।

मायावी फिर कहने लगा, "मैंने आपसे वानर क्षेत्र में रहने और बालि के राज्य की व्यवस्था को तहस-नहस करने की आज्ञा माँगी थी। आप मुझे आदेश दें लंकापति। मैं दुंदुभि के बिना लंका में रह नहीं सकता।"

मायावी की दशा देख रावण द्रवित तो थे ही परन्तु भावों को छिपाते बोले, "मायावी! दुख, शोक से समय और बुद्धि का नाश होता है। हम सबने जीवन का आनन्द लिया। और यदि अपने कुल, संस्कृति, जाति, देश, मर्यादा और पहचान की रक्षा के लिए जीवन की आयु दस वर्ष कम हो जाए तो इसमें चिन्ता की क्या बात और किस बात की पीड़ा! मृत्यु तो सत्य है न! और कुछ दिन पहले मृत्यु आ गई तो प्रसन्नता से स्वीकारो! मैं तुम्हें अनुमति देता हूँ, परन्तु एक युक्ति भी सुझाना चाहता हूँ—पहली बात तो यह कि

क्रोध त्याग दो, शीत मस्तिष्क से काम लो। वानर क्षेत्र की समस्त गतिविधियों का अध्ययन करो। बालि के मन को जीत लो। इस हेतु तुम स्त्रियों की सहायता अवश्य लो। वानर कामुक जाति है। स्त्री में उसका मन लगता है। स्त्री-सुख हेतु वह कुछ भी करने को तैयार हो जाएगा। उचित अवसर जानकर बालि को ललकारो, उसे चुनौती दो। मैं भी उससे पराजित होकर अपमान का बोझ ढो रहा हूँ। प्रतिशोध की आग में जल रहा हूँ मायावी! तुम जितना चाहो रत्न, आभूषण, सुन्दर बालाएँ या और जो तुम चाहो ले सकते हो। सफल होकर आना अन्यथा दुंदुभि की भाँति प्राण त्याग देना।''

विभीषण को अच्छा नहीं लगा। इतने परिश्रम से एकत्र किया गया धन, लंका की प्रजा के श्रम का धन, जय किए गए क्षेत्रों के शिल्पियों, कृषकों का धन जो लंका के विकास पर व्यय होता, प्रजा के हित कार्य होते, वह धन मात्र अपमान का प्रतिशोध लेने में व्यय हो जाएगा। पर चुप थे विभीषण न जाने क्यों उनको अब हनुमान प्रिय लगने लगे।

मायावी चला गया।

•

मायावी वानर राष्ट्र के सम्राट बालि का प्रिय हो गया। मायावी का विरोध राज-परिषद् ने किया। सुग्रीव, अंगद ने समझाया। श्रेष्ठ सभेयों ने हानि के चित्र खींचे परन्तु बालि की बुद्धि पर कोई प्रभाव नहीं। बालि को स्त्री-सुख जो मिल रहा था। ऐसी कमनीय स्त्री बालि ने न देखी न सुनी। वह तारा जैसी सुन्दर, काम-सुख की क्रिया में प्रवीण स्त्री को भूल रहे थे।

मायावी ने राज-परिषद् के कुछ लोगों को मिला लिया। वह जो चाहता हो जाता। राज्य की व्यवस्था पर अमात्य अपना अधिकार खोते जा रहे थे। एक बार फिर बालि ने रावण को धन्यवाद दिया। बालि मात्र वानर स्त्री के सुख से अवगत थे। अब वह भिन्न क्षेत्रों, जातियों की स्त्रियों का स्वाद ले रहे थे। उसमें एक प्रमुख थी।

मायावी कैसे दूर होगा किष्किंधा से, वानरों को चिन्ता होने लगी। सुग्रीव का कोई वश न चलता। हनुमान भी तो नहीं हैं। अंगद बालक है और बालि को पता भी न चले सुग्रीव की गतिविधियों का, ऐसी ही कोई युक्ति निकले। बालि को सुग्रीव सुहाते भी तो नहीं।

बालि जिस स्त्री को प्रमुख स्थान देते, उस पर अपना अधिकार समझते। उस ओर कोई कुदृष्टि करे यह वे कैसे सह सकते हैं।

बालि ने आँखों से देखा, कानों से सुना जिसे वे सब कुछ खोकर भरपूर प्यार दे रहे थे, वह तो मायावी की रखैल है। अर्थ यह हुआ कि बालि को फँसाया जा रहा है। 'मायावी लोभी है। मेरे वानर राष्ट्र पर उसकी दृष्टि है। अवश्य ही रावण ने इसे भी दीक्षित करके भेजा है। मैं मायावी के प्राण हर लूँगा। सारे सुख एक ओर वानर राष्ट्र

और वानर जाति की मर्यादा एक ओर। पहचान का कोई मूल्य हुआ है क्या? अवध से लंका तक, देवों तक सब पहचान के लिए जी-मर रहे हैं। वानर रहेंगे तो राष्ट्र रहेगा, जाति रहेगी। राष्ट्र रहेगा तो मैं सम्राट। मात्र स्त्री-सुख में मैं,...नहीं!! मेरी मति मारी गई। इन पुष्ट जंघाओं का सुख व्यर्थ है। ये नयन, ये कटि, ये रथ कूबर जैसे नितम्ब... धत्...। अभी मैं मायावी को स्वाद चखाता हूँ। दुंदुभि सी गति बनाकर छोड़ूँगा।'

बालि अपने भवन से कई दिन बाहर नहीं निकले। शस्त्र-गृह जाते। गदा देखते, एक-एक गदा हाथ में ले तौलते फिर भाँजते। सुग्रीव और तारा ने व्यथा पूछी पर बालि चुप थे। कारण कोई जान नहीं पाया परन्तु इतना तय था कि किसी के प्राण संकट में हैं। सुग्रीव को रह-रहकर भय हो जाता कि कहीं भैया मुझे ही...।

मायावी के गुप्तचरों ने भी सूचना दे दी कि बालि मायावी से क्रोधित हैं और बालि का क्रोध बिना प्राण लिए शान्त नहीं होता। मायावी समझ गया कि अब आगे मैं कोई कार्यवाही न कर सकूँगा। यही उचित अवसर है कि बालि से भिड़ जाऊँ। चलूँ इसी समय चुनौती दूँ। बार-बार चुनौती सुनने से क्रोध बढ़ेगा और रक्त-संचार भी। बल क्षीण हो जाएगा। तब बालि को पराजित करना आसान होगा।

मायावी यह कहाँ जानता था कि चुनौती सुनकर बालि बलयुक्त हो जाते हैं। बिना चुनौती के बालि युद्ध करते ही नहीं। बालि को तो इसी क्षण की प्रतीक्षा थी।

मायावी द्वार पर चुनौती देने लगा, "सम्राट बालि! मैं मय का पुत्र मायावी जो कल तक तुम्हारा प्रिय मित्र था। मैं अब तुम्हारा मित्र नहीं रहा। मैं मल्लयुद्ध की चुनौती देता हूँ। स्त्रियों के केश की छाँव में रहने वाले सम्राट! आ मैं तेरा बल तो तौल लूँ। मेरी ध्वनि, मेरा गर्जन सुनकर छिप न जाना। आनर-वानर मेरा क्या कर लेंगे? मैं दीक्षित राक्षस हूँ। कलाओं से पूर्ण, युद्ध कला में प्रवीण। मैंने देश-देश भ्रमण किए हैं। उत्तर में मेरे सम्मुख खड़े होने तक का साहस किसी में नहीं, लड़ने की बात कौन करे। पूर्व में भी मैं निर्भय घूमकर चला आया, मेरी भुजा किसी ने नहीं थामी। सुना हूँ कि तुझमें बड़ा बल है। मेरी इच्छा पूरी कर! बल युक्त होने से ही सम्भवतः तेरा नाम बालि पड़ा है। आ! बालि आ!"

मायावी की चुनौती बालि ने भी सुनी और सुग्रीव ने भी। सुग्रीव समझ न पाए कि यह मित्र आज चुनौती क्यों देने लगा? बालि से कब हो गई शत्रुता? अब मायावी तो बच नहीं सकता। और सुग्रीव ने गदा उठा ली, बढ़ गए बालि के कक्ष की ओर।

"भैया! मायावी द्वार पर चुनौती दे रहा है।" सुग्रीव ने कहा और बालि के निकट जाकर बातें करने लगे। बालि भारी गदा खोज रहे थे।

"ये सबसे भारी है भैया। देखिए, इस पर यह चिह्न लगा है। इसे आपने ही लगाया है कि इससे पहचान रहेगी कि सबसे भारी गदा कौन सी है। भैया मैं चलूँगा आपके साथ, मायावी बहुत बली है फिर भी आपके बल के आगे तुच्छ।"

"चलो!"–बालि मुस्कराए।

दोनों भाई चल दिए। किसका साहस है कि चुनौती देकर इन दो भ्राताओं के बीच से निकल जाए, है किसी में इतना बल!

द्वार पर मायावी गर्जन कर रहा था। ताल ठोंककर हँस रहा था। उसकी हँसी से बालि का क्रोध आँखें फाड़कर निकल जाना चाहता था।

मायावी भागा। पीछे बालि और सुग्रीव। नगर के बाहर हुए तीनों। वन में छिपते, गरजते, चुनौती देते, ठहाके लगाते भाग रहा था मायावी। सुग्रीव की समझ में नहीं आ रहा था कि चुनौती देने के बाद यह भाग क्यों रहा है! नगर के बाहर तक तो उचित था परन्तु अब कहाँ भाग रहा है! कहाँ लड़ेगा! कहीं कोई छल तो नहीं। मायावी की दिशा मतंग वन की ओर थी। बालि समझ गए।

सुग्रीव से रहा न गया बोले, ''चुनौती देकर यह कहाँ भाग रहा है, लड़ेगा नहीं क्या?

''यह बहुत चतुर है सुग्रीव,'' बालि बोले, ''यह जानता है कि मतंग वन में मैं लड़ूँगा तो ऋषियों के कोप का भाजन बनूँगा। मायावी पराजित होकर भी विजयी बनना चाहता है। वह रावण की दृष्टि में सम्मानित होना चाहता है। तुम इसे किसी मार्ग पर बहका दो। हू-हू करो, इधर-उधर चलो। दुष्ट पर पत्थर फेंको कि यह मार्ग भूल जाए।''

सुग्रीव तो चाहते ही थे कि यह मतंग वन की ओर जाय जिससे बालि पराजित हो जाए। बालि का वध हुए बिना सुग्रीव सम्राट कैसे बन सकते थे। एक संयोग भी बना तो लगता है यह व्यर्थ ही हो जाएगा। मन की बात बाहर न निकले और बालि मेरे मन का कपट जान न पाएँ, सुग्रीव अपना भाव छिपाते रहे।

सुग्रीव बालि के निर्देशन पर पत्थर फेंकने लगे, वह बचने लगा। सुग्रीव हू-हू करते, कभी इधर कभी उधर। बालि प्रहार हेतु बार-बार हाथ उठाकर डराते।...और मायावी मतंग वन का मार्ग भूल गया।

पूरा दिन भागते बीता और संध्या...मायावी को एक गुफा का द्वार मिला। वह ठहाके लगाता, चुनौती देता गुफा में प्रवेश कर गया। बालि ने सुग्रीव को द्वार पर प्रतीक्षा करने का आदेश दे स्वयं प्रवेश कर गए गुफा के भीतर। भीतर...?

सुग्रीव की जान में जान आई। मन के मेवे फूट रहे थे। अब वे सम्राट का स्वप्न देखने लगे परन्तु बालि!...बालि के वध की तो प्रतीक्षा थी।

कई दिन बीत गए। अचानक बालि के स्वर जैसी चीख द्वार से निकली और वन में फैल गई।

सुग्रीव ने सोचा, 'किसी को पराजित करने में बालि को इतना समय नहीं लगता। अवश्य ही मायावी भारी पड़ रहा है। चीख का स्वर भी तो सम्राट जैसा था। बालि का वध हो गया जान पड़ता है या गम्भीर रूप से घायल हुए हों।...यदि घायल भी होंगे तो घुट-घुट कर अँधेरे में मर जाएँगे, अभी गुफा का द्वार बन्द किए देता हूँ।...और मायावी भी बाहर न आ सकेगा। मेरे मार्ग का शूल दूर हो गया।'

...और सुग्रीव ने बड़े-बड़े पत्थर द्वार पर रखने प्रारम्भ कर दिए। भली प्रकार गुफा

का द्वार बन्द हो गया। गुफा बड़ी थी तभी तो कई दिन तक मायावी और बालि लड़ते रहे। द्वार बन्द हो जाने से गुफा में अंधकार हो गया। निकलने की सम्भावना न थी।

और सुग्रीव भागे किष्किंधा की ओर।

किष्किंधा में एक मास तक शोक रहा। वानर प्रजा और राजपरिवार को दिखाने के लिए सुग्रीव ने अन्न, जल त्याग दिया। मनाने-समझाने के बाद वे सामान्य से दिखने लगे। सुग्रीव के हितैषी मन ही मन प्रसन्न थे। हनुमान रत्नपुर से आ गए थे। पवन के प्रसन्नता की सीमा न थी। बालि के पक्षधर दुखी थे। धूम्र, दरीमुख, दुर्मुख को कुछ सूझता ही न था कि क्या करें। अब उनकी बात कौन सुनेगा? सुग्रीव तो हनुमान की बुद्धि पर नाचने वाला है। तारा बेचारी क्या कहती क्या सुनती। सुग्रीव की पत्नी को समझ ही न थी राजनीति की। अंगद को जैसे पिता वैसे चाचा परन्तु पिता का न होना कितना दुखदायी होता है, अब पता चला है। छोटी से छोटी बात क्या यह सम्भव है चाचा से...?

सुग्रीव के पक्ष में बहुमत था। प्रजा का दबाव था कि सुग्रीव पद पर सुशोभित हों। सुग्रीव तो चाहते ही थे।

सुग्रीव सम्राट हो गए। बालि की दी हुई व्यवस्था में सुग्रीव ने परिवर्तन किया। प्रमुख सलाहकार थे हनुमान। हनुमान ने वानर हित में राज्य-कार्य के प्रस्ताव तैयार कराए। राक्षसों का खुलकर विरोध हुआ। कुछ राक्षस भूमिगत हो गए। असामाजिक कार्यों पर प्रतिबंध लगाया गया। लंका की वस्तुओं का बहिष्कार हुआ। स्त्रियों को सम्मान दिया गया। कामुक विचारों को छोड़ वानर ज्ञान, विज्ञान की ओर मुड़ गए। नई चेतना में उत्साह था।

यह सब देख तारा दुख भूल गई। अंगद को पिता का न होना खला नहीं। इन सबके बाद भी बालि के हितैषी बहुत थे, वे स्थान-स्थान पर सुग्रीव का विरोध कर रहे थे। परन्तु हनुमान के आगे एक न चली।

एक वर्ष बीतने को है। बालि किष्किंधा के इतिहास में हो गए। बालि का नाम सुनकर भुजा फड़कने लगती। प्रत्येक कार्य को प्रारम्भ करने के पूर्व बालि को स्मरण किया जाता।

और एक दिन सहसा बालि किष्किंधा के पथ पर। विक्षिप्त बालि। कई परत मैल देह पर। केश बिखरे, मैला वस्त्र, आँखों में कीचड़ सूखकर कोने में अटका। गदा से हीन। दुर्बल काया।

'अरे सम्राट!... सम्राट बालि!' किष्किंधा के वासी देखते और आश्यर्च करते। चकित प्रजा मार्ग के किनारे खड़े होकर हाथ जोड़े, सिर झुकाए अभिवादन की मुद्रा में। कोई चकित तो कोई प्रसन्न तो किसी को दुख भी कि अब वानरों के श्रेष्ठ नगर किष्किंधा

को कौन बचाएगा। सुग्रीव के प्राण बच ही नहीं सकते।

हनुमान को सबसे पहले सूचना मिली। सुग्रीव को हनुमान सचेत करते हुए, शान्त भाव से बालि का स्वागत और पुनः सम्राट पद पर प्रतिष्ठित करने और मात्र किष्किंधा का रक्षक अपने को सिद्ध करने को कहकर रत्नपुर की राह हो लिये। जाते-जाते हनुमान ने अपने गुप्तचर लगा दिए कि हर क्षण, हर पल की सूचना मिलती रहे।

हनुमान का सूचना-तंत्र सुव्यवस्थित था। हनुमान के कारण वानर सूचनाओं से विज्ञ होते रहे हैं। अगस्त्य के शिष्य जो ठहरे।

हनुमान बिना ठहरे रत्नपुर भागे। किसी को पता नहीं कि हनुमान गए कहाँ जानते तो बस सुग्रीव थे।

पूरा किष्किंधा जान गया कि बालि जीवित हैं।...किष्किंधा के पथ पर पैदल ही आ रहे हैं। राजभवन के मुख्य द्वार पर स्वागत की तैयारी होने लगी। राजपरिवार, राजसभा के सदस्य, श्रेष्ठ नागरिक, अमात्य, श्रेष्ठ शिल्पी, अन्य नागरिक मुख्य द्वार पर एकत्र हो गए।

बालि द्वार पर पहुँचे। बालि की जयकार हुई। ऐसे विक्षिप्त बालि को देख सबके नयन भर गए। ऐसा रूप सम्राट का किसी ने न देखा था। लगता था वर्षों से ताप सह रहे हों और न नहाए हों न जल ही ग्रहण किए हों।

बालि ने खड़े अश्रु बहाते सुग्रीव को देखा, "हूँ...मैं इसके प्राण लेकर रहूँगा," और झपट पड़े सुग्रीव की ओर। लातों, घूँसों की बौछार। सुग्रीव आह! करते, भूमि पर गिरते, हाथ जोड़ क्षमा माँगते, "मेरी ओर से त्रुटि नहीं हुई है भैया, आपका सब कुछ सहेजे हूँ।...आह! मेरे प्राण छोड़ दें। मैं किष्किंधा छोड़ दूँगा।"

और उपस्थित परिवारजनों ने सुग्रीव को अलग कर लिया। सुग्रीव कराहते रहे। बालि घूरते हुए हाँफ रहे थे।

बालि का स्वर फूटा, "यहाँ आप सभी उपस्थित हैं। मैं मायावी से युद्ध करने गया था। साथ में यह कुलद्रोही, नीच मेरा सगा अनुज सुग्रीव भी था। मायावी भाग रहा था, हम पीछे थे। अन्ततः मायावी एक गुफा में घुस गया। मैंने इस दुष्ट को द्वार पर रहने को कहा परन्तु मेरे गुफा में प्रवेश करते ही यह गुफा का द्वार बन्द करके किष्किंधा भाग आया। ये क्या करने गया था? अवश्य ही इसके मन में मेरे विरोध में शूल पल रहा था। यह मुझे जीवित देखना नहीं चाहता। अंगद के रहते, मैंने इसे युवराज बनाया। यह सम्राट का स्वप्न देख रहा था। आप सभी मेरे कष्ट का अनुमान नहीं लगा सकते। मायावी तो मृत्यु को प्राप्त हो गया परन्तु गुफा का द्वार न मिलने से मैं भी क्या जीवित रह सकता था? मैंने सुग्रीव-सुग्रीव पुकारा। अंधकार था कि पता नहीं किधर है गुफा का मार्ग? मुझे तो यह भी ज्ञात नहीं कि कितने दिनों तक मैं गुफा की भीत को हाथों से पीटा हूँ, कितनी बार मेरा माथा टकराया है। ये देखिए भद्रजनो देखिए! ये हाथ, ये माथा, ये-ये घुटने देखिए।"और बालि घायल हुए देह अंग दिखा-दिखा बिलखने लगे।

चेहरा विद्रूप हो जाता जब नयन उठते सुग्रीव की ओर।

और सुग्रीव तारा के पीछे दुबके-छिपे।

बालि पुनः बोले, ''रुद्र की कृपा ही कह लें कैसे द्वार मिल गया! आघात से द्वार का पत्थर स्थान छोड़ गिर गया और बाहर का प्रकाश मुझे दिखाई दिया। मेरे प्राण हरे हो गए। आप विश्वास नहीं करेंगे! कई बड़े-बड़े पत्थरों से ठीक प्रकार से द्वार बन्द किया गया था। मेरे अतिरिक्त सम्भवतः कोई द्वार खोल भी न पाता, द्वार का पता लगने के बाद भी।...मैं बाहर आया। मेरी बुद्धि क्षीण हो गई। मेरी स्मृति चली गई। मैं मार्ग भूल गया। बिसर गया सब कुछ। वन-वन भटकते-भटकते। पत्ते, फूल, फल और नदी का जल पीते-पीते सहसा मुझे मेरा नगर किष्किंधा दिखा। मेरा परचम दिखा। वानर मिले। मेरी चेतना लौटी। मैं लौटा। मुझे सब याद आ गया। मेरी वो भारी गदा कहाँ छूट गई, पता नहीं।''

और पुनः झपट पड़े बालि सुग्रीव की ओर, ''मैं इसे छोड़ूँगा नहीं। अनुज होकर यह शत्रु घर में पल रहा है।''

तारा ने शान्त किया। अमात्य ने समझाया, ''आप क्रोध त्यागें। स्वस्थ और स्वच्छ हो लें। सामान्य होवें सम्राट। आपको विश्राम की तत्काल आवश्यकता है। सुग्रीव को दंड आप जब चाहें दे सकते हैं। उनके प्राण ले सकते हैं। युवराज कहीं जाएँगे नहीं। शान्त हो जाएँ सम्राट शान्त!''

और तारा बालि की भुजा थामे कक्ष की ओर ले गई। समय जाते देर नहीं लगती। समय बदलते भी देर नहीं होती। कब कैसा समय आ जाएगा किसी को पता है क्या? बालि की यह गति होगी। रावण यहाँ तक ऊँचे उठ जाएँगे। राम का वन-जीवन। आर्य-ऋषियों का बढ़ता आधार। पिंडों के जाल में उलझते लोग। समय किसी का सगा है क्या? समय किसी को ठगता-छलता भी तो नहीं। समय के लिए सब समान है। जो समय का साथी बन गया, कालजयी हो गया। इतिहास में उसी के पृष्ठ होंगे।

बालि स्वस्थ और सामान्य हो गए परन्तु न दिन को चैन न रात को नींद। एक ही रट कि सुग्रीव के प्राण लेकर रहूँगा। तारा ने समझाया 'सुग्रीव को देश निकाला दे दें परन्तु प्राण न लें' पुत्र अंगद ने प्रार्थना की, 'चाचा इतने बुरे नहीं। आपके न रहने पर वे मुझे हर पल साथ रखते। मेरी समस्त इच्छाएँ पूरी करते। माँ के चरण छुए बिना वे जल तक ग्रहण न करते।' बहुतों ने मनाया परन्तु बालि के माथे से बिसरे तब न! वे गुफा को याद कर नयन भर लेते और सुग्रीव को प्राणदंड देने की रट लगाने लगते। बालि के अश्रु इसलिए और भर जाते कि जिस सगे भाई को मैंने पुत्र से बढ़कर मान दिया वह शत्रु हो गया, मेरा प्राणघाती शत्रु! किसने हर ली बुद्धि सुग्रीव की? और फूट-फूटकर रो पड़ते बालि।

आज रात अधिक व्यथित थे बालि। प्रातः होने की प्रतीक्षा है। यह प्रतीक्षा सुग्रीव के लिए उचित नहीं है। पक्षियों ने स्वर दिया 'भोर हो गया', पशुओं ने जताया रात्रि

चली गई सूर्य से हारकर, दिनचर्या प्रारम्भ प्रतिदिन की तरह। निवृत्त होने के आवश्यक कार्य प्रातः प्रत्येक प्राणी के लिए आवश्यक और आज आवश्यक हो गया बालि के लिए गदा। गदा का प्रहार सुग्रीव की छाती पर। छाती पर लोटता रहा साँप। छाती पर लदी रहीं स्मृतियाँ गुफा की। हनुमान के प्रति सन्देह नाचता रहा छाती पर। छाती बोझ लादे है। आज बालि यह बोझ उतार देना चाहते हैं। '...आज सुग्रीव बच नहीं सकते। कल हनुमान को खोजूँगा, देखता हूँ अब कौन विरोध करता है? कौन वानर जन्म ले लिया मेरे विपक्ष में? कौन राक्षस विरोधी क्रियाएँ करने हेतु प्रस्तुत हो गया वानर राष्ट्र में? मुख से रक्त का वमन न करा दिया तो मेरे बल के नाम पर मूषक पाल लें।'

बालि कक्ष से निकले, कंधे पर सामान्य-सी गदा लिये। सीधे सुग्रीव के कक्ष की ओर बढ़ गए बिना किसी से कहे, बिना बोले। तारा अभी जागी न थीं।

सुग्रीव भी सोए थे। रूमा दैनिक क्रिया करने कक्ष से निकली थी। सुग्रीव के कक्ष से सटा अंगद का कक्ष था।

सहसा गदा का प्रहार, "उठ! नीच! दुष्ट! आज मैं तेरा प्राण..." और फिर एक प्रहार।

सुग्रीव ने गदा पकड़ ली। अचानक हुए प्रहार से घबराकर कक्ष के बाहर भागे। सुग्रीव अंगद के कक्ष में घुस गए। अंगद समझ गए कि पिताश्री आज सुग्रीव को छोड़ेंगे नहीं। अंगद ने सुग्रीव को छिपा दिया। बालि के पूछने पर काँपते अंगद ने बताया कि चाचा इधर नहीं उस कक्ष की ओर गए हैं। पूरा भवन जाग गया। सभी दौड़ पड़े सुग्रीव को बचाने।

अंगद ने देखा पिता कक्ष के बाहर हो गए हैं तो अंगद ने सुग्रीव से कहा, "तातश्री, अब देर न करें, यहाँ से आप कुछ वर्षों के लिए चले जाएँ। इस प्रकार कितने दिन तक भय में जीते रहेंगे। पिताश्री का क्रोध अभी ठंडा नहीं हुआ है। धीरे-धीरे वे शान्त हो जाएँगे और आपको अपनाने की स्वीकृति दे देंगे। बिना उनकी सहमति के आप किष्किंधा में न रहें। भाग जाएँ तात! भाग जाएँ!"

"कहाँ जाऊँ पुत्र? किस दिशा में कहाँ ठौर है मेरा? मेरी समझ में नहीं आता क्या करूँ?"

"आप सीधे मतंग वन की राह लें। मतंग वन में ऋष्यमूक पर्वत पर उचित स्थान देखकर अपना निवास बनाएँ। यहाँ के परिवार, राज, समाज, व्यवस्था की चिन्ता छोड़ें शीघ्र ही यहाँ से निकल जाएँ।"

अंगद के इतना कहते ही सुग्रीव कक्ष से निकल कर भागे। बालि ने देख लिया। आगे सुग्रीव, भागते पीछे बालि। सुग्रीव तीव्र धावक थे। सुग्रीव ने पीछे देखा, बालि दौड़े चले आ रहे हैं, हुंकार भरते। सुग्रीव मतंग वन की राह हो लिये।...और वन में प्रवेश कर गए।

बालि खड़े देखते रह गए, "जा दुष्ट भाग जा फिर कभी किष्किंधा न आना, अभी

तेरे प्राण इस भूमि पर रहने के लिए शेष हैं।" और बालि लौट पड़े।

बालि ने भवन के द्वार पर अंगद को देखा, बालि अंगद को घूरते हुए विश्राम कक्ष की ओर मुड़ गए।

सुग्रीव की जान में जान आई। उचित स्थान की खोज में कई दिन बीत गए। सुग्रीव का जीवन एकान्त। सबसे दूर...। फलों पर जीवन...पर्वत की छाँव...और प्रतीक्षा अपने प्रियजनों की।

रूमा तो आ नहीं सकती। अंगद तो भावी युवराज हैं उन्हें राज्य-व्यवस्था का भार अभी से उठाने का अभ्यास करना है। तो कौन सहयोगी होगा? कौन आएगा सुग्रीव के साथ? कौन बिताएगा यह कठिन जीवन? क्या-क्या अभिलाषाएँ पाल रहे थे सुग्रीव, क्या हो गया। हनुमान को सूचना मिल गई होगी वह तो भागा आएगा। मेरा हनुमान भीरु है न धूर्त, वह जिसका साथ देता है हृदय से देता है, मन से, भाव से।

और धीरे-धीरे नल, नील...जाम्बवान, तार, मलयवन, सुग्रीव को खोजते-खोजते सुग्रीव की ठाँव चले आए, सुग्रीव के लिए। ये सब कुछ त्याग चुके थे। बालि किसी कोण से न रुचते हैं। और जो रुचता नहीं वह पच नहीं सकता।

और एक दिन हनुमान ऋष्यमूक पर्वत पर चढ़ते हुए दिखाई दिए। सुग्रीव ने सुना दौड़ पड़े। नल, नील के हर्ष की सीमा न थी। जाम्बवान बूढ़े परन्तु अगवानी तो करनी है।

"देर क्यों प्रिय हनुमान?" प्रश्न किया सुग्रीव ने।

"समय से सूचना तो मिल गई थी परन्तु रत्नपुर की व्यवस्था करके, किष्किंधा में गुप्तचरों को आवश्यक निर्देश देकर मैं शीघ्र आ जाता परन्तु एक अतिआवश्यक कार्य...।"

"कौन-सा कार्य पुत्र हनुमान?"—जाम्बवान बोले।

"तात! रावण के भाई विभीषण को मैंने अपनी ओर मिला लिया है। अब विभीषण रावण के किसी भी कार्य में रुचि नहीं ले रहे हैं। इस कार्य में मुझे वर्ष भर लग गया। लगातार विभीषण से सम्पर्क बनाए रखा। विभीषण शान्त प्रिय हैं। मैंने अपनी योजना का विस्तार लंका में कर दिया है। विभीषण मेरे गुप्तचरों को आश्रय देंगे। लंका की गुप्त सूचनाएँ मुझे मिलती रहेंगी।"

"अरे, यह कार्य सम्पन्न किया है तुमने! हनुमान तुम श्रेष्ठ हो। परन्तु विभीषण को क्या लाभ?"—चकित थे सुग्रीव।

"लाभ है, विभीषण को मैंने आश्वस्त किया है कि वे भविष्य में लंकापति होंगे। बस मेरे निर्देशन में कार्य करते रहें। समय आने पर राम की सहायता करें। राम उन्हें लंकापति के अतिप्रतिष्ठित पद पर गौरवान्वित करेंगे।"

हनुमान की बुद्धि पर सभी चकित थे। सुग्रीव को हनुमान की कमी थी सो दूर

हो गई। सुग्रीव बुद्धि-विवेक से धनी हो गए। सभी चैतन्य हो गए। ऊर्जा से ओत-प्रोत। बल से युक्त। विवेक से भरे। साहस भींचे!...हनुमान जो साथ थे।

हनुमान अपनी गतिविधियाँ संचालित करते रहे। किष्किंधा में नियुक्त गुप्तचर। रत्नपुर और महेन्द्र की राज-व्यवस्था...और तो और लंका के गुप्तचरों की सूचनाएँ...वेश बदलकर किष्किंधा हो आते। ग्रामीण बनकर ग्राम-ग्राम जाते। व्यायामशालाओं का निरीक्षण करते। हनुमान को अवकाश नहीं।

हनुमान ने सुना कि राम-जनस्थान के पंचवटी नामक स्थान पर ठहरे हैं। वन-जीवन बीत रहा है उनका। राम जनता के प्रिय हो रहे हैं। हनुमान, रामबाट जोहते। सुग्रीव को सान्त्वना देते, धैर्य बँधाते।

हनुमान का युवा वर्ग अपना कार्य कर रहा था जिसका पता न बालि को था न रावण को।

"हनुमान! अवश्य ही किसी विशेष प्रयोजन से तुम्हारा आना हुआ है।"—मतंग ऋषि ने स्वागत किया हनुमान का।

"मेरा अभिवादन स्वीकार हो श्रेष्ठवर! अब वानर जाति को वानर राष्ट्र को आप ऋषियों का ही सम्बल है।"

"हाँ हनुमान! बालि की मति मारी गई। सुग्रीव मेरे क्षेत्र में जीवन व्यतीत कर रहे हैं। मैं आश्रमियों से खाद्य सामग्री भिजवाता रहता हूँ।"

"यह तो आपकी कृपा है, आपका श्रेष्ठपन है। परन्तु मैं विशेष सूचना देने और आग्रह करने उपस्थित हुआ हूँ ऋषिवर।"

"कहो हनुमान! क्या सूचना है मेरे लिए?"

"ऋषिवर! आप प्रसन्न हों, राम ने वन जीवन का आरम्भ कर दिया है और वे अवध से दूर जनस्थान तक आ गए हैं। अब हमें प्रतीक्षा अधिक नहीं करनी है। आपके अधीन जितने आश्रम हैं उन्हें सचेत कर दें। राम की हर सम्भव सहायता हो। राम आश्रम देखकर पड़ाव डाल रहे हैं। ग्राम में रहने की इच्छा उनकी नहीं है। विशेष रूप से शबरी को आप अवश्य निर्देशित करते रहें। राम की सूचना यदि आपको मिले तो मुझे अवगत कराएँ। आपको जानकर हर्ष होगा कि लंका में मेरे पाँव पसर रहे हैं। आप मुझे प्रेरणा दें, स्नेह दें जिससे मैं उत्साहित हो सकूँ। अपनी ओर से बालि को भययुक्त करते रहें जिससे वे इस दिशा में आँख उठाकर भी न देख सकें। मैं चलता हूँ बहुत से कार्यों का सम्पादन करना है।"

"जाओ हनुमान, हम सब ऋषि-गण तुम्हारे साथ हैं परन्तु एक बात का ध्यान रखना इस वन में कोई युद्ध न हो यह मेरी प्रतिष्ठा और मर्यादा का प्रश्न है। शांति से रहने की मनाही नहीं है, परन्तु मेरी व्यवस्था में कोई बाधा नहीं होनी चाहिए। मेरे भय से बालि यहाँ नहीं आ रहा है। नहीं तो किसी के प्राण बचने वाले नहीं हैं।"

हनुमान मुस्कराए, अभिवादन किया और ऋष्यमूक की ओर चल पड़े।

सुग्रीव की व्यथा सुग्रीव ही जाने, हनुमान क्या समझते। हनुमान के पास न स्त्री थी न बैरी भाई। हनुमान को स्त्री-स्वाद का क्या अर्थ? हर नारी माँ लगती हनुमान को। कामुक वानर जाति में हनुमान एकमात्र उदाहरण थे। हनुमान कई अर्थों में रेखांकित करने योग्य थे। हनुमान की एक महत्त्वाकांक्षा थी कि वे वानर जाति के अगुवा बन सकें। सम्राट से भी ऊपर जिसके संकेत पर सम्राट भी चले। हनुमान सूत्र बनना चाहते थे, यह हनुमान की सबसे बड़ी इच्छा थी। और दूसरा संकल्प रावण का नाश। राक्षस जाति का समूल विनाश। हनुमान को आर्य-अनार्य से क्या अर्थ? वे तो अगस्त्य द्वारा निर्मित विवेक-बुद्धि, ज्ञान-विज्ञान से संचालित थे। राम के प्रिय होना चाहते थे। रावण अगस्त्य के शत्रु, राम के विरोधी तो भला हनुमान से कब मान पाते रावण। हनुमान को अब मूलवंशी का सूत्र पिलाया भी तो नहीं जा सकता।

और प्रतीक्षा होती रही राम की।

14

एक पक्ष बीत गया कोई सूचना नहीं मिली पंचवटी की। विराजक प्रतीक्षा करते सूचना-यात्री की। सूचनातंत्र सुव्यवस्थित और दृढ़ था। विश्वामित्र, अगस्त्य, हनुमान और राम एक ही दिशा एक ही लक्ष्य पर टिके थे। सूचनाएँ ही आधार थीं। रावण का सूचनातंत्र भी दृढ़ था, परन्तु इतना नहीं। एक-एक ऋषि, एक-एक आश्रम सूचनाओं को एकत्र कर केन्द्र तक पहुँचाता।

दिन चढ़ आया। पशु चरने के लिए चले गए। आश्रम के शिल्पी कार्य में लग गये। सभी व्यवस्था में कर्म को प्रधान समझ, जुटे हैं जी-जान से। अब अगस्त्य को निर्देश देने की भी आवश्यकता नहीं थी। सभी विभागों के निर्देशक नियुक्त थे। अगस्त्य अब सूचनाएँ ही सुनते थे।

सिंहद्वार से तीन सूचना यात्री अश्व दौड़ाते विराजक के कुटीर की ओर बढ़ गए। 'इतनी तीव्र गति से आश्रम में अश्व दौड़ाना मना है अवश्य कोई विशेष बात है', चोष्या भुनभुनाया और विराजक की कुटीर की ओर भागा।

अश्व रुक गए। सलेटू उछला और कुटीर में।

"क्या बात है सलेटू इतनी शीघ्रता क्यों? मैं तुम्हारी प्रतीक्षा में हूँ परन्तु क्या कोई विशेष...।" चकित हो विराजक ने प्रश्न किया।

बीच में बोल पड़ा सलेटू, "विराजक महोदय! पंचवटी पर आक्रमण...।" इतना कहकर सलेटू हाँफने लगा।

"आक्रमण! पंचवटी पर!" चकित हो विराजक दौड़ पड़ा अगस्त्य की कुटीर की

ओर! क्षणभर में यह सूचना आश्रम में फैल गई। सभी भागे अगस्त्य की कुटीर की ओर।

पद्ध्वनियों और कोलाहल की आहट पाकर अगस्त्य कुटीर के बाहर आए। वेदी की ओर बढ़ गए। देखा सभी इधर ही आ रहे हैं। विराजक भी व्याकुल हैं, ''अरे! क्यों सब भाग रहे हैं!'

'...क्या आश्रम पर आक्रमण या कोई अस्वस्थ हो गया'। अगस्त्य हाँफने लगे। भीड़ एकत्र हो गई। ''क्या बात है विराजक?''–अगस्त्य ने एकत्र होने का कारण पूछा।

''गुरुदेव! पंचवटी पर खर सैनिकों ने आक्रमण कर दिया है।''–विराजक बोला।

''क्या! शीघ्र ही आश्रम के अस्त्र-शस्त्र भण्डार खोल दो! आश्रम के दीक्षित आश्रमी पंचवटी क्षेत्र में प्रस्थान करें। तुम भी जाओ विराजक। वहाँ से सूचनाएँ भिजवाते रहना–शीघ्र। युद्ध में देर पराजय का नाम है परन्तु शीघ्रता में स्मृति, विवेक का पूरा ध्यान रहे।...हाँ, कौन समाचार लाया है?''

सलेटू और दोनों सूचना-यात्री आगे आ गए।

सलेटू बोला, ''गुरुदेव, इस समय शीघ्रता से काम न लें सोच-समझकर आयुधों का परीक्षण-निरीक्षण करके ही योग्य आश्रमियों को भेजें। खर की सेना राम से पराजित होकर जा चुकी है।...परन्तु शीघ्र ही किसी बड़े आक्रमण की आशंका है। मेरी सलाह है कि हमारे आश्रमी जटायु का सहयोग करें। एक-दो दिन में ग्राम-ग्राम से कुशल योद्धा पंचवटी की ओर भेज दिए जाएँ।''

सलेटू को अवसर मिला वह अपनी बुद्धि का परिचय देकर प्रथम अंक पाना चाहता था।

अगस्त्य ने तोष से गहरी साँस ली और आश्वस्त हो स्फुटिक हो गए, ''अच्छ, ठीक है, आप लोग पंचवटी की पूरी सहायता हेतु तैयारी करें। सलेटू! कैसे घटी यह घटना बताओ। जिसे सुनना हो बैठ जाएँ।''

भीड़ से कोई नहीं गया।

''गुरुदेव!'' सलेटू ने विस्तार पकड़ा, आज वह समस्त आश्रमियों को दिखा देना चाहता था कि मैं भी योग्य सलेटू हूँ, ''मैंने राम और जटायु के गुप्तचरों से सम्बन्ध स्थापित कर रखे थे। जटायु के गुप्तचर जनस्थान के अधिपति और शूर्पणखा की सूचनाएँ एकत्र करने में प्रवीण हैं। मुझे उनसे ही ज्ञात हुआ कि–शूर्पणखा को राम के आने और कुटीर बनाने रहने की सूचना मिली तो वह विचलित हो गई। जनस्थान में यह नया कौन? शूर्पणखा ने राम के अस्त्र-शस्त्र भंडार, लक्ष्मण और सीता के विषय में भी विज्ञता प्राप्त कर ली।

...''छिपकर एक दिन राम का कुटीर भी वह देख आई। राम के सौष्ठव को देख शूर्पणखा जो पति रहित थी, मुग्ध हो गई। वह सजी-सँवरी और राम से मिलने जा पहुँची। शूर्पणखा अपना रूप दिखाकर राम को मोहित करना चाहती थी। और चाहती थी राम

के बल, अस्त्र-शस्त्रों की विज्ञता। बिना उसकी आज्ञा के दूर देश का अन्य पुरुष जनस्थान में कैसे रह सकता है। जनस्थान को संकट में जानकर शूर्पणखा एक साथ दोनों कार्य सिद्ध करना चाहती थी। एक–काम सुख और दूसरा–राम को जनस्थान क्षेत्र से खदेड़ना।

''सजी-सँवरी शूर्पणखा ने कहा, 'ऋषि के वेश में तुम कौन हो? मेरी आज्ञा के बिना यहाँ कुटीर बनाकर रहने का साहस क्यों? मैं शूर्पणखा हूँ। अजेय राक्षसराज रावण की बहन। खर मेरा भाई है। मेरी सम्प्रभुता यहाँ चलती है। हम किसी अन्य को यहाँ रहने की आज्ञा नहीं देते।'

''इतना सुनकर राम ने कहा, 'मैं अवध का राजकुमार हूँ दशरथ का पुत्र, यह मेरा भाई लक्ष्मण और यह मेरी पत्नी सीता है। तुम आने का कारण कहो।'

शूर्पणखा निडर होकर बोली, ''तुम मुझसे विवाह कर लो सुख से रहोगे। तुम्हारे द्वारा प्रदान देह सुख की इच्छा है मेरी, मेरी आज्ञा भी है। इस निर्बल क्षीण काया वाली स्त्री को छोड़ दो, यह कुरूप है, इसकी कटि इतनी क्षीण है! नितम्ब, कुच छोटे-छोटे हैं! गर्दन पतली लम्बी बिना तुक-ताल की है। गौर वर्ण है। छीः ऐसी भी कहीं स्त्रियाँ सुखकर होती हैं। इसके केश लम्बे हैं जो शय्या पर बिखरे रहते होंगे, अवश्य ही ये काम-सुख में बाधक होंगे।'

''शूर्पणखा इतना बोल तो गई परन्तु अवश्य उसे ताड़का का वध करने वाले राम की स्मृति रही होगी। यह तो वह राम को बहका रही थी। सत्य तो यह था कि वह थाह लेना चाहती थी।

''राम शूर्पणखा के व्यवहार से चकित थे। सीता लजा गईं। राम ने असमर्थता जताई और उसे लक्ष्मण के पास भेज दिया। वह लक्ष्मण की ओर न जाकर शस्त्र कुटीर की ओर जाने लगी। राम ने रोका और लक्ष्मण की ओर संकेत किया। लक्ष्मण ने सुना और अपने को दास कहकर पुनः राम के पास भेज दिया। वह राम के पास आकर भिन्न-भिन्न प्रकार से अभद्र बातें करने लगी।...'राम तुम्हारी गौरवर्ण की जाँघों से मेरी ताम्रवर्णी जाँघों को सुख मिलेगा। तुम मेरे मोटे होठों का स्वाद चखकर तृप्त हो जाओगे।'

''राम ने डाँटा, 'चुप रह अभद्र स्त्री, जा विचरण कर। तू क्या जाने रूप की परिभाषा। तेरी देह राक्षसी गंध दे रही है। हम ऐसे अभद्र राक्षसों को दंडित करने के लिए यहाँ आए हैं। तेरे साथ क्या कोई पुरुष सुख पा सकता है! तू राक्षस है और राक्षस कब अच्छे हुए हैं। जा मैं छोड़ता हूँ तू विहार कर, अपनी राह जा।' ''

''राम को ऐसा नहीं कहना चाहिए। किसी अधिपति का अपमान उचित नहीं है।'' गुरुदेव बोले।

''उस लज्जाहीन के लिए यही उचित है गुरुदेव।''–विराजक बोला।

''राम भी समझ रहे थे कि इससे सीधे बैर लेना उचित नहीं होगा। खर का आक्रमण हो सकता है परन्तु राम को अपने बल, युद्ध-कौशल पर विश्वास था। ताड़का वध वाले राम हैं, यह जानकर शूर्पणखा भी भयभीत हुई होगी।''–सलेटू बोला।

"फिर क्या हुआ आगे बोल सलेटू, विमर्श बाद में कर लेंगे।"—अगस्त्य सुनना चाहते थे।

"फिर...तो!" सलेटू के नयन फैल गए..."वह सीता पर झपटी। यह देख लक्ष्मण ने खड्ग निकाल लिया और शूर्पणखा पर प्रहार कर दिया जिससे उसके एक कान का कुंडल कटकर गिर गया।...और नाक छिल गई! खड्ग की धार तीखी थी सो शूर्पणखा के गाल पर भी खड्ग का चिह्न बन गया।...रक्त बहने लगा। वह भागी खर के पास। खर ने कई महारथी भेजे, राम का वध करने के लिए परन्तु राम और लक्ष्मण के आगे टिक न सके। सबके शव भूमि पर पड़े रहे पूरी रात। और मैं भाग आया कि एक भयंकर युद्ध शीघ्र सम्भावित है। हमें राम हेतु प्रस्तुत होना होगा।"

तीन दिन तक आश्रम के अस्त्रों-शस्त्रों का निरीक्षण हुआ। प्रमुख आश्रमी वीरों की सूची बनी और पंचवटी क्षेत्र में रामाश्रम के समीप वन में जा छिपे आश्रम वीर।

जटायु के समस्त ग्राद्ध-ग्राम जो जटायु के पक्ष में थे, चल पड़े राम के कुटीर की दिशा में।

राम द्वारा दीक्षित किए गए ग्रामों के वीर युवा भी वन में जा छिपे। राम जन बल से धनी थे। अस्त्र-शस्त्र राम की कुटीर में एकत्र होने लगा। राम तैयार थे। राम की अव्यवस्थित परन्तु साहसी सेना आक्रमण की प्रतीक्षा में थी।

यह तय था कि खर चुप न बैठेगा।

चुप रहा भी नहीं जा सकता। कोई उसके क्षेत्र में आकर सम्प्रभुता को चुनौती दे। अधिपति का अपमान हो तो यह सहने योग्य नहीं। धरती का कण-कण खर का था जटायु की मति मारी गई, अनार्य होकर आर्य के पक्ष में हो गया है। खर को राम से बाद में परन्तु पहले जटायु से निपटना चाहिए था।

खर, दूषण और त्रिशिरा के रहते दुलारी बहन का अपमान हो। यह सहा कैसे जा सकता है। शत्रु घर में घुसकर, रक्त बहाकर, अपमानकर, चुनौती दे, कैसे चैन रहेगा।...और शूर्पणखा का बिलखना। ढेर अश्रु नयनों में, वाणी में अनेक पीड़ादायक शब्द, पौरुष को ललकारने वाले वाक्यों को सुनकर खर के नयन लाल हो गए। रक्तवर्णी आँख लिए खर ने कहा, "यदि उन हीनकाय वनवासियों को दंड का स्वाद न चखाया तो मेरे काले होने में खोट है।"

और सहस्त्रों वीर राक्षस एकत्र होने लगे। राक्षसों की प्रतिष्ठा का प्रश्न था और राम को अपनी पहचान बनानी थी। आश्रमियों को अपनी दीक्षा का प्रमाण देना था। राम इतने राक्षसों का सामना कैसे करेंगे? कोई सेना ऐसी नहीं कि जो राम द्वारा पूर्व में संचालित या दीक्षित की गई हो। भिन्न-भिन्न ग्राम के युवा, आश्रमी और जटायु

के लोग परन्तु कुछ तो राम से आत्मरक्षार्थ दीक्षित हो ही चुके थे।

और राक्षस प्रशिक्षित थे। राक्षसों के पास अस्त्र-शस्त्रों का विशाल भंडार था। और यदि साधारण वनवासी राम से पराजित हो गए तो वे जनस्थान की रक्षा कैसे कर सकते हैं?

जनस्थान के राक्षस आर्यों के छल, युद्ध, कपट, नीति, धूर्त्त विवेक को नहीं जानते थे। वे सीधे युद्ध करना चाहते थे। यदि राक्षसों ने राम का वध कर दिया तो आर्यों का प्रसार ठहर जाएगा, आर्य ऋषि दुबक जाएँगे और अपने आश्रमों तक सीमित होकर मर-खप जाएँगे। राक्षस यहाँ के हैं और रहेंगे।

और यदि राक्षसों की पराजय हो जाएगी तो राम पूज्य होंगे जनस्थान के लिए। राम इतने लघु रूप में होकर भी विशाल राक्षसों की सेना पर विजय! आश्चर्य! परन्तु यह सम्भव हुआ तो फिर कोई राक्षस न रहेगा जनस्थान में। आर्यों का अधिकार होगा आर्य ऋषियों के बुद्धि के अनुसार प्रजा पलेगी। प्रत्यक्ष में तो आर्य-अनार्य मिल जाएँगे परन्तु आर्यों की मानसिकता एक नई व्यवस्था में सबको ढाल देगी। सम्प्रभुता होगी आर्यों की। आर्य संवाहक होंगे, आर्य संचालक होंगे। जनस्थान की व्यवस्था आर्यों की देख-रेख में होगी। फिर कभी यहाँ की प्रजा पिंड से बाहर निकलकर सोच न सकेगी। पिंड की आड़ में आर्य लाभ सिद्ध होता रहेगा।

खर की सेना ने कूच किया। अनेक महारथी। सहस्त्रों सैनिक। भिन्न-भिन्न प्रकार के अस्त्र-शस्त्र! दूषण सेनानायक थे। संध्या होते-होते सेना ने पंचवटी में रामाश्रम को घेर लिया।

राम जानते थे कि मेरी सहायता में वीर योद्धा वनों में छिपे हैं। राम ने गुप्तचरों से सन्देश भिजवा दिया कि 'खर की सेना ने आश्रम को घेर लिया है। रात्रि के कारण अब वे प्रातः आक्रमण करने की सोच में हैं। वीर युवा साथियो! बिना ध्वनि किए गए आश्रम को निकट से घेरे हुए राक्षस सैनिकों को घेर लो और वृक्ष पर चढ़ जाओ, वृक्ष पर वे ही चढ़ें जिनके पास तीर धनुष हों। शेष छिपे रहें। पूरी रात छिपकर प्रहार करते रहें। असावधान राक्षसों का बल इस औचक प्रहार-आक्रमण से क्षीण हो जाएगा, वे विवेक खोने लगेंगे।'

राम के आदेश का पालन हुआ।

आधी रात से कुछ पहले खर अकल्पनीय प्रहार से घबरा गया। राक्षसों की छाती बेधता तीर निकल जाता। धँसे वाण से उदर ने रक्त उगलना प्रारम्भ कर दिया। तीरों की बौछार। राक्षस विवेकशून्य हो गए। भागने लगे। भागते राक्षसों को पकड़-पकड़कर वन में छिपे राम के वीर घायल कर देते। कुछ के प्राण ही हर लिए गए।

प्रातः तक दूषण की टुकड़ी के आधे राक्षस घायल हो गए, सैकड़ों के शव भूमि पर पड़े रहे। खर को सूझ ही न रहा था कि वह करे क्या?

सूर्य निकल आया। राम ने देह पर भस्म लपेट लिया। राम, श्यामवर्णी हो

गए। लगता था कि स्वयं रुद्र आ गए हों। अस्त्र-शस्त्रों से लद गए। कवच भी पहन लिए।

खर ने सेना को व्यवस्थित किया, दूषण को एक टुकड़ी के साथ भेजा। दोनों ओर से प्रहार। छिपे राम वीरों का अभी तक पता न था। राक्षसों को आगे से राम, पीछे से राम वीरों का प्रहार। देखते-देखते राक्षस भूमि पर लोटने लगे। दूषण राम को देख खड्ग ले राम पर झपटा परन्तु वह वाणों से बिंध गया। घायल दूषण देर तक प्राण न रोक सका।

खर को बड़ा आघात लगा।

अब त्रिशिरा की बारी वह भी ढेर और साथ में अनेक राक्षस।

आघातों-प्रतिघातों से विचलित खर ठहर न सका। उसने भी प्राण गँवा दिए। राम जयी हुए। लक्ष्मण जो सीता को सुरक्षित स्थान पर लेकर चले गए थे, आ गए। राम का मान हुआ। राम की सहज विजय जनस्थान पर...अकल्पनीय सत्य!

शूर्पणखा को यह सूचना किसी मृत्यु से कम नहीं। वह जीते जी मर गई थी। विक्षिप्त शूर्पणखा ने रथ तैयार करवाया और सारथी के साथ सीधे लंका की दिशा में चल पड़ी।

राम ने जनस्थान में नया इतिहास गढ़ा। अगस्त्य की लाज रह गई। जटायु के जीवन की सबसे बड़ी सफलता थी। ग्राद्धों ने कई दिन तक नाच-गानों के साथ हर्ष मनाया। राम ग्राम-ग्राम सम्मानित होने लगे।

“अब तक की सबसे बड़ी पराजय! ताड़का क्षेत्र भी राक्षसों से हीन हो गया और जनस्थान में मेरे इतने राक्षस वीर सामान्य जीवन जीने वाले राम द्वारा मारे गए।”—रावण सभा के बीच उत्तेजित थे।

शूर्पणखा रो-रोकर कह रही थी, “अतुलनीय बल के स्वामी की बहन और यह दशा! मैं लाज से मर क्यों न गई, अब कैसे कहूँगी कि मैं राक्षसराज रावण की चहेती सगी बहन हूँ। जिसके नाम से देव, आर्य भय से भागते हैं। जो कुबेर को जय कर, इन्द्र को पराजित कर अनार्यों के इतिहास का सिरमौर है। जिसके कार्य से रुद्र प्रसन्न हैं। जिसे चाहा उसे भूमि चटा दी, मैं उसकी दुलारी बहन हूँ। जो राक्षस संस्कृति का संस्थापक है। जिसने अनार्यों को राक्षस की श्रेष्ठ संज्ञा दी। प्राणियों का रक्षक बना, रुद्रपिंड को एक आकार दिया, रुद्र का मान बढ़ाया। जिसने अनेक सूत्र गढ़े, अनेक युद्धनीतियों की रचना की। मैं उसकी एकमात्र सगी बहन शूर्पणखा हूँ।...और शूर्पणखा को एक वनवासी ने अपमानित किया। अपमान का गहरा चिह्न दे दिया जिसे मैं जीवनभर ढोती रहूँ। मुझे सदैव चिह्न की अनुभूति होती रहती है। कहीं भी छाया देखती हूँ तो स्मृति क्षेत्र कौंध जाता है और समस्त चित्र उभरकर सानने खड़े हो जाते हैं।”

रावण चीखे, ''बस करो! शूर्पणखा, शान्त हो जाओ! भले ही यह जीवन समर्पित करना पड़े, प्राण न रहे, लंका भी न रहे परन्तु यह अपमान मैं सह न पाऊँगा। बताओ और कौन है उसके साथ? राम से बैर तो तभी हो गया था जब ताड़का और सुबाहु का उसने वध किया था। राम के बल को चूर करना और उसके प्रसार को रोकना मेरा प्रथम कार्य है। बोलो! और कौन है साथ?''

शूर्पणखा रावण के क्रोध को देख भयभीत हो गई। परन्तु वह सामान्य रही। अश्रु पोंछ दिए और बताया, ''राम के साथ उसका भाई लक्ष्मण है और उसकी भार्या सीता। सीता रूपवती है, ऐसा राम कहता है। सीता को अपने रूप पर गर्व है। राम ने सीता को सुन्दर, रूपवती कहा और मुझे कुरूप, विद्रुप मुख वाली, भद्दी, सुख न देने वाली स्त्री का सम्बोधन दिया। भैया, आप उसकी सीता को हर लाएँ और अपनी रखैल बना लें। उसका गर्व चूर करें। पत्नीविहीन राम स्वयं प्राण त्याग देगा और मेरे अपमान की आग भी ठंडी हो जाएगी।''

''ऐसा ही होगा शूर्पणखा। मैं राम की भार्या सीता का अपहरण करूँगा। आर्यों ने भी अनार्य स्त्रियों का अपहरण किया। युद्ध में जीतकर अपने भोग की वस्तु बनाई है। अब तो अनार्यों की देखा-देखी आर्य भी स्त्रियों का मान करने लगे हैं, नहीं तो ये स्त्री को भोग की वस्तु ही समझते थे। हम अनार्यों का वंश माँ से चलता है। हम स्त्री को सर्वोच्च पद पर प्रतिष्ठित करते रहे हैं। परन्तु मैं यह कार्य अवश्य करूँगा। सीता लंका में आएगी, सीता मेरी रखैल, सीता मेरे भोग की वस्तु।...और राम...?''

रावण जोर से हँसे और आसन से उठ गए। सभा चकित थी। रावण का निर्णय अकाट्य था। रावण ने सलाह भी न की और ऐसी अवस्था में कौन सलाह देता या उन्हें रोकता।

रावण ने अस्त्र-शस्त्र लिया, रथ पर सवार हो गए, वे अपहरण की युक्ति सोचते आगे बढ़ गए। रथ पोत पर लाद दिया गया। पोत तट पर रुका। सागर पार हो गए रावण। सहसा उन्हें युक्ति सूझ गई और रथ जनस्थान की दिशा में मुड़ गया।

कई दिनों की यात्रा के बाद जनस्थान में रावण ने मारीच की खोज की। राक्षस भूमिगत हो गए थे। परन्तु रावण को राक्षसों ने ही मारीच के स्थान का पता बताया।...और अब रावण के सामने मारीच।

''आप मेरे निकट के सम्बन्धी भी हैं और श्रेष्ठ भी, राज्य-व्यवस्था के अनुसार भले ही आप पर मैं अधिकार जताता हूँ।''—रावण मारीच से बोले।

''बोलिए लंकापति, क्या कष्ट हो गया आपको? मैं क्या हित कर सकता हूँ? किस हेतु इतनी दूर की यात्रा से चलकर आप यहाँ आए हैं। आपके एक शब्द संकेत से मैं लंका तक आ जाता। आपके कारण यह अपाहिज मारीच जनस्थान में पड़ा है और सुख भोग रहा है। आप आदेश तो करें।''

रावण प्रसन्न हो बोले, ''आपसे छिपा नहीं है जनस्थान का हाल और शूर्पणखा

की दशा से भी आप विज्ञ होंगे। मैं प्रतिशोध लेकर रहूँगा राम से। आप मृग के वेश में चौपाये-सा रूप बनाकर उसकी भार्या सीता को ललचाएँ। राम आखेट हेतु आपका पीछा करेगा। इस कार्य में अवश्य ही वाण आपको लगेगा और आपकी मृत्यु हो जाएगी। आप वाण लगते ही 'लक्ष्मण! लक्ष्मण!!' पुकारेंगे, फिर लक्ष्मण राम की सहायता के लिए दौड़ा आएगा और मैं ऋषि वेष में छिपा रहूँगा। उचित अवसर देख सीता का अपहरण कर लूँगा।"

मारीच चकित थे, "आप द्वारा यह अनैतिक कर्म! राक्षस जाति पर कलंक लगेगा। आपका मान घटेगा और मैं राम के वाणों का स्वाद जानता हूँ। अब मुझे ऐसा कष्ट मत दें आप।"

रावण के नयन फैल गए, "मारीच! तुम्हें यह कार्य करना होगा। अपाहिज होकर इस पृथ्वी पर भार ही तो हो, क्यों न तुम राक्षस हित में कार्य करके मरो। नहीं तो मैं तुम्हारे ही प्राण हर लूँगा। मेरे पास समय कम है।"–रावण के क्रोध ने विवश कर दिया।

...और सीता हर ली गई। सीता रावण के रथ पर बिलखती, राम को पुकारती। रावण की भुजा में जकड़ी। रथ दौड़ गया। सीता असहाय। कल्पना न थी कि ऐसा होगा।

राम को भय था कि कहीं राक्षस सीता का अपहरण न कर ले परन्तु लक्ष्मण की चौकसी से निश्चिन्त थे। और जब कुटीर में राम-लक्ष्मण न हों, न होने का विश्वास किसी राक्षस को हो तो क्या सीता सुरक्षित रहतीं? लक्ष्मण से भूल हो गई, राम को भी क्या आवश्यकता थी आखेट की। सीता को छोड़ व्यर्थ एक मृग के पीछे दूर तक जाने का कारण क्या था? राम और लक्ष्मण ने बैठे-बैठाए यह बड़ी समस्या खड़ी कर दी। राम की शिक्षा क्या अधूरी थी? शत्रु इतने हैं कि देखें तो हर पग पर दंड लिए खड़े हैं। कोई राक्षस राम को सुहाता न था। तो क्या राम राक्षसों को भले लगते! वे तो ताक में रहते थे।...और जब पूर्व-नियोजित कार्यक्रम हो तो परिणाम को सार्थक होना ही था।...और कार्यक्रम रावण का हो तो क्या सन्देह है–अपूर्ण या रिक्त होने की संज्ञा का।...सो सीता रावण के रथ पर।

जटायु को पता चला कि कोई राक्षस सीता का अपहरण कर रथ से भागा जा रहा है। जटायु भागे और मार्ग के बीच खड़े हो गए। रावण ने देखा, "तुम ग्राद्ध हो!"

"हाँ, मैं जटायु हूँ, अरुण का पुत्र सम्पाति का अनुज। तुम सीता को छोड़ दो। मेरे प्राण रहते तुम इन्हें नहीं ले जा सकते।"

और कूदकर रथ पर चढ़ गए जटायु।

रथ रुक गया था। जटायु खड्ग से प्रहार करते। रावण प्रहार से बचते। एक हाथ से सीता को पकड़े रावण प्रहार कर न पाते। दोनों रथ के नीचे कूदे। सीता छूट गई परन्तु बुद्धि मारी गई।

मति मूढ़, विवेकशून्य, विक्षिप्त सीता रथ के कूबर को पकड़ खड़ी थी, देख रही थी रावण-जटायु युद्ध। सीता को भाग जाना चाहिए था।

जटायु का बल साहस देख रावण चकित थे। इसे तो मेरी लंका में होना चाहिए जटायु के कुल-परिवार से रावण परिचित थे। रावण बोले, "जटायु, मैं तुम्हें जानता हूँ, तुम रथ विद्या में विज्ञ हो तीव्र धावक हो। तुम्हारे बड़े भाई ने पैदल दौड़कर जितनी दूरी की यात्रा की है सम्भवतः किसी ने नहीं की और 'खट्ट' एक प्रहार।"

रावण बच रहे थे, "जटायु तुम मूलवंशी हो। जानते हो मैं कौन हूँ? मैं रावण हूँ, लंकापति रावण तुम मेरा साथ दो। तुम लंका में रहो। तुम्हें मैं यहाँ का अधिपति नियुक्त करता हूँ परन्तु तुम राम का साथ छोड़ दो। राम आर्य हैं, अनार्यों का शत्रु।"

और जटायु थे कि एक नहीं सुनते। रावण सोचते, कैसा मूर्ख है। पता नहीं क्या आकर्षण है राम में? राम के कार्यों में कौन-सी विशेषता है! कि मेरे अपने भी शत्रु बने हैं।

"मैं तुम्हारी कोई बात नहीं सुनूँगा।" जटायु प्रहार करते रहे, "तुम सीता को छोड़ दो, यह कार्य अशोभनीय है। प्राण रहते मैं तुम्हारा साथ नहीं दे सकता। हम सभी के ग्रामों को तुमने अपने अधीन कर लिया और दुष्ट राक्षसों को नियुक्त कर दिया। मेरा पूरा जीवन भटकते बीता है। मेरा भाई कहाँ चला गया पता नहीं। सम्भवतः वह सागर तट की ओर गया हो।"

और बिना रुके प्रहार! जटायु के खड्ग से रावण घायल होने लगा, "मैं नहीं चाहता कि तुम्हारा वध करूँ। लंका को तुम्हारी आवश्यकता है। मैं सम्पाति को भी खोज निकालूँगा। तुम ठहर जाओ! जटायु व्यर्थ समय नष्ट न करो।"

जटायु पर कोई प्रभाव होते न देख रावण क्रोधपूर्ण बोले, "तो ले दुष्ट! अब मेरा प्रहार रोक।"

और विद्युत-सी गति। पल भर न ठहर सके जटायु और दोनों भुजाएँ कटकर भूमि पर उछलने लगीं। कई घाव पीठ, पेट, जाँघों, मस्तक पर। प्राण कुछ देर के साथ...।

रावण का रथ दौड़ पड़ा लंका की ओर और सीता रावण की बाँहों में जकड़ीं, बिलखतीं, आभूषण फेंकतीं।

'सीता का अपहरण राक्षस द्वारा हो गया' यह सूचना अगस्त्याश्रम पहुँची। आश्रम में हाहाकार मच गया। आश्रम पहली बार इतने गहरे शोक में डूबा था। अगस्त्य मूर्च्छित हो गए। कई दिन तक अन्न-जल त्यागे रहे। आश्रम के समस्त कार्य शिथिल हो गए। लगता था कि किसी के हाथ ही नहीं उठ रहे हैं।

धीरे-धीरे सामान्य अवस्था हुई। एक दिन सभी एकत्र हुए वेदी के समीप। विराजक ने अगस्त्य से प्रार्थना की, "गुरुदेव, आश्रम की व्यवस्था ढीली हो गई है। राम की पीड़ा

से पूरा आश्रम इतना दुखी है कि वह जीवन की परिभाषा भूलने लगा है। आश्रमी को सुध न आचार्यों को ज्ञान...। मैं भी दुखी हूँ। आपकी पीड़ा देखी नहीं जाती फिर भी दो शब्द ही सही हम सभी को उद्‌बोधन देकर आश्रम के प्राण बचा लें।''

गुरुदेव मुस्कराए। स्फुटन देखने से लगता कि प्रयास करके ओष्ठ के कोर फैल रहे हैं। नयनों से अगस्त्य की पीड़ा का बखान हो जाता है।

फिर भी...विराजक को आश्रम की कितनी चिन्ता है, जानकर अगस्त्य बोले, ''मेरे प्रिय!...मैं यहा पीड़ा सह पाऊँ, मैं साहस बटोर रहा हूँ।...और सह लूँगा। आज तीसरा दिन है।...आप भी धैर्य से काम लें। समय किसी का नहीं, वह अपना स्वयंभू है, उसकी अपनी सत्ता सम्प्रभुता है। समय के आगे सभी को घुटने टेकने पड़ते हैं। यह जीवन का सबसे बड़ा आश्चर्य है कि 'कल क्या घटेगा किसी को ज्ञात नहीं।' आप चाहे कितनो विद्या पढ़ लें, चाहे जितना दीक्षित, प्रशिक्षित हो जाएँ कल की सूचनाएँ ज्ञात नहीं। कब गिर पड़ेगी विद्युत देह पर, कब वृक्ष ढह जाएगा, यह सर्प जाते-जाते कब मेरे कुटीर में मुड़ जाएगा, है किसी को ज्ञात? मृत्यु है और कल की घटनाएँ आश्चर्य।...और समय ने राम का साथ नहीं दिया। यदि वे मारीच राक्षस को मारकर लौट आते और पाते सकुशल सीता को, तो लोग उनकी सराहना करते।...अब दुख छोड़ें, शोक त्याग दें, अपने-अपने कार्य में पूर्व की भाँति लग जाएँ। समय के साथ समायोजित होना जानें। विराजक! तुम सभी को समझाओ, धैर्य बँधाओ। अभी पता नहीं क्या-क्या घटने वाला है। विराजक सुनो! गुप्त रूप से राम के पीछे कुछ सूचना-यात्री लगा दो। ये राम की सहायता भी करें आवश्यकता पड़ने पर आश्रम को सूचनाएँ दें। हाँ, राम को पता न चले कि ये अगस्त्याश्रम के लोग हैं।''

...भीड़ छँट गई। हाहाकार बीत गया। धैर्य ने साथ दिया और आश्रम की फिर वही गति...।

...और इधर राम का हाल! राम विक्षिप्त, राम चेतनाशून्य। राम ने कुटीर त्याग दिया, छोड़ दिया पंचवटी को। सीता की खोज में निकल पड़े रोते-बिलखते। राम की परीक्षा, राम के धैर्य की परीक्षा, देखना है, राम इस घड़ी में स्वयं को सँभालते हैं या प्राण त्याग देते हैं, या कि विक्षिप्त होकर वन-वन भटकते जीवन व्यतीत कर देते हैं, या कि वापस अवध की ओर लौट पड़ते हैं, या कि...। राम अपने अभियान को गति दे पाएँगे क्या? राम ठहर पाएँगे इस पीड़ा के आगे? राम के आयुध संचालित हो सकेंगे, पूर्व की भाँति? राम ने जो संकल्प किए हैं ऋषियों से, ग्रामीणों से, अवध से, वन-पर्वतवासियों से क्या पूर्ण होंगे? राम तो मूढ़ बने हैं। सामान्य जन की तरह विलख रहे हैं। आर्य संस्कृति हेतु क्या एक स्त्री का बलिदान नहीं दिया जा सकता? राम के सामने राम की पहचान है, राम की मर्यादा है, राम की संस्कृति है।

राम आर्य-संस्कृति के पर्याय बनने जा रहे हैं। एक स्त्री के लिए क्या वे अपनी गति रोक देंगे? कहाँ रावण...पर्वत जैसे रावण! कैसे सम्मुख खड़े हो सकेंगे राम। भावनाएँ इतनी बढ़ जाएँ कि प्रगति अवरुद्ध हो, उचित नहीं।

फिर राम बिलख रहे हैं। राम सीते-सीते पुकार रहे हैं। कुटीर में खोजा, पास-पड़ोस देखा। कहीं सीता का पता नहीं। सोचते हैं, 'राक्षस ले गए सीता को' और फिर फूट-फूटकर रोना। संवेदनाओं को समझना उचित है, परन्तु स्वयं की संवेदना जब मार्ग में शूल बनकर खड़ी हो जाए तो...? राम को जननायक बनना। व्यक्तिगत सम्बन्धों, सुखों के पाश में इतना न बँध जाएँ कि निकलना कठिन हो जाए। कल लक्ष्मण न रहें तो क्या राम अपनी गति रोक देंगे। तो राम कैसे? 'राम नाम सत्य' का क्या होगा? जिसके नाम को लोग मृत्यु के सत्य से जोड़ रहे हैं। राम जन से ऊपर हो गए हैं। 'अब राम के समान कोई नहीं', साधारण जन यही शिक्षा पा रहा है।

लक्ष्मण ने घायल जटायु को देखा, "भैया! जटायु भूमि पर घायल पड़े हैं, वहाँ।"

और राम दौड़ पड़े।

जटायु के प्राण बचे थे। राम को देख जटायु ने सिर उठाया। बिलख पड़े जटायु, बोले, "राम, मैं बलहीन हो गया, मैं भीरु नहीं हूँ। अन्तिम प्राण तक लड़ा...वो देखिए पदचिह्न और रौंदी गई भूमि मेरे संघर्ष का बखान कर रही है परन्तु, मैं बूढ़ा भी तो हो गया हूँ। और अधिक देर तक प्राण न रहेंगे राम!"

"क्या हुआ यह तो बताइए!"—राम ने गालों पर ढल गए अश्रु पोंछे।

"राम! सीता पुत्री...हाँ, वह राक्षस था सीता को हर ले गया। राक्षस स्वयं को रावण बता रहा था।"

"रावण नहीं हो सकता यह भी कोई छल होगा राक्षसों का परन्तु राक्षस छल नहीं जानते वे हर कार्य सीधे-सीधे करना जानते हैं।" राम बोले।

"उसके पास रथ था वह रथ दक्षिण दिशा में गया है। उसने ही मेरा यह हाल किया है। वह मुझे मार्ग से हट जाने के लिए भिन्न प्रकार के लोभ दे रहा था परन्तु मैं डिगा रहा और देर तक युद्ध करने के पश्चात् मेरा यह हाल...,राम मेरे प्राण छूट रहे हैं। घावों ने असहनीय पीड़ा उगल दी है, अब मैं...मैं...मेरे राम...धैर्य से...पता...सीता जीवित रहेगी...मैं...चला...मुझे नींद...।"

राम की चेतना लौटी। राम ने जटायु की चिता जलाई। राख बटोर भूमि में गाड़ दी। वेदी बनाई और एक पिंड स्थापित कर दंड गाड़ दिया।

राम लक्ष्मण से बोले, "जाओ! निकट के ग्राम में कह दो कि जटायु मृत्यु को प्राप्त हो चुके हैं। जटायु ने सत्य का साक्षात्कार किया है। जटायु का पिंड स्थापित किया गया है। जटायु को पूज्य मान, पूजा जाय। ग्राद्धों में सबसे श्रेष्ठ जटायु का पिंड समस्त ग्राद्ध ग्रामों में स्थापित किए जाएँ। यह राम का आदेश है।"

और जटायु पिंड में स्थापित हो गए।

राम ने सीता की खोज शुरू कर दी। नदी के तट, नालों के किनारे-किनारे, पर्वत की गुफा-कन्दराओं में सीता को खोजा राम ने। ग्राम-ग्राम पूछते, घने वृक्षों की छाँव में तो कभी वृक्ष पर ऊँचे चढ़कर सीता को देखने का व्यर्थ प्रयत्न करते।

जो मिलता, राम सीता के गुणों का बखान करते, कहते, 'मेरी सीता के लम्बे केश थे, गौर वर्ण था, छरहरी देह थी, कटि क्षीण और नितम्ब उभरे हुए दंत पंक्तियाँ समान... दुग्ध के समान श्वेत, नयन मृग जैसे...क्या तुमने ऐसी स्त्री को देखा है?'

और राम विक्षिप्त हो जाते। विवेकशून्य राम नदी से पूछने लगते, वृक्षों से, पुष्प पौधों से, पशुओं-पक्षियों से, धरती-आकाश से बात करने लगते, 'क्या सीता तुम्हें दिखाई दी?

लक्ष्मण समझाते, "भैया, ऐसे धैर्य खोने से भाभी नहीं मिलेंगी। हम पूरा जीवन लगा देंगे। परन्तु भाभी को खोजकर दम लेंगे। आप सामान्य होएँ, अपनी बुद्धि को विचलित न करें, विवेक न खोएँ। आपका इस प्रकार अधीर होना उचित नहीं है। आपकी मर्यादा है। आप कथाओं के रचयिता हैं। आपने अनेक सामाजिक स्वरूप रचे हैं जो प्रचलित हो रहे हैं। राम ही मानक हैं। राम आर्य-संस्कृति के संवाहक हैं। आपसे ऋषि मार्ग पा रहे हैं। यह पहचान मिट जाएगी जब लोग आपकी यह दशा देखेंगे।"

और राम सहज हो उठते फिर अचानक बिलख पड़ते, "जटायु ने कहा था कि सीता जीवित रहेगी अवश्य ही सीता ने या राक्षस ने जटायु से कुछ कहा होगा जो बता न सके जटायु...मेरी सीता कहाँ होगी? अवश्य ही वह राक्षस मेरी सीता के लम्बे केश पकड़कर खींचता होगा। केश राम को छोड़ उस राक्षस को सुख दे रहे होंगे। सीता केश को भिन्न-भिन्न वनस्पतियों के रस से धोती थीं।...वह राक्षस मेरी सीता के रक्त-वर्णी ओष्ठ...अरे!...चुम्बन देता होगा जिससे मेरी सीता को पीड़ा होती होगी। मेरी सीता के ठोस-ठोस कुच उभरे, जिस पर चन्दन का लेप लगाती थी। मेरी सीता की देह...अरे!... दुष्ट राक्षस। सीता के नयन मृग जैसे हैं जो मात्र मुझे देखने के लिए बने हैं। व्यर्थ ही मैंने सीता के रूप को आधार मानकर सुन्दरता की परिभाषा प्रचारित की। मैंने ऐसी व्याख्या पर हस्ताक्षर क्यों किए। मेरी सीता मुझे लौटा दो! मेरी सीता कुरूप है उसका मुखमंडल विद्रूप है। सीता कब सुन्दर हुई है! भला सीता जैसी स्त्री को सुन्दर कहा जा सकता है? मेरा सौन्दर्य-बोध दूषित है।...लक्ष्मण! मेरी सीता भले प्राण त्याग देगी परन्तु किसी राक्षस की भोग्या नहीं बनेगी। सीता, मैं अवध जाकर क्या मुँह दिखाऊँगा...?"

लक्ष्मण फिर समझाते और धीरे-धीरे राम सहज होते गए।...सीता का कहीं पता न लगा। 'यदि वह राक्षस रावण हुआ तो मेरे लिए कठिन हो जाएगा सीता को पाना और इस अवस्था में, इस दुर्व्यवस्था में तो असम्भव है।'

राम सहज हो गए। राम का बिलखना बन्द हुआ। परन्तु राम उदास थे और लक्ष्मण सामान्य, जो राम को सँभाल रहे थे।

राम और लक्ष्मण, सीता की खोज में आगे बढ़ते गए। राम ने देखा कि इस दिशा में अनार्यों के ग्राम हैं। 'कहीं आर्यों के होने का न चिह्न न प्रमाण। यह क्षेत्र अछूता रह गया लगता है। सीता मिल जाए तो इस क्षेत्र को देखूँगा, ग्राम-ग्राम जाऊँगा।'

फिर सीता की खोज में अगला ग्राम...वन...पर्वत...। और इस बिलखती यात्रा में राम जान गए कि रुद्रपिंड ग्राम-ग्राम में हैं, रुद्र का मान है और रावण का सम्मान भी परन्तु राम को भी लोग जानते हैं। यक्षपिंड, दैत्यपिंड भी मिले और कहीं-कहीं देवीपिंड भी। किसी-किसी ग्राम में 'राम नाम सत्य है' कहते लोग मिले, शवयात्रा में। राम का प्रभाव है। गति धीमी हो सकती है, परन्तु शून्य नहीं। इससे राम को बल मिला। राह चलते कई रुद्रगण मिले। राम से परिचय हुआ। राम ने सीता का पता पूछा। रुद्रगणों ने असमर्थता व्यक्त की। रुद्रगण राम की इस अवस्था का हाल सुनाने रुद्र-लोक चले गए। मार्ग में भी रुद्रगण इसकी चर्चा करेंगे, कहेंगे। राम के प्रभाव से क्षेत्र अधूरा है, का भ्रम दूर हो गया।

राम की वही गति, सीता की खोज।

चलते-चलते राम, लक्ष्मण मृगमन्दा ग्राम पहुँचे, यहाँ मृगियों का निवास था। मृगी ग्राद्ध कुल-गोत्र के ही थे। राम ने मृगियों से पूछा परन्तु मृगी राम की भाषा न समझ सके। संकेतों से जान गए कि ये राम हैं और इनकी भार्या को कोई राक्षस हर ले गया है। मृगियों ने भी संकेत से बताया कि हमने एक स्त्री को रथ पर बैठे रोते-बिलखते देखा है। रथ दक्षिण दिशा में भागा जा रहा है। रथ पर राजपरिवार जैसा लगने वाला एक राक्षस बैठा था। वह स्त्री को अपनी बाँह में पकड़े था।

राम एक बार फिर अधीर होते-होते बचे। दक्षिण की दिशा में हो लिए राम, लक्ष्मण। और 'सीते!' की ध्वनि...पुकार गूँजती रही वन-वन...दूर तक...टकराकर...वापस राम की ओर गूँजते स्वर सीते ऽऽ!...ए! ए!...ऽऽ...!

सहसा बवंडर उठा, तेज हवा चली। आँधी उठी और धूल से आकाश भर गया। राम को विश्वामित्र की याद आई और वह वाक्य स्मृति में चमक गया, 'आँधी आए बैठ बिताए'...राम लक्ष्मण बैठ गए। आँधी बीत गई। राम दूसरी दिशा में चल पड़े। पर्वत की चढ़ाई थी। छोटी पहाड़ी थी जिसे पार करना आवश्यक था। अभी चढ़े ही थे कुछ दूर कि एक गुफा के द्वार पर बैठी राक्षसी मिली, उसने राम के आगे चल रहे लक्ष्मण को पकड़ लिया और काम-सुख देने का हठ करने लगी। कुछ देर तक झड़प हुई और अन्त में राक्षसी का वध करना पड़ा राम को। वह मरते-मरते अपना परिचय दे गई, 'मेरा नाम अयोमुखी है, मैं रावण द्वारा नियुक्त हूँ, इस क्षेत्र की रक्षिका। तुम आर्य हो बचकर आगे जाना। हो सके तो लौट जाओ। आगे के क्षेत्र की रक्षा में राक्षस मिलेंगे।' और उसने प्राण त्याग दिए।

राम को ज्ञात ही नहीं हुआ कि वे दूसरी दिशा में बढ़ रहे हैं। राम ने पहाड़ी पार की। आगे भूमि समतल थी घना वन...पर्वत दूर दिखाई देता था। कहीं-कहीं ग्राम दिख

जाते। ग्राम छोटे थे, दो-चार परिवार के ही रहे होंगे।

राम अब पूर्व की स्थिति में हो गए थे। विवेकी राम, दृढ़ राम, आर्य-संस्कृति के संवाहक राम, आर्यों में सर्वोच्च राम। राम की सम्प्रभुता सिर चढ़कर बोलती। राम के बिना आर्य प्राणहीन जैसे। राम के बिना मर्यादाएँ शून्य। राम के बिना, सम्भव नहीं कुछ भी।

घने वन में मार्ग खोजते बढ़े जा रहे हैं राम-लक्ष्मण। झाड़ियों, वृक्षों से घिरा मूलवंशी अनार्यों का एक बड़ा ग्राम मिला। राम ग्राम से दूर मार्ग से निकल जाना चाहते थे कि वृक्ष की छाया में बनी वेदी पर बैठा एक विशालकाय राक्षस मिला। ऐसी विद्रूप काया राम, लक्ष्मण ने कभी न देखी थी, इतनी भारी देह। सिर छोटा, गर्दन मोटी, उदर बहुत बड़ा, स्थूल जाँघें, गर्दन दिखाई नहीं देती। नितम्ब चौड़े, उठे हुए।

राक्षस ने राम को देख लिया। राम-लक्ष्मण अनार्य तो लगते न थे सो सहज ही दूर देश के आर्य जान राक्षस बीच मार्ग में खड़ा हो गया।

अरे यह क्या! राक्षस ने आक्रमण कर दिया। कभी राम को पकड़ता कभी लक्ष्मण को। कभी राम प्रहार कर लक्ष्मण को छुड़ाते तो कभी लक्ष्मण राम को।

राम को आश्चर्य हुआ कि इतना स्थूल शरीर लेकर भी यह राक्षस कितनी स्फूर्ति के साथ लड़ रहा है। देह का इतना बोझ लेकर तो चलना कठिन है।

राक्षस कहाँ तक टिक पाता राम के आगे और घायल होकर भूमि पर गिर पड़ा उसकी भुजाएँ कटकर दूर गिरीं। उदर में राम का खड्ग कई घाव बना गया था।

राक्षस ने परिचय दिया, ''मैं तो कबन्ध हूँ। राक्षस हूँ। राक्षसराज रावण द्वारा नियुक्त इस क्षेत्र का रक्षक। आप कौन हैं? कृपा कर परिचय दें।''

राम बोले, ''मैं अवध का राजकुमार राम हूँ। यह मेरे अनुज लक्ष्मण हैं। मेरी भार्या सीता हर ली गई हैं। उन्हीं की खोज में यहाँ तक आया हूँ।''

कबन्ध फिर बोला, ''मैंने आपके नाम की चर्चा सुनी है। आपके कार्यों की सराहना मेरे ग्राम में भी है। मैं मरते समय किसी का अहित नहीं करना चाहता। कुछ बातें बताना चाहता हूँ आप सुनें। आपका हित होगा।...आप यहाँ से पश्चिम दिशा में चलें। दिनभर की यात्रा के बाद आपको फलों से लदे वृक्ष दिखाई देंगे। ऐसे फल वृक्ष कि आपने कहीं देखे न होंगे। वहीं से वानर क्षेत्र प्रारम्भ हो जाएगा। उसके बाद एक पहाड़ी दिखाई देगी, आप उसे पार करें फिर एक पहाड़ी आएगी उसे भी पार करें। पहाड़ी पार करते ही पम्पापुरी आ जाएगी। एक बड़ा सरोवर दिखाई देगा। सरोवर का नाम पम्पा सरोवर है। भूमि समतल, कंकड़विहीन, स्वच्छ जल। घाट स्वच्छ और दलदल रहित। जल पंछियों की भरमार है। यहाँ पहले ऋषियों का दीक्षा-स्थल था। अब ऋषियों ने अपने आश्रम अन्यत्र बना लिए हैं। एक मात्र शबरी रहती है, भील जाति की। मतंग ऋषि द्वारा संचालित होती है। उसनें स्त्रियों से सम्बन्धित अनेक महत्त्वपूर्ण कार्य किए हैं। सूखे फल मेवों में विशेषज्ञ है। आप चाहें तो वहाँ ठहर सकते हैं।''

कबन्ध थोड़ी देर रुका फिर बोला, "पम्पा के पूर्व भाग में ऋष्यमूक पर्वत है, कठिन चढ़ाई है। यह सब, मतंग वन है। हाथियों की अधिकता है। ऋष्यमूक पर्वत पर वानर क्षेत्र से निकाले गए सुग्रीव हैं, वे आपकी सहायता कर सकते हैं। वानरों के अतिरिक्त किसी में साहस नहीं है आपका कोई साथ दे। वानर ही ऐसे हैं कि यदि आपकी भार्या लंका में भी होगी तो वे प्राप्त कर लेंगे। राक्षसराज से बैर लेने वाला वानरों के अतिरिक्त पूरे भू-लोक पर कोई अन्य नहीं है।"

घायल कबन्ध फिर ठहर गया राम को देख वह उत्साहित था और बोल रहा था, "राम! मैंने भी जीवन जीया है, सीखा है, जाना है, देखा है। मैं चाहता हूँ कि प्राण त्यागने से पूर्व मैं कुछ बातें बता दूँ।"

"कहो कबन्ध, तुमसे मिलकर मैं प्रसन्न हूँ, परन्तु तुम्हारी यह दशा हुई जिसका कारण मैं हूँ, दुख हुआ।"—राम ने वाणी सुख दिया।

"नहीं राम! दुख नहीं है। यह समय है यही करने का। समय पर किसी का क्या वश। मैं स्वयं जीवन जीना नहीं चाहता। हाँ, तो सुनें मैं चाहता हूँ कि जो हो रहा है जैसे हो रहा है या हुआ अब न हो। आप सबसे भिन्न रहें। राजा के लिए छः प्रकार की युक्तियाँ सुझाई गई हैं—संधि—शत्रु से मेल रखना, विग्रह—युद्ध करना, यान—आक्रमण करना, आसन—अवसर की प्रतीक्षा में बैठे रहना, द्वैधी भाव—दुरंगी नीति का व्यवहार, समाश्रय—बलवान या राजा की शरण में जाना। एक राजा के लिए यह नीति है। अब आप इसमें क्या उचित मानते हैं आप जानें। आप स्वयं विज्ञता प्राप्त विवेकी पुरुष हैं। मेरा कुछ निवेदन, सलाह आपसे है जो आपकी प्रगति में सहायक होगा। उसे भी सुन लें—देवों ने अनार्यों के ग्राम, उपवन जलाए, बाँध खोलकर ग्राम के ग्राम बहा दिए, खेतों में तैयार अन्न बह गए। कभी नदी, नालों के जल को रोककर या दिशा बदलकर... जल के अभाव से अनार्यों को त्रस्त कर दिया। देवों ने कीड़ों-मकोड़ों, जन्तुओं को एकत्र किया और अनार्यों के क्षेत्र में छोड़ दिया जिससे रोग फैल गया और फलों से लदे वृक्ष भी बचे न रह सके। फसलें रोगी हो गईं। राम, क्या आप भी ऐसा करना चाहेंगे? आप इन देवबाधक कार्यों से बचेंगे? ये कार्य देवबाधा के नाम से अनार्य क्षेत्रों में प्रचलित हैं—आर्यों का भय, अनार्यों को शत्रु मान लेना, आर्यों द्वारा लोभ दिखाकर अनार्यों को फँसाकर उन्हें नष्ट करना ये सब आर्य कार्य के नाम से मेरे इस क्षेत्र में प्रचलित हैं। क्या आप भी ऐसा करेंगे?...अनार्य सेवकों को आर्यों द्वारा पारिश्रमिक न देना, भय दिखाना, अपमानित करना, व्यर्थ में बात-बात पर अनार्य दासों पर कुपित होना, क्या ऐसे गुण के धनी होंगे आप?...आर्यों ने कहा कि अनार्य राजा सन्धि के योग्य नहीं होते, उन्हें मात्र दंड दिया जा सकता है। क्या आप अनार्य राजाओं की भावनाओं का सम्मान करेंगे? मैंने आपको पूर्व में ही योनि-सन्धि और योनि-विग्रह सम्बन्धी युक्तियाँ सुझा दी हैं। आप इन सब पर विचार करेंगे। उचित, अनुचित को छानकर प्रयोग करेंगे।...अब आप जाएँ। यात्रा कठिन है और आप पत्नी वियोग की पीड़ा झेल रहे हैं।...मैं शीघ्र ही प्राण

त्याग दूँगा...मेरे प्राण त्यागने की प्रतीक्षा करना व्यर्थ है। मुझे घायल या मरा हुआ देखकर मेरी उचित व्यवस्था मेरे कुल-गोत्र के लोग कर देंगे।...जब आपका कार्य पूर्ण हो जाए, आपको अवसर मिले तो इस क्षेत्र में मेरे नाम का भी एक पिंड स्थापित करा दें। सुना है कि आप पिंड स्थापना और कथा की रचना के विशेषज्ञ हैं।... एक कथा मेरे नाम की भी...।''

और नयन बन्द हो गए कबन्ध के।

राम कबन्ध को छोड़ आगे बढ़ गए।

कैसे होंगे आर्य-अनार्य एक। देवों ने कितना कष्ट दिया है। आर्य भी कम नहीं हैं। मूर्ख आर्यों को सीधा स्वार्थ दिखता है। स्वार्थ परोक्ष होना चाहिए। और स्वार्थ भी हर स्थान पर नहीं। कम-से-कम एक जैसी काया होने के कारण ही सही संवेदनाएँ मर तो नहीं जानी चाहिए। सबकी भावनाओं का सम्मान करना चाहिए। सभी के घाव पीड़ा देते हैं। प्यास से सभी व्याकुल होते हैं। भूख से काया क्षीण सभी की होती है। फिर इतनी दूरी क्यों? निकट रहकर अपना बनाकर तो देखें। स्वार्थ भी सिद्ध होगा, मान भी मिलेगा।

15

कभी पीड़ा से कभी दुख से तो कभी अति हर्ष से अन्न-जल त्याग देते अगस्त्य। और त्याग दिए कई दिन तक आवश्यक दिनचर्या। न शौच की सुध न स्थान का स्थान।

तब इतने हर्षित थे कि लगता ऐसा हर्ष हुआ ही न हो उनके जीवन में। अगस्त्य जब भी प्रसन्न होते सीमा लाँघ जाते। हर बार की प्रसन्नता पिछली बार से अधिक लगती। हर बार उन्हें लगता, 'मेरी तपस्या सफल हुई, मेरा संघर्ष सार्थक हुआ, दक्षिण में न आता तो यह सब न होता। राम को भला कौन पराजित कर सकता है। चाहे बल से या बुद्धि से। राम प्रगति और परिवर्तन के पर्याय हैं।'

और तब सूचना-यात्री ने अगस्त्य को एक-एक पग का हाल सुनाया जो उसने देखा या सुना था।

सर्वगंध कह रहा था, ''राम ऋष्यमूक पर चढ़ रहे थे। सुग्रीव ने हनुमान को पता करने हेतु भेजा कि कौन हैं ये दोनों।'' पराजित व्यक्ति को पहले भय होता है, अविश्वास का दर्शन वह पहले करता है।...और राम ने हनुमान को पहचान लिया। फिर राम और हनुमान मिल गए। राम और हनुमान जिसकी प्रतीक्षा कर रहे थे और कई ग्रीष्म बिताए, कितनी शीत ऋतुएँ चली गईं, वर्षा भी ज्ञात नहीं कि तब हनुमान ने कितना आनन्द

लिया जब अवध में राम के साथ वर्ष भर बिताए थे।

राम आ गए तो क्या अब हनुमान निर्बल होंगे। सुग्रीव से मित्रता कर हनुमान ने भूल नहीं की। सुग्रीव को जो कहेंगे वे करेंगे परन्तु बालि के आगे किसकी चली है।

हनुमान को विश्वास तब न था कि राम अवध का वैभव, सुख छोड़कर वन मार्ग में कष्ट सहते यहाँ अपने हनुमान के निकट आ जाएँगे। हनुमान को लगा कि वे जननायक बन गए हैं। बालि नहीं वे स्वयं सम्राट हैं वानर क्षेत्र के। राम जो साथ हो गए हैं।

सर्वगंध के द्वारा प्राप्त सूचना से अगस्त्य आश्वस्त हो गए कि अब कोई शक्ति रावण को बचा नहीं सकती और न कभी ठहर सकती है, गति आर्य-संस्कृति की। अब आर्यों को कोई रोक न सकेगा। अब ऋषियों की पीढ़ियाँ भी सुख से रहेंगी। पुरोहितों का होगा जन पर मानसिक अधिकार। आर्य पूजे जाएँगे सदैव। अनार्य रहेंगे दास बनकर, सेवक की तरह या फिर कार्य करते-करते सुखा देंगे अपना ही रक्त, गलाएँगे अपना मांस आर्यों के लिए। उनके कार्य से जो सुख निकलेगा वह आर्यों का होगा। हनुमान का दास बन जाना समस्त वानर जाति का दास होना है और राम भी जो वाणी में निपुण हैं। स्वयं भस्म लगाकर काले-काले हो गए हैं, अनार्यों जैसे। यह देखकर अनार्य उनके कृत्य-कार्य पर मर मिटने को तैयार हैं। राम में हृदय जीतने की क्षमता है। युद्ध तो बाद में होंगे, जब किसी प्रकार काम न चले तब।

अगस्त्य की पीड़ा जो वृद्धावस्था के कारण थी न जाने कहाँ चली गई। उनकी झुर्रियों में कसाव आ गया। वे अपने को युवा समझने लगे। कभी-कभी शस्त्रागार देख आते तो कभी दंड लेकर भाँजने का असफल प्रयास करते। कई दिन तक वे लोपा की कुटीर में रहे।

प्रतीक्षा थी कि कब सीता का पता लगे। कब सुन लूँ कि रावण भूमि पर लोट रहा है और सुन लूँ कि बालि के प्राण हर लिए गए हैं। अगस्त्य को प्रतिदिन सूचनाएँ मिलतीं चाहे राम की या किसी ग्राम की या रावण की।

अगस्त्य के समीप हर क्षण कोई-न-कोई रहता, अधिक समय कुम्भा का बीतता और मैना लोपा के निकट, सदैव।

और अगस्त्य राम की सूचना में दिन-रात आश्रम में घूमा करते। अश्व टापों की प्रतीक्षा में, 'क्या सूचना यात्री आया?'

अब हनुमान के हो गए राम, जीवन भर के लिए। राम को भी हनुमान के अतिरिक्त प्रिय कौन हो सकता है। राम की दृष्टि प्रदेश में हनुमान सबसे ऊपर। हनुमान राम के भावों की प्रजा के राजा हैं। राम हनुमान को पाकर सब कुछ पा गए उन्हें सीता के प्राप्त हो जाने का विश्वास हो आया। हनुमान ने सुग्रीव से मित्रता कराई। राम की सुग्रीव से प्रगाढ़ मित्रता का कार्यक्रम भी आर्य-संस्कृति के अनुरूप हनुमान ने कराया।

राम हनुमान की विज्ञता पर चकित थे और सुग्रीव नत्। हनुमान ने वह सब सीखा था जिसकी कल्पना वानर नहीं कर सकते थे। हनुमान राम के दास परन्तु आर्यों में श्रेष्ठ मूलवंशी अनार्य होकर, यह कम बात नहीं। प्रिय होते क्यों नहीं राम के!

हनुमान का आर्य होना अनार्यों के लिए चुनौती तो थी ही परन्तु अनार्यों की श्रेष्ठता के पतन का युग भी आरम्भ हो गया। ऐसा व्यवहार, ऐसी व्यवस्था रही तो अनार्य, आर्यों के दास, सेवक के अतिरिक्त कुछ न रह सकेंगे। भविष्य स्पष्ट था कि दीक्षित होते तो आर्य, शिक्षा आर्यों को ही दी जाती, वीर होते आर्य, युद्ध का प्रशिक्षण भी आर्यों को दिया जाता। राजा, अधिपति, राज्य के प्रमुख अधिकारी, सभी श्रेष्ठ पदों पर आर्य और अनार्य कर्मशील शिल्पी। सही अर्थों में अनार्य ही जीवन की प्रगति के प्राण और इस पूरे भूखण्ड पर अनार्यों में ही कार्य का होना या करना पाया जाता है।...यह हनुमान कहाँ समझ पाते! यह तो राम समझ रहे थे, राम विज्ञ थे। राम की बुद्धि वर्तमान से दूर तक देखती और उसी देखने के अनुरूप सूत्र बनाते राम। उसी दृष्टि से बनतीं योजनाएँ और हनुमान वर्तमान भी ठीक-ठीक न देख पाते। शेष को तो पता ही नहीं वर्तमान क्या? भविष्य क्या?

तो मित्र बन गए राम-सुग्रीव। दोनों को पत्नी-शोक। सुग्रीव, रूमा के प्राण हैं परन्तु उसकी पीड़ा को आँकना कठिन। राम की सीता का पता नहीं है कि वह है भी संसार में या सीता की देह को चील, कौए खा गए या सीता की मृत देह किसी नदी में सड़ गई और शव-मांस खा गईं मछलियाँ, अस्थियाँ बैठ गईं तल में। सुग्रीव सोचते रूमा और राम की स्मृति में सीता। रूमा बालि की हो गई क्या? सहज ही था भय में आना या बन गई बालि की दासी।... और सीता किसी राक्षस की भोग्या? सीता भय से भोग्या नहीं बन सकती। सीता को अनसूया ने संस्कारित किया है। लोपा ने स्त्री गुणों की शिक्षा दी है और पतिव्रत के पालन के अनेक गुण सिखाए हैं।

''अब तो चिन्ता छोड़ें सुग्रीव जी, पत्नी-शोक इतना नहीं, राम साथ हैं। आगे के कार्यक्रम की रूपरेखा बने।'' हनुमान ने चेताया।

हनुमान के शब्द राम हेतु भी थे परन्तु सुग्रीव से होकर शब्द आ रहे थे।

''हाँ सुग्रीव, अब तुम अपनी समस्या कहो। मेरी एक समस्या है 'सीता की खोज' बस इसके बाद...।'' राम बोलते-बोलते रुक गए।

''भद्र राम।'' सुग्रीव शंकित मन से बोले, ''मेरे मार्ग में एकमात्र अवरोधक बालि हैं। यदि बालि का वध हो जाए तो मुझे मेरी रूमा तो मिल ही जाएगी, मैं वानरों का सम्राट भी बन जाऊँगा। बालि के रहते भला मैं कर ही क्या सकता हूँ? आपके लिए।''

''और हनुमान क्या बनेंगे?'' राम मुस्कुराए।

''आप कहेंगे तो हनुमान को ही वानर सम्राट घोषित कर दिया जाएगा।'' सुग्रीव राम के मन की बात जान गए, ''...परन्तु भद्र राम! हनुमान को किसी सम्राट की सीमा में हम नहीं देखना चाहते। हनुमान जननायक हों, हनुमान युवाओं के पूज्य हों, हनुमान

मानक हों, हनुमान किसी सम्प्रभुता से बढ़कर इतने ऊँचे उठें कि सम्राट इनके आगे नत् रहें। हम-सबकी यही इच्छा है हनुमान के प्रति।''

''धन्य हो तुम सुग्रीव!'' राम अपनी इच्छा के अनुकूल सुनकर हर्ष से बोले, ''हनुमान में सभी गुण हैं, इतने गुणों का स्वामी होकर मात्र सम्राट हो जाएँगे तो मेरा साथ भी तो छूट जाएगा। हनुमान की मैं ऐसी स्थापना करूँगा कि जब तक व्यक्ति इस धरा पर रहेगा, हनुमान रहेंगे। हनुमान में प्रजा की श्रद्धा होगी। समय आने पर हनुमान के रहते मैं यह कार्य सम्पन्न करूँगा।'' लगा कि राम को ईर्ष्या हो रही है। हनुमान इतने महान!!

राम में शक्ति थी कि वे अपनी वाणी से मोह लेते। अब सुग्रीव, हनुमान, नल, नील, जाम्बवान जितने भी वानर उपस्थित थे राम के दास बन गए। राम की सेवा ही उनके जीवन का अर्थ हो गया।

''भद्र राम!'' सुग्रीव ने सन्देह प्रकट किया, ''बालि अतुलनीय बल के स्वामी हैं। मेरी विज्ञता में बालि को परास्त करने वाला कोई नहीं है। आज तक बालि किसी से हारे नहीं हैं। रावण तक को भूमि चाटनी पड़ी है, वह तो रावण था...। हाँ राम, रावण ने संधि कर ली और बालि को वश में कर लिया।...परन्तु मुझे एक सन्देह भी है, वह यह कि–क्या आप...?''

''कहो सुग्रीव! निर्भय होकर बोलो! मित्र से अपनी बात कहने में संकोच कैसा।''

''जिस मित्र की मानसिकता न समझा होऊँ और उसके विषय में आवश्यक विज्ञता न हो तो...। मेरी एक प्रार्थना है–आप अपने बल का प्रदर्शन करें। हम आपके युद्ध-कौशल, आपकी धनुष-कला की विज्ञता से परिचित हों, आश्वस्त हो सकें।...मैं क्या? कोई भी मात्र शब्दों के आश्वासन से विश्वास नहीं कर सकता और जहाँ बालि के वध की बात हो तो...सबसे बड़ी बात तो यह है कि बालि के सम्मुख जाकर पराजित करना असम्भव है। उन्हें मल्लयुद्ध की नई-नई युक्तियाँ आती हैं। यूँ कहें कि वे मल्लयुद्ध की युक्तियों के रचनाकार हैं और वो भी तत्क्षण। मेरा अनुरोध है...कि आप व्यर्थ का संकट मोल न लें। बालि को छिपकर ही मारना उचित है। हम आपको खोना नहीं चाहते।''

राम बोलना नहीं चाहते, पूरी बात सुनकर ही कुछ कहते परन्तु बोल पड़े, ''अर्थ यह कि हत्या करनी होगी!!''

''हाँ राम, हम नहीं चाहते कि राम की गति 'मय' या 'दुन्दुभि' जैसी हो।''–और सुग्रीव ने कथा सुना दी। जिसके द्वारा उनकी यह दुर्दशा हो गई है।...

''राम! बालि ने देवों से भी सीखा है। मेरी इच्छा है कि आप इन ताड़ वृक्षों को वाण से छेदकर दिखाएँ। हम तो देखें कि जिस राम से हम मित्रता गाँठ रहे हैं, वे कितने जल में हैं।''

राम ने स्वीकार किया और तत्काल वाण चला दिया। सात बार वाण चले। एक-एक कर सातों वृक्ष छेद कर दिए राम और भी धनुष के कौशल दिखाए। राम सहज थे वाण

चलाते हुए। अस्त्र-शस्त्र का संचालन व्यर्थ ही क्यों न किया जाए, मुख पर क्रोध आ जाता है परन्तु राम मुस्करा रहे थे, वाण चलाते हुए भी।

राम विशेष थे। राम अनोखे, राम अद्‌भुत, राम विलक्षण। राम से रावण भी कम नहीं वरन् दो जौ आगे। राम जहाँ थे उससे आगे दो अँगुल पर रावण।...और राम-रावण में ही परिणाम छिपा है। आर्य-अनार्य का भविष्य इन्हीं में है।...और राम अकेले कुछ कर सकते हैं न हनुमान। रावण तो अकेले भारी थे दोनों पर।...फिर भी साहस था कि रावण से भिड़ेंगे और हनुमान के साथ थे सुग्रीव।...सुग्रीव लाचार, सुग्रीव और हनुमान के साथ समस्त वानर। फिर सुग्रीव एक महाशक्ति, महाबली-किष्किन्धा के।

राम का स्वार्थ। राम का कार्य। राम की योजनाएँ? राम की प्रिया सीता की खोज। न जाने कितने कर्तव्य हैं राम के पास, व्यक्ति से लेकर समाज तक के। संस्कृति से होकर राजनीति तक सभी कार्य राम के सिर पर।...और बालि रावण के मित्र। बालि के रहते वानर राम के नहीं सो बालि की हत्या करना राम के लिए अनिवार्य।

राम ने स्वीकार किया कि वे बालि की हत्या करेंगे और सुग्रीव ने शपथ ली कि वे वानरों सहित राम का साथ देंगे और सीता का पता भी लगाएँगे और सीता को सौंप देंगे राम को।

फिर एक दिन सुग्रीव ने बालि को ललकारा। बालि ने चुनौती स्वीकार की। सुग्रीव चुनौती देते वन में भागे, छिपे थे। राम ने सुग्रीव को देखा, सुग्रीव ने राम को। सुग्रीव नहीं देख पाए राम को परन्तु राम ने बालि को देखा। दोनों भ्राता भिड़ गए। राम का वाण चला और अब क्या...।

वाण छेद गया छाती, वाण नहा गया बालि के रक्त से, वाण ने स्वाद लिया बालि का और बालि पहली बार छटपटाते भूमि पर।

समझ न पाए बालि कि आया कहाँ से यह वाण। औचक यह बहता रुधिर! 'अरे यह किसी वानर का कार्य नहीं हनुमान का भी नहीं, यह अवश्य होगा किसी राक्षस का या आर्य का, धनुष वे ही प्रयोग करते हैं।' बालि गिर पड़े भूमि पर।

सुग्रीव ने घायल बालि को देखा, बालि ने सुग्रीव को। राम ने बालि को देखा और बालि ने राम को। एक मुस्कराता नयन, दूसरे की फटी-फटी आँखें। एक की चाल क्रमागत सधी, दूसरा लड़खड़ाता। एक को विजय का सुख तो दूसरे को पराजय का बोध पहली बार।

सुग्रीव और हनुमान के लिए यह बहुत बड़ा कार्य था तो असम्भव था किसी के लिए भी।...दौड़े सुग्रीव, दौड़े हनुमान, नल, नील, जाम्बवान, मलयवन दौड़े। राम तो निकट ही हो गए थे बालि के। घेर लिया बालि को वानरों ने।...

सुग्रीव चेतनाशून्य हो गए। हँसिया अपनी ओर झुकता है। काटे चाहे जिसे, आता अपनी ओर ही है और इस समय अपने प्रिय भाई को मृत्यु के गाल में समाता देख सुग्रीव बिलख पड़े। बालि पर पूरे वानर समाज को गर्व था। बालि के कारण ही कोई

वानरों की ओर दृष्टि नहीं उठा पाता। आज बालि भूमि पर हैं तो वानरों का क्या होगा? वानर असहाय हो गए क्या? क्या वानर राष्ट्र पर आक्रमण कर सकता है रावण?... सुग्रीव सोचते रहे बिलखते रहे।

"भैया! मैं आपका हत्यारा हूँ। मैंने ही आपके प्राण हरे हैं। मेरी भूल...भैया, क्षमा कर दें। लोभ और अतिस्वार्थ ने मुझे दृष्टिहीन बना दिया था। उठिए भ्राताश्री, उठिए! मुझे नहीं चाहिए कोई पद-प्रतिष्ठा। मुझे रूमा भी नहीं चाहिए। आप मेरी रूमा को भी ले लें परन्तु उठिए, चलिए किष्किंधा। मुझे कोई हनुमान-वनुमान नहीं चाहिए। आप जैसे अतिबली भाई जिसके पास हों तो अनेक रूमाएँ मिलेंगी और मेरा मान कम कहाँ है? क्या करूँगा सम्राट बनकर, व्यर्थ का बोझ सिर पर। न कोई स्वतंत्रता, न मस्त जीवन, आठों प्रहर तनाव में, समस्याओं के घेरे में। मैं तो आपका सेवक ही रहना चाहता हूँ।... अरे! कोई तो मेरे बालि को बचाए...!"

सुग्रीव सोचते, 'व्यर्थ ही राम का मित्र बना, इसी ऋष्यमूक पर्वत पर जीवन बीत जाता। क्या हनुमान बिना स्त्री के जीवन नहीं व्यतीत कर रहे हैं। भला राम का क्या विश्वास? आज बालि कल मैं...मैं भी बन जाऊँगा राम के वाणों का स्वाद। राम आर्य हैं और आर्यों का कोई विश्वास रहा है क्या? आर्य स्वयं के लाभ के आगे अन्य के हित की सोच भी नहीं सकते। राम को वन आने की क्या आवश्यकता, वो भी इतनी दूर तक की यात्रा। वहीं निकट के वन क्षेत्र में पिता की आज्ञा का पालन कर लेते।'

सुग्रीव के मन में तरह-तरह के विचार आते। वे विवेकहीन हो गए थे, 'हनुमान को जब विश्वास है राम पर तो मुझे करना ही होगा। हनुमान की मति से हटकर अब कुछ भी करना उचित नहीं है। हनुमान जन के चहेते हैं। सम्राट के ऊपर।...और हनुमान कुछ सोचकर ही बालि के शत्रु और राम के दास हुए होंगे। अगस्त्य के शिष्य का कुछ तो अर्थ हैं।'

और बिलखते रहे बालि की देह पर सुग्रीव।

राम ने समझाया और बालि के समीप बैठ गए। राम को देखते ही बालि धिक्कारने लगे, "अच्छा, तो आप हैं!...आप राम हैं और राम न्याय के पर्याय कहे जा रहे हैं। यही सुना है। और यह छिपकर प्रहार करना? यह किसी वीर का काम है क्या? मेरी त्रुटि बताएँ? मेरे दोष गिनाएँ। राम!...दोष!"

राम को काटो तो रक्त नहीं। यह अनर्थ तो हुआ ही था, क्या उत्तर देते परन्तु उत्तर देना ही था जो न्यासंगत लगे। उत्तर राम के पक्ष में हो। उत्तर में राम का दोष न हो।

राम बोले, "अनुज पर अत्याचार और अनुज की पत्नी का बलात् हरण यह क्या कम दोषपूर्ण कार्य है।"

"आप भूल कर रहे हैं राम। अब आप मेरी सुनें, मेरे प्राण देर तक न ठहर सकेंगे।...

मैंने रूमा पर बलात् कुछ नहीं किया है वह मेरे संरक्षण में है। घर की प्रतिष्ठा है कहाँ जाने दें? आप बताएँ? यह दुष्ट क्या रूमा को वन-वन भटकाएगा? और संरक्षण देना क्या अपराध है? क्या संरक्षण देना बलात् देह सुख प्राप्त करना है? वानरों की भी प्रतिष्ठा है, कुल मर्यादा है। ऐसा आप सोच कैसे सकते हैं और जिसने यह विचार दिए हैं, वे स्वयं कुलघाती हैं। वे प्रतिष्ठा को नीलाम करने वाले हैं।...आपने विश्वास कैसे कर लिया? आप मुझसे सम्पर्क कर सकते थे। ज्ञात करते कि सत्य क्या है...कि रूमा पर मेरे बलात् हठ हैं क्या?''

बालि कुछ देर रुके ओठ सूख गए थे। हनुमान जल पात्र भर लाए। राम ने जल पिलाने को मना किया। सभी बालि की वाणी से चकित थे।

बालि पुनः बोले और अन्त तक बोलते कोसते रहे राम को, राम के कृत्य पर, "आपने बिना सत्य का पता लगाए छिपकर मेरी हत्या की है। आप राम के नाम पर कलंक हैं, जिस राम की कल्पना थी वे आप नहीं हैं। आप स्वार्थी राम हैं। आप स्वार्थ के लिए कुछ भी कर सकते हैं।...आप सभी वानर बताएँ कि क्या राम ने उचित कार्य किया है? मैं तब जानता राम को कि सम्मुख आकर युद्ध करते। अपने सुग्रीव को मेरे चंगुल से छुड़ा ले जाते।...राम! आपने जिस हेतु मुझे मारा है तो आपने इन्द्र को क्यों नहीं, बिना समझाए बिना बताए गुप्त रूप से छिपकर मारा? आप इन्द्र का कुछ भी बिगाड़ नहीं सकते। हम वानर हीन हैं, निर्बल हैं, बुद्धि-विवेक में कम हैं, पिछड़े और नीच हैं, अनार्य हैं, मात्र दास बनने की योग्यता है हममें। इन्द्र समर्थ हैं, देव हैं, वे आपसे भी अपने को श्रेष्ठ घोषित कर चुके हैं। आप इन्द्र का कुछ भी अहित नहीं कर सकते। मैं दोषी था तो आपने मुझे मारा और इन्द्र को ऋषियों के माध्यम से मात्र सन्देश दिया कि वे ऐसा न करें। इन्द्र का अहल्या से बलात्-देह-सुख प्राप्त करना जग जाहिर है, प्रमाणित है। प्रमाण रहते आपमें साहस नहीं है। और मुझे आपने...आप हत्यारे हैं। आपको हमें भी समझना चाहिए था। सत्य प्रमाणित करना चाहिए था। आप एक बार मुझसे बात तो करते, आपके कहने से मैं सुग्रीव के सारे दोष क्षमा कर देता और उसका युवराज पद उसके लिए सुरक्षित रखता। मेरा दोष...! अनुज पर अत्याचार का दोष...। राम आप अपने विवेक से सोचें, मैंने अभी तक सुग्रीव के प्राण नहीं लिए...और सुग्रीव ने मुझे मरने हेतु गुफा का द्वार बन्द...आप इस प्रकरण को अवश्य सुन चुके होंगे। मेरी क्या भूल थी जो अपने बड़े भाई के प्राण का प्यासा हो गया सुग्रीव?...राम आपको मेरी त्रुटियाँ मेरी भूलें ही दृष्टिगत होंगी। सुग्रीव मित्र हैं न! आप उसकी भयंकर भूलें भी देख न सकेंगे। मुझे पता है कि आपकी भार्या का अपहरण हो गया है और वह लंका में है। आप एक दृष्टि तो देते किष्किंधा पर...लंका में शक्ति कहाँ कि वह सीता को पचा ले।...अब तो घाव गहरा है, प्राण बच न पाएँगे। वैसे मैंने आप जैसा स्वार्थी, धूर्त्त, हीन मानसिकता का स्वामी, कपटी, छली, अन्यायपूर्ण कार्य करने वाला, निर्बलों पर शक्ति प्रदर्शन करने वाला, हत्यारा, मूर्ख, अविवेकी व्यक्ति न देखा न सुना है।...सुग्रीव

अंगद का ध्यान रखना। उसे उचित पद मिले...।"

और बालि ने राम से निवेदन किया कि वक्ष में धँसा बाण खींच लिया जाए। वाण के निकलते ही रुधिर की धार बह चली और बालि की हिचकियाँ प्रारम्भ हो गईं। नयन संवेदनशून्य खुले-खुले एकटक राम की ओर...मानो कह रहे कि अपराधी राम! इस अपराध का दंड कौन तुम्हें? तुम भी तो इन्द्र के समान समर्थवान हो आर्यश्रेष्ठ!

सुग्रीव बिलखते रहे। राम, हनुमान ने समझाया, धैर्य बँधाया। सुग्रीव को औचक याद आया, वे हनुमान के कान में कुछ कहे। हनुमान दौड़कर कुटीर की ओर गए।

हनुमान आए तो एक गठरी थी, छोटी-सी साथ में। गठरी में आभूषण थे, "श्रेष्ठ राम! ये देखें, पहाड़ी के ऊँचे मार्ग से रोती हुई एक स्त्री रथ पर सवार हो जा रही थी। राक्षस जैसा व्यक्ति बैठा था। इसी से हमने आपको बताया था कि वह राक्षस रावण ही है और यह पोटली के आभूषण! सम्भवतः सीता के।"

आभूषण देख राम बिलख पड़े। राम की यह दशा देख सुग्रीव का दुख भूल गया। राम को धैर्य बँधाते रहे वानर। हनुमान ने राम को विश्वास दिलाया कि उनके रहते सीता का कोई अहित नहीं होगा और सीता मिलेंगी।

राम सामान्य हो गए। किष्किंधा सूचना गई। रोती तारा, पुक्काफार। बिलखते अंगद और राजपरिवार के सदस्य, राजसभा के सदस्य, श्रेष्ठ जन दौड़ पड़े अश्रु बहाते, करुण स्वर में।

राम ने तारा को समझाया। अंगद को युवराज पद हेतु घोषणा की और बालि का वानरी परम्परा के अनुसार अन्तिम संस्कार कर दिया गया।

सुग्रीव सम्राट हो गए। हनुमान उनके प्रमुख सलाहकार। सुग्रीव किष्किंधा लौट गए। हनुमान अपने राम के पास ऋष्यमूक के कुटीर में।

वर्षा आई। वर्षा की बूँदों ने सुग्रीव को कामुक बना दिया। वे भी इच्छा भर लेना चाहते थे। इच्छाएँ थीं कि बढ़ती ही गईं। पद किसे नहीं गर्वित करता, पद से किसे मद नहीं होता, सो सुग्रीव भोग में लीन। वो तो हनुमान के लोग थे कि व्यवस्था बिगड़ नहीं रही थी। सुग्रीव निडर हो गए थे। अब था ही कौन जो उन्हें रोकता। सुग्रीव भीतर की पाली-पोसी इच्छाएँ, दिन में भी देखे गए स्वप्न और न जाने क्या-क्या पूरा कर लेना चाहते थे। रूमा को दूर न करते। मदिरा का पान और चेतनाशून्य...सदैव अर्धचैतन्य! ओह रे! सुग्रीव...अब सुग्रीव को राम-वाम से क्या काम, ऐसे राम अब कितने आएँगे-जाएँगे। 'मैं इतने बड़े राष्ट्र का अध्यक्ष हूँ। यहाँ मेरी सम्प्रभुता है, राम की नहीं।'

और बिसर गया संकल्प। भूल गए 'सीता की खोज' वाली शपथ।

वर्षा ऋतु बीत चली। राम घबराए। हनुमान को क्रोध आ रहा था। लक्ष्मण के तेवर बदल गए। राम ने देखा कि ये धैर्य खो रहे हैं।

राम बोले, "शान्त मन से हनुमान और तुम! लक्ष्मण...जाओ सुग्रीव के पास शीत बुद्धि से संकल्प का स्मरण कराओ। मेरी शक्ति का आभास हो, ऐसी बात कहो।"

ऐसा ही हुआ। लक्ष्मण और हनुमान ने चेताया सुग्रीव को। सुग्रीव जैसे वर्षों से सो रहे हों। भय से भरे सुग्रीव ने राम से क्षमा माँगी। और बना विलम्ब किए सीता की खोज की तैयारी होने लगी।

वानर क्षेत्र के वीर वानरों की कई टोलियाँ किष्किंधा से निकल पड़ीं। वानर ऋष्यमूक पर्वत पर एकत्र होने लगे। और...और आज दो महाशक्तियाँ शब्दों से हटकर कार्य रूप में एक हो गईं। अगस्त्य के संघर्ष का दिन पूरा हुआ। अब आगे राम जाने और जाने हनुमान। सुग्रीव अपना मान रखें और रखें राम के आगे वानर शक्ति।

और वानर एक-एक कर एकत्र होते रहे।

यहीं कहीं विराजक भी होंगे गुप्त रूप से, अगस्त्य के लिए।

अगस्त्य की गति ठहर गई थी। अगस्त्य का प्रवाह राम और हनुमान में प्रवाहित हो गया था। अगस्त्य ठहरे हुए हो गए थे। दिन-रात राम की सूचनाएँ...और प्रतोक्षा। अगस्त्य भूल गए रावण, बिसर गया हनुमान।

अब तो इतना पक चुका है सब कुछ कि कब चू पड़ेगा फल अंजलि में। अब देर सही नहीं जाती, रावण मरता क्यों नहीं! राम-हनुमान तो अब सक्षम हैं परन्तु कहाँ है शक्ति अभी...राम तो वियोग सह रहे हैं। वियोगी व्यक्ति स्वयं के अतिरिक्त कुछ सोच भी सकता है क्या?...और राम? हाँ, राम तो विशेष हैं, राम को विलक्षण बनाया गया। राम ही वियोग के आवरण से ढँक जाएँगे तो शेष लोगों का क्या होगा! उदाहरण ही फिसल जाए तो चोट सभी को लगेगी और कहने लायक रहेगा क्या? किसके सहारे बात आगे बढ़ाई जाएगी। जीने का सम्बल कौन होगा?

अगस्त्य को अब तो विश्वास है ही नहीं कि राम वियोग में अपना कर्मक्षेत्र भूल जाएँगे या ठहरी हुई गति के स्वामी होकर एक पिंड में स्थापित हो जाएँगे। राम यदि असफल होते हैं तो पूरी धरती पर अब है कौन? जो हनुमान के साथ मिलकर आर्य-संस्कृति की स्थापना करेगा। अगस्त्य को भविष्य कुछ स्पष्ट नहीं हो रहा था।

अगस्त्य को सलेटू आता दिखा। कई माह बाद वह आ रहा था। अगस्त्य का स्फुटन हुआ। सलेटू अवश्य ही कुछ अच्छा और सकुशल समाचार ले आया होगा। उसकी चाल तो देखो! मस्त है। गुनगुना रहा है अपनी बोली में कोई गीत। सलेटू अश्व पर नृत्य जैसा मटक रहा है। कभी नितम्ब उठाता है, कभी कटि हिलाता है। अश्व की गरदन पर थपकी लगाता हुआ सलेटू मन्थर गति से चला आ रहा है।

सलेटू ने अभिवादन किया।

"क्या सूचना है सलेटू शीघ्र बोल!" अगस्त्य ने पूछा!

सलेटू अगस्त्य के समीप बैठ गया।

"मेरे विराजक का हाल सुनाओ।"–अगस्त्य पुनः बोले।

"विराजक सकुशल हैं लांगूल लगाए वानरों में मिल गए हैं" सलेटू ने मुँह खोला, "वे वानर हैं भी तो...विराजक महोदय ने सूचनाओं का जाल बिछा रखा है। कुछ सूचना-यात्री लंका क्षेत्र में भी हैं। सम्भवतः वहाँ के समाचार भी आपको प्राप्त हो जाएँ।"

विराजक, आश्रम को क्या मिला मानो आश्रम को प्राण मिल गया। अगस्त्य सोचते, 'विराजक का कहा प्रत्येक आश्रमी मानता है। ऋषि भी आदर करते हैं। सलेटू सर्वगंध और उसके विभाग के सभी व्यक्ति प्राण देकर भी उसकी आज्ञा मानते हैं। मानें भी क्यों नहीं। विराजक भ्राता है, मित्र है, सहोदर से बढ़कर है। सुख में, दुख में साथ रहता है। न हीन भावना है, न कोई उच्च भावना। मैंने हनुमान के साथ-साथ विराजक का भी निर्माण किया है। क्या विराजक 'वज्रांग' नहीं है परन्तु कहेगा कौन? एकमात्र मैं उसे हनुमान के समकक्ष घोषित कर दूँ तो क्या मान्य होगा। हनुमान राजपरिवार के हैं, राम सम्राट के पुत्र हैं, परशुराम श्रेष्ठ ऋषि पुत्र हैं और परशुराम को श्रेष्ठों की छाया है।...परन्तु मेरा विराजक मात्र एक आश्रमी, कहने को भले ही वह सूचना विभाग का अध्यक्ष है परन्तु सीमा आश्रम तक है, कार्य-क्षेत्र लम्बा होने से मान्यता मिलती क्या? विराजक है भी तो अनार्य, नीच, पिछड़ा, व्रात्य वानर। और रावण तो अनार्य श्रेष्ठ है, उसे व्रजांग नहीं कहेंगे तो किसे कहेंगे? रावण ने जो उपलब्धियाँ अपने नाम की हैं वह राम क्या कर सकेंगे? हनुमान के वश का तो है ही नहीं।'

सलेटू समझ गया कि गुरुदेव किसी सोच में डूब गए हैं। सलेटू चुप था।

अगस्त्य ने सलेटू को मौन निर्निमेष देखकर कहा, "चुप क्यों हो बोलो और मुझे चंचल करो।"

"जी गुरुदेव।" सलेटू बोला, "राम ने विरह त्याग दिया है। अब वे पूरी ऊर्जा के साथ लग गए हैं। एकमात्र लक्ष्य है रावण का अन्त, राक्षसराज का अन्त। सीता की खोज तो आवश्यक है परन्तु सीता की खोज में ही रावण पर पूरा ध्यान केन्द्रित है राम का।"

अगस्त्य पुनः स्वप्न में हो गए। जागे-जागे से खोए हुए। राम की अस्थियाँ देखते, 'कितनी दृढ़ हैं जिस पर ठोस मांस चढ़ा हुआ है, त्वचा स्वच्छ और ऊर्जा युक्त है, ओज नेत्रों से स्पष्ट हो रहा है। राम को अपने वीर्य पर संयम है। राम वीर्य की शक्ति पहचानते हैं। राम बालि नहीं हैं, राम में क्रोध भी अनावश्यक नहीं। क्रोध वाले कार्य भी स्फुटित होकर करते हैं। रक्त का प्रवाह अनुकूल है। रक्त में जमाव है। रक्त में धार है। हृदय क्षेत्र समान गति से रक्त प्रवाहित करता है। मद्य के कुप्रभाव से परिचित हैं राम। राम देवों से आगे हैं। राम मैथुन-क्रिया में प्रवीण हैं और इस क्रिया का अनावश्यक प्रयोग नहीं करते। राम इन्द्र थोड़े हैं, वे अपने मैथुन पर अधिकार रखते हैं। इसी कारण राम की मर्यादा है। राम एक उदाहरण हैं। राम मल-मूत्र की स्वच्छता से विज्ञ हैं। वे उदर से स्वस्थ हैं। तभी तो चंचल हैं और सदैव हर्षित। प्रत्येक कार्य में राम का मन लगता है। राम मुद्रा बदलने में प्रवीण हैं, कार्यानुसार उनकी आभा बदलती है, रूप परिवर्तित

हो जाता है...तो फिर राम विरह में दुखस्वरूप क्यों न होते? और अब तो सीता को ज्ञात करना है और राक्षसी मानसिकता की समाप्ति हेतु मन बनाना, तो फिर...अवश्य राम विरह त्याग चुके होंगे...अब तो उन्हें अपनी योजनाओं पर ध्यान केन्द्रित करना ही होगा।'

सलेटू फिर चुप हो गया था और अगस्त्य का स्वप्नलोक निहारने लगा था। अगस्त्य राम से हटे, ''अरे सलेटू तू चुप है! बोल रे!''

''जी गुरुदेव...ऋष्यमूक पर्वत पर वानर एकत्र होने लगे,'' सलेटू ने पृष्ठ खोल लिया, ''वानरों के कोई भी ग्राम शेष नहीं जहाँ से वानर वीर न आए हों, चाहे वे पर्वत पर बसे ग्राम-पुर हो या वनों के वानर ग्राम। सुग्रीव का आदेश जो था। एक-एक वीर को जगाना हनुमान के युवा वीरों का कार्य था। जो स्त्री-सुख में फँसे थे वे भी जाग्रत हुए और भागे आए। राम ने सुग्रीव के माध्यम से समस्त वानर शिल्पियों को भी बुलवा लिया। मतंग क्षेत्र भर गया। सुग्रीव अपनी शक्ति देख गर्वित हुए। कोई दल पूरब से कोई पश्चिम से और कोई उत्तर-दक्षिण से। दलों के आने का क्रम टूटा नहीं। सुग्रीव ने देखा, आग्नेय, ईशान, नैऋत्य, वायव्य कोण से भी वानर वीरों का उत्साही दल मतंग क्षेत्र की ओर बढ़ रहा है।

''...वानर समूह एकत्र था सुग्रीव ने दोटूक कहा, 'वानर वीरो! आज वानर जाति को अपनी लाज रखनी है। मेरे सम्मुख राम हैं। राम की भार्या सीता किसी आततायी द्वारा हर ली गई हैं। आप सभी सीता का पता लगाएँ। एक माह एक समय है, सम्भवतः सीता लंका में है और रावण द्वारा अपहरित की गई हैं।...परन्तु आप सभी सब दिशाओं को जाएँ। हनुमान आपको अभियान की रूपरेखा समझाएँगे।' सुग्रीव ने इतना कहा और बैठ गए।

" 'मेरा भी एक निवेदन है,' राम बोले, 'आप सभी की संख्या से भला किसे हर्ष नहीं होगा! मेरा विचार है कि हनुमान दिशा के अनुरूप दल का गठन करें। श्रेष्ठ यूथपति निर्देशानुसार दिशाओं, उपदिशाओं को जाएँ। यूथपति अपने अनुकूल योग्य वीरों को साथ ले लें, जितनी आवश्यकता हो। शेष अस्त्र-शस्त्र के संचालन और युद्ध हेतु आवश्यक प्रशिक्षण लें। सम्भव है, हमें निकट भविष्य में युद्ध करना पड़े। यह युद्ध वानरों की पहचान का युद्ध होगा। हाँ, एक बात और शिल्पी खोज अभियान में नहीं जाएँगे। उन्हें सुग्रीव निर्देश देंगे कि क्या करना है।'...और राम ने हनुमान को एकान्त में ले जाकर दक्षिण दिशा में जाने को कहा और कहा कि वे अपने साथ श्रेष्ठ यूथपतियों को ले लें। अंगद को दक्षिण दिशा का दलपति घोषित करते हुए राम ने अपनी मुद्रिका हनुमान को दी, जिससे सीता जान लें कि ये राम के लोग हैं। राम ने एक और महत्त्वपूर्ण बात कही, 'हनुमान दलों के नायक से यह अवश्य कह दें कि वे ऋषियों के आश्रम–जो मिल जाएँ–और वानरों के ग्रामों में अवश्य कह दें कि 'राम की

सीता का अपहरण हो गया है, राम ने बहुत वियोग सहा और अब बालि का वध करने के बाद सुग्रीव से मित्रता हो गई है, सुग्रीव वानर सम्राट हैं। सीता की खोज की जा रही है और राक्षसराज रावण से युद्ध सम्भावित है। हो सके तो देव-लोक और अगस्त्य आश्रम तक यह सूचना हो जाए।'

"हनुमान ने ऐसा ही किया गुरुदेव! और प्रमुख वीरों के दलों को सभी दिशाओं में प्रस्थान करने की आज्ञा दे दी।"

"और हनुमान अंगद के नेतृत्व ने जाम्बवान, नील, सुहोत्र, शरारि, शरगुल्म, गज, गवाक्ष, गवय, वृषभ, द्विविद, गंधमादन और वीर युवाओं के साथ दक्षिण में चल पड़े।"

सलेटू की सूचना समाप्त हुई और अगस्त्य के स्वप्नलोक का प्रारम्भ। इस बार वे हनुमान के विषय में हो गए, 'मेरा हनुमान!! जिसे पाला मैंने, जिसे पोसा जी भर, जिस पर विश्वास हुआ कि मेरे सारे स्वप्न हनुमान ही साकार करेगा। हनुमान नेत्र से देखना जानता है, कान से सुनना, क्या बोला जाए यह भी पता है उसे अच्छी तरह। हनुमान की घ्राण शक्ति तीव्र है वह सूँघकर जान लेता है अमुक वस्तु या व्यक्ति या जाति। मुख देखकर समझ लेता है व्यक्ति की आगामी प्रतिक्रिया। हनुमान स्वाद के विषय में पूर्ण विज्ञ हैं। हनुमान 'शीघ्र' जानता है, कोई कार्य उसके लिए छोटा है न हीन भावना से ग्रसित। हनुमान ने अपना विस्तार किया है। हनुमान योग विद्या में प्रवीण हैं। नाद का स्वरूप वह जानता है। पदार्थ विद्या, लौकिक विद्या और परमार्थ के ज्ञान से पूर्ण है। यदि हनुमान राम का कार्य पूर्ण कर ले, सीता का पता लगा ले तो राम का विश्वासपात्र बन जाएगा। राम का विश्वासपात्र होने का अर्थ है कि राम हनुमान को अधिक सम्मान देंगे। हनुमान मान पाकर फूले न समाएँगे और राम के अधीन होंगे जीवन भर। हनुमान के साथ वानर आर्यों के मानसिक अधिकार में होंगे। पवन को बनाने में जो समय व्यय हुआ, हनुमान को देखकर व्यर्थ में व्यय हुए समय की चिन्ता न रही।'

आधी रात बीत गई भिन्न-भिन्न स्वप्न आए, अगस्त्य को भान न हुआ कि समय कितना बीत गया। सलेटू वहीं घुटनों में हाथ दबाए सिकुड़कर सो गया था।

'अरे! इतनी रात! सलेटू तो सो गया, लगता है कि ठंड से देह बटोर लिया है,' इतना कहकर अगस्त्य ने अपने उत्तरीय को ओढ़ा दिया और कुटीर की ओर मुड़ गए, विश्राम करने।

...परन्तु नींद कहाँ? अगस्त्य थक गए थे, जितना चलना था चल लिये। जितना सम्भव था उससे भी अधिक, जो उनके लिए था असम्भव, चढ़ गए शिखर पर, अब नीचे तो आ नहीं सकते ऊपर कोई स्थान है ही नहीं। तो अब इतनी लम्बी यात्रा का परिणाम ही जानना था सो अगस्त्य उसी की प्रतीक्षा में थे, प्राण रोके हुए।

अगस्त्य पाप-पुण्य की रचना करते–कौन पाप होगा? कौन पुण्य? कुछ तो सही-सही रचना हो जाती परन्तु कुछ व्यर्थ की कल्पना कर आर्य-हित की सोच में पाप-पुण्य...

और कुछ पापों की रचना पुण्यों की कल्पना में वैज्ञानिक सोच लिये हुए। अगस्त्य गुण वालों की परिभाषा रचते तो कभी सत्व, रज, तम से परे की कल्पना। कभी पुष्प, चन्दन की सुगन्ध की व्याख्या सोचते तो कभी भूतृण, शिलारस की व्याख्या में उलझते हुए दुर्गंध राक्षसों के नाम करते।...यह सब जो भी है अच्छा-भला आर्यों का तो है! असहनीय, बुरा, भद्दा सब अनार्यों का...इसे वे राम से, हनुमान से, ऋषि समुदाय से स्वीकृति का ठप्पा भी लगवाना चाहते थे।

रात बीत रही थी और अगस्त्य की कल्पना अपना संसार रच रही थी।

और फिर भोर का काग बोल पड़ा–'काँव-काँव', अगस्त्य कुटीर के बाहर आए। सलेटू उसी प्रकार सो रहा था। अगस्त्य आश्रम का चक्कर लगाने लगे। वे सिंहद्वार से बाहर निकल गए, मन में एक ही बात गूँजती–कहीं कोई अश्व तो नहीं आ रहा है। कहीं खट-खुट, टप-धप सुनते तो कान लगा देते अवश्य ही कोई सूचना-यात्री होगा।

और अश्व की टापों ने अगस्त्य के कान की साँकल बजा दी। अश्व सिंहद्वार की ओर ही आ रहे थे। 'ये कौन है मैं पहचान नहीं पा रहा हूँ।'–अगस्त्य मन ही मन बोल उठे।

निकट आकर दोनों अश्व से उतरे और अगस्त्य का अभिवादन किया।...''गुरुदेव सम्भवतः आप हमें न पहचान रहे हों मुझे विराजक ने भेजा है, मैं आपके आश्रम का ही आश्रमी हूँ परन्तु सदैव यात्रा में रहने के कारण आश्रम में कम ही रहना हुआ है।'' पहला व्यक्ति बोला, ''मैं खारी हूँ और इसका नाम लिरिता है,''–उसने दूसरे को संकेत कर कहा।

वे दोनों अगस्त्य के साथ आश्रम में आ गए और वही वेदी जहाँ अनेक बार विचार-विमर्श हुआ, अगस्त्य ने कितना भविष्य और वर्तमान सोचा, कितने भूत याद किए।

लिरिता बोला, ''गुरुदेव! हम दोनों लंका की सूचना के लिए नियुक्त थे परन्तु लंका से कोई सूचना नहीं मिल रही है और न कोई सूचना वहाँ पहुँच रही है। लंका के चारों ओर चौकसी बढ़ा दी गई है। प्रत्येक दिशा-मार्गों पर दृष्टि रखी जा रही है। हम सबको सूचनाएँ नहीं मिलतीं, हनुमान महोदय चिन्तातुर हैं। लगता है कि सीता लंका में है और जब से सीता लंका में आई तब से रावण ने समस्त अभियान स्थगित कर दिया है। लंका की सीमाएँ गुप्तचरों से भरी हैं, यह आशा की जा रही है।''

खारी कहने लगा, ''परन्तु गुरुदेव, प्रमाण आवश्यक है राम के लिए। इसी हेतु लंका की दिशा में वानरों में श्रेष्ठ जो हैं वे गए हैं, हनुमान भी। और इधर राम भी सम्भावित युद्ध का विश्वास कर बैठे हैं। शिल्पियों ने अस्त्र-शस्त्र गढ़ना प्रारम्भ कर दिया है। गदा, मुद्गर, दंड, पत्थर के मारक अस्त्र लगातार निर्मित हो रहे हैं। राम-लक्ष्मण ने प्रशिक्षण देना प्रारम्भ कर दिया है। सभी राम के निर्देशन में कार्य कर रहे हैं।''

और अगस्त्य फिर उसी स्वप्नलोक में, 'रावण राम के तुल्य है। राम से बढ़कर

है। कौन-सा गुण उसमें नहीं, राम कहीं से भी अधिक नहीं हैं। रावण अपनी अस्मिता की रक्षा करना जानता है और जानता है कि मैं कौन हूँ, तुम कौन, वे कौन...। उसे अपनी शक्ति का विश्वास है, उसे किसी सहारे की आवश्यकता नहीं। रावण रक्त की एक-एक बूँद पहचानता है। वह राष्ट्र के मूल्य, अपनी जाति की प्राचीनता, अपने गौरवशाली इतिहास की पहचान से विज्ञ है। रावण मित्र और शत्रु की परख रखता है। शत्रु होने पर भावनाएँ आड़े नहीं आतीं और मित्र होने पर अधिक भावनाओं के प्रवाह में बहता भी नहीं, वियोग तो टिकता ही नहीं। रावण सही अर्थों में तो राम से श्रेष्ठ है। परन्तु क्या उसे श्रेष्ठ मानकर आर्य अपनी संस्कृति में रह सकेंगे। बिना राक्षस हुए रावण भी तो स्वीकारेगा नहीं। आर्य राक्षस हो नहीं सकते। रावण आर्यों में मिलना चाहता हो भी तो सम्भव नहीं है। राम का संकल्प अत्यन्त कठिन है। राम बुद्धि से युद्ध करेंगे। रावण को अभिमान है, हो भी क्यों न, उसके पास योग्य सेनाएँ हैं। गढ़ हैं, मंत्रणा के योग्य मंत्री हैं, रिक्त न होने वाला कोष है, समस्त अनार्य अधिपति, सम्राट मित्र हैं। और है रावण के पास अजेय लंका जो सागर से घिरी है। ऐसे रावण पर अपना अधिकार करेंगे राम! छुड़ाएँगे सीता! सीता अब राम की भार्या नहीं, सीता आर्य-संस्कृति का प्रतीक। यदि सीता रावण से छुड़ा ली गई तो आर्य जयी होंगे।...और क्या पता सीता रावण के यहाँ ही हों! और अभी तक सीता के प्राण बचे हों...?' अगस्त्य का माथा एक बार फिर घूम गया। वे वेदी पर लोट गए। स्वप्नलोक कष्ट देने लगा।

अगस्त्य को नींद आ गई और उस दिन सलेटू की तरह सिकुड़ गए वेदी पर, उत्तरीय ओढ़कर, नींद के स्वप्न के साथ कि रावण अगस्त्याश्रम का आश्रमी बन गया है और अगस्त्य उसे भाँति-भाँति से विज्ञ करा रहे हैं। रावण साथ में अगस्त्य...

सीता लंका में क्या आ गईं कि उत्थान रुक गया रावण का। अब तक रावण अपने अभियान को एक रूप दे रहे थे परन्तु अब तो उनका पूरा ध्यान सीता पर है। सीता ने यदि रावण को अपना लिया तो पूरा अवध झुक जाएगा। सीरध्वज और कुशध्वज भी अधीन होंगे। और आर्य जगत यदि सीता न पाया तो राम को पराजित मानकर उन्हें एक साधारण अधिपति मान लेगा। परन्तु सीता कब स्वीकारतीं!

रावण ने सीमाएँ बन्द कर दीं। रावण को व्यक्तिगत दूत और सूचना-मंत्री समत्रिवाह से राम और वानरों की समस्त गतिविधियों का पता लग जाता। लंका में सैनिक घूमने लगे। विभीषण हनुमान के गुप्तचरों पर ध्यान देते और चुप रहकर बैठने को कहते। रावण प्रतिदिन विचार करते कि आगे कि कार्यवाही क्या हो? कोई रावण को मिथ्याज्ञानी कहता, दोषपूर्ण कार्य और स्त्री अपहरण के कार्य को अनुचित ठहराता और सीता को वापस कर लंका को महायुद्ध से बचाने की युक्ति सुझाता। रावण कहते, ''आप सभी दोटूक कहकर अपने विचारों और पीड़ा की इतिश्री कर लेते हैं। मैंने जो देखा-सुना है

उसे मैं भूल नहीं सकता और आर्यों ने जो पीड़ा दी है उसके तुल्य सीता अपहरण कहाँ? यह तो मात्र एक अंश है और शत्रुता का प्रतीक भी।...मैं जानता हूँ काम और क्रोध। खेद, मिथ्या, लोभ। जानता हूँ कि दम्भी नहीं होना चाहिए, हिंसा और बैर से दूर रहना चाहिए। मैं कामी नहीं हूँ राक्षस श्रेष्ठो! मेरी निन्दा कहीं हुई हो तो बताएँ, आर्य तो मेरी निन्दा करेंगे ही, कारण कि मैं उनका दास नहीं हूँ। आर्य ऋषियों ने पाप-पुण्य बनाए हैं अपने लाभ को, स्वार्थ को ध्यान में रखकर सो मैं पापी हूँ—उनके लिए। आर्य मूर्खों से उनके कृत्यों को क्यों नहीं गिनाते हो भाई! कि क्या उनके कार्य पुण्य हैं? मैं फिर कह रहा हूँ—अहल्या का बलात्...और देह-सुख इन्द्र द्वारा...कई ऋषियों, आर्यों द्वारा मांस खाना...अपने हित हेतु प्रसन्न करने के लिए उनके भोज्य पदार्थों में मांस का परोसना...कोई भी अधिकार न देना अनार्यों को। अरे मेरे साथी मित्र-सम्बन्धियो! एक-एक सुनोगे और उस पर विचार करोगे तो तुम्हारी निद्रा दूर हो जाएगी! एक नहीं सहस्रों सीताएँ भी अपहरित कर ली जाएँ तो आर्यों के पाप की तुलना में कम होंगी।''

रावण जानते थे कि श्रेष्ठ पद पर आर्यों, देवों ने अधिकार कर लिया और यहाँ के मूलवंशियों को भी पद-लाभ के मोह में फँसा लिया। आर्य जो भी करते हैं उसका प्रचार खूब करते हैं। आर्य ऋषि प्रचार हेतु ही अपना जीवन समर्पित किए हुए हैं। अनार्य पुराने दम्भ में हैं, इन्हें चैन लग रहा है, सुखी लग रहे हैं परन्तु मूल में मूसा लग गया है। अनार्य क्या जानें मूषक का हाल। अनार्यों ने प्राकृतिक रूप से अतिवृष्टि और अनावृष्टि तो झेला। अतिशीत, ग्रीष्म झेला। हमारे कृषक टिड्डी के प्रकोप को सहते ही हैं, पशु-पक्षियों के आक्रमण की बात भी सदैव होती रहती है परन्तु अनार्यों के उर्वर खेत में आर्य सेना द्वारा किया गया अत्याचार क्या कम है। मेरे लिए ये किसी टिट्डी से कम नहीं हैं। इनका एकमात्र कार्य है अनार्यों को हानि पहुँचाना।...मेरे पास प्रचार के साधन नहीं हैं, इसी हेतु मेरे कार्य प्रचारित नहीं हो रहे हैं। आर्यों के अनुसार हम सहने-झेलने हेतु ही जन्म लिये हैं। किसी प्राकृतिक विपदा से कम कष्ट आर्यों ने नहीं दिया है।

रावण भी भावी युद्ध से शंकित थे। प्रतिदिन लंका के श्रेष्ठ सभासदों, अमात्यों की सभा होती और रावण एक-एक बिन्दु पर विचार करते। विषय एक था आर्य-अनार्य, सीता का अपहरण।

रावण बोले, ''राक्षसो! आपको ज्ञात होगा कि आर्यों ने कर्बुर नाम के राक्षसों को नीच, पापी, चितकबरे और 'धतूरे रंग के समान' की घोषणा की है, क्या उचित है? जो आर्य कहें वह सत्य है। क्या यही मान लिया जाए? आर्यों के ऋषि झट अपनी स्वीकृति देकर प्रचार कार्य में जुट जाते हैं और आग की तरह उनकी स्वीकृति प्रसारित हो जाती है, एक स्थान से दूसरे स्थान तक। हममें चेतना आनी चाहिए। हम संज्ञायुक्त रहें। हम संकेत की भाषा समझें परन्तु यहाँ तो बार-बार कहने और चेताने पर भी राक्षस मूढ़ बने हैं। मात्र युद्ध ही नहीं, हमें आर्यों को मानसिक कष्ट भी देना है और इसी हेतु सीता का मैंने अपहरण किया है। कुछ राक्षस इसे बुरा मान रहे हैं। बुरा है भी परन्तु

आर्यों ने जो कष्ट दिया है, मानसिक रूप से दास बनाना चाहते हैं, बना रहे हैं, उसका प्रतिउत्तर तो देना होगा। सीता आर्यों को मानसिक कष्ट देंगी और यदि वे लंका को स्वीकार कर लें, इस रावण को अपना लें तो आप समझ लें कि आर्य जीते जी मर जाएँगे और राक्षस बनते देर न लगेगी। हम राक्षस एक जैसा सदा रहने वाले हैं। कभी बदले नहीं और आर्य हममें घुल-मिलकर अपना हित साध रहे हैं। हमें भी घुलना आना चाहिए, ठोस से काम न चलेगा। परन्तु हम तो अड़ियल हैं।

"...हमें सूचना मिली है कि राम वानरों से मिल गए हैं और सीता की खोज का कार्य प्रारम्भ है। हमें सचेत रहना है। हर प्रकार की समस्या का सामना करने के लिए तत्पर और तैयार रहना है। हमारी तैयारी पूर्ण होनी चाहिए, चाहे युद्ध ही क्यों न हो, वानरों से युद्ध करना कठिन नहीं है। कुछ राक्षस वीर तो जान चुके हैं वानरों की युद्ध-कला, जो सतही है।"

रावण किसी भी अर्थ में राम के सामने श्रेष्ठ दिखते थे।...परन्तु रावण के जो सहयोगी थे, विवेकी न थे, न ही ऋषि ही ऐसे थे जो मार्ग दिखाते।...परन्तु रावण अकेले ही भारी थे। आर्यों की एक-एक कला से विज्ञ थे। क्या नहीं जानते थे रावण। रावण किसी ऋषि, गुरु, वैज्ञानिक से कम नहीं थे। रावण जीवन के महत्त्व को समझते थे, वे प्रारम्भ जानते थे और अन्त की कल्पना उचित और सही कर लेते थे। व्यक्ति के स्वभाव, क्रोध, अज्ञान और मोह से परिचित थे। रावण को भोग-विलास में वानरों जैसी या दशरथ की भाँति रुचि नहीं थी, न तो वे बनावटी बातों को पसन्द करते थे। जबकि आर्यों का यह तो स्वभाव हो गया था। रावण किसी को पहले बुरा न कहते, कहीं उत्तरीय में धब्बा लग गया तो उसे धो देते जबकि आर्य धब्बे लगाने का कार्य करते। रावण अपराधियों को दंड देने में विश्वास करते परन्तु बिना अर्थ के पाप की घोषणा जो आर्यों ने अपने हित में कही है, उसका विरोध करते।

रावण राक्षसों को समझाते, "मेरे साहसी वीर राक्षसो! अनार्यों को दंड देने के लिए देवों ने अनेक प्रकार के नरक बनाए और यमों को नियुक्त किया। अब यमलोक मेरे द्वारा पराजित है। सो अनार्यों को दंड देने का कार्य समाप्त हुआ परन्तु ये छली आर्य उन नरकों का प्रयोग भोले लोगों को वाणी में उलझाकर करते हैं। कहते हैं, 'अमुक पाप लग गया सो यह नरक भोगना पड़ेगा वो भी मृत्यु के बाद'। मृत्यु के बाद का अर्थ क्या? तुम सब जानते होगे पहले देवों ने अनार्यों को दंड दिया, बोलो! कैसे?...'शाल्मलि' नाम का स्थान बनाया जहाँ नरक-भोगी को यातना दी जाती, उस ग्राम में यदि रख दिया जाए तो जीते जी प्राण न रहें। नरक के प्रकार तो देखो–रौरव, महारौरव, अंधकार में रखना, कृमि को भोजन के रूप में खिलाना, तपती भूमि पर नंगी देह लोटाना, अंधकूप में डालना, शूल धँसाना–एक नहीं शत-शत कंटक, मल-मूत्र खिलाना, पीब से नहलाना, कुत्तों से नोचवाना, चर्म में सूई से छेदकर डोरी डालना, क्षार पिलाना, नख उखाड़ना, अनार्थ स्त्रियों की योनि में मिर्च डालना एवं स्तन काटना, किसी-किसी स्त्री की योनि

में और पुरुष की गुदा में दंड...।"

राक्षस चिल्लाने लगे, "बस करें लंकापति, बस करें। हम पहले भी सुन चुके हैं! ये आर्य अभी भी यमों से दंड दिलवाते होंगे। प्रत्यक्ष न सही परोक्ष में तो अवश्य ही।" परन्तु रावण अब रुकने वाले नहीं थे, "आर्य स्वयं कामी हैं और अनार्यों को कामी कहा। आर्यों के अनुसार हम निन्दा के योग्य हैं, पापी हैं, दरिद्र और कुरूप हैं, मूर्ख हैं इस कारण हमें जीवित रहने का अधिकार नहीं है। अरे साथियो! सुनते जाओ। तुम्हारा हृदय फट जाएगा। तुम्हें लगेगा कि तुम्हारी देह का एक-एक छिद्र बन्द हो गया है, सिर पर धूल की कई परतें जम गई हैं और रोम-छिद्र शून्य हो गया है। तुम संज्ञाशून्य हो जाओगे। हमें यशहीन, आर्य-विरोधी, मात्र स्वयं के शरीर को पोषण करने वाला, क्रोधी और रोगी कहा, और कहा कि इस कारण हमें धरती पर रहने का अधिकार नहीं है। सच तो यह है भाई कि ये सब गुण स्वयं आर्यों में हैं और वे अपना अवगुण हम पर थोप रहे हैं।

"...लंका की लाज रखने वालो! सोचो! कल्पना करो, हम कितनी मानसिक यातना झेल रहे हैं! वे कहते हैं—हम सर्प हैं, शृगाल हैं, कुत्ते हैं, मधुमक्खी हैं क्योंकि अनार्य हैं, राक्षस हैं। इस हेतु हम विचारणीय नहीं, हम किसी श्रेणी में नहीं हैं। बस हमारी योग्यता दास बनने भर की है। हम राक्षस हैं, हम अशौच हैं! हम शुद्ध और स्वच्छ नहीं। क्या सह सकेंगे आप?"

रावण ने रक्त का प्रवाह तीव्र कर दिया। राक्षस भीतर से हिल उठे। आर्य तो शत्रु थे ही अब तो लंका के राक्षस राम के घोर विरोधी हो गए। वानर तो अपने ही थे परन्तु राम की मित्रता स्वीकार करके वे भी राक्षसों के शत्रु हो गए। राक्षस उबल गए। उन्हें अपनी पहचान हो गई।

रावण ओज स्वर से बोले, "राक्षसो! इन आर्यों ने हम सभी का दोहन किया है और कर रहे हैं। अब, जबकि मैंने स्वयं राक्षस नाम दिया, एक संस्कृति के नीचे एकता के सूत्र में सभी को बाँधने का प्रयास किया तो इन आर्य-ऋषियों को कुछ सूझा नहीं कि वे क्या करें। और इसी हेतु राम और हनुमान को तैयार किया गया। आर्य ऋषियों के षड्यंत्र की पकड़ में अनार्य हैं। मैं ऐसा होने नहीं दूँगा। आप सभी पूरे मनोयोग से मेरा साथ दें। समस्त आर्यों की आँख हमारी संस्कृति पर लगी है।"

राक्षसों ने एक स्वर से 'स्वीकार है' कहा और लंकापति की जयकार करने लगे।

वानर दक्षिण की दिशा में सीता को खोजते-खोजते व्यथित हो गए। हनुमान, जाम्बवान, अंगद, नील व्याकुल हो गए। थककर चूर वानर टोली क्या करे? कुछ सूझ नहीं रहा था। परिश्रम का परिणाम-शून्य हो तो कैसा लगेगा और यदि किया जाने वाला कार्य चुनौती से भरा हो, हो जाने का विश्वास हो तो कैसा लगेगा। प्राण

दे देना स्वीकार है परन्तु बिना सीता का पता यहाँ लगाए जाना स्वयं का शव ढोने के समान है।

वानरों की दशा ठीक नहीं थी। बार-बार उसी स्थान पर घूमकर आ जाते। दक्षिण की कोई सीमा शेष न रही और न कोई स्थान ही छोड़ा वानरों ने। अब कौन दिशा ज्ञान कराएगा? राम का प्रिय होने का यह अच्छा अवसर जा रहा है क्या करें हनुमान? संयोग बैठ नहीं रहा है। वानर थक तो चुके ही थे। हारकर बैठ गए शिथिल होकर।

सहसा हनुमान को एक बड़ा-सा कुटीर दिखाई दिया—बोले, "चलो चलते हैं।"

अंगद बोले, "अब प्राण लेकर तो राम के पास जाना व्यर्थ है।"

और वानर कुटीर की ओर बढ़ गए।

संयोग से कुटीर जटायु के अग्रज सम्पाति का था। वे वृद्ध हो चुके थे। अपने पुत्र सुपार्श्व के साथ रह रहे थे। वानरों को दी गई समय सीमा समाप्त हो गई थी। एक ऋतु बीत गई थी। शक्तिहीन सम्पाति ने बताया, "एक राक्षस को मैं देख चुका हूँ रथ से भागते हुए, रथ पर सवार एक स्त्री विलाप कर रही थी। सम्भवतः वह रावण ही था।"

हनुमान और अन्य वानर वीर सम्पाति से सटकर बैठ गए। सम्पाति ने लंका की भौगोलिक जानकारी दी, सम्भवतः वे लंका में रह भी चुके थे जब कुबेर का राज्य था और अब भी लंका की गतिविधियाँ उन्हें प्राप्ति होती रहती थीं।

सम्पाति के निर्देश पर वानर वीर दक्षिण दिशा में सागर तट की राह हो लिये।

सामने विशाल सागर। नाद जैसी ध्वनि। अकल्पनीय!...पार पाना समुद्र से तो कैसे? किस विधि से?

एक-एक कर सबने बल की थाह दी। किसी पर विश्वास नहीं हुआ। सागर को पार करना पुनः वापस आना और लंका में सीता का पता ही नहीं वरन् वहाँ की गतिविधियों और शक्ति का भी पता लगाना सरल कार्य नहीं था।

लंका में 'संयोग से हो गया' पर विश्वास करने वाले के बस का नहीं था। 'जो हो गया वही उचित है' कहकर कार्य को टाल देने वाले मस्तिष्क का कार्य नहीं था।

अंगद की बुद्धि कार्य नहीं कर रही थी, वे जाम्बवान को बार-बार देख रहे थे। वरिष्ठ यूथपति जाम्बवान बोले, "मेरी ओर प्रश्न भरी दृष्टि से क्यों देख रहे हो अंगद? मैं अपनी क्षमता बता चुका हूँ। मेरे लिए यह कार्य अब कठिन है। हाँ, हनुमान से बात की जाए वे अभी चुप, किसी योजना को रूप देते लग रहे हैं, मौन।"

सब हनुमान को देखने लगे। हनुमान सोचते, 'क्या करने को चले थे क्या हो गया। रावण के अन्त की सोच थी। राक्षसों पर अपनी सम्प्रभुता की बात थी और स्वप्न था कि वानर सम्राट होंगे, फिर मन बना कि क्या करेंगे सम्राट होकर मुझे तो जननायक बनना है जो सम्राट से भी ऊपर है, सबसे...।'

हनुमान को लगा कि सभी वर्णाक्षर ध्वनि बनकर माथे को पीट रहे हैं। जितने भी एकवचन के योग्य हैं वे बहुवचन होकर घेर लिये हैं। हनुमान तो प्राण भी नहीं त्याग

सकते थे। हनुमान वानर जाति के गौरव थे। हनुमान मिलाने की क्रिया में प्रवीण हैं। हनुमान ने प्रकृति का सूक्ष्मता से अध्ययन किया है।

हनुमान सोचते—मेरी सूचनाएँ लंका से कैसे आती थीं? यह प्रश्न है। क्या करते थे हमारे सूचनावाहक। अवश्य विचार करना चाहिए। लंका और सागर, सागर और वानर क्षेत्र, सूचना-यात्री...क्या करें। ध्यान आया कि 'मैनाक बीच में है। मैं उसके पास जाऊँ फिर राह मिलेगी।'

जाम्बवान हनुमान को देखकर आश्वस्त होने लगे। अवश्य हनुमान कार्य को सिद्ध करने में सक्षम हो सकेंगे।

जाम्बवान ने हनुमान की विज्ञता बटोरी। हनुमान से दृष्टि स्थापित की और बोले, "हनुमान! कठिन और असम्भव कार्य ही तुम्हारा प्रयोग रहा है, तुम जननायक हो। तुम पर अब विश्वास टिका है।"

वानर मौन, हनुमान जाम्बवान की एक-एक शब्द ध्वनि को ध्यान से सुनकर ऊर्जा बटोर रहे थे।

जाम्बवान पुनः बोले, "हनुमान, तुम सागर के ज्ञान से विज्ञ हो, मुझे पता है कि अगस्त्य ने अपना समस्त सागर ज्ञान तुम्हें दिया है। तुम बाल स्वभाव, युवा की ऊर्जा-ओज और वृद्ध के अनुभव से परिचित हो। तुम्हें ऋषि ने पाला है सो तुममें धैर्य है, ज्ञान है। तुम्हें एकत्र करना आता है। तुम क्रियमाण में त्रुटि खोजकर अपनी वाणी से परिष्कृत करने की विद्या जानते हो। तुमने कर्म का अभ्यास किया है। और ये जो वानर वीर देख रहे हो, ये तुम्हारे सम्मुख कुछ नहीं हैं, धूल कण भी नहीं। ये तो मात्र फल खाकर ही-ही करके दंड-बैठक पेलने के अतिरिक्त जानते भी क्या है? मात्र दंड भाँज लिया और जान लिया कि हो गया सार्थक वीर कर्म।...तुम्हें जल के विषय में, भूमि और आकाश के विषय में ज्ञान है। तुम्हें इसका अभ्यास है तुम वात, पित्त, कफ के दोष से रहित हो। तुम स्वस्थ हो। तुम्हें समय की पहचान है, तुम कर्म को स्वभाव में ढाल लेते हो हनुमान, तुम अपनी समस्त ऊर्जा केन्द्रित करो। तुम्हें तैरना भली प्रकार आता है। सागर में पल रहे जीवों से परिचित हो। खारा जल सहने की क्षमता है। साक्षात्कार करने की क्षमता तुमसे अच्छी और किसी में नहीं है। तुम अपने स्वप्न को चित्र में अंकित कर सार्थक रूप देकर कर्म को परिणाम तक पहुँचा सकते हो।

"...लंका में सीता का पता लगाना ही नहीं है अपितु वहाँ की समस्त गतिविधियों में भी पैठ करनी है। रावण की शक्ति का पता लगाना है। लंका हेतु तुमसे योग्य वानर जाति में कोई नहीं जिसे भेजा जाए। तुम हृदय-भेद का ज्ञान रखते हो। सबसे बड़ी बात तो यह है कि तुम वाणी पर संयम रख सकते हो, तुम्हारे पाँव उचित स्थान पर ही टिकते हैं, तुम्हारे हाथों में शक्ति है, तुम सहलाना और पीटना जानते हो, तुम्हें अपने लिंग पर नियंत्रण है और किसी भययुक्त बात से तुम्हारी गुदा में कम्पन नहीं होता। तुम सर्वश्रेष्ठ हो।"

वानर पहली बार जाम्बवान के मुख से ऐसी विरल बातें सुन रहे थे जो वे अभी तक जानते नहीं थे और हनुमान भी पहली बार अपने विषय में इस प्रकार का विश्लेषण सुनकर अति-उत्साही हो रहे थे। हनुमान को सागर एक जलाशय-सा लग रहा था। मानो वे उसके भीतर के समस्त चित्र देख रहे हों और कई बार तल तक जाकर आ गए हों ऊपर। हनुमान को लंका एक छोटा-सा ग्राम लग रहा था और रावण वहाँ का ग्रामणी। हनुमान साहस से भर उठे। साँस तेज हो गई और मुद्रा गम्भीर ओजमयी।

जाम्बवान को अभी और कहना था, ''हनुमान ही जानते हैं बेर, जामुन, मौलश्री, सेमर और बहेड़े का स्वाद। कषाय और कौओं के झुंड से अकुलाते भी नहीं थे। हनुमान न लोभी हैं, न मोही, न तो अंहकार ही है। काम तो छू तक नहीं जाता।''

हनुमान सोच रहे थे कि--मेरे जैसा लोभी तो सम्भवतः कोई वानर नहीं, मेरा लोभ 'जननायक' बनने का है, इसी हेतु मैंने अपने राष्ट्र में बालि के विरोध में वानरों को खड़ा किया। सुग्रीव का साथ दिया और सुग्रीव तो स्वार्थ की पराकाष्ठा हैं। राम का मैंने साथ दिया। मुझे तो रावण का साथ देना चाहिए था परन्तु रावण मुझे उच्च पद के अतिरिक्त दे ही क्या सकता है। यहाँ तो राम का दास होकर भी मैं राम के समकक्ष हूँ। राम को मेरी हर बात माननी होगी, वे भी मेरे वश में होंगे। अगस्त्य की लुभावनी शिक्षा का भी मुझे ज्ञान है परन्तु उसमें मेरा ही हित है। रावण अपनी सम्प्रभुता के आगे किसी की सुने न सुने, परन्तु राम में ऐसा नहीं है।...

हनुमान जैसे जाग गए और जाम्बवान का देख मुस्कराने लगे। वानर वीर उनके स्वप्नलोक का आनन्द मुख मुद्रा से ले रहे थे।

जाम्बवान बोले, "हनुमान तुम सम्भवतः लंका और सागर क्षेत्र में विचर रहे थे। मैं पुनः कहता हूँ कि तुम ही योग्य हो लंका जाने के लिए। तुममें बहुत गुण छिपे हैं, इतने कि तुम भी नहीं जानते हो। तुम इतने अभ्यासी हो गए हो कि तुम सामान्य क्रिया जान उस कर्म से संवेदनशून्य या ज्ञानशून्य हो जाते हो। कठिन-से-कठिन कार्यक्रम तुम्हारे स्वभाव में मिल गया है। तुम अधोवायु को चाहो तो बिना ध्वनि के निकाल सकते हो, करुण होकर भी तुम्हारा द्रवित हृदय अश्रु रोक सकता है, कमनीय और गठी देह की नितम्ब वाली भी तुम्हारे काम को जगा नहीं सकती, भीतर जाग्रत काम को तुम अपने मन पर अधिकार करने से रोक लेने की पूर्ण क्षमता रखते हो जबकि वानर अतिकामुक होते हैं। तुमने सुना होगा सम्पाति कह रहे थे, 'गंधर्वों और वानरों में काम-भाव, नागों में क्रोध, मृगों में भय, ग्राद्धों में भूख, रुद्रगणों में बल, अश्वों में धावक शक्ति अधिक होती है।' हनुमान तुम खाँसी रोक सकते हो, कई दिनों तक भूखे रहकर भी उसी क्षमता से कार्य कर सकते हो। है कोई वानर जो छींक रोक सके? तुम्हें छींक के आवेग को रोकना आता है। जँभाई और डकार पर तुम्हारा नियंत्रण है। हे मेरे प्रिय हनुमान! तुम लंका की यात्रा स्वीकार करो। मेरी लाज रख लो। हम सब राम को मुँह दिखाने लायक हो जाएँ। तुम उनचासों पवन की पहचान

रखते हो। हनुमान, मेरे हनुमान! उठो! और तैरकर लंका जाओ!"

जाम्बवान ने कहा और वानर वीर हनुमान की जयकार करने लगे। अपनी जयकार सुनकर अति उत्साही हनुमान ने अभिवादन किया और सागर में कूद पड़े।

विशाल सागर। हनुमान का हृदय विशाल। गहरा सागर। हनुमान का विवेक गहरा और धैर्य ऊँचा। तैर रहे हनुमान, छिछले जल में कटि तक डूबे आगे थम-थमकर पाँव बढ़ाते तो कहीं पानी कम हुआ तो छप-छप करते दौड़ जाते। सागर जीव हनुमान से अनभिज्ञ इधर-उधर अपनी गति में आ-जा रहे हैं। कभी किसी बड़ी मछली की पीठ पर दो पाँव चलकर कूद पड़ते आगे और आगे...तैरकर...कहीं कोई भूमि न व्यक्ति। अथाह जल। तो कहीं-कहीं आधे प्रहर भर चलने की भूमि। जल में जीवन और आज जीवन में गहरे उतरे हनुमान।

बीच में मिला एक पर्वत और कुछ लोग मिले। इनका प्रधान मैनाक, देवों द्वारा नियुक्त मैनाक, सम्भवतः इन्द्र ने या कुबेर ने नियुक्त कर रखा हो। हनुमान मैनाक के निवास पर रुके, आवश्यक विज्ञता प्राप्त की और फिर जल में जल जीवों के साथ, खारे जल खुरदरेपन को झेलते, त्वचा रगड़ते आगे बढ़े।

'अरे सागर के बीच फिर थोड़ी भूमि और नौकाएँ! अवश्य ही कोई गुप्त स्थान पर मैं हूँ। रावण के सीमा प्रहरी इतनी दूर तक जाल बिछाए।' हनुमान सोचते हुए रेत भूमि के ऊपर चढ़ गए। सुरसा नाग जाति की श्रेष्ठ महिला और लंका के सूचना विभाग की प्रमुख थी, हनुमान को मिली सचेत सुरसा जो रावण को महत्त्वपूर्ण सूचनाएँ उपलब्ध कराती थी। हनुमान ने सुरसा और अन्य नाग रक्षिकाओं का मान मर्दन किया। बिना किसी क्षति को प्राप्त हुए हनुमान लंका के तट पर जा लगे।

और अब हनुमान एक अपरिचित स्थान पर। 'जिसे देखा नहीं सुना था। जिसके साथ साथी बनकर लड़ा था परन्तु साथ न रहा और जाना भी नहीं कि रहता कैसे है।' हनुमान छिपते-छिपाते नगर देखने लगे। लांगूल भी बचाना था। यही लांगूल उनके वानर होने की पहचान है, क्या करें इस लांगूल का?

अरे, इतना सुन्दर और स्वच्छ नगर! सुव्यवस्थित वस्तुएँ। प्रत्येक व्यक्ति सामान्य गति से अपना कार्य करता हुआ न ध्वनि, न कोई तीव्रता, न अकुलाहट, न कहीं सीता की चर्चा।

हनुमान नगर घूमने लगे। लंका की रक्षा समिति के सदस्यों ने हनुमान को पकड़ लिया और प्रधान रक्षिका लंकिनी के समक्ष ले गए। हनुमान ने लंकिनी का वध कर दिया और वहाँ से भाग निकले। लंका में लंकिनी की हत्या हो जाने से और किसी अपरिचित के घुस आने से लोग शंकित हो गए।

परन्तु हनुमान पकड़ में कब आने वाले, उनके अन्दर वे सभी गुण थे जो एक

सफल गुप्तचर में होने चाहिए। अब हनुमान ने सीता की खोज की। स्त्रियों को देख सीता का भ्रम होता। स्त्रियों को सुखी और प्रसन्न देख भ्रम टूटता। हनुमान सोचते—कहीं सीता जीवित ही न हों और व्यर्थ की खोज में मैं समय व्यतीत कर रहा हूँ।

हनुमान को हनुमान के गुप्तचर जो वेश बदलकर घूम रहे थे सींग लगाए राक्षस जैसे—पहचान लिया। एक गुप्तचर आगे बढ़ा, बोला, "आप हनुमान हैं?"

"हाँ, परन्तु तुमने पहचाना कैसे? तुम कौन हो?"

"मैं आपका गुप्तचर हूँ।"

"तुम्हें सीता का पता है?"

"नहीं, सुना है कि सीता लंका में हैं, कहाँ हैं, यह किसी को पता नहीं है।"

"कोई उपाय बताओ?"

"आप विभीषण जी से पूछ लें।

और हनुमान चुप, मौन साधे विभीषण की राह हो लिये। गुप्तचरों ने सहायता की और हनुमान को विभीषण के निवास तक छोड़ आए।

हनुमान विभीषण से गुप्त रूप से मिले। विभीषण को हनुमान ने भावी लंकापति होने का संकेत दिया। बस राम से भेंट भर हो जाए। हनुमान बोले, "आप हृदय से राम का साथ दें तो रावण का अन्त निश्चित है और आप लंकापति...। राम द्वारा 'लंकापति' की घोषणा का अर्थ यह हुआ कि आपको समस्त आर्य-अधिपति मान देंगे। बिना किसी भय-आक्रमण के आप राज-सुख भोग सकेंगे।"

हनुमान की सारगर्भित बातें विभीषण को रुचिकर लगीं और वे स्वप्न-लोक में चले गए। 'मेरे माथे लंकापति का मुकुट होगा! ये समस्त पटरानियाँ मेरी होंगी! देव-आर्य विभीषण की जयकार करेंगे! और...।'

विभीषण ने हनुमान को वे समस्त गुप्त स्थान बताए जहाँ पहुँचना किसी के लिए भी सम्भव न था। अस्त्र-शस्त्र भंडार, अन्न एवं विपुल खाद्य सामग्री भंडार, कुबेर से जीत कर लाए गए विशिष्ट रथ, सैनिकों के विशेष वस्त्र हनुमान ने देखे। विभीषण ने सीता का पता बताया और गुप्त मार्ग सुझाया। हनुमान अशोक वाटिका की कल्पना में आ गए।

हनुमान ने विभीषण से कहा, "मैं चलता हूँ सीता को राम का समाचार देने परन्तु आप अपने अतिनिकट विश्वासियों से प्रतिदिन सम्पर्क करें, सूचनाएँ लें। उनसे कहें कि रावण के विरुद्ध लंका की प्रजा में बीज बोए जाएँ। प्रजा मानसिक रूप से रावण को बुरा समझे। सीता अपहरण की घटना की चर्चा कर रावण के कुकृत्य का बखान किया जाए। राम-रावण युद्ध निश्चित है, और आपका लंकापति होना भी।...भले ही राक्षसी सेना रावण के पक्ष में युद्ध करे, प्राण दे दे परन्तु रावण ने राक्षसों का भला नहीं किया। सीता का अपहरण कर समस्त जातियों में राक्षसों के मान की हानि हुई,

यह भावना सेना में भरी जाए। मन से दुर्बल बनें राक्षस सैनिक। इसी में आपका भला है और आगे की राह शूलहीन आपके लिए।''

और हनुमान अशोक वाटिका की राह पर।

रावण बार-बार सीता को समझाते हैं, अवधि निश्चित करते हैं परन्तु सीता टस से मस न हुईं अपितु रावण के बुरे कार्यों का विश्लेषण कर उनका रक्त-संचार बढ़ा देतीं। रावण के लिए सीता विजय का प्रतीक थीं परन्तु रावण को स्वीकार लें तब न। बिना स्वीकार के सीता मात्र एक निर्जीव वस्तु थीं, जिनका कोई मूल्य न अस्तित्व।

सीता पर बल-प्रयोग रावण ने उचित नहीं समझा। बल-प्रयोग कर बलात् देह-सुख भोगकर स्वीकृत लेना जबकि मन सदैव अस्वीकार की भूमिका में है, इसे विजय नहीं कह सकते। सीता राक्षस धर्म स्वीकार कर भी ले भय में आकर तो अवसर मिलने पर वह डसने से चूकेगी क्या? जबकि रावण के शत्रुओं की भरमार है। पग-पग पर रावण का प्राण संकट में है। देव, आर्य, आर्य ऋषि, मूलवंशियों के वे अधिपति जो आर्यों के अधिकार एवं प्रभाव में थे जिनका वध भी रावण ने किया तो वे भी मन से रावण के शत्रु, वानर तो थे ही शत्रु, ग्राद्ध भी जटायु के वध के बाद रावण को देखना नहीं चाहते थे। रावण सीता को मनाते रहे परन्तु व्यर्थ और खीझकर चले गए। ऐसा कई बार हुआ और प्रयास व्यर्थ ही रहा रावण का।

सीता को राक्षसियों ने भी समझाया। रावण के मान-सम्मान, सुख-ऐश्वर्य, भोग-विलास का बखान गाया परन्तु कोई प्रभाव नहीं सीता पर। 'किस मिट्टी की बनी है यह स्त्री' बड़बड़ाती राक्षसियाँ सीता को समझ न पातीं। सीता अकेली वृक्ष के नीचे बनी वेदी पर। राक्षसियाँ अपने कर्तव्य को धता बताकर उनींद में एक ओर। और सीता उन स्त्रियों की भीड़ में भी अकेली।

अवसर जान हनुमान सीता के सम्मुख चुप रहने का संकेत करते हुए जाते हैं। स्वयं को राम का सूचनावाहक, राम का दूत और राम का दास कहते हैं। राम की दी हुई मुद्रिका हनुमान को प्रमाणित करती है।

सीता बिलख पड़ीं, ''हनुमान तुम आयु में बड़े हो परन्तु तुम राम के हो तो मेरे लिए भी अतिप्रिय हो। जिस प्रकार माँ अपने पुत्र से प्रेम करती है, मैं उसी दृष्टि से तुम्हें देख रही हूँ। जी चाहता है हनुमान कि मैं तुमसे ढेर सारी बात करूँ।''

''माँ! कहें मैं प्रस्तुत हूँ परन्तु मैं वृक्ष पर चढ़ जाऊँ जिससे मेरे होने का अर्थ न रहे।'' हनुमान ने इतना कहा और वृक्ष पर चढ़ गए।

''मैं कुछ कहने के योग्य नहीं,'' सीता ने व्यथा कही, ''स्त्री जब अपना दुख गाती है तो पुरुष सुनता है? स्त्री तो प्राकृतिक रूप से चरित्र करने में निपुण होती है। स्त्री में अभिनय के गुण प्राकृतिक रूप से होते हैं। स्त्री के चरित्र को कोई समझ सका है क्या? यही सब कहकर स्त्री को एक कोने में खड़ा कर दिया गया। स्त्री भोग्या है, देह-सुख

प्रदान कर सकती है सो उसका अपहरण होता है, बलात्कार होता है। भला पुरुष का भी ऐसा होता है हनुमान! मैं पूर्णमासी के दिन को अमावस जानकर अंधकार में रात व्यतीत कर रही हूँ। मुझे माँ सुनैना की याद आती है, पिता भूले नहीं भूलते, आचार्य को सोचकर बिलख पड़ती हूँ। हनुमान मेरा कोई उपाय करो, क्या करूँ मैं? शीतल, मंद, सुगंध बहने वाले समीर को बिसार चुकी हूँ। यही दशा रही तो...तो मैं भूल जाऊँगी कि मैं किसकी पत्नी हूँ, किसकी पुत्री, किसकी अनुजा और किसकी भाभी। मैं सम्बन्धों को भूलती जा रही हूँ। लंका का वातावरण मेरा जीवन व्यर्थ किए दे रहा है। हनुमान कुछ उपाय सुझाओ, मैं क्या करूँ? मुझे बार-बार याद आती है मेरी सहेली 'भू' जिसके बिना मैं क्षण भर भी न रह पाती थी विदेह में, उसे भूल जाऊँगी तो मैं कैसे रह सकूँगी देह के साथ इस धरती पर।''

हनुमान तोष देते परन्तु सीता को विश्वास न होता और वे पुनः हृदय में दबे शब्द उगलने लगतीं, ''हनुमान! मैं तर्जनी, मध्यमा, अनामिका, कनिष्ठिका, अंगुष्ठा बार-बार गिनती हूँ कि कब यहाँ से अपने वन-लोक या अवध जाऊँगी अपने राम के पास। कभी-कभी मुझे लगता है कि मेरे कर्ण, नासिका, नयन, जीभ, त्वचा सब संज्ञाशून्य हो गए हैं। रावण को देखकर मैं पथरा जाती हूँ। संयोग है कि मैं बलात् का साक्षात्कार न कर सकी, अच्छा है। मैं यौवना हूँ हनुमान! और वृद्धा की भाँति इसी वेदी पर बैठे-बैठे जीवन काट रही हूँ।''

हनुमान द्रवित हो गए। सीता को विश्वास दिलाया और एक प्रतीक चिह्न लेते हुए बोले, ''माँ, आप आश्वस्त रहें, अब मैं ऐसा कृत्य करूँगा कि आपको मेरी शक्ति पर विश्वास हो जाएगा। राम की विजय की कल्पना नहीं विश्वास कीजिए।''

हनुमान का कार्य पूर्ण हुआ। एक भाग रह गया। बल का प्रदर्शन सो हनुमान ने अशोकवाटिका को उजाड़ना प्रारम्भ किया, फल खाए और शाखाएँ तोड़ दीं। यह पता प्रहस्त के पुत्र को लगा कि जिस अपरिचित ने लंकिनी का वध किया है, वह अशोक वाटिका में उपद्रव कर रहा है।

प्रहस्त के पुत्र से हनुमान का युद्ध हुआ और वह मारा गया। लंका में हाहाकार मच गया। मंत्री-पुत्र आए, वे भी हनुमान की युद्ध विद्या के जाल में फँसकर अपने प्राण दे बैठे। राजपरिवार के अक्षय कुमार भी टिक न सके। अन्त में विवश होकर मेघनाद को आना पड़ा। मेघनाद ने हनुमान को बन्दी बना लिया।

और अब रावण के सम्मुख हनुमान। हनुमान द्वारा बार-बार राम का गुण सुनकर और स्वयं को हीन, नीच के शब्द से सम्बोधित होकर खीझ उठे रावण, बोले, ''हनुमान, तुम मेरे प्रिय रहे हो। तुम मूलवंशी हो परन्तु तुम्हारी बुद्धि को ऐसा घुमाया है आर्यों ने कि तुम अपनी बात ही सत्य मान रहे हो। आने वाली पीढ़ियाँ आर्यों द्वारा दिए गए, दुख, संत्रास झेलेंगी जिसका तुम्हें भान नहीं हो रहा है। तुम अवश्य किसी स्वार्थ में होकर ऐसा कह रहे हो मेरी मित्रता वानरों से रही है। बालि से मित्र सम्बन्धों की चर्चा

सर्वत्र होती रही है। तुम वानर हो आदिवासी हो मेरे साथ हो जाओ और उन धूर्त आर्यों का साथ छोड़ दो।''

परन्तु हनुमान ने जैसे सुना ही नहीं और रावण पर वाणी प्रहार करते रहे। रावण को भी क्रोध आ गया और मृत्युदंड देने का विचार करने लगा परन्तु विभीषण ने दूत का वध करने से रोका, ''यह तो सूचनावाहक है, इसके बिना सूचनाएँ कैसे आएँगी-जाएँगी। दूत की रक्षा करना राजनीतिक धर्म है। हाँ, आपका क्रोध शान्त हो, आप चाहें तो इसका मान-मर्दन कर सकते हैं। इसे अपमानित कर इसे छोड़ दें।'' हनुमान के प्राण बच गए।

विभीषण की सलाह रावण को उचित लगी।

रावण ने आदेश दिया, ''प्रहरी! इस वानर को ले जाओ। यह अपनी पहचान के साथ धोखा कर रहा है। वानर जाति पर यह कलंक है। इसे लांगूल लगाने का अधिकार नहीं है। इसकी जाति का प्रतीक यह लांगूल इसकी कटि से निकाल लो और जला दो। यह लांगूल से हीन होकर अपने राम के पास जाए और कह दे कि रावण किसी का दास नहीं। वह स्वयं सम्प्रभु है। राक्षसों की भूमि पर आर्यों के होने का कोई औचित्य नहीं। राक्षस न तो युद्ध से डरते हैं और न किसी लुभावनी भाषा-वाणी में आने वाले हैं। तुम्हारे पाप-पुण्य आर्य-हितों हेतु बनाए गए हैं। सीता मेरे बल प्रदर्शन का प्रतीक है। अब युद्ध के बिना किसी बात पर समझौता नहीं होगा।''

और हनुमान का लांगूल निकालकर जला दिया गया। अपमानित हनुमान लांगूल से हीन लंका में अपने गुप्तचरों के माध्यम से महत्त्वपूर्ण स्थानों पर आग लगाने लगे। लंका अव्यवस्थित हो गई। लंका की भारी क्षति हुई और अब हनुमान सागर के तट पर वृक्ष के दो बड़े-बड़े तने एक में बाँध उस पर बैठ अपने राम के पास शीघ्र पहुँचने को आतुर।

हनुमान प्रतीक्षारत् वानरों से मिलते हैं। समाचार से हर्षित समूह किष्किंधा की दिशा में दौड़ पड़ा। कुछ दिनों की यात्रा के बाद ऋष्यमूक पर्वत पर राम से अंगद का यूथ मिलता है।

हनुमान को राम ने गले लगाया। अश्रु बह चले। हनुमान ने अकल्पनीय कार्य किया। हर्ष की सीमा पार कर रहे राम हनुमान से बोले, ''हनुमान! तुम मेरे पुत्र से भी अधिक प्रिय हो। मेरे लिए सबसे प्रिय वस्तु हनुमान होंगे। मैं हनुमान के जीवित रहते 'महावीर' की उपाधि देकर पिंड की स्थापना करता हूँ और घोषणा करता हूँ कि जहाँ भी व्यायामशालाएँ हैं वहाँ 'महावीर' स्थापित किए जाएँ। हनुमान की प्रतिमा लगे। हनुमान युवाओं में सदा के लिए बस जाएँ। हनुमान बल के प्रतीक हैं।''

और राम ने ऋष्यमूक पर्वत पर हनुमान का महावीर के रूप में स्वागत करते हुए 'महावीर-पिंड' की स्थापना कर दी।

हनुमान को वह मिल गया जो उनकी कल्पना में नहीं था। और हनुमान का नाम

शिला पर अंकित हो गया, सदैव के लिए। ऋष्यमूक पर एकत्र वानरों ने कहा, 'हनुमान की जय'। ध्वनि टकराकर वापस आई...हनुमान की जय...जय...जय...। फिर स्वर गूँजा 'महावीर की जय।'...

16

अगस्त्य को हर पल की सूचना है। शब्द-शब्द जानते हैं और हो जाते हैं कभी राम के साथ ऋष्यमूक पर तो कभी रावण के यहाँ लंका में तो कभी बिलखती सीता के पास। हनुमान का साथ भला क्यों न हो और अगस्त्य हनुमान को मन की आँख से देख लेते हैं, सूचनाओं के आधार पर। हनुमान के जीवट, हनुमान द्वारा किए गए कार्य रेखांकित करते अगस्त्य, नयन मूँदे कई प्रहर, तोष का आनन्द लेते।

अगस्त्य को अन्त की प्रतीक्षा थी। एक-एक क्षण भारी लग रहा था। कब सुन लूँ वह सब, जिसके लिए व्याकुल हूँ, जिसके लिए समस्त आर्य प्रतीक्षा में हैं, जिसके लिए समस्त आर्य ऋषि अपनी निद्रा भूल चुके हैं। देवों को भी प्रतीक्षा है कि कब दोटूक सुनने को मिले सुखद।

फसल पकती है तभी सुख मिलता है, पुष्ट अन्न देखकर। फल अपना पूरा आकार पा जाता है तो सुख मिलता है। अगस्त्य भी पुष्ट देखना चाहते हैं। जो किया है अब तक सब स्वस्थ किया, कहीं भूल नहीं की। अपने किए पर अघाते रहते अगस्त्य।

'अन्तिम सुख के बाद भी बहुत-कुछ होगा परन्तु वे या तो राम करें या हनुमान। मैं पुनः प्रतीक्षा में हो जाऊँगा कि कब त्याग दूँ। यह देह जिसका न कोई कार्य, न औचित्य। संज्ञाशून्य! कहूँ तो–सब शून्य...व्यर्थ होकर रहना उचित नहीं लगता। फिर भी जो शेष होंगे क्षण उन्हें जीना तो है।...तो करूँ प्रतीक्षा अपने सुखद संघर्षमयी कर्म क्षेत्र के अन्त की और सुनता रहूँ युद्ध के एक-एक दिन का हाल।'

राम के साथ न गिने जाने वाले वानरों की संख्या थी। यदि कोई इतनी विशाल-सेना देख ले तो बिना लड़े अपनी पराजय स्वीकार ले। वानर अपने अस्त्र-शस्त्र लिए तैयार हैं। राम-लक्ष्मण ने भी अपने आयुधों को व्यवस्थित कर लिया है। बस एक आदेश की प्रतीक्षा थी। आदेश सुग्रीव को देना था परन्तु राम के संकेत पर। इसे कहते हैं सम्प्रभुता, सम्राट सुग्रीव हैं परन्तु दास जैसे। हनुमान यही होना चाहते थे, राम के दो दास रहें, स्वीकार है परन्तु वानरों में उनकी सम्प्रभुता रहे, सम्राट से भी ऊपर।...और अब तो हनुमान जीवित रहते पिंड में स्थापित हो गए हैं। वीर युवाओं के प्रतीक हनुमान...यह

सब राम के कारण हुआ। मृत्यु के बाद सुग्रीव को कौन जानेगा। कहीं कथा-कहानी में सुग्रीव का नाम आ जाएगा या कोई राम का इतिहास दोहराएगा तो एक अध्याय होंगे सुग्रीव और उसमें भी रहेंगे हनुमान...परन्तु बाद इसके जब न ध्यान होगा इतिहास का, न होगी सुध किसी कथा की तो...। तब भी हनुमान होंगे व्यायामशलाओं में पिंड के रूप में, प्रतिमा होगी किसी भी टेढ़े-मेढ़े पत्थर की।

सुग्रीव ने सेना को कूच करने का आदेश दिया। राम बोले, ''जो दुर्बल हो, जो हो असहाय और जो वृद्ध हो वे इस महाअभियान हेतु न जाएँ। वे भी किष्किंधा में रुकें जो हों अपने परिवार के एकमात्र सम्बल और वे भी जो युद्ध से भय रखते हों। यहाँ रुककर भी आप मेरी सेवा करेंगे, मेरा ही कार्य करेंगे—ग्राम-हित के कार्य किसी भी युद्ध से कम नहीं हैं।''

सेना चल पड़ी। वाऽऽ...नऽऽ...रऽऽ! पूरी धरती पटी जान पड़ती है। आगे जो भी ग्राम पड़ता है वहाँ भी हनुमान के वीर प्रतीक्षा में खड़े रहते और राम की सेना देख आ मिलते, जयकार लगाते। अद्‌भुत अदम्य साहस।...और उत्साह अपने अन्तिम छोर पर खड़ा...ऊँचा!

पड़ाव और पड़ाव और फिर गति, यह अन्तिम लक्ष्य का प्रवाह...''राम की जय! जो मरेगा वह राम के नाम का सत्य होगा! चलो! वीरो! सागर के तट...चलो-चलो लंका... चलो!! राक्षसों का विनाश करने।...राम की जय...राम ही सत्य हैं...।"

और वानरों का उत्साह देखते बनता।

विशाल सागर! तट पर वानर ही वानर। पार जाएँ तो कैसे? क्या हो उपाय। राम सोच पाते न हनुमान, सुग्रीव और अन्य वानरों की कहाँ सामर्थ्य कि इतने गूढ़ विषय पर दृष्टि जमा पाते। चुप हैं कि कोई आदेश हो और प्रारम्भ हो लें। वानर प्रारम्भ में रहते परन्तु बिना किसी निर्देश के पशुवत्।

''अरे वो देखो!'' सुग्रीव बोले, ''कुछ विशिष्टजनों के साथ कोई महत्त्वपूर्ण व्यक्ति इधर ही आ रहा है। सम्भवतः वह इस क्षेत्र का अधिपति है।''

वे जन पास आ गए।

अधिपति जैसा व्यक्ति बोला, ''आप सब किसके आदेश से इस तट पर एकत्र हुए हैं, आपका नायक कौन है?''

सुग्रीव, हनुमान अभी कुछ कहते कि राम ने बुला लिया, ''आइए! मान्यवर आपका वानर समूह में स्वागत है। आप मुझसे आने का कारण कहें।''

''मेरा नाम रत्नाकर है,'' अधिपति बोला, ''मैं इस क्षेत्र और दिशा के समस्त सागर तटों पर बसे ग्रामों का अधिपति हूँ। खारी, इक्षु, सुरा, घृत, दधि क्षीर, अमृत नाम के तट कुबेर के काल में देवों के अधिकार में थे। अब ये तट और बसे शत ग्राम मेरे अधीन हैं। मुझे राक्षसराज रावण ने अधिपति नियुक्त किया है। बिना उनकी आज्ञा के आप यहाँ इतनी विशाल संख्या में ठहर नहीं सकते। मैं हर घटना का उत्तरदायी होऊँगा।''

राम ने भिन्न-भिन्न प्रकार से समझाया परन्तु रत्नाकर तट रिक्त करने की बात पर अड़ा रहा। फिर क्या था राम का क्रोध ऊपर आ गया। राम ने आयुध दिखाए और पल भर में समस्त तटों और ग्रामों को अपने अधीन कर लेने ही नहीं वरन् नष्ट कर देने का विश्वास दिलाया।...और रत्नाकार नत हो गया।

अब राम ने रत्नाकर को भय दिखाकर मुक्त तो कर दिया परन्तु उसे अपनी सम्प्रभुता की धौंस पर अपने अधिकार में ले लिया। रत्नाकर ने पुल बनाने की सलाह दी। कहा, ''श्रेष्ठवर! अब तो यह तट, यह वन और स्वयं मैं आपके अधीन हुआ। मुझे ज्ञात है कि इन वानरों में अनेक शिल्पी भी हैं। नल, नील श्रेष्ठतम शिल्पी हैं। वे अपना विशिष्ट स्थान रखते हैं। आप उन्हें आदेश दें कि वे सागर पार करने का उपाय खोजें। यहाँ की प्रत्येक सामग्री आपकी है। जैसे चाहे प्रयोग कर लें।''

और रत्नाकर चला गया।

कई दिन तक विचार होता रहा एक-एक बिन्दु पर विमर्श होता और तय हुआ कि सागर को पार करने हेतु पुल बनाया जाए। आवश्यकता भर वृक्ष काटे जाएँ, पत्थर एकत्र किए जाएँ और पुल का निर्माण हो।

नल बोले, ''मैं असमर्थ नहीं हूँ परन्तु इतना लम्बा पुल! कैसे सम्भव होगा? सागर गहरा भी है। मेरे विचार से रत्नाकर से कुछ नौकाएँ माँग ली जाएँ और श्रेष्ठजन उन नौकाओं से पार करें। शेष के लिए वृक्ष के तने काटकर आपस में जोड़-जोड़ नाव का रूप दिया जा सकता है उस पर कई-कई लोग पार कर सकेंगे।''

''यह सम्भव नहीं है।'' हनुमान बोले, ''मैं तैरकर गया हूँ। सागर की विशालता तो है परन्तु उसके विस्तार को देख भय रखना उचित नहीं है। सागर में पैठ कर तो देखें कितना आनन्द है और कितना सहज है सागर। तट से तट की दूरी को सात भागों में करें तो आप पाएँगे कि आधा भाग सूखा है। कहीं रेत तो कहीं पहाड़ी...। यहाँ से चलें, एक भाग पानी मिलेगा। लगभग इतनी ही दूरी सूखा मार्ग, इसी क्रम में सात भाग हैं। हमें पुल से ही सुविधा होगी। मुझे लंका की यात्रा में सागर यात्रा पूरे एक दिन करनी पड़ी। अब आप स्वयं दूरी माप लें—वो भी जल मार्ग...नील को जल मार्ग का ज्ञान भी है।''

''हनुमान की सलाह उचित है।''—राम बोले।

और सबकी स्वीकृति हो गई। फिर क्या था युद्ध स्तर पर पुल निर्माण का कार्य प्रारम्भ हो गया। वानर वीर और श्रेष्ठ यूथपति योद्धाओं ने अपने अस्त्र-शस्त्र उतार दिए। वृक्ष काटने के हथियार ले जुट गए तने काटने और मोटी शाखाओं को छाँटने-बनाने में। छोटी शाखाएँ झाड़ समेत एकत्र की जाने लगीं और शाखाओं के मोटे तने एक ओर...।

नल, नील जुट गए। ऋषभ, कुमुद सहयोगी हुए। मार्ग ठीक करने का कार्य इन पर ही था। केसरी, पनस, गज, अर्क, शतबलि ने वानरों की टोलियाँ बना दीं और अपनी

टोली का संचालन करने लगे। गवय, दरीमुख, प्रजघंन, जम्भ, रभस की भी टोलियाँ बनीं। जाम्बवान पुल निर्माण की वस्तुएँ क्रम से रखवाते। हनुमान नल, नील के साथ थे। मोटी-मोटी रेशेदार लताएँ भी ढेर सारी काटी गईं। और पुल निर्माण का कार्य प्रारम्भ हो गया।

तट पर पत्थर एकत्र किए गए। मोटे तने भी। पत्थरों को आपस में सटा-सटाकर चौड़ी वेदी बनाई गई। यही वेदी पुल का भार लेगी। वेदी में कई स्थान पर तीन-तीन हाथ के पत्थर निकाले गए थे, इसी से पुल बँधेगा। यही लंगर है पुल का।

पत्थर ही पत्थर, तने ही तने, झाड़ लगी शाखाएँ, रेशेदार लताओं का बोझ ही बोझ। दौड़ रहे हैं, भाग रहे हैं, ढो रहे हैं, काट रहे हैं। क्या दृश्य है! संचालक इधर-उधर दौड़ रहे हैं। कभी अँगुली उठाते तो कभी हाथ, तो कभी किसी वानर को डाँट पिलाते। एक वानर दूसरे वानर को दौड़ा रहा है, "मैं इतना बड़ा पत्थर ले गया तो तू क्यों नहीं, मांस लादे है देह पर, आज तुझे स्वाद चखाता हूँ, बड़ा ही-ही कर रहा था चल उठ! उठा पत्थर!"

देखकर राम हँस रहे हैं, लक्ष्मण का मन भी दौड़ने को हो रहा है। हनुमान पूरी गतिविधियों की समीक्षा और पर्यवेक्षण कर रहे हैं। सूर्योदय से सूर्यास्त तक के कार्य पर विमर्श करते नल, नील, राम, हनुमान और सुग्रीव। पुनः अगले दिन वही कार्य। पीने का जल वानरों ने देख लिया था। इस कार्य में रत्नाकर ने सहायता की, अनेक कूप और जलाशय दिखाए। फलों से लदे वन का मार्ग दिखाया, सो यह समस्या हल हो गई थी।

तनों से तने मिले, बाँधे गए एक-एक कर। किनारे-किनारे शाखाओं से लिपटे झाड़ रखे गए। मार्ग आगे बनता गया। बीच में कहीं छिछला जल हुआ तो कई तने और पत्थर रखकर आलम्ब बना वेदी का आकार दिया जाता और पुल उसी पर टिकाकर पुनः आगे बढ़ता रहता। इस प्रकार पुल में स्थान-स्थान पर आलम्ब होने से बहने और टूटने का भय न रहा।

एक भाग पूरा हुआ, दूसरा, फिर तीसरा...और जब अन्तिम भाग। निर्माण-कार्य समाप्त हुआ। वानर हर्ष से नाचते रहे पूरा दिन, पूरी रात। राम भूल गए रावण और सीता, हनुमान को भी चेत नहीं कि मैं हूँ हनुमान, सुग्रीव साधारण वानर जैसे उछलने लगे और अंगद सम्राट के स्वर में नाटकीय आदेश देने लगे। जाम्बवान मय राक्षस का नाटक करते तो लक्ष्मण विश्वामित्र का अभिनय, 'आँधी' आवे बैठ बिताए...'

हर्ष अपनी पराकाष्ठा पर और आह्लाद की तो सीमा नहीं।

रावण को सूचना है कि पुल तैयार हो रहा है। वानरी सेना को गिना नहीं जा सकता। सम्भवतः वानर लंका में अँटे न, इसकी भी सूचना है। रावण ने सभा बुलाई और विचार हुआ–

पहले भी सभा होती थी तो ओज के स्वर उभरकर आते थे लेकिन अब नहीं। सुख किसे आलसी नहीं बनाता। जब से सीता लंका में आई हैं राक्षसों का अभियान ठहर गया है। राक्षस वीर सुख भोग रहे हैं, थकान मिटा रहे हैं। रावण अकेले हाथ-पाँव मारकर क्या कर लेंगे?

सभा खचाखच भरी है। और रावण की कई मुद्राएँ...

सहसा रावण बोले, "एक वानर आया था और लंका को सचेत रहने की विद्या सिखा गया और हमारे वीर चुप रहे। क्या लंका का निर्माण मैंने नींद हेतु किया है या स्त्री की देह से चिपककर सुख के लिए किया है। मैं किसी भी सुख हेतु मना नहीं करता परन्तु यह लंका आपकी है, यह आपकी जननी है। यह माँ है—लंका माँ, तो आप इसकी रक्षा में सदैव सचेत क्यों नहीं रहते? यह पूर्वजों की लंका कितनी युक्तिओं से मैंने पाई है आपसे छिपा नहीं है।"

कोई व्यक्ति नहीं बोला।

"आप चुप हैं!" रावण चकित थे, "युद्ध सिर पर खड़ा है और आप मौन हैं! राक्षसो! आपने वरुण, यम, निवातकवच, यक्ष, नाग किसे नहीं वश में किया है? क्या हो गया है आपको? आपकी मांसपेशियों में कौन-सा कीड़ा लग गया है? रुद्र ने मेरे कार्य की सराहना की है। रुद्र मुझसे अति प्रसन्न हैं, यही प्रसन्नता आर्यों के लिए ईर्ष्या का कारण है। डाह में जी रहे हैं आर्य..."

और रावण जोर से हँसे।

विभीषण आगे आए सहमे-सहमे बोले, "लंकापति! आप मेरे सब कुछ हैं, आप लंका की मर्यादा हैं, समस्त अनार्यों को आप पर गर्व है परन्तु...आपने सीता का अपहरण करके कलंकी धब्बा राक्षसों पर लगा दिया है।...भला सीता को सौंपकर राम से संधि करने में बुराई क्या है? हम आर्यों से मिल क्यों नहीं जाते।"

"विभीषण!" रावण गरजे, "तुम सीता लौटाने की बात करते हो। हमारे घर में घुसकर मेरी बहन का अपमान हुआ क्या तुम्हें स्मरण नहीं? कौन सी भूल की थी ताड़का कि मारी गई? ताड़का अपने क्षेत्र की अधिपति थी। राम अपने क्षेत्र में कुछ भी करेगा तो क्या तुम उसके कार्यों हेतु उसका वध करोगे। बालि मेरा मित्र था। राम का क्या बिगाड़ा था? बोलो! उत्तर दो! राम ने उसे छिपकर मारा, मात्र इसलिए कि वानर साथ हो जाएँगे। मैं बार-बार एक ही बात दोहरा रहा हूँ और किसी की समझ में नहीं आ रही है। सीता राक्षसों की प्रतिष्ठा का प्रश्न है। और विभीषण तुम भी राम से भय रखते हो! जाओ! अपने स्तर से आदेश दो कि नगर की सुरक्षा कड़ी की जाए, सभी सचेत रहें, पहरे बढ़ा दिए जाएँ।"

लंका सचेत हो गई। नगर की सुरक्षा बढ़ा दी गई। रात-दिन का पता न लगता। लोग जागते रात में तो दिन में सोते, दिन में जो व्यस्त रहते रात में सोते, वो भी कुक्कुर नींद।

रावण बार-बार सीता को समझाते हैं। सीता को तो राम पर गर्व है। रावण सीता का मान हरण करने में असमर्थ रहे, कहते, ''सीता तुमने ऐसे देह-सुख की कल्पना भी न की होगी। मैं मानता हूँ कि तुम सर्वश्रेष्ठ सुन्दरी हो। तुम्हारे रूप को सुन्दरता का मानक मान लूँगा। अभी तक तो आर्य ही तुम्हें रूपवती कहते हैं और अब अनार्य भी तुम्हें सौन्दर्य का प्रतीक मानेंगे, अनार्य स्वयं को कुरूप जानेंगे। समस्त जातियाँ तुम्हारे रूप को आधार मानकर सौन्दर्य को परिभाषित करेंगी। सीता, तुम समस्त भू-लोक की स्वामिनी, रूप की प्रतिमा कहलाओगी। आओ! मेरी शय्या पर आरूढ़ हो जाओ।''... सीता चुप तो चुप।

कोसती रहती सीता। सीता को भूत याद है, रावण को भी याद है। सीता प्रातः की परिभाषा जानती हैं। प्रारम्भ से साक्षात्कार किया है, रावण को भी विज्ञता है। सीता वर्तमान भोग रही हैं, इतनी पीड़ा में भी धैर्य और राम पर विश्वास। सीता जानती हैं कि आर्य रावण को छोड़ेंगे नहीं और राम तो अवश्य ही वध करके चैन लेंगे। भूत और वर्तमान का आकलन कर भविष्य पर अतिविश्वास है, वर्तमान में अनुचित भी उचित लगता है। रावण स्वाद का व्याकरण जानते हैं।

सीता ने कल्पना की और निर्णय सुना दिया, ''एक वर्ष का समय दें...यदि राम नहीं आते तो मैं आपके अधीन...।'' और बिलख पड़ीं सीता। स्वयं को बचाने का एक प्रयास।

प्रहस्त ने नगर की सुरक्षा का भार अपने सिर ले लिया। वीर महारथियों को सेना सहित युद्धाभ्यास हेतु आदेश पारित कर प्रहस्त अस्त्र-शस्त्रों, रथों, कवचों एवं अन्य युद्ध सामग्रियों को व्यवस्थित करने में लग गए।

सोए वीर राक्षस जाग गए।

रावण को प्रतिदिन कोई न कोई समझाता। सभा प्रतिदिन होती और रावण प्रतिदिन राक्षसों को जगाते। उन्हें भूत की स्मृति दिलाते और यशमयी भविष्य का स्वप्न दिखाकर ही सभा की कार्यवाही स्थगित करते।

रावण कहते, ''मैं हिंसा नहीं चाहता परन्तु लंका की रक्षा करनी है। सदैव आर्यों ने हिंसा चाही है। मेरा विश्वास करें यह अनार्यों का अन्तिम युद्ध है। फिर आर्य दास होंगे। आप विचार करें, आर्य कहते हैं, 'राक्षस आर्यों में घुल-मिल जाएँ और आर्य-संस्कृति अपना लें। आर्य और अनार्य-संस्कृति को मिला दिया जाए।' तो क्या मैं यह नहीं चाहता परन्तु इसका संचालन आर्य नहीं राक्षस करेंगे, मैं करूँगा। मैं सदैव कहता रहा हूँ कि राक्षस संस्कृति के अधीन आइए, मेरी परम्पराओं में अपनी परम्पराएँ मिलाइए और पर्व भी...एक नई व्यवस्था मैं दे रहा हूँ, रक्षा कर रहा हूँ। परन्तु उन्हें मेरी अगुवाई में स्वीकार नहीं है यह सब। कारण स्पष्ट है कि वे मनमानी ढंग से आर्य-हित की बात नहीं कर सकते। आर्यों ने जिसे मिलाया अपने स्वार्थ हेतु...। मैंने भी समाज का अध्ययन किया है। आर्य तो सदैव अनुकरण करते रहे हैं–अनार्यों के प्राकृतिक धर्म को अपनाया परन्तु

आर्यों ने उसमें एक नियम निर्मित कर परिभाषाएँ मिला दीं अपने हित में। मैंने रुद्र-पिंड स्थापित किया तो सुनता हूँ कि अब राम भी पिंड स्थापना कर रहे हैं। आर्यों का पिंड में विश्वास भी नहीं है, मात्र लुभाने के लिए भोले अनार्यों को मिलाने का स्वार्थ...जहाँ विश्वास नहीं है, जो वे विरोध करते हैं वह भी दिखावे हेतु कर रहे हैं। आश्चर्य कि ऋषि भी चुप हैं।...हो सकता है कि लंका के राक्षसों पर मानसिक अधिकार हेतु वे सींग भी लगाने लगें।

"...आप सभी एकजुट हों युद्ध तो तय है। आप महत्त्वपूर्ण वानरों पर दृष्टि रखें, उन्हें पहले घायल करें या मारें। एक बात गाँठ बाँध लीजिए कि...सीता को अब लंका से जाना नहीं है, मेरे प्राण जब तक हैं। सीता मेरे शव पर पैर रखकर ही राम के पास जा सकती है।"

सभा चुप रहती। एकाध का विरोध उभरता तो वह दब जाता।

रावण को विश्वास हो गया कि अवश्य ही कोई राक्षस हनुमान से मिला है। 'तभी तो हनुमान ने सहज ही सीता का पता लगा लिया। इतनी कड़ी सुरक्षा! इतना गुप्त स्थान! तो भी हनुमान पहुँच गए...कैसे!!...मूर्ख ने सब जला भी दिया।'

रावण के मन में आता कि हो सकता है, कुबेर को जय करने में सहयोगी हनुमान ने उसी समय किसी राक्षस को मिला लिया हो। हो सकता है विभीषण ही मिला हो...वह बार-बार मेरा विरोध क्यों कर रहा है! उसकी देखादेखी कई सभासद समझाने-बुझाने लगे हैं। कुम्भकर्ण भी मुझे मना रहा है। राम का इतना भय तो नहीं होना चाहिए। इन्द्र का भय तो किसी को नहीं रहा।...व्यक्ति अपने से ही हारता है।

और अब रावण की दृष्टि बार-बार विभीषण पर और विभीषण रावण की बात काटने में सहमे-सहमे...।

राक्षस दुर्मुख और वज्रहनु हनुमान द्वारा पहुँचाई गई क्षति से क्रोधित थे। हनुमान को पा जाएँ तो खा लें। ये दोनों रावण से अपने क्रोध का बखान करते। रावण आगामी युद्ध हेतु अभ्यास का और यदि युद्ध हुआ तो हनुमान से जूझ मरने-मारने का साहस देकर विदा करते।

रावण की सभा फिर बैठी है, वही प्रतिदिन का हाल-समाचार, वही सूचनाएँ, वही वाद-विवाद और विभीषण की दुखी मुद्रा और रावण का बार-बार विभीषण की ओर देखना।

"युद्ध सूचनाओं के विशेषज्ञ शुक और सारण सभा में पधार रहे हैं।"—प्रहरी ने सभा के द्वार से सूचना दी।

रावण की दृष्टि शुक और सारण पर।

"आओ! मेरे प्रिय, कहो क्या सूचना है।"—रावण बोले।

"लंका के गौरव! आपकी जय हो।" शुक बोला, "मैं राम की वानरी सेना से आया हूँ," और शुक ने लांगूल निकाल लिया। वेश बदलने हेतु इसे वह लगाया था, "मैंने

राम को बिलखते देखा है। राम मूर्खों की भाँति भीरु और निराश हैं, उनका शोक भी सतही है। राम कहते हैं, हे पवन तुम मेरी पीड़ा को हवा में मिला दो और सीता तक पहुँचा दो। मेरी सीता किसको सुख दे रही हो? कहाँ हो?''

और सभा खिलखिला उठी। सभी ठहाके लगाने लगे, 'ऐसा मूर्ख'...हा-हा...ऐसा प्राणी...ओ हो! स्त्री के लिए इतना रुदन! अरे एक गई तो दूसरी मिल जाएगी।' रावण भी हँसे।

सहसा रावण ठहर गए। हँसी को क्रोध पी गया। मुस्कान लुप्त हो गई। बोले, ''अरे, तुम भी मूर्ख हो। तनिक और विचार करो। राम को भारहीन न समझो। राम के कार्यों से सभी परिचित हैं। यह भी राम का कोई अभिनय होगा। जिसे देख-सुनकर राक्षस राम को भीरु, मूर्ख और बलहीन समझ लें और निश्चिन्त रहें। जो निश्चिन्त होकर हाथ-पर-हाथ धरे बैठगा वह तो पराजित होगा ही, वह अभ्यास भी नहीं करेगा।''

हँसी ठहर गई। सबकी दृष्टि रावण की ओर और रावण एकटक विभीषण को देखते जो सामान्य से गम्भीर—न हँसी, न दुख, न क्लेश, न कोई चिन्ता की रेखा। रावण शुक और सारण को प्रश्न भरी दृष्टि से देखने लगे, ''बोलो सारण, वानरी सेना का हाल बताओ।''

सारण बोला, ''हमने पूरी सेना का भ्रमण किया। एक-एक अस्त्र-शस्त्र देखे। लांगूल भी वानरों के पास हैं। पत्थर और लकड़ी के अस्त्र-शस्त्र बहुत हैं। गदाओं की भरमार है। दंड और मुद्‌गरों की संख्या भी अधिक है। पत्थर उछालकर मार करने वाले यंत्र भी हैं। राम, लक्ष्मण, हनुमान और वानर यूथपतियों के अस्त्र-शस्त्र हम नहीं देख पाए। अवश्य ही छिपाया गया होगा। प्रतिदिन अभ्यास हो रहा है। व्यायाम चल रहा है। पता नहीं कहाँ से जल और फल की व्यवस्था की गई है। यह भी ज्ञात हुआ कि वानर वैद्यों की टोली भी आई है। अपनी औषधियों के साथ परन्तु कितनी मात्रा है औषधियों की और किस हेतु प्रयोग में लाई जा सकती हैं, यह ज्ञात नहीं।''

''चुप रह दुष्ट!'' रावण तमतमाए, ''ये नहीं जान पाया, वो नहीं पता चला। क्या करने गया था, उनका अभ्यास देखने? पीने के जल में विष मिलाया?...लगता है कहीं जल का सुरक्षित भंडार मिला है।...वानर अभ्यास कर रहे हैं। शत्रु की छाती पर बैठकर दंड पेल रहे हैं, बैठक मार रहे हैं और आप सभी मुझे समझाने में लगे हैं! राम को कोई नहीं समझाता।''

महापार्श्व को एक युक्ति सूझी, बोले, ''लंकापति से मेरा एक अनुरोध है।''

''बोलो!''

''आप सीता को बलात् अपनी शैय्या पर ले जाएँ। आप सीता का बलात्कार करें। सीता का मान-मर्दन होगा। एक बार किसी स्त्री का बलात्कार हो जाए तो फिर वह माथा ऊँचा कर ही नहीं सकती। उसकी सोच मर जाती है। उसका कहीं मान नहीं होता। बहिष्कृत होकर जीवनयापन करने पर वह विवश होती है और सीता का बलात्कार तो

इतिहास में एक अभूतपूर्व घटना होगी। अकल्पनीय!...''

''महापार्श्व!'' रावण गम्भीर हो गए, ''कई बार कह चुका हूँ कि सीता एक स्त्री मात्र नहीं है। वह प्रतीक है, विजय का वह मानक है आर्य-संस्कृति की मर्यादा...सीता की स्वीकृति आर्य जाति की स्वीकृति है। सीता जिसे स्वीकारेगी उसे आर्य जाति स्वीकारेगी। सहस्रों राम उस स्वीकृति को मिटा न पाएँगे। बात बहुत छोटे स्तर से प्रारम्भ हुई थी और अब इतनी व्यापक हो चुकी है कि मर्यादाएँ सामने खड़ी हैं युद्ध हेतु, मानकों में द्वंद्व छिड़ गया है। संस्कृतियाँ आगे निकलकर परचम लहराने को आतुर हैं, चाहे राम की या रावण की!...परन्तु सीता युद्ध नहीं जो बलात्... ।''

''...और सुनो मेरे भ्राता समान राक्षस वीरो! मैं कोई आर्य नहीं हूँ जो नीचता का कार्य करूँ। बलात्कार आर्य करते हैं। हम अनार्य श्रेष्ठ हैं। मैं इन्द्र जैसा मूर्ख भी नहीं। राक्षसों का एक सिद्धान्त है। हम सभी राक्षसों का एक नियम है।...और मैं तो राक्षस संस्कृति का संस्थापक हूँ। मैं समझ नहीं पाता कि जो मैं देख रहा हूँ वह आप क्यों नहीं देख पाते। किसी बात को बार-बार समझाने पर भी वह बात आप सभी के मस्तिष्क में नहीं आ रही है। आप एक ही दिशा में जाने लगते हैं। अगल-बगल भी नयन घुमाओ भाई!''

रावण झुँझला जाते। विभीषण बोलने को होते परन्तु कुछ कहते-कहते रुक जाते। रावण से दुखी होकर कुम्भकर्ण चले ही गए थे। रावण को युद्ध दिखता।

रावण विद्वान थे प्रत्येक विषय पर विमर्श करते। अन्य राक्षस वहाँ नहीं पहुँच पाते जहाँ रावण होते। रावण का प्रयास था कि किसी भी प्रकार राक्षस मुझे उचित कहकर मानसिक रूप से युद्ध के लिए तैयार हो जाएँ।

''मुझे ज्ञात है।'' रावण थकते न थे और हर वाक्य एक प्रयास, ''स्त्री-सुख का व्याकरण जानता हूँ। हानि-लाभ से परिचित हूँ। आस्वाद ही मेरा लक्ष्य नहीं रहा कभी। स्त्री-सुख श्रेष्ठ सुखों में है। संतान-सुख, धन-विद्या का सुख, रूप और बल का सुख मैंने पाया है। आप भी इससे वंचित नहीं हैं। इनके प्रयोग का समय तो जानिए। मैं जानता हूँ–जाति का गर्व होता है, श्रेष्ठ जाति का कहाएँगे तो श्रेष्ठ भोग भोगेंगे नहीं तो नीच बनकर पशु की भाँति आने वाली पीढ़ियाँ जीवन ढोएँगी। अपने कुल को श्रेष्ठ कहें, यदि सीता को लौटा दिया तो हम सब पराजित मान लिए जाएँगे और फिर मेरा कुल नीच होगा, स्वतः दास बन जाएगा। हम सभी का यौवन आर्यों के कार्य हेतु होगा। हमारी विद्या का भोग आर्य करेंगे और आप मूर्ख की उपाधि से विभूषित होंगे। हमारा ज्ञान, धन, राज्य सब आर्यों का होगा आप शव की तरह जीवित घूमते-टहलते, स्वेद बहाते वृषभ की भाँति।

...''आपका पराजित होना मैं सह न पाऊँगा और देह त्याग दूँगा। फिर आर्यों के नए नियम बनेंगे। उनके द्वारा नियुक्त आचार्य होंगे, वैद्य और विद्वान होंगे, अधिपति और ऋषि होंगे, सिद्ध और योगी होंगे, वे काल्पनिक देव भी नियुक्त करेंगे। आप इन

सभी के पास रिक्त होकर न जा सकेंगे। वार्षिक शुल्क बँध जाएगा चाहे आपको आवश्यकता हो न हो। मुझे किसी बात का अभिमान नहीं अंहकार नहीं, हाँ अपनी प्रगति से उत्साहित होता हूँ। मैं मद में जीवन नहीं जीता हूँ। हाँ, राक्षस हर प्रकार से आर्यों पर भारी हैं। इसे आप मद-अंहकार न समझें। सो आप दूषित मानसिकता त्याग दें और युद्ध हेतु तत्पर होकर युद्धाभ्यास करें। इस पर अब कोई वार्ता न हो। मेरा निर्णय अन्तिम है। मुझे विश्वास है कि आपका वही पुराना सहयोग मिलेगा। रुद्र आपको विजय दिलाएँ।''

''रुद्र की जय! लंकापति की जय! लंका अजेय रहेगी। हम राक्षस एक हैं।'' और सभा उठ गई।

और अब युद्ध!

कान लगाए, आँख गड़ाए, हाथ उठाए, पग बढ़ाते पूरी देह निर्निमेष अगस्त्य की।

सूचनाएँ मिलतीं उसी आधार पर विराजक से अगस्त्य विमर्श छेड़ देते और कल्पना-लोक में विचरने लगते।

अगस्त्य विज्ञ होते गए और सुखद भविष्य के स्वप्नचित्र बनाते-बिगाड़ते। एक दिन, दो दिन और...।

अगस्त्य ने सुना, 'विभीषण के बार-बार समझाने पर रावण ने लंका से उन्हें निकाल दिया, अपने सहोदर भाई को! रावण जान गए कि विभीषण कुलद्रोही है, राष्ट्रद्रोही है। यही मिला था हनुमान से और सीता का पता लगाने में भी हनुमान की भरपूर सहायता की थी और तो और गुप्त स्थानों का पता भी बता दिया था इस कुलद्रोही ने। विभीषण लंका के योग्य नहीं, राक्षसों के हितैषी नहीं। रावण यह नहीं समझ पाए कि मेरा सहोदर मुझसे बैर क्यों रखता है और विभीषण राम की शरण में। राम को रावण की सेना, वीर महारथियों, अस्त्र-शस्त्र के विषय में आवश्यक विज्ञता हुई। हनुमान का पूर्व परिश्रम सार्थक हुआ। हनुमान एक और स्थान पा गए राम के हृदय में।'

अगस्त्य ने स्वप्न देखा, 'चलो, एक विजय हुई राम की। राम बिना युद्ध के एक भाग जय कर लिए हैं। भला शत्रु की शक्ति का पता भी लगता है और यह मेरा हनुनान था कि विभीषण में आर्य हित के बीज बो सका। रावण की शक्तियों के विषय में पता होना बड़ी बात थी। राम, हर बिन्दु पर विचार करेंगे और अपने आयुधों को तौलेंगे रावण की शक्ति को बाट बनाकर...फिर अब अकर्म अनार्यों और सकर्म आर्यों के होंगे। जो भी कार्य राम करेंगे वे सभी कार्य प्रेरणा स्तम्भ होंगे–आर्य जाति के लिए। राम जानते हैं कि कहाँ न्यून होना चाहिए और कहाँ समभाव में रहना उचित है। अधिक बुद्धि, अधिक बल, अधिक सेना का प्रयोग भी जानते हैं। अत्यधिक आवश्यकता की परख

है राम में और अब तो रावण की शक्ति और सेना भी विज्ञ हुई जाती है राम से।'

विराजक बोले, "गुरुदेव! राम की ओर से अंगद दूत बनकर गए और रावण को समझाए कि वह राम से संधि कर सीता को लौटा दे। परन्तु रावण ने एक न सुना। अंगद अपमानित होते-होते बचे। अब तो युद्ध ठन ही गया है और बिना लड़े राम की मानसिक विजय हो रही है। श्रेष्ठ महारथी कुम्भकर्ण भी युद्ध से दूर हैं।...राम, रावण के राक्षस महारथियों का नाम जान गए हैं। दुर्मुख, वज्रहनु, निकुम्भ, रभस, सुप्तहन, यज्ञकोप, महापार्श्व, महोदर, दुर्जय, अग्निकेतु, मेघनाद, प्रहस्त, अकम्पन, विरूपाक्ष, धूम्राक्ष, अतिकाय के बल और प्रयोग किए जाने वाले अस्त्र-शस्त्रों के विषय में आवश्यक जानकारी हो गई है। विभीषण से बहुत लाभ हुआ है...और अब रक्त से भूमि लाल होनी शेष है।"

अगस्त्य सोचते हैं, "अब इनकी शक्ति को राम अंक देंगे। कौन कितने पानी में पता करेंगे, अपनी कल्पना-शक्ति से रेखाओं को काट-काट कोण बनाएँगे और परास्त करने के बिन्दु खोजेंगे। उन्हें सबमें त्रिकोण दिखेगा, प्रत्येक कोण को हल करना होगा राम को। राम अक्षर से अंक काटने और अक्षर से रेखाएँ खींचकर चित्र बनाने के विशेषज्ञ हैं। राम को ठोस तो दिखेगा, वे तरल को ठोस का आकार देकर आँक लेंगे शक्ति। वाष्प को एकत्र कर तौल लेंगे बल। राम...!! हाँ राम, जो ठहरे विश्वामित्र के शिष्य... और मेरा हनुमान प्रत्येक बिन्दु पर खड़ा मिलेगा राम के हेतु।...मेरा हनुमान!"

विराजक हाथ हिला-हिला अगस्त्य को हाल सुनाता–

"और अब तो वानरों ने घेर लिया था पूरे नगर को। वानर ही वानर। युद्ध छिड़ गया अनियंत्रित, अव्यवस्थित। रावण अभी युद्ध भूमि में नहीं आया गुरुदेव! हनुमान से मेघनाद का मल्ल युद्ध हुआ। दोनों बराबर रहे शक्ति-बल में और हो-हल्ला में बीत गया पूरा दिन।"

"गुरुदेव, राम-लक्ष्मण मूर्च्छित हो गए थे। नागों ने उन्हें मूर्च्छित किया था। नाग राम और लक्ष्मण को घेरकर बिना रुके वाणों की वर्षा करने लगे। नागों में विशेष युद्ध कला है उनके सामने किसी का भी टिकना सम्भव तो है, परन्तु कठिन है।"

विराजक को चुप रहने का संकेत कर अगस्त्य बोले, "ये नाग वही हैं जिन पर रावण ने अधिकार किया था। रावण ने इन्हें राक्षस-संस्कृति का मंत्र पिला दिया है। नाग विरोधी थे, इनका अपना अस्तित्व था, देवों के प्रभाव में थे। नागराज की मृत्यु होते ही नाग रावण के अधीन हो गए और अति विश्वसनीय भी। नाग विद्या नागों के अतिरिक्त कोई नहीं जानता। विराजक! कोई नाग तुम्हारा मित्र हो जाए तो उससे नाग विद्या सीखना।"

"जी गुरुदेव!...और राम, लक्ष्मण वाणों से बिंध गए थे। दो दिन उपचार हुआ तो उन्हें सुध आई।" विराजक युद्ध का समाचार कहता और सुनते-सुनते अगस्त्य खो जाते अपने कल्पनालोक में विचार की गठरी बाँधे।

'जो इतना शोक करेगा वह क्रोध भी करेगा। राम का वियोग अद्वितीय और अविश्वसनीय तो अभीष्ट की प्राप्ति हेतु उनका क्रोध मुख पर आते-आते मुस्कान में बदल जाता...तो क्या क्रोध अपनी ऊर्जा के साथ रहता होगा! अवश्य ही क्रोध में कमी नहीं आती होगी।...राम दृढ़निश्चयी हैं। अभी तक उनके निश्चय में खोट नहीं। दृढ़ता सुखद परिणाम देती है। राम के पास शक्ति है, राम शक्ति की पहचान रखते हैं और शक्ति पाकर भी फूले समाते हैं...सब कुछ सोख लेने की शक्ति है। और विश्वास भी कि विशाल सागर एक जलाशय लगे, छोटा-सा। राम को किसी कार्य की समाप्ति का ज्ञान है। चाहे युद्ध ही क्यों न हो वे अवश्य जान गए होंगे कि राक्षसों के आगे वानर भारी नहीं है, परन्तु दस-दस वानर यदि जूझ जाएँ तो एक राक्षस क्या कर सकता है। जिसे अपने अंत का ध्यान है वह सचेत रहेगा और तब उसके हर कार्य विचारे गए होंगे...परिणाम अनुकरणीय और सार्थक...। नित्य के कार्य की समीक्षा भी आवश्यक है। त्रुटियों का पता चले और अच्छा हुआ तो आत्मविश्वास बढ़े...कर्म स्वभाव में होना चाहिए। कर्म को इच्छा से जोड़ना आता है राम को। इसी प्रकार वह जोड़-घटाकर प्रारम्भ करते हैं। जैसे मैं करता था। राम का प्रारम्भ परिणाम देने वाला है। राम के कार्यों में अवकाश नहीं है। अनावश्यक अवकाश गति को टेढ़ा कर सकता है या फिर मार्ग ही भूल जाए। विश्राम आवश्यक है, यह कार्य में होना चाहिए। और अवकाश तो कभी नहीं...। इसी कारण राम की गति रुकी न मेरी गति और गति में सत्य उजागर होता रहा, अपने हित का सत्य!'

आश्रम के आश्रमी अगस्त्य और विराजक की दृष्टि से दूर अपने कार्य में लगे रहे। प्रतिदिन की भाँति चलती रही दिनचर्या...और...।

"और गुरुदेव, धूम्राक्ष का हनुमान से युद्ध हुआ। धूम्राक्ष मारा गया।...और गुरुदेव, वज्रदंष्ट बड़ी सेना सहित युद्ध के लिए आया। वानरों से उसकी सेना घिर गई और... फिर क्या था। पत्थर ही पत्थर चले। राक्षस असि, खड़ग लिए थे और वानर दंड, मुगदर, गदा, पत्थर। राक्षसों के पास तीर धनुष भी था तो वानर भी इस धनुष कला से विज्ञ थे। 'नाराच' राक्षस छोड़ते तो 'अर्ध नाराच वानर। अभूतपूर्व युद्ध था। वानर भी युद्ध कला में प्रवीण थे, वे रौंद रहे भूमि को। राक्षसों को आश्चर्य हुआ। घोर युद्ध छिड़ा था। और...गुरुदेव अंगद द्वारा व्रजदंष्ट मारा गया, उसकी सेना भी।"

"अब शीघ्र ही देख-सुन सकूँगा अपना सुखद परिणाम। जो हो रहे हैं अलग-अलग अवयव जैसे वह होंगे मिश्रित। मिल जाएँगे सभी आर्य-अनार्य। देव भी होंगे अब आर्यों जैसे, देवों द्वारा घोषित उपाधियाँ समाप्त करने के उपाय खोजने होंगे। पहले परिणाम तो आ जाए सामने। सबको एक देह, एक प्राण, एक संस्कृति का पाठ पढ़ाया जाएगा। पढ़ाने वाले आर्य होंगे। हा-हा-हा...अब युद्ध के परिणाम से ही सीता का भविष्य निर्भर है...सीता का क्यों...परिणाम से ही तय हो जाएगा कि आर्य रहेंगे या अनार्य। यदि रावण का वध हो भी जाए तो क्या सरल होगा आर्य-संस्कृति का विस्तार! रावण समस्त अनार्यों

का गुरु है, सम्राट है, स्वामी है। अनार्य, रावण में रुद्र रूप देखते हैं। कठिन कार्य है वर्षों लगेंगे, आर्यों को तोष और धैर्य से विचारते हुए बढ़ना होगा। नए समाज की स्थापना करनी होगी। घुल-मिलकर नियम बनाने होंगे। एक व्यवस्था देनी होगी, जो लम्बे समय का कार्य है।'

अगस्त्य ने सुना कि अकम्पन की टुकड़ी ने घोर युद्ध किया वानर घायल हुए और अन्त में हनुमान के हाथों अकम्पन मारा गया। घायल वानरों का उपचार हुआ। शिविर घायलों से पटा था। वैद्यों की टोली को विश्राम नहीं, घायल! दो वानर बड़े-बड़े चींटे जुटाने में व्यस्त थे। कई औषधियाँ पीस रहे थे तो कई कूट-छान पका रहे थे। घाव बाँधने के लिए बड़े-बड़े पत्ते जो नरम थे एक वानर एकत्र करता।

यहाँ यह कार्य ज्ञान कर्म के रूप में देह धारण कर क्रिया कर रहा है। ज्ञान का सत्य परिलक्षित हो रहा है। यह किसी उपासना से बढ़कर है। रुद्र प्रसन्न होंगे। पिंड स्थापित कर भले कोई इतिहास में एक पंक्ति अपने नाम कर ले, परन्तु यह सेवा, घायलों की सेवा, कराहते हुए पर औषधि लेपकर सुख प्रदान करने, उन्हें शौच कराने, मल-मूत्र साफ करने का कार्य भले ही इतिहास में स्थान न पाए परन्तु इतिहास-पुरुष से वह श्रेष्ठ है जो यह कार्य सम्पादित कर रहा है। वैद्य अस्वस्थ वानरों का जो ऋतुओं के प्रभाव में आ गए हैं, उनका स्वेद निकालकर, वमन कराकर स्वस्थ कर रहे हैं। वैद्य किसी को कुछ सुँघा देते तो किसी को रेचन कराते, लेप लगाते। यह भी युद्ध है। घाव से युद्ध और वैद्यों की जीत होती, घाव हार जाता।

''गुरुदेव, अभी सूचना मिली है कि देव भी आए हैं युद्ध देखने, वे किसी ऊँचे स्थान पर बैठकर युद्ध का आनंद ले रहे हैं। यह भी सुनने में आया है कि रुद्र भी अपने गणों के साथ आए हैं। अपने प्रिय रावण का युद्ध देखने।''

''चलो उचित हुआ।''

''आप उचित कह रहे हैं। गुरुदेव! रुद्र रावण का साथ दे सकते हैं। यदि ऐसा हुआ तो राम की पराजय निश्चित है।''

''नहीं विराजक, ऐसा नहीं होगा। रुद्र तटस्थ हैं, वे किसी की सहायता नहीं करेंगे। वे इसका परिणाम जानते हैं, वे कल्पनाशील हैं, उनकी कल्पना-शक्ति की तीव्रता आँकी नहीं जा सकती। रुद्र जानते हैं कि इस युद्ध के बाद एक संस्कृति का विनाश हो जाएगा और देव तो आनन्द लेने के अभ्यस्त हैं, चाहे युद्ध से चाहे नृत्य से। यमों के द्वारा दिए गए दंडों से देव मनोरंजन करते रहे हैं। देव राम की परोक्ष सहायता करेंगे, यह हो सकता है। सम्भव है, देव वैद्यों को साथ लाए हों और आवश्यक औषधि भी जो कहीं प्राप्त नहीं है।...विराजक! तुम आश्वस्त रहो, सब कुशल से बीत रहा है। युद्ध का झुकाव राम की ओर है।''

और अब प्रहस्त का नील से युद्ध हुआ और...और क्या! वही...प्रहस्त कई दिन तक अस्त्र-शस्त्र भाँजने के पश्चात् राक्षस भूमि को समर्पित...उत्तान शव प्रहस्त का। रावण को एक बड़ा झटका...रावण हिल उठे भीतर तक।

रावण स्वयं युद्ध भूमि में आए। राक्षसों का उत्साह देखते बनता। वानर भय से भागते, सुग्रीव साहस देते, जूझते। रावण द्वारा चलाए गए प्रहार से सुग्रीव अचेत। सुग्रीव को वानर चिकित्सा शिविर की ओर ले भागे।

सुग्रीव के अचेत होते ही लक्ष्मण आगे आए। लक्ष्मण ने राक्षस सैनिकों का सामना किया और हनुमान रावण से भिड़ गए। प्रहर भर मल्ल युद्ध होता रहा। हनुमान से छुटकारा मिलते ही रावण ने नील पर प्रहार कर दिया, नील भी मूर्च्छित और लक्ष्मण भी अचेत। वानरों में हाहाकर मच गया। घायलों की संख्या बढ़ने लगी। वानरों के शव पट गए। भूमि रक्त से गीली हो गई। यह सुनकर राम ने अपनी दिशा रावण की ओर मोड़ दी। फिर क्या था—आयुध पर आयुध। बाण पर बाण...दो संस्कृतियों का युद्ध...दोनों सत्य हैं...फिर सत्य में से कौन पराजित होकर असत्य से विभूषित होगा?

रावण पीछे हटने लगे। राम ठोस थे। रावण का पलड़ा हल्का और अब राक्षसों से पटी जाती धरती। रावण अब असहाय जान रथ लेकर शिविर की ओर भागे। वानरों, राक्षसों के कहीं हाथ कटे कहीं पैर गिर पड़े ढेरों।

रावण दुखी, रावण लज्जित, राम के सम्मुख असहाय हो भीरु की भाँति। '...वैसे हैं कितना धैर्यशील राम! और हैं कितना विलक्षण!' रावण के लज्जित मन ने स्वीकार किया राम को।

अगस्त्य का फिर एक स्वप्न, 'पहली जीत अन्तिम जीत है। मेरा प्रारम्भ ही अच्छा हुआ है। पवन के निर्माण की आवश्यकता थी और निर्मित पवन को अपने वचनों से चूककर विवाह कर लेना भी उचित था। पवन हनुमान नहीं हो सकते थे चाहे ब्रह्मचर्य रहते चाहे...। हनुमान में योग्य पिता की संवेदना और विद्या भी तो है और मेरे द्वारा पोषण भी...ज्ञान...बुद्धि...अभ्यास...। मुझे विश्वास है कि आर्य समस्त भू-लोक अश्व-अश्व नाप लेंगे। अश्व आर्यों की सम्प्रभुता का प्रतीक होगा। कोई 'आर्य-अश्व' रोक नहीं पाएगा। अब राम युद्ध के कार्य से छूटकर आएँ तो मैं कई युक्तियाँ सुझाऊँ। सदैव जोड़ने का कार्य करेंगे राम, तोड़ने का नहीं, यह विश्वास है। यदि राम अगस्त्याश्रम नहीं आए तो?...तो क्या यह अगस्त्य अवध जाएगा?...मैं तो अनेक युक्तियाँ लेकर बैठा हूँ।

'...मैं राम को बताऊँगा कि पृथ्वी, जल, वायु आकाश और अग्नि का प्रयोग कैसे करेंगे। राजनीति में इसका क्या महत्त्व है। इनके द्वारा लोगों को मूर्ख बनाने, बहकाने में सुविधा होगी तो कैसे...। मैं राम को शब्द-शब्द परिभाषित करना सिखा दूँगा। राम

को अन्तिम समय में शिष्य रूप मैं पा जाऊँ तो मेरा भी अन्त सुखद हो जाएगा। स्पर्श, रूप, गन्ध, रस की व्याख्याएँ करूँ और सारी व्याख्याएँ नई-नई, जो आर्य हित में होंगी। सोच से परे, जो किसी कल्पना में भी न होगी, मेरे जैसी बात। वह समस्त बातें राम के आगे धरूँ। राम से कहूँ कि–गौ को माँ तो मानो ही, उसके दुग्ध का परीक्षण कराओ गुण को उजागर करो, गौ-मूत्र और गोबर की व्याख्या प्रचारित करो। समाज इस नए सूत्र से आर्यों के अधीन होगा। गौ भी एक सम्बल बनेगी आर्य हित हेतु। राम को धन की गति समझाऊँगा–दान, भोग, नाश। राम मेरा अकल्पनीय होगा।

अगस्त्य भूल जाते युद्ध और विराजक सूचनाएँ कहते रहते। वे जान नहीं पाए कि गुरुदेव किस लोक में चले जा रहे हैं। आधा-अधूरा भी सुन पाते हैं कि नहीं, ज्ञात नहीं।

“गुरुदेव! रावण को कुम्भकर्ण और महोदर ने समझाया, परन्तु रावण के मानने का प्रश्न ही नहीं। महोदर ने युक्ति सुझाई कि मैं, द्विजिव्ह, संहादी और कुम्भकर्ण रक्त लपेटकर किसी प्रकार का राम बाण लेकर लंका के मार्ग पर चिल्लाते हुए कहेंगे कि मैंने राम का वध कर दिया हमसे लक्ष्मण मारा गया।...और आप यह समाचार सीता तक पहुँचाकर एक बार और प्रयास कर लें। सम्भव है कि सीता मान जाए और युद्ध रुक जाए। वानर तो मृत्यु को प्राप्त हो ही रहे हैं, परन्तु हमारे वीर राक्षस भी वीर गति को प्राप्त हो रहे हैं। यह तो राक्षसों की हानि ही है। राम का भय व्याप्त है इससे उत्साह में कमी है। हम जब लंका के मार्ग पर रक्त लपेट यह सब कहेंगे तो अवश्य ही राक्षसों में भी उत्साह बढ़ेगा।

“...और गुरुदेव, वही हुआ परन्तु रावण को आशंका थी कि सीता न माने और राक्षसों में झूठ का पता चलने पर निराशा न आ आए।...और गुरुदेव, रावण की आशंका सत्य हुई।”

धीरे-धीरे राक्षसों का उत्साह हत और वानरों का साहस प्राणयुक्त। निराशा पराजय का नाम है। रावण की गति ढलान पर और राम की शिखर की ओर। वानरों को प्राणायाम सिखाया था हनुमान ने। वानर नित्य पूरक, रेचक और कुम्भक विधि से अपने को साधते। वानरों का मस्तिष्क एकाग्र होता। दृष्टि सधती और वानर युद्ध भूमि में प्रवीण होते, चित्त लगाकर लड़ते।

अगस्त्य अब हत्याओं का वर्गीकरण करते और पाप में सम्मिलित कर अनार्यों को भयमुक्त रखने की कल्पना करते। बढ़नी और ओखल भी हत्या का स्थान है, इस प्रकार कोई व्यक्ति पाप से मुक्त न रह सकेगा। अगस्त्य के चिन्तन की सराहना करनी होगी। अगस्त्य ने अभिवादन के भी प्रकार किए–सिर, आँख, हृदय, वचन, मन, हाथ, पाँव, जाँघ। अर्थ यह कि अनार्य इतने उलझ जाएँगे कि उन्हें अपना भूत याद ही न हो।...

युद्ध के समाचार ने अगस्त्य का चिन्तन क्षेत्र बढ़ा दिया है और वे विभिन्न विषयों पर मनन करने लगते हैं।

फिर सूचना हुई, कुम्भकर्ण युद्ध हेतु तैयार हो गया है। वानर कुचल रहे हैं। वानर ही वानर और रावण उसी भीड़ में घुले-मिले। राक्षसों के रथ ऊँचे दिखाई पड़ते और अस्त्र-शस्त्रों के प्रहार से एक विशेष प्रकार की ध्वनि–हू-हू, खच्च...खचाक्। धम्म... सर्र...आऽ...आऽ...ओऽऽ...ओऽऽ...। कुम्भकर्ण ने कई दिन तक वानरों का संहार किया। राक्षसी सेना कुम्भकर्ण के होने से उत्साही था। वानर यूथपति घायल हो रहे थे। किसी के पास इतना बल था न शक्ति न ऐसा आयुध कि कुम्भकर्ण घायल हो सके। विभीषण की कोई युक्ति काम नहीं आई। राम को ध्यान आया विश्वामित्र द्वारा दिए गए बाणों का, आयुधों का जिसका प्रयोग वे कर चुके थे।...और राम का आयुध प्रहार एक के बाद एक। कुम्भकर्ण की देह कई स्थान से कट गई। भुजा कहीं गिरी और धड़ कहीं। छटपटाते कुम्भकर्ण भूमि पर लोट गए। क्षण भर में प्राण ने देह त्याग दिया।

रावण ढह गए। लंका सागर में समाती दिखने लगी 'हाय! मेरा सहोदर वीर कुम्भकर्ण...।' और विलाप...!

और विराजक बैठ गए युद्ध सूचना लेकर, ''गुरुदेव! राक्षसों के अनेक महारथी मारे गए। नारान्तक का वध अंगद ने किया। हनुमान ने देवान्तक और त्रिशिरा को भूमि चटा दी और प्रहार से रक्त वमन करते दोनों प्राणहीन हो गए। महोदर को ऋषभ वानर वीर ने मार गिराया तो नील ने महापार्श्व का वध कर दिया। लक्ष्मण ने अतिकाय को खूब छकाया और अन्त में अतिकाय शव में परिवर्तित हो गया। राम की सेना में उत्साह है, ओज से भरी वानरी सेना प्राण-प्रण से लड़ रही है। परिणाम निकट है।''

''अब मैं अगस्त्य होकर वह करूँगा जो सोच के परे होगा–हनुमान द्वारा ब्रह्मचर्य का प्रसार-प्रचार कराऊँगा। युवाओं में हनुमान का स्थान और पुष्ट होगा। ब्रह्मचर्य शक्ति की नींव है। यह तो ऊर्जा। इसकी रक्षा होनी चाहिए। इससे लोग देह-सुख की ओर अन्धी दौड़ नहीं लगाएँगे और कई रोगों से बचे रहेंगे। पुरोहितों से यज्ञ का विस्तार कराऊँगा। अब देवयज्ञ नहीं होंगे जिससे देव लाभ लेते थे। अब यज्ञ का प्रचार वायु शुद्ध हेतु किया जाएगा। यज्ञ करने से घर-परिवार, वायु-आकाश शुद्ध होगा और अच्छे विचार जन्म लेंगे–यह कहा जाएगा परन्तु देव नाम छोड़ देने से कहीं हानि न हो? लोकभाषा अनार्यों की ही नहीं हम सब आर्यों की भी होगी। लोक-भाषा को, बोलियों को सम्मान मिलेगा। अनार्य भिन्नता की अनुभूति न करें ऐसे उपाय रचने होंगे। अनार्य लिंग के उपासक हैं, आर्य भी पिंड की पूजा करेंगे, मान देंगे, पिंडों से सम्बन्धित कथा-पर्वों में भाग लेंगे। राम ने प्रारम्भ कर ही दिया है। कुमारी कन्या के वध का विरोध होगा।

वृषभ भी न मारे-काटे जाएँगे। मद्य पान, माँस भक्षण निषेध होगा। अनार्यों के प्राकृतिक धर्म-नियम में हम सब घुल-मिल जाएँगे और आर्य-संस्कृति का ठप्पा लगाकर संचालक होंगे हम। अब आर्यों के विस्तार को कोई रोक न पाएगा।''

अब बारी आई मेघनाद की। फिर वानर भागे चिल्ला-चिल्लाकर। एक वानर यूथपति टिक न सका। मेघनाद ने राम-लक्ष्मण को मूर्छित कर दिया। हनुमान ने शीघ्र औषधि की व्यवस्था की और प्राणयुक्त हुए दोनों भाई, आर्यों के गौरव। अब राम शिविर में सेना की टुकड़ियों की व्यवस्था में लगे तो लक्ष्मण मेघनाद का सामना करने हेतु तैयार...। कम-से-कम राम, लक्ष्मण में से कोई तो रहे जो एक घायल होने पर राक्षसों का सामना कर सके। लक्ष्मण पर आयुध का प्रहार मेघनाद का, यह प्रयोग कभी असफल न जाता और शल्य बाण छाती में बिंध गया। लक्ष्मण को मूर्च्छा आ गई। देह की सुध नहीं। बस चल रही थी साँस और गति में था हृदय। हनुमान लेकर भागे लक्ष्मण को। वैद्यों ने उपचार प्रारम्भ किया। कोई औषधि काम नहीं आई। कोई औषधि का लेप लगाता तो कोई सुँघाता। वैद्य कान में कुछ डालते तो नाक में कुछ। घाव धो दिया गया और औषधि से रक्त बहना रोक दिया गया। कोई तलवे रगड़ता कोई हथेली। राम विलापने लगे। राम भी कितने अधीर हैं, वियोग सहा नहीं जाता। दुख को झेलना उनके लिए कठिन था। राम भावुकता की सीमा लाँघ जाते। राम की संवेदना सदैव प्राणयुक्त रहती और सिर चढ़कर बोलती। क्या करें राम ऐसी मानसिक स्थिति का? विलाप न करें तो अवसाद बढ़ जाएगा।...और अवसाद कभी कुछ करने देगा क्या?

वैद्यों की सलाह थी कि यदि मृत संजीवनी, विशल्यकरणी, सुवर्णकरणी और संधानी के पौधे मिल जाएँ तो उनके मिश्रण का लेप करके एवं उन्हें सुँघाकर, पिलाकर लक्ष्मण के प्राण बचाए जा सकते हैं। हनुमान अगस्त्य के शिष्य थे सो उन्हें औषधियों का भी ज्ञान था। जाम्बवान के कहने पर हनुमान औषधियों की खोज में निकल पड़े। हनुमान शीघ्र ही पहाड़ी पर औषधियों को उखाड़ एक बोझ बाँधकर ले भागे शिविर की ओर।

और लक्ष्मण के प्राण हरे हो गए। राम का विलाप ठहर गया। वानरों में हर्ष! और रावण के शिविर में हर्ष ने साथ छोड़ दिया...शोक...आश्चर्य...और अब भययुक्त मेघनाद।

अन्ततः मेघनाद का वध हुआ लक्ष्मण के द्वारा। मेघनाद के नाराच, भल्ल, अंजलिक, वत्सदन्त, अर्द्धनाराच, सिंह, क्षुर, शिलीमुख, कर्णी, शल्य विपाठ नाम के बाण और आयुध व्यर्थ हो गए और यही नामधारी बाण लक्ष्मण के काम आ गए।

रावण का तीन भाग पराजित हो गया।

हनुमान ने एक और राक्षस वीर महारथी निकुम्भ को मार गिराया। हनुमान की गदा यदि देह पर समुचित बैठ जाती तो अंग व्यर्थ हो जाता, संज्ञाशून्य देह अंग भारी

लगता और कष्टदायक भी, सो टिकती कब तक देह और मस्तक पर गदा प्रहार क्षण मात्र में प्राण से हीन करता देह को।

रावण की लंका अस्त-व्यस्त। सुरक्षा की कोई ठोस व्यवस्था नहीं रही, जो थी वह चरमरा गई थी। रावण के ढेरों महारथी काल के गाल में समा गए, जिन पर गर्व करते थे रावण। जिन्हें लेकर इतने अभियान संचालित किए और जय अपने नाम किया। भू-लोकों के विजेता रावण...। आज असहाय विलाप कर रहे हैं।

वानरों ने लंका में आग लगा दी राक्षसों की सम्पत्ति नष्ट होने लगी। रावण इन मूर्ख वानरों का क्या करें, ''अरे युद्ध हमसे करें सेना का वध करें। लंका की सामग्री जलाने, भवन नष्ट करने, उपवन उजाड़ने से भला क्या लाभ?...कोई रहे लंका में आर्य या अनार्य वस्तुओं का भोग कर सुखी तो रहेगा...परन्तु ये वानर तो आर्य बुद्धि में हैं, अग्नि प्रथम मारक है आर्यों का सो अग्नि का ध्यान सदैव आर्य करते हैं और आग लगाकर नष्ट करते हैं।''

''अब तो संधि भी किसी काम की नहीं, क्या करूँगा संधि करके? किसके साथ लंका में रहूँगा। अब युद्ध भूमि में या तो मैं या राम...!'' रावण का यह शोक उद्घोष गूँज जाता।

विराजक कह रहे हैं, ''गुरुदेव! राम ने मकराक्ष के प्राण हर लिए हैं। अब राक्षस गिने-चुने बचे हैं। राम सेना सहित राक्षसी सेना पर टूट पड़े हैं।...लंका अब जय हुई तब जय हुई। सुग्रीव ने हनुमान को साथ ले विरुपाक्ष का वध कर दिया है।...और महोदर भी मारा गया। राक्षसों का शव उनके निवास तक पहुँचाया जा रहा है स्त्रियाँ विलाप कर रही हैं। पूरी लंका शवों से पटी है। रावण को अवश्य ही अब अन्त का स्मरण हो गया होगा। रावण भी भविष्य जान लेने में समर्थ है।...आप निश्चिन्त रहें गुरुदेव! एक-एक क्षण की सूचना होगी आपको। सहस्त्रों सूचनावाहक आपको समाचार सुख देने हेतु लगाए गए हैं।''

अति प्रसन्न अगस्त्य को चैन कहाँ शीघ्र युद्ध के अन्त का समाचार सुन लें तो तोष हो और सामान्य साँस ले सकें।

अगस्त्य को लगता कि 'लंका में वर्षा हो रही है, अरे! यह बाणों की वर्षा है। पत्थरों के ओले गिर रहे हैं, विद्युत नहीं है यह, यह तो असि चमक रहे हैं! गरज रहे बादल...नहीं यह तो वीरों की गर्जना है और अश्वों के टापों की ध्वनि! गिर गई अनार्य-संस्कृति ऊँचे पर्वत से और नीचे आर्य-संस्कृति एक नदी-सी, झरना नदी हो गया। समुद्र मेरा है जिसमें समा गए देव, आर्य, अनार्य और...सागर मैं तुझे भी मान दिलाऊँगा। नदी तू पूर्व की भाँति पूजी जाएगी और वृक्ष तू मान पाएगा। आर्य तेरा मान अनार्यों से भी बढ़कर करेंगे।

'मैं धर्म के अर्थ की व्याख्या करूँगा धर्म के मोह में समस्त प्राणी फँसेंगे। काम-सुख भी परिभाषित होगा नए रूप में। पुरोहित और ऋषि को किसी भी स्त्री के साथ सुख भोगने का अधिकार होगा परन्तु स्त्री की इच्छा से अनिच्छा से नहीं। अलौकिक मोक्ष शब्द निर्मित कर एक काल्पनिक सुख का बखान कर बाँध लूँगा अपनी डोर से सभी को। कोई छूटकर निकल न पाएगा। आर्यों का बोध जिससे होता था अब वही बोध अनार्यों के लिए होगा वे डाकू, हत्यारे, उचक्के, धर्मनाशक, आग लगाने वाले, व्यभिचारी कहे जाएँगे और समय-समय पर दंड के भागी होंगे, परन्तु आर्यों को इन अपराधिक कार्यों से दूर रहना होगा, नहीं तो क्या वे दंड नहीं पाएँगे! इस हेतु आर्य ऋषियों, अधिपतियों, पुरोहितों को अधिक परिश्रम तो करना ही है, प्रचार भी...।

'अब देव, योनि कहे जाने वाले सिद्ध, मुनि, विद्याधर, यक्ष, किन्नर, चारण, योगी, ऋषि, गन्धर्व भी आर्य कहाएँगे।'

अगस्त्य चकरा गए। क्या करेंगे, क्या नहीं करेंगे को मथ रहे हैं। विराजक सूचना देते और जान न पाते कि अगस्त्य का ध्यान समाचारों पर है या कहीं और। अगस्त्य की नींद चली गई थी। वे विराजक को छोड़ किसी को पहचान नहीं रहे हैं। सिंहद्वार से कुटीर, कुटीर से सिंहद्वार एक किए हुए हैं। विराजक पीछे-पीछे। उत्तरीय कंधे से गिर गई का भी बोध नहीं।

संज्ञायुक्त होते हुए भी संज्ञा शून्य जैसे अगस्त्य।

तीन अश्व। तीन अश्वों के तीन सूचना-यात्री। अश्व दौड़ाते चले आ रहे हैं। तीव्र अति तीव्र गति। सूचना-यात्री प्रसन्न दीख रहे हैं। अश्व सिंहद्वार पार करता हुआ अगस्त्य की कुटीर पर ठहर गया—पहला, दूसरा और तीसरा भी। सूचना-वाहक अश्व से उतरे और अचेत जैसे...रावण का...वध...कहते भूमि पर लोट गए। इतने थके थे कि बोल नहीं फूट रहे थे।

अगस्त्य वेदी की ओर थे, साथ में विराजक भी। सूचना यात्रियों को भूमि पर अस्वस्थ देख भागे आए।

''क्या बात है पुत्र", अगस्त्य ने स्नेह से हाथ फेरा।

विराजक जल पात्र भर ले आया। सूचना-वाहक उठ बैठे, जल पीकर कंठ को गीला किया, "गुरुदेव रावण मारा गया, राम ने रावण का वध कर दिया है।''और फिर भूमि पर लोट गए।

विराजक नाच उठा। अगस्त्य ने आकाश निहारा, नृत्य करने लगे, दाढ़ी सहला-सहला कर धरती छूते तो कभी आकाश की ओर हाथ उठाते। वेदी तक आए, बैठे पुनः सिंहद्वार तक गए।

अगस्त्य के साथ पूरा आश्रम नृत्यमय हो गया। अगस्त्य ने दिन भर का सूर्य देखा

था। अवसान की रक्तिम आभा से विज्ञ थे और रात्रि के चिन्तन का आनन्द भी लिया था। आज सभी एकत्र हैं। हर्ष-ही-हर्ष। आह्लाद पेट में समाता नहीं हैं। जिससे चला न जाए वह भी ठुमुक रहा है, जिससे बोला न जाए वह भी गा रहा है। अगस्त्य का प्रत्येक दिन हर्ष में बीतेगा, रात्रि गहरी नींद में और भोर एक नई प्रेरणा लेकर टटका-टटका। अगस्त्य की मुट्‌ठी में पूरा आकाश है, वे पूरी धरती पग-पग नाप लेना चाहते हैं, पीना चाहते हैं पूरा सागर!

अब तक सूचना-यात्री सहज हो गए थे। अगस्त्य ने निकट बुलाया, "कहो! अब अन्तिम सूचना सुन तो लूँ।

''गुरुदेव! विभीषण के कारण ही राम सफल हुए हैं। राक्षस महारथियों का वध किस विधि से हो यह सुझाया विभीषण ने। वे वानर यूथपतियों, राम, लक्ष्मण, हनुमान से प्रतिदिन इसी पर वार्ता करते और...और युक्ति सुझाते। राम-रावण के अन्तिम युद्ध के समय विभीषण राम के साथ-साथ रहे जो प्रत्येक प्रहार को क्षीण करने की युक्ति बताते...अन्त में विभीषण के निर्देश पर राम ने लगातार कई बाण छोड़कर रावण की भुजाएँ बुरी तरह घायल कर दीं। रावण के लिए अस्त्र-शस्त्र चलाना कठिन हो गया। राम का ध्यान अब रावण के पैरों पर गया। नख से लेकर जंघाओं तक का प्रदेश बाणों से बिंध गया। रावण को खड़ा रहना भी दूभर, युद्ध को कौन कहे! फिर क्या था! बाण-ही-बाण गरदन, छाती और उदर छलनी हो गया। रावण का हर प्रहार राम क्षीण कर देते, प्रभावहीन रावण का प्रहार कुछ काम न आया।...और रावण ने प्राण सहित लंका छोड़ दी।...गुरुदेव, अब लंका देखी नहीं जाती। विलाप-ही-विलाप! स्त्रियाँ छाती पीट रही हैं। बाल नोच-नोचकर...। करुणालाप से हृदय फटा जा रहा है। शवों से दुर्गंध आ रही है। ग्राद्ध, कौवे, कुत्ते, शृगाल वनों से निकल पड़े हैं।

''....हाँ, अब राम को सीता प्राप्त हो जाएँगी। विभीषण को लंकापति की घोषणा होगी।...और शीघ्र ही प्रिय वानर वीरों के साथ सीता सहित राम अवध की ओर प्रस्थान करेंगे। वे सीधे अवध जाएँगे, मार्ग यही होगा परन्तु ठहरेंगे नहीं। कुबेर से जो रथ प्राप्त किए थे रावण ने वे रथ लेने वानर वीर नगर को गए हैं। विभीषण का आदेश है कि समस्त तीव्रधावक अश्व एकत्र किए जाएँ।''

अगस्त्य सोचते अब आर्य-अनार्य का भेद मिट जाएगा। सभी एक सूत्र में बँध जाएँगे।

तीन दिन तक अगस्त्य प्रतिदिन सिंहद्वार पर सूर्योदय से सूर्यास्त तक बैठे रहे। थोड़ी-सी धूल, उड़ती दूर दिखाई देती तो खड़े हो जाते। उनके साथ विराजक थे और साथ में कुम्भा, पीरू, मैना, चोष्या, सलेटू, सर्वगंध और अन्य आश्रमी। अगस्त्य धूल कणों में समा जाना चाहते हैं तो कभी होना चाहते हैं। भागते रथ का कूबर घड़घड़-घड़घड़...।

...और एक पक्ष के बाद दोपहर को अश्वों की टापों से गूँज गया वन प्रदेश और

धूल के बादल छा गए आकाश में। अगस्त्य के मुँह से निकला मेरा हनुमान!...मेरा हनुमान–वज्रांगी!

विराजक बोल उठे, ''राम की जय!''

सबने कहा, ''राम की जय!''

फिर स्वर गूँजा, ''राम ही सत्य हैं।''

सबने कहा, ''राम ही सत्य हैं!''

अगस्त्य के हृदय ने कहा, 'रावण सत्य है! अनार्यों की जय!' और फिर स्फुटित हो गए अगस्त्य।

मुझे लगा कि मेरी माँ जो देह से काली है, गौरवर्णी पिता के साथ बैठी है। मैं भी हूँ साथ में गेहुँआ रंग लेकर। माँ मुझे निहार रही है और पिता भी...

यह कथा माँ को कैसी लगी होगी और पिता ने क्या कहा होगा, ज्ञात नहीं। मैं नत् हूँ माँ के आगे और पिता के सामने सिर झुकाए!

अभिवादन स्वीकार हो!

ooo